胎教早教中的1288个问题与答案

Q&A

资深母婴咨询顾问 菅波 编著

中国妇女出版社

图书在版编目（CIP）数据

胎教早教中的1288个问题与答案／菅波编著.—北京：中国妇女出版社，2010.1

ISBN 978-7-80203-897-4

Ⅰ.①胎…　Ⅱ.①菅…　Ⅲ.①胎教-基本知识②早期教育-基本知识　Ⅳ.①G61

中国版本图书馆CIP数据核字（2010）第007078号

胎教早教中的1288个问题与答案

作　　者：菅　波　编著
策　　划：菅　波　牛海艳
责任编辑：李　里
封面设计：沈　琳
责任印制：王卫东
出　　版：中国妇女出版社出版发行
地　　址：北京东城区史家胡同甲24号　　邮政编码：100010
电　　话：（010）65133160（发行部）　65133161（邮购）
网　　址：www.womenbooks.com.cn
经　　销：各地新华书店
印　　刷：北京振兴华印刷有限公司
开　　本：170×240　1/16
印　　张：28
字　　数：400千字
版　　次：2010年2月第1版
印　　次：2010年2月第1次
书　　号：ISBN 978-7-80203-897-4
定　　价：34.80元

前言

每一位父母都希望自己的孩子健康、聪明，尤其在现阶段一对夫妻只能拥有一个孩子时，这种愿望将更加殷切。怎样孕育最棒的一胎，怎样使孩子更聪明？这无疑是很多准备成为父母或者即将成为父母者迫切需要了解的。

为此，我们收集了胎教中的重要知识与常见疑问，以及0～6岁宝宝的早教知识与疑问，为您精心编写了这本《胎教早教中的1288个问题与答案》。

书名中的“1288”寄予了编者美好的愿望，希望在科学的胎教、早教方法指导下，孩子能够健康、成长和发展。

本书具有以下特点：

内容更全面。从怀孕开始，指导您根据胎儿发育的不同阶段，科学地实施胎教，使胎儿大脑发育得更好，使孕妇减少不适，身体更健康。在宝宝出生后，根据宝宝智能与身体发育不同时间段的特点，指导您科学、系统、有效地对婴幼儿实施智能、情商开发与体能锻炼，以提高宝宝的智能、情商与体能。

可操作性强。方法具体实用，易于孕妇与家长学习和操作。

解答更专业。就孕妈妈在孕期可能遇到的相关问题，作出即科学又充满人性化关怀的解答，让孕妈妈轻松度过一个愉快的孕期。

查阅更方便。全书分为3部分：胎教早教最重要的问题、父母不可不知的胎教早教知识、胎教早教常见疑问，并按照怀孕月份、宝宝的月龄有序地分类，使查阅更加轻松方便。

提示更贴心。温馨的小贴士，给您无微不至的关怀，贴心的爱心妈妈经验谈，处处体现编者人性化的关怀，与您共同分享孕育、育儿生活的一路风景。

让我们为打造聪明、健康的宝宝而努力，愿每一位父母都能为宝宝的成长提供有益的帮助！

编者

2010.2

目录

第1篇　胎教早教的8个重要问题

第2篇　胎教早教不可不知的200个问题

第一章　胎儿与孕妈妈的变化

8～9个月的宝宝

9～10个月的宝宝

10～11个月的宝宝

11个月～1岁的宝宝

1岁1个月～1岁3个月的宝宝

1岁4个月～1岁半的宝宝

1岁7个月～1岁9个月的宝宝

1岁10个月～2岁的宝宝

2岁1个月～2岁3个月的宝宝

2岁4个月～2岁半的宝宝

2岁7个月～2岁9个月的宝宝

2岁10个月～3岁的宝宝

3～4岁的宝宝

第3篇　1000个胎教早教疑问

第一章 胎教，始于怀孕之前

孕前检查为胎教打基础

计划怀孕是胎教的一部分

斯瑟蒂克胎教法

第二章 怀孕1～40周的胎教

怀孕1～4周（第一个月）

怀孕5～8周（第二个月）

怀孕9～12周（第三个月）

怀孕13～16周（第四个月）

怀孕17～20周（第五个月）

怀孕21～24周（第六个月）

怀孕25～28周（第七个月）

怀孕29～32周（第八个月）

怀孕33～36周（第九个月）

怀孕37～40周（第十个月）

第三章 0～1岁宝宝的早教

0～1个月的宝宝

1～2个月的宝宝

2～3个月的宝宝

3～4个月的宝宝

4～5个月的宝宝

5～6个月的宝宝

6～7个月的宝宝

7～8个月的宝宝

8～9个月的宝宝

9～10个月的宝宝

10～11个月的宝宝

11个月～1岁的宝宝

第四章 1～3岁宝宝的早教

1岁1个月～1岁3个月的宝宝

1岁4个月～1岁半的宝宝

1岁7个月～1岁9个月的宝宝

1岁10个月～2岁的宝宝

2岁1个月～2岁3个月的宝宝

2岁4个月～2岁半的宝宝

2岁7个月～2岁9个月的宝宝

2岁10个月～3岁的宝宝

第五章 3～6岁宝宝的早教

3～4岁的宝宝

4～5岁的宝宝

5～6岁的宝宝

胎教早教的8个重要问题

怀孕是女人一生中最幸福的时期，生一个健康又聪明的宝宝，是每个爸爸妈妈的心愿。胎教都有哪些作用？早教真的能影响宝宝的智力发育吗？在胎教早教中父母该如何做呢？翻开本篇，我们一起来了解胎教早教中最重要的8个问题。

什么是胎教

胎儿具有惊人的能力，为开发这一能力而施行的胎教，近年越来越引起人们的关注。

一直以来，对胎教有研究的人员都极力坚持胎教是科学的。在近些年的研究中，这一观点同样得到有关专家的认同。

胎教分为广义胎教和狭义胎教。

广义胎教指为了促进胎儿生理上和心理上的健康发育成长，同时确保孕产妇能够顺利地渡过孕产期所采取的精神、饮食、环境、劳逸等各方面的保健措施。因为没有健康的母亲，也不会生出强壮的宝宝。有人也把广义胎教称为“间接胎教”。

狭义的胎教是根据胎儿各感觉器官发育成长的实际情况，有针对性地、积极主动地给予适当合理的信息刺激，使胎儿建立起条件反射，进而促进其大脑机能、躯体运动机能、感官机能及神经系统机能的成熟。目前人们也不断地从全新角度看待胎教：胎儿在妈妈腹中接受“硬件”和“软件”升级的过程中，如果能够持续接受具有一定积极意义的刺激，那么将来宝宝出生后就能够脱颖而出。狭义胎教亦可称为“直接胎教”。所以胎教是以临床优生学与环境优生学相结合的具体措施。

为什么说胎教很重要

从某种意义上说，比起出生后10年的教育，10个月的胎教更加重要。也就是说，比起孩子出生之后接受的智力开发、英才培养等系统教育，腹中10个月所受到的胎教也相当重要。

如今，很多父母都相信有效的胎教可以生出聪明又健康的孩子，并把此当做进行胎教的核心理由。大量研究成果说明，胎教是有科学根据的。一直以来人们都认为，“人类智力有80%受到遗传因素的影响”，但最近美国的一个研究小组，通过长期的观察和实验得出了

“人类智力只有48%受遗传因素影响，其余52%与胎内环境有关”的论断。

此外，英国著名生物医学博士诺塔尼茨也指出：孩子后天的肥胖症、糖尿病、癌症和心脏病等各种疾病，与胎内环境有关。由此我们可以得出结论，没有任何东西可以取代胎儿时期对人一生的健康所起到的重大的、决定性影响。

我们应当清楚地意识到，一旦错过胎教的好机会就再也没有挽回的可能了，毕竟孩子的出生是一个不可逆转的事实。但怀孕后才开始胎教并不是十分正确的做法，只有从制订怀孕计划时做出胎教计划，才能使胎教获得最真实、最明显的效果。

实施胎教后的宝宝常具有以下特点：

1.对音乐敏感，有音乐天赋。一听见胎教音乐，就会露出非常高兴的表情，并随韵律和节奏扭动身体。

2.心理行为健康，情绪稳定，总是笑盈盈，乐呵呵的，非常活泼可爱，夜里能睡大觉，很少哭闹，父母反映宝宝好带，与整天笑呵呵的宝宝在一起，有无限乐趣。

3.语言发展快，说话早，有的宝宝2～3个月就能发“a、u、ba、ma”音，有的半岁会发“爸、妈、爷、奶、姨”音，1岁会说2～4个字的句子。

4.大运动能力发展优秀，这些宝宝抬头、翻身、坐、爬、站、走早，动作敏捷且协调。

5.手的精细运动能力发展良好，抓握、拿、取、拍、打、摇、对击、捏、扣、穿、套、绘画等能力强。

6.学习兴趣高涨，喜欢听儿歌、故事，喜欢看书、看字，不少宝宝还不会说话，就拿书要妈妈讲，学习汉字的能力惊人，智能得到超常发展。

智商与胎教有关系吗

智商被当做判断孩子聪明与否的核心要素，是属于先天遗传还是后天所得呢？

在近年的许多项研究中，最令人信服的莫过于美国匹兹堡大学有关机构的最新研究成果。该成果指出，尽管基因决定人的IQ，但它的作用不会超过48%，人类的智商更多的还决定于子宫内的环境，即“宫内环境是具有决定性作用的”。

看到这样的结果也许会有人产生疑问：是不是对胎教强调得有些过头了？但曾有足足5万个婴儿参与了这项研究的相关实验，研究成果还被登在了全球著名科学杂志《Nature》上，如此一来又增加了它的说服力。

对于实施了胎教的孩子，突出的特点是：从情绪和社会交往能力上，表现为情绪比较稳定。啼哭时给予安慰，马上哭声减小，多数停止哭泣，并且追寻声源。吃奶后入睡快，清醒时目光亮而有神。手的伸张抓握能力强，四肢活动有力，肌力强，抚摩肢体，即高兴地挥动四肢。扶坐时颈部肌张力强，俯卧抬头。对音乐明显喜爱，听到便不哭了。

胎教的效果对于刚出生的婴儿表现就这样明显，日后再放手创造良好的教育环境，孩子都会成为学习的“天才”。

什么是早期教育

早期教育是通过训练婴幼儿的感知觉和运动能力，来开发宝宝智力的潜能。感知觉是指通过用眼睛、鼻子、耳朵等感觉器官，来对周围环境中物体的颜色、气味、味道、形状等各种特性的认识。对于宝宝的感知觉训练，是指父母要给宝宝适宜的刺激，来使宝宝的感觉器官接收到，然后再经神经系统、大脑等作出反应，以此达到促进智力发展的目的。

宝宝发育最为迅速的当属肢体运动方面了，包括抬头、翻身、爬行、坐立、站立、迈步、走路、跑、双腿跳和单腿跳等粗大肢体运动，也包括用手指抓握和捏小东西、系纽扣等精细动作。

宝宝在3个月时会翻身，在半岁后会坐，七八个月时会爬，这些肢体动作帮助宝宝认知事物，有益于宝宝的心理发展。肢体运动能力强的孩子，在体育方面会有所特长。优秀的运动员就属于运动能力比较强的人。

在早期教育中，宝宝的学习过程首先是要感觉外界的刺激，而并不是抽象的读写背算练习。宝宝接受直接和具体的刺激，大脑的发育得到促进，进而获得感性知识和丰富的生活实践。宝宝接受的外部刺激种类越多，应付环境的能力就会越强，对新的刺激才能作出正确的反应，从而形成良性循环。

早期教育是宝宝身心全面发展的重要保证，父母要用科学的方法，掌握宝宝不同于成人的言行、思维和情感方式等身心发展规律，用足够的耐心，尽早、用心地给宝宝做好早期教育、智能开发——给宝宝提供适宜的早期刺激。

早教对婴幼儿智力发育有影响吗

早教对婴幼儿智力发育是有影响的。大脑细胞和早期经验的丰富程度，往往决定了智商的高低。所以父母对宝宝进行早教就显得尤为重要。

教育对宝宝的心理发展起着主导作用。对幼儿来说，教育是有目的、有计划、有系统的一项工程，通过因材施教，更灵活、更充分地发挥环境、遗传中的有利因素，克服不利因素，让宝宝心理得以更好地发展。

智龄是智力年龄的简称，也指“心理年龄”。我们所熟知的智商表示的是智力发展水平，智龄指的是在智力测验量表上与某一智力标准水平相当的年龄，是代表智力水平的重要指标。

儿童的心理年龄，即智龄，具有稳定性和可变性。一般情况下，如果社会和教育呈现稳定，宝宝掌握知识和经验也有一定的循序性，那么智龄一般都是很稳定的。但是，社会和教育条件在每个孩子身上所起的作用各不相同，加上各地经济发展和教育水平参差不齐，所以孩子的智龄发展也会出现非常明显的差异。可见，早期教育越好，宝宝的智龄发展水平就越高。

早期教育要注意哪些关键时期

一般来说，宝宝早期教育的关键时期主要有：亲子依恋敏感期、感观敏感期、动作敏感期、语言敏感期、对细微事物感兴趣的敏感期等。

所谓敏感期，是指在某一段生长时期，婴儿对环境中某种特定的要素的感受性特别敏锐。如获得满足，婴儿便可轻松地获得某种能力。这是一个特殊的时期，所以也是可遇不可求的。敏感期不仅是幼儿学习的关键期，同时还会对宝宝心灵、人格的发展产生影响。父母不要任宝宝自然发展，而应该充分利用宝宝的敏感期这一良机，积极地促进宝宝的发展。

亲子依恋敏感期（0～2岁）。这是指父母与宝宝之间的依恋关系的培养。这种关系在妈妈怀孕后、产前就已经确立了，一直延续到宝宝2岁。在2岁前一直呈上升趋势。这个敏感期里宝宝与父母的依恋关系，对于宝宝的大脑发育来说是很重要的。因为在宝宝信任感发育时，在大脑的语言、智力、感官和运动区域中，有上万亿个神经接点在这些区域里形成，宝宝在依恋关系中得到的爱对宝宝日后的社会情感奠定了基础。

感官敏感期（0～6岁）。宝宝从生下来，就可以靠自己的听觉、视觉、味觉来感知这个世界。尤其在宝宝3岁前，主要是依靠自己的感官来获得生活上的实践经验。父母可以在这一时期给宝宝创造锻炼感官发育的机会，用生活中各种能够锻炼感官的事物、环境来挖掘和锻炼宝宝的感官发育，为智力加分。

动作敏感期（0～6岁）。3岁之前，是宝宝大肌肉动作发育的敏感期。宝宝在此期间一直都是活泼好动的，父母要放开对宝宝的束缚，让宝宝自己去爬、走、跑、跳，这也是锻炼宝宝肢体动作正确和熟练的最好方法。

语言敏感期（0～6岁）。从宝宝开始发音“自言自语”的时候，其实就代表着宝宝已经进入了语言敏感期。这个时期里大脑主要准备学习语言，宝宝在自然状态下会轻松地学会母语。

对细微事物感兴趣的敏感期（1.5～4岁）。如果宝宝开始对地上的小虫子、书上凸起的小树皮、衣服上的小图案产生了兴趣，眼睛盯着用手动、抠，就代表着宝宝进入了对细微事物感兴趣的时期。父母这时可以让宝宝尽情观察这些小东西，也可以多找一些小的东西吸引宝宝，锻炼宝宝的观察能力，促进智力发育。

◎ 早教成功的测评标准有哪些方面

早教成功的测评标准应该从宝宝的运动、语言表达、自我认知、生活交往、逻辑、情商等多方面进行测评。

宝宝发育最为迅速的当属肢体运动方面了，包括抬头、翻身、爬行、坐立、站立、迈步、走路、跑、双腿跳和单腿跳等粗大肢体运动，也包括用手指抓握和捏小东西、系纽扣等精细动作。

语言表达包括发出的声音（比如哭）、声调、单句、词句、语句的组合等都属于语言表达能力，宝宝先是从哭、发出“哦、啊”等简单的音，发展到会说“妈妈、爸爸”“再见”等词。

自我认知包括视觉、听觉、味觉、触觉、观察力、模仿力、记忆力、理解力和思维能力等。

其中视觉、听觉、味觉、触觉等是刚出生就带来的能力，观察力、模仿力、记忆力、理解力和思维能力是随着生长发育逐渐学会的。如随着月龄的增长，宝宝逐渐能认出家人的脸、声音等。

生活交际包括人际交往、社会适应性、独立生活能力、情感和情绪、个性与性格、气质等。

宝宝对妈妈的依恋，对陌生人的抵触，都是宝宝最初人际交往的表现。情商（EQ）又称情绪智力，主要是指人在情绪、情感、意志、耐受挫折等方面的品质，是与智商相对应的概念。也就是我们常说的心理素质，有时情商要比智商更重要。心理学家认为，如果一个人性情不好，冷漠，孤僻，自负，不善与人交往，情绪不稳定等，那么他的智商再高，也很难取得成功。因此情商的培养应该从小做起。

◉ 在胎教早教中家长应怎样做

胎教的乐趣不仅是准妈妈一人享受的事，准爸爸的参与与分享也是很重要的。如果准爸爸知道胎儿能够对外部传入的说话声音产生强烈而积极的反应，就一定不会再对胎教采取马马虎虎、敷衍了事的态度了。他一定会常跟胎儿说说话，甚至试着给妻子做轻微的按摩。其实父亲可以为胎儿做的事情有很多，其中最简单的就是陪妻子散步。“准爸爸胎教”中最重要的事情，就是绝不能抱有“胎教主要是妻子的事情，丈夫仅仅起辅助作用”这种想法，胎教的核心是强调父母二者合一。若要深究二者谁起到更重要的作用，则毫无意义。

随着宝宝的诞生，夫妻不仅多了“父母”的身份，还多了一个“教育者”的身份。因为宝宝自从生下来，就已经具备了学习的能力，宝宝最好的启蒙老师不是书本，而是家长。3岁前是宝宝一生中发展最快、最重要的学习时期，家长对宝宝的早期教育就显得尤为重要。怎样在宝宝最关键的学习时期实施早教，是每一位家长都很关心的问题，这也是影响宝宝未来智力与体能发育的关键。

和睦、充满爱的家庭是孩子成长的最佳环境。只有在轻松、平等、相互尊重的家庭环境中成长起来的孩子才具有安全感，才能自信地、充满乐趣地、积极主动地去学习。良好的亲子关系是孩子学习的原动力，也是学习取得良好效果的催化剂。

要使宝宝聪明健康，胎教和早教二者是缺一不可的。因为胎教是早教的前奏和基础，早教则是胎教的延续和发展。两者只有完美地结合起来，才能为宝宝以后的培养打下扎实的基础。

爱心妈妈经验谈

胎教能实现宝宝和母亲的提前沟通，对宝宝出生之后感知母亲和外界环境有帮助作用。所以胎教可以做，有时间的准妈妈也应该做。我在怀孕的时候每天都用20分钟的时间给宝宝做胎教，和宝宝交流。宝宝出生之后，对我胎教时使用的素材以及我和他爸爸的声音都很敏感，这能帮助我们安抚他的情绪。作用可不小哟。

第2篇

胎教早教不可不知的200个问题

胎儿的成长与变化取决于胎教的方式；同样，婴幼儿的成长特点也取决于科学而有效的早教方法。让我们先来了解一下胎儿与婴幼儿的发育规律吧！

第一章 胎儿与孕妈妈的变化

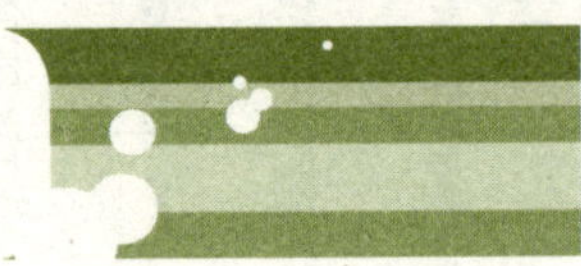

怀孕1～4周（第一个月）

◎ 孕1～2周胎儿与孕妈妈发生了哪些变化

怀孕第一周即最后1次月经开始的那一周。此时并没有真正怀孕，子宫内膜脱落形成月经之后，体内的激素会促使又一次排卵。

第二周，子宫内膜逐渐变厚，开始真正地为排卵做好准备。排卵时有的女性会感到疼痛。

月经停止、恶心、疲劳以及尿频等，这些都是怀孕的征兆，然而由于此时并没有怀孕，所以孕妈妈还不会出现以上征兆。

就算出现消化不良、疲劳等情况，也是怀孕以外的原因导致的。

但是，如果在这一时期就了解怀孕的征兆，就能够为怀孕做积极的准备，也容易计算出预产期。

摄取充分的营养很关键。对于即将怀孕的女性而言，应该时刻注意摄取最合理的营养。这时应当更多地选择新鲜的食物，少食用加工后的食品。

此外，还要避开含有酒精的食物，坚持进行适当的运动并及时休息。

洋葱炒白菜

原料：白菜200克，洋葱200克，大葱100克

调料：酱油、淀粉、食盐、胡椒粉少许

做法：

1.将白菜、洋葱洗净切碎；并用水将淀粉拌匀。

2.将食用油倒入锅中，加热，放入葱花和洋葱，中火炸至出香味。

3.倒入白菜，大火翻炒3～4分钟，撒上盐和胡椒粉。

4.将准备好的淀粉水倒在白菜上，翻炒至淀粉熟即可。

孕3周胎儿与孕妈妈发生了哪些变化

这一周，精子与卵子在输卵管里相遇，并完成了受精与着床的过程。受精的卵子被称为受精卵，受精卵在输卵管里移动并最终进入子宫内部，接着就开始发生细胞分裂。此刻即是怀孕的开端。

这一时期在子宫内生长的所谓胚胎实质上不过是一个细胞群，体积非常微小，然而它却以飞快的速度增殖并成长。

虽然孕妈妈没有什么太大的变化，有时还是可以通过阴道分泌物的增多或轻微的疼痛感而意识到排卵。

由于还没有经过一个月经周期，孕妈妈对自己怀孕的事情可能依旧无所觉察。当然这一时期还未出现乳房胀大和孕吐等现象。着床的过程可能引起出血，一般来说，在5名孕妈妈中往往会有1名在怀孕初期发生流血的情况，此时即使流出的血液并非呈现出红色而是灰黑色，也不必惊慌。

叶酸可以在怀孕初期起到预防贫血并降低畸形儿出生率的作用，因此本周胎教的重点是大量食用富含叶酸的水果、豆类、绿色蔬菜和粗粮，并且保证每天都饮用8杯以上的白开水。

适当的运动可以为以后度过阵痛和分娩的难关打下基础，但其前提是要根据怀孕的周期选择适当的运动。在运动中还应注意将自己的脉搏始终控制在每分钟140次以下，疲劳的时候立即停下来休息。

◉ 孕4周胎儿与孕妈妈发生了哪些变化

这一时期，微小的受精卵在子宫内部找到自己的位置并固定下来之后，就完成了向胚囊的转变。

当它到达子宫的时候，受精卵分裂成两部分，一个黏附在子宫壁上形成了胎盘，余下的一个就变成了胎儿。

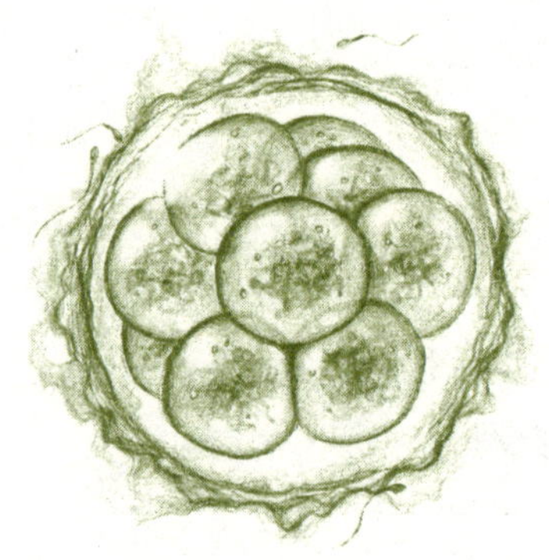

进行B超检查可以观察到胎儿所生存的初始场所——胎囊。到了第4周末的时候，月经就停止了。孕妈妈由此可以明显感觉到身体发生了变化。

孕妈妈往往由于月经的停止而恍然得知自己怀孕的事实。尽管维持妊娠过程的黄体激素开始分泌，但还不会使孕妈妈发生体重或外表的变化。

在怀孕的初期，孕妈妈就应当接受体重、血压、尿液、血液等基本项目的检查了。定期进行体重检查对于诊断妊娠高血压和双胞胎有很大的帮助，血压检测的结果也是诊断妊娠高血压的重要依据。

尿液检查在判断是否感染上疾病的同时检测出蛋白和糖的数值，因此是十分必要的。而通过血液检查可以得知自己的血型和Rh因子类型、对风疹的免疫能力，以及是否感染上乙肝或是性病。

要注意的是，孕妈妈在怀孕初期的3个月里应当停止染发和烫发。

蛤蜊烧芥菜

原料：芥菜150克，蛤蜊 500克，姜丝少许

调料：食盐、低度白酒少许

做法：

1. 将蛤蜊干炒至出汤，捞出蛤蜊，并盛出汤汁备用。

2. 选取芥菜菜帮部位切成2.5厘米长的细段，放入锅中略加翻炒后加入少量清水，大火焖烧5分钟，捞出备用。

3. 大火将炒锅烧热，投入姜丝炝出香味，再放食用油、蛤蜊与白酒翻炒，最后注入清水，加盖煮沸。

4. 开盖放入芥菜，至芥菜熟透后，将炒蛤蜊时所出的汤汁倒入锅中，即可食用。

怀孕5～8周（第二个月）

◉ 孕5周胎儿与孕妈妈发生了哪些变化

这一时期，相当于1粒苹果子的胎儿出现了心跳。胎盘与脐带开始起供给营养的重要作用。

心脏逐渐有了雏形，两条主心血管开始持续不断地收缩运动，大脑和脊椎也慢慢地发育。

随着骨骼的形成，已经可以区分开胎儿的头部和尾部。

大多数孕妈妈此时开始出现恶心和呕吐，疲劳感出现得更加频繁，因此，这一阶段应该避免进行过激的运动、节食或者长途旅行。

由于胸部明显变大，孕妈妈开始有衣服穿不下的感觉，排尿的频率也变得越来越高。

孕妈妈要注意的是警惕滥用药物。不要随意地吃、用中药和营养品，孕吐严重的时候要去妇产科询问专家。

◉ 孕6周胎儿与孕妈妈发生了哪些变化

胎儿外观与蝌蚪有几分相似，并且生长发育迅速。眼部长出眼睑和水晶体，四肢的芽体开始出现，胎儿的头部、尾部和臂部都已可以被轻易地区分开。

此外，肝脏、胰脏、甲状腺、肺、心脏等器官开始形成，脑部的体积增加，血液循环也开始运作。做B超检查时有可能听见胎儿心跳。

孕妈妈孕吐、疲劳和尿频等症状更加明显，体重也略微有所增加。有的孕妈妈会因为孕吐而导致体重下降。由于身体的变化非常明显，绝大多数孕妈妈都足以借此判定怀孕的事实。

除一些普通的症状之外，偶尔还会发生乳房发痒并感到心口疼痛的症状，甚至会突然有一种不安的情绪。另外，排便习惯也发生了变化，容易出现便秘和痔疮等症状。

在这一时期，孕妈妈要注意定期接受检查。检查时应如实告诉医生自己过去是否有流产、人工流产的经历，家族病史如何，以及最近正在服用哪些药物等。一定要按时做产前检查。

还要预防便秘。常常喝水或饮用李子汁可以缓解便秘症状。另外还需记住：排便时切勿用力过度。

甜炸牛里脊

原料：牛里脊肉500克

调料：水200毫升，酱油50毫升，色拉油80毫升，黑胡椒粉、番茄酱各8克，白糖适量，淀粉少许

做法：

1.将牛肉切片，用水50毫升、酱油、色拉油各20毫升、黑胡椒8克腌50分钟。

2.将60毫升色拉油高火烧4分钟后，放入腌好的牛肉，正反两面各用高火炸2分钟。

3.将水150毫升、番茄酱、白糖拌匀，高火煮2分钟后用少许淀粉加水后勾芡，再用高火加热1分钟，然后淋在牛排上即可。

◉ 孕7周胎儿与孕妈妈发生了哪些变化

胎儿以惊奇的速度迅速成长着，心脏变得饱满，并分离出左心室和右心室，肺部也长出支气管，从而进入其发育的第一阶段。

同时，胎儿的大脑半球也逐渐成形，肠、盲肠和胰脏开始发育，眼珠发育成为一个黑点，舌部和身体开始变长，头部变大，眼皮也渐渐长了出来。

眩晕和恶心等孕吐症状在孕妈妈身上变得越发严重，乳头的颜色微微变深，乳腺发达起来；一些孕吐症状不太厉害的孕妈妈会发现自己的体重逐渐增加。

在服用药物方面，孕妈妈在用药时必须征得医生的同意。

在性生活方面，由于在怀孕初期时发生流产的可能性较高，因此进行性生活时要格外注意体位的选择。

◉ 孕8周胎儿与孕妈妈发生了哪些变化

胎儿身高已经增长到14～20毫米。在这一时期，胎儿有了嗅觉，眼球里色素含量增高，四肢也明显变长，其颈部开始发育，下肢的芽体分化为大腿、小腿和足，上肢的芽体分化为手、胳膊和肩。

生殖腺，男孩的睾丸以及女孩的卵巢开始出现，同时，软骨组织和骨骼也开始生长。

随着子宫的体积渐渐扩大，孕妈妈的体重也有所增加，腰部的轮廓逐渐消失，穿原来的衣服常常会觉得此部位被勒得很紧，但从外表上还看不出怀孕。

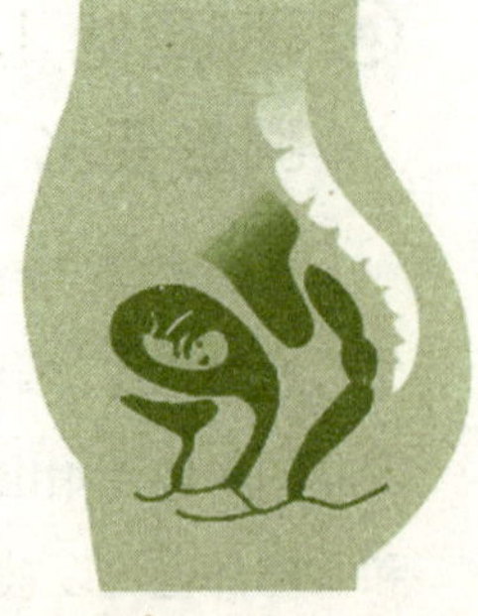

由于乳腺越来越发达，孕妈妈会

感到自己的胸部变得丰满。此外，下腹部、肋部和腿部不时出现疼痛的感觉。如果发生坐骨神经痛的症状，孕妈妈可以换一个地方侧躺下去，就会有很明显的改善。

孕妈妈要注意摄取必需的营养。吃乳制品、绿色蔬菜、动物肝脏、蛋黄、坚果、海产品和肉类以补充钙质，同时还要注意维持体内铁元素和锌元素的含量。

一定要确保身体健康。确认自己是否患有妊娠糖尿病、妊娠期高血压综合征以及是否怀有双胞胎等都是相当必要的。如果做进一步检查，还可以判断是否有贫血症状、所怀的胎儿是否畸形、胎儿发育状况如何等。

黑芝麻牛奶羹

原料：大米100克，黑芝麻50克，牛奶300毫升

调料：香油、盐各适量

做法：

1.将大米泡开，倒入搅拌机中打碎。

2.将黑芝麻也倒进搅拌机里打碎。

3.打碎的大米放入锅中，滴香油翻炒，然后倒水，文火煮沸，6分熟时加入打碎的黑芝麻。

4.倒入牛奶，轻轻搅动并一直煮到米粒涨开，根据喜好加盐或蜂蜜调味。

怀孕9～12周（第三个月）

孕9周胎儿与孕妈妈发生了哪些变化

胎儿视网膜的神经细胞开始生成，面部肌肉和上嘴唇也进入了发育阶段，在耳朵的内部出现了半球形的导管。手指和脚趾也全部长了出来，连接头和身躯的颈部变得清晰可见，尿道和直肠完全地分离开来，能区分腹腔和胸腔。有时在B超检查中甚至能观测到胎动。

孕妈妈的腰部开始变粗了，子宫几乎已经超过葡萄柚的大小，乳房下部的表面可能出现静脉曲张，这是身体内的血液流动量大量增加的缘故。而在这一过程中红血球和血浆的大量制造是造成孕妈妈贫血的主要原因。与此同时，激素的增加使发生便秘和尿路感染发生的概率大大上升了。

摄取营养方面，孕妈妈应充分摄取各种水果和蔬菜，注意多吃含铁元素、纤维素和叶酸的食物。

孕妈妈要注意远离电磁波。胎儿对电磁波相当敏感，所以在条件许可的情况下最好不要使用电热毯、电炉和其他的电器制品，避免过多地与电磁波接触。此外，还应当尽量避免洗热水浴或蒸桑拿等。

孕期检查不能忽略，孕妈妈可以在家中显眼处贴上纸条，提醒自己下一次检查的日期。

孕10周胎儿与孕妈妈发生了哪些变化

第10周的最后几天是胚芽期结束的日子，也是胎儿期的开端。此时胎儿的脏器和身体的发育已经进入相当活跃的阶段，其外表也开始逐渐向人的形态靠近。

胎儿的双眼渐渐地从头部的侧面朝脸部中央移动，身体上长出了肌肉，横膈膜将肺和肠胃分离到两边，后者则慢慢地到其最终的位置。

味觉的重要器官——味蕾在这个时候出现了。女胎长出了阴蒂，同时其体内的卵巢也正在不停地成长着。

孕妈妈腹部的变化终于开始显现出来了。尽管因人而异，但绝大多数孕妈妈都可以感觉到自己腰部变粗。

此外，孕妈妈的乳房重量也有一定程度的增加，还有些人可能已经通过胎儿心脏跳动的声音切实感受到小生命的存在。

胎儿畸形检查在这一时期可以进行了。孕妈妈可以通过绒毛膜取样检查、B超检查，判断胎儿是否畸形，在某些情况下也可以通过胎儿镜检查来观察胎盘的生长情况。

在摄取营养方面，孕妈妈可以吃一些低脂肪肉类、鱼肉、鸡蛋和坚果来提高蛋白质的摄取量，每天保持适量的运动和均衡的饮食。胆碱和DHA也对胎儿的脑细胞发育有所帮助。

此外，在怀孕过程中，某些感染症状和疾病会影响到胎儿的脏器及全身的正常发育，所以一定注意不要染上疾病，尽量避免接种疫苗和节食等不安全行为。

煮藕片

原料：藕500克，芝麻15克

调料：食用油10克，酱油20克，糖汁10克，砂糖10克，香油5克，盐少许

做法：

1. 将藕削皮之后切成0.5厘米的薄片，放在水中烧煮10分钟后捞出。

2. 在锅里放入食用油和酱油、水、糖汁和砂糖，倒入藕之后用大火烧煮。

3. 待锅里的汤汁减少一半时调至文火，待藕变成酱油颜色后，倒入香油和盐，即可出锅。

4. 等藕变凉之后，撒上芝麻即可食用。

孕11周胎儿与孕妈妈发生了哪些变化

现在，胎儿头部仍占据着身体的一半大小，颌部逐渐成形的同时，颈部的长度也不断增加，外部生殖器也变得十分明显，牙齿开始长出，还形成了皮肤毛囊。胎儿正在以极快的速度生长着。

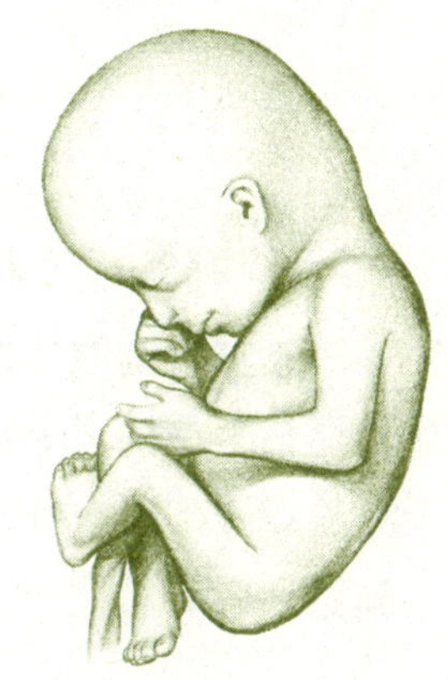

相比之下，孕妈妈分娩后所发生的变化则较为缓慢。随着胎儿的生长而逐渐变大的子宫几乎占据了整个骨盆。头发、手指和脚趾也都发生了明显的改变，随着血液供给量的上升，乳房附近的静脉清晰可见。尽管腹部还没有明显隆起，但孕妈妈已经发现自己的腰身变粗，这时，再穿牛仔裤会觉得很不舒服。

摄取糖类很关键，糖类是胎儿主要的营养物质，其作用还在于为提高蛋白质的作用提供帮助。因此孕妈妈每天至少吃半碗米饭和面条，另加1块面包和30克左右的谷类食物。

◉ 孕12周胎儿与孕妈妈发生了哪些变化

胎儿整个身体的大小在过去的3周内几乎又翻了整整1倍。其软骨组织进一步成形，肝脏具有了造血的功能并开始分泌胆汁，肺部完全形成，甲状腺和胰脏也已接近成熟。

此外在胎儿的脑垂体里，开始有激素产生，消化器官获得了收缩的能力，随着内部生殖器的生长，能区分出男胎和女胎。

在第12周末的时候，孕妈妈的子宫进一步胀大，耻骨附近的异样感觉变得更加明显。在整个孕期，子宫会胀大到占据整个骨盆和腹部，但分娩后不久就又会恢复到原来的大小。

产生羊水以后身体开始变重，肋部、臀部和腿部都变得丰满，除此以外激素的增多还导致血液循环加速，头发长得比以前更快，皮肤也发生了一定的改变。乳房继续增大，可能有长时间的疼痛感，其重量增加的同时偶尔也会变得柔软起来。

孕妈妈在这一时期应注意控制体重，但同时保证动物蛋白、必需脂肪酸以及铁和钙质的摄入量足够。还要小心不要跌倒或受伤。

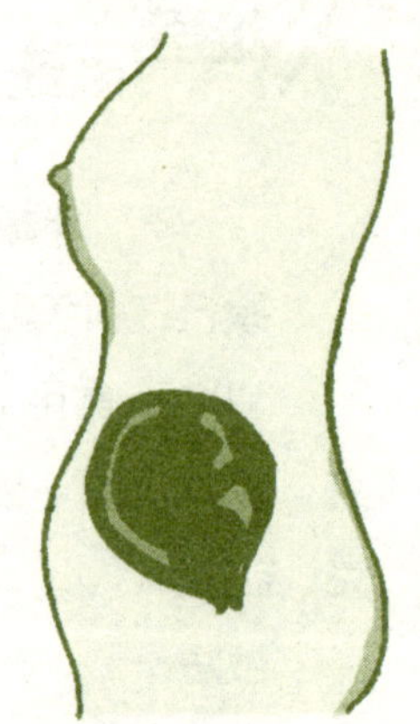

怀孕13～16周（第四个月）

◉ 孕13周胎儿与孕妈妈发生了哪些变化

经历着急速生长的胎儿此时耳朵逐渐移动到正常的部位，肺、胃、肝、胰等身体器官也到达了各自应在的位置，并向着能够完全发挥其机能的形态发育。指纹、指甲、声带和乳牙的根也一个个长出来。

孕妈妈肚脐下方10厘米左右，耻骨上方的下腹部，是子宫的位置。怀孕第12～13周时，子宫已经占据了整个骨盆并开始进入腹部区域。孕妈妈脸上和颈部出现了褐色的斑点，乳房开始变大并产生了刺痛的感觉。乳晕的颜色发生变化，乳腺更加发达，静脉曲张也变得十分明显。到了孕中期，有少量的乳汁分泌。

这一时期，孕妈妈要注意站姿。如果孕妈妈以同样的姿势长久站立，会增加早产儿与低体重儿出生的概率，所以孕妈妈应避免久站。

还要注意阵痛或出血症状。一旦出现早期阵痛或出血等症状，应立即请专科医生进行诊治，并一切按照医生的嘱咐行事。

糯米鸡

原料：鸡肉300克，糯米150克

调料：当归、黄芪和大枣各10克，枸杞子和桂皮各5克，盐适量，姜少许

做法：

1.先将鸡、当归、黄芪、大枣、枸杞子、桂皮、盐、姜一起放入锅中炖至半熟。

2.将鸡汤去渣，糯米洗净后与炖好的半熟鸡肉一同放在加入适量水的锅内，盖紧锅盖。

3.先用大火后改文火，蒸至鸡肉烂熟，即可食用。

孕14周胎儿与孕妈妈发生了哪些变化

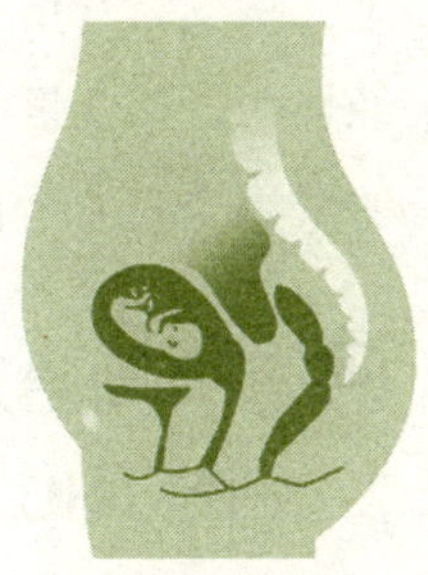

现在，胎儿整个身体达到了普通人的拳头大小，眼睛逐步从头部的两侧向脸部正前端进行位移，耳朵则从颈部移动到了头的两侧，颈部的长度继续增加。

声带生长完成，生殖器持续发育，消化腺体也已经趋于完整。

孕妈妈的孕吐开始消失，怀孕进入了较为安定的阶段。穿较为宽松的衣服会让孕妈妈感觉舒适。然而，此时出现消化不良的症状常常导致孕妈妈胀气。

痔疮和牙龈炎也是这一时期孕妈妈容易出现的病症，因此应当选择富含纤维和水分的食物，并摄取足量的维生素C。由于胸部变得丰满，应适当改换胸罩的尺寸，以免给乳房带来不适感。

孕妈妈还要注意预防肥胖。如果把孕吐当做借口而无度进食，就很有可能造成肥胖的后果。需要注意：肥胖会引起高血压和糖尿病。

此外，饮食口味不要过重，比如过咸、过甜、加过多调味料或热量过高的食品，用餐的时候应尽量放慢进食速度。有规律地、适度地进行晨练、散步和游泳等运动对孕妈妈大有帮助。

在牙科诊疗方面，孕妈妈要注意

怀孕8～15周内不得照射X光片，牙科诊疗也要等到12周以后再进行才比较安全。接受诊疗时一定要告诉医生自己已经怀孕，以免医生在治疗过程中对孕妈妈采用全身麻醉的方法。

◉ 孕15周胎儿与孕妈妈发生了哪些变化

胎儿骨骼开始变得坚硬，透过薄薄的皮肤可以看见血管，刚长出的汗毛覆盖了整个身躯。有时还能看到胎儿吸吮大拇指的可爱模样。腿部的长度超过了手臂。

孕妈妈的身体外形变化已经日渐明显，下腹隆起。在肚脐下方8～10厘米的地方可以摸到子宫。子宫变大会给腹部和胯部带来刺痛的感觉。此外毛细血管扩张和静脉曲张等现象会使皮肤呈现出红色，粉红色的乳晕不断加深，并逐渐变成褐色或赤褐色。

关于运动，一直到怀孕后期为止，相对而言较为安全的运动项目是游泳、散步。危险项目是骑自行车、骑马和滑雪等。

关于睡眠习惯，孕妈妈就寝时尽量保证侧卧入睡，并最好养成每天在同

糯米团

原料：糯米粉150克，橘子3个

调料：蜂蜜15克，砂糖10克，柠檬汁、盐各少许

做法：

1.在糯米粉中放进少量的盐，然后投入到沸水当中。待其变成糊状之后取出来揉搓，接着再放到保鲜袋中备用。

2.把橘子分成圆形的小瓣，裹上准备好的糯米粉，薄厚可以按照个人喜好调整。

3.将上一步得到的半成品放在沸水中轻焯，再投入冷水中。

4.蜂蜜和砂糖与两杯水混合在一起煮沸并加入柠檬汁，放置至自然冷却。

5.在裹好糯米的橘瓣上轻轻地浇上拌好的汤汁，即可食用。

一时间入睡的习惯。睡觉时要注意腹部保暖，并尽量不要突然站起或坐下。

从这时开始，孕妈妈每天应当在原有基础上再多摄入300千卡的热量。具体说，100克猪肉加1个萝卜，或者1杯酸奶加1个中等大小苹果的热量差不多达300千卡。

◎ 孕16周胎儿与孕妈妈发生了哪些变化

这一时期，胎儿开始握住自己的拳头并张开了小嘴，嘴唇开始活动，并有时会做出吞咽的动作。胎儿还会吸吮自己的大拇指，头上会长出一些毳毛，肠胃开始制造出消化液，尿液也在肾脏里产生。接着手指长出了指甲，脐带附着在下腹部上，手臂开始移动。

在胎儿长大的同时，孕妈妈体内的子宫和胎盘也在不断地生长。第6周之前孕妈妈的子宫的重量只有140克，而现在已经增加到了250克左右。环绕在胎儿周围的羊水的体积也增加到了250毫升。

羊水检查方面，通过羊水检查了解胎儿是否存在各种感染症、唐氏综合征、血液疾患和神经系统疾病等先天性缺陷。但是，做羊水检查也有导致流产或早产的危险。

饮食上，孕妈妈可以每天吃3～4次加餐。加餐应该以新鲜的蔬菜沙拉和煮熟的鸡蛋、玉米花、低脂肪奶酪等营养价值较高的食物为主，但要严格控制摄入量。

怀孕17～20周（第五个月）

◎ 孕17周胎儿与孕妈妈发生了哪些变化

从这一时期起，胎儿的生长速度逐渐变慢，身上出现了褐色的皮下脂肪，脊椎的神经纤维也逐渐被白色的脂肪所包围。听觉器官也在此时逐渐进入发育状态。

孕妈妈的下腹部开始迅速隆起，此时穿孕妇装会很舒适，体重增加2.5～4.5千克也是很正常的。尽管怀孕期间会出现色素沉着，但大多会在孩子出生以后自动消失，所以孕妈妈没有必

要为此过于烦恼。

孕妈妈要注意在控制体重的同时保证营养。应充分摄入新鲜蔬菜、水果、粗粮和干豆等食品。感到疲劳时就应该进行充足的休息。

孕妈妈还要记得检查分泌物。记住只穿纯棉内衣，以防止阴道感染，如果出现黄色或蛋清色分泌物时，一定要去医院检查。

◉ 孕18周胎儿与孕妈妈发生了哪些变化

胎儿的骨骼轮廓已经可以在X光片上清晰地体现出来。其心脏开始收缩活动，循环系统也进入了发育的状态，并最终与母体的循环系统完全分离。此外，通过B超检查可以发现胎儿的心脏是否存在异常。

如果孕妈妈体重增加过多或过快时，则要引起注意。有些孕妈妈的皮肤和发质会有明显的改善，会出现腰痛，激素的变化还可能导致肩部疼痛。子宫继续变大给骨盆附近的关节造成影响。

孕妈妈要注意预防膀胱炎。怀孕期间患膀胱炎则有可能导致早产或生出低体重儿，所以孕妈妈一定要改正憋尿的不良习惯。

营养方面，补铁是关键。孕妈妈每天都要保证摄取30毫克左右的铁，可以通过食用橙汁、肉类、鸡蛋和蔬菜来实现这一目标。其中鸡肉、牛肉、动物内脏、菠菜和甘蓝的铁含量最为丰富。如果再和含丰富维生素C的食品一起食用，可以最大程度地增加铁的吸收率。

◉ 孕19周胎儿与孕妈妈发生了哪些变化

胎儿从此时起到出生为止，体重还会再增加约原来的1.5倍。此时期内胎儿做出了蹬踢的动作，不仅手臂开始移动，手指和脚趾也开始运动，脑部与脊髓继续生长。此外，与身体的其他部位相比，腿部的发育幅度最为明显，胎儿的骨骼此刻则暂时停留在由软骨组织构成的初始阶段上。

孕妈妈抚摸肚脐下方1.3厘米的地方可以感觉到子宫的存在。这一时期里孕妈妈的臀部和肋部变得丰满，乳房的重量达到了180克。最好每隔4～5周就到医院检查乳房是否存在异常情况。

孕妈妈身上原有的各种过敏反应可能更加严重，此时摄取大量的水分将有效地缓解过敏症状。

同时，孕妈妈要注意健康。随时观察自己的身体是否出现浮肿、阴道出血、头痛、高烧或畏寒等症状，此外还应特别注意避免受伤或出现交通事故等情况。

◎ 孕20周胎儿与孕妈妈发生了哪些变化

这一时期，胎儿的手心和脚底上出现了纹路，眼皮上还长出了细细的睫毛。胎脂开始生成，并起着时刻保护胎儿皮肤的作用。现在通过B超检查可以确定是否怀有双胞胎。

到了第20周，整个怀孕过程可以算作是进行完一半了。子宫继续长大，并且几乎到达了肚脐的位置。

色素沉着可能变得更加明显，但让人放心的是这种现象会在生产之后逐渐恢复正常。

在进入怀孕中期的时候，孕妈妈的乳房开始分泌乳汁。

在性生活方面，在保证夫妻之间进行充分交流的前提下可以继续进行性生活，也就是说没有必要因为担心会对胎儿产生影响就无条件地采取回避的态度。但是，在性生活之后，假如孕妈妈出现了子宫收缩或出血等不良反应，应立即前往医院。

仍需警惕流产，尽管进入了怀孕中期，但仍可能发生流产。孕妈妈看到粉红色或褐色的分泌物时，应立刻意识到这是一种危险的信号，最好前往医院。

推荐菜谱

沙参玉竹老鸭汤

原料：鸭子1只，北沙参60克，玉竹60克

调料：生姜2片，盐适量

做法：

1.将鸭子、北沙参、玉竹洗净，切块。

2.把全部用料放入锅内，加清水适量，武火煮沸后，文火煲2小时。

3.加盐调味后即可食用。

怀孕21～24周(第六个月)

◎ 孕21周胎儿与孕妈妈发生了哪些变化

消化系统逐渐发挥作用，小肠开始发挥作用。此时胎儿开始做出吞咽羊水的举动，从某一角度讲，这也是一种补充营养的过程。

在孕妈妈肚脐上方1厘米的地方可以摸到子宫，孕妈妈腰身明显变粗。乳腺开始分泌乳汁，这时最好不要用面巾纸擦拭和挤压乳头，以免造成不良的刺激。

怀孕6个月左右时，有的孕妈妈会出现忧郁症，这种症状有可能一直持续到分娩之后，所以应积极进行早期的预防和治疗。

对于高龄孕妈妈和从事站立工作的孕妈妈来说，静脉瘤症状可能会比较严重。穿低跟或平底的鞋，做抬腿的动作或者接受按摩都可以解除腿部的疲劳感觉。

饮食上，由于消化器官受到激素的影响，孕妈妈对食物的喜好与平时相比可能会有较大的变化。此时无论食量增加还是减少都很正常，所以没有必要为此感到忧虑。

冬葵薏仁粥

原料：冬葵子30克，薏仁200克

调料：糖适量

做法：

1.将冬葵子切碎，煮沸10～15分钟。

2.放入薏仁共煮，熬制成粥，加适量糖，搅拌均匀，空腹服用。

◎ 孕22周胎儿与孕妈妈发生了哪些变化

随着胎儿不断成长，体积继续增大，胎儿的眼皮和睫毛也开始发育，还长出了手指甲。

现在，孕妈妈的身体已经进入了较为平稳的状态。孕吐症状几乎完全消失，孕妈妈的胃口也逐渐恢复。有时身上会突然长出痣来，或者原来的痣体积增大或颜色加深。此外乳房继续变大，腹部可能出现很显眼的妊娠纹。

孕妈妈要警惕贫血。铁的缺乏会导致贫血，因此孕妈妈要积极地摄取含铁量丰富的食物，每天还应喝6～8杯水。充足的水分可以帮助营养吸收并促进新细胞的生成，还可以有效地缓解头痛、子宫痉挛和膀胱炎等症状。饮用牛奶、蔬菜汁、果汁也是保证水分供给的有效办法。

注意按摩乳房。孕妈妈从此刻开始要养成按摩乳房的习惯，可以在孕中期每天1次，孕晚期每天多次。而在洗澡之后、上床以前进行按摩可以取得最佳效果。

◎ 孕23周胎儿与孕妈妈发生了哪些变化

胎儿的体重差不多是455克，从头顶到臀部的距离约为20厘米。听觉不断发育，嘴唇也变得更加分明并逐渐丰满圆润起来，面部越来越接近新生儿出生时的模样。胎儿的皮肤上有许多皱纹，覆盖全身的汗毛颜色变得更深了。

尽管孕妈妈的身体变化较为缓慢，但此时还是可以看出腹部明显变圆。臀部、面部和手臂变得圆润，胸部也渐渐丰满，需要戴专为孕妈妈设计的胸罩。

饮食上，孕妈妈要限制盐的摄取。因为过多摄取盐分会使身体发生浮肿，所以应当将每日盐分的摄取量控制在5克以下。精制花生米、土豆片、膨化食品和快餐食品中都含有大量的盐，孕妈妈最好少吃。

同时还要避免过度疲劳。工作过量、长途旅行或是剧烈运动都会给身体带来无法承受的负担，对此一定要多加小心。

推荐菜谱

海参炖鸡茸

原料：水发海参750克、鸡脯肉40克、鳜鱼肉20克

调料：酱油30克，料酒20克，盐5克，味精20克，葱、姜末各5克，蛋清8克，淀粉20克，高汤适量，白糖5克

做法：

1．将海参切条，轻焯以后倒出。

2．将鸡脯肉和鱼切成肉茸。放入碗中，加水冲开后，与蛋清、淀粉搅拌成粥。

3．将锅中倒入食用油，烧至3分熟，把鸡鱼茸倒入漏勺，漏在油里，如不畅快，用手将勺压一压，等其漏完捞出。

4．用葱、姜炝锅，放酱油，料酒、汤、盐、味精、糖、海参，烧2分钟后勾芡，倒入肉茸中既可食用。

◉ 孕24周胎儿与孕妈妈发生了哪些变化

此时羊水量开始增加，胎儿的肺部血管开始发育并出现吞咽羊水的动作。除此之外，与其全身相比，头部显得体积较大是胎儿另一个较为明显的特点。

子宫底的高度到达了肚脐上方3.5～5厘米的位置，由于孕妈妈现在身体里含水较多，所以面部看起来有些浮肿。乳晕更加突出。激素变化导致鼻部阻塞和流鼻血等状况时常发生。如果孕妈妈出现这些症状，最好在室内放置加湿器并服用适量的维生素，可起到预防的作用。

运动方面，有规律的运动可以锻炼孕妈妈的力量，从而为应对整个分娩过程以及阵痛做好准备。在外用餐时尽量从稳妥的角度出发，点一些平时在家里常吃的东西。要避免吃太咸的菜肴，选择低脂肪类的食物，并最大限度地减少吃快餐食品。

饮食上要保持营养均衡。充分地摄取叶酸以预防贫血的发生。食用充足的水果、豆类、绿叶蔬菜和粗粮以达到均衡饮食的目的。曾做过人工流产手术的孕妈妈很容易出现宫颈松弛，这有可能成为流产的诱因，因此一定要多加注意。

怀孕25～28周(第七个月)

孕25周胎儿与孕妈妈发生了哪些变化

这时胎儿开始了各种与呼吸有关的练习，味蕾生长完毕，身体也渐渐变胖，但皮肤仍然皱得很厉害。

孕妈妈的子宫差不多有足球那么大。腹部可能出现瘙痒症状。但千万不要自作主张地使用软膏涂抹或用手抓挠，以免导致症状加重。由于生殖激素的分泌量增加，身体容易出汗。

此外，孕妈妈要为母乳喂养做好准备，在这一时期注意是否有乳头下陷的情况，并就此请教专家。

孕妈妈要警惕甲状腺异常。若脉搏突然发生变化或是手掌出现红晕，则应考虑是不是与甲状腺的异常有关，孕妈妈的甲状腺异常往往会成为胎儿早产和流产的诱因，所以必须加以注意。如果觉得有必要补充一些营养品，也一定要在医生的指导和建议下服用。

孕26周胎儿与孕妈妈发生了哪些变化

这一时期，胎儿体重快速增长，身体变得丰满起来。胎儿开始进行呼吸，其脸部和身体越来越像新生儿了，并且开始对外界的抚摸作出自己的反应。

孕妈妈的子宫继续长大。如果能够注意营养、均衡饮食，孕妈妈体重增加的幅度应该在7.2～9.9千克，胸部、腹部、臀部和大腿内侧都可能出现妊娠纹。

银耳拌芹菜

原料：芹菜400克，银耳200克

调料：盐3克，味精3克，花生酱5克，酱油5克，胡椒粉3克，醋5克，香油15克

做法：

1.将芹菜洗净摘取较嫩的枝干，银耳浸泡后洗净去根。

2.将芹菜焯水后，捞出沥干，依次加入盐、味精、香油少许，拌匀，平摊在盘中。

3.将银耳入沸水略氽捞起，盛入碗中。

4.另取一只碗，放入花生酱，加少许凉开水调成糊状，加入酱油、味精、胡椒粉、醋、香油调匀，倒入银耳中拌匀，放在芹菜上即可食用。

孕妈妈还很容易出现腰疼、小腿痉挛和头痛等症状。此外还有可能出现暂时性的思考能力降低和健忘等症状。因为有的时候怀孕过程中分泌的某些激素可以刺激脑部当中负责学习和记忆的那块区域，其活动性变强以后往往会出现记忆力不降反升的现象。

孕妈妈要注意腹部不适与消化不良的情况，腹部不适与消化不良会使孕妈妈吃不下饭，在这种情况下，孕妈妈的饮食应该选择绿叶蔬菜等营养丰富的食品，而不要吃那些脂肪、油和糖分高的食物。

还要预防早产。有过早产史或胎膜早破史等问题的孕妈妈很容易发生早产，这一类孕妈妈应该经常记录自己的宫缩情况并时刻保持警惕。

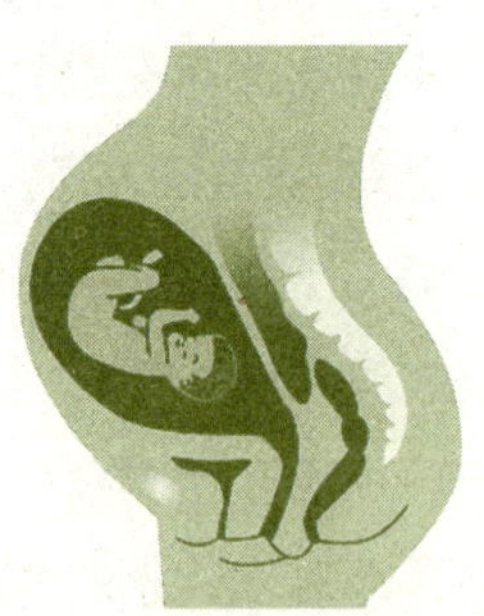

孕27周胎儿与孕妈妈发生了哪些变化

这一时期，胎儿身体的每个部分几乎都已经形成，视网膜继续发育，内耳的神经连接已经完成，眼皮已能够分开，并且会出现不时眨眼的动作。

孕妈妈子宫底的高度到达了肚脐上方7厘米的位置。耻骨到子宫上部的距离变为27厘米。孕妈妈的手臂、腿、脚等部位可能肿得很厉害，这时，可以通过按摩来缓解症状。

子宫变大的同时胸部会有疼痛的感觉。开始出现有规律的胎动，如果胎动发生的次数很少就有必要做检查。

孕妈妈要注意补充维生素，及时摄入含有对人体生长起到重要作用的维生素A、对神经发育和血液细胞的形成有积极影响的维生素B，以及可以促进肌肉和红血球生成的维生素E的食物。

孕妈妈若使用电脑，每小时需要休息1次，久坐之后也要站起来做运动以舒展身体，转动脚腕、肩膀，并拉伸背部，对缓解紧张的神经有所帮助。

清拌莴笋丝

原料：莴笋600克

调料：食醋10毫升，盐10克，葱末、香油、味精各少许

做法：

1.莴笋切丝，用少量盐腌制5～10分钟，倒掉多余的水分。

2.加入适量葱末，调入盐、香油、醋、味精，即可食用。

爱心妈妈经验谈

怀孕后，每次胎动带给我的喜悦真是无法形容，我觉得我是那样的幸运，每天都有小宝宝在陪伴我。我常常听着舒缓的音乐温柔地抚摸着小宝宝，感觉着生命的神奇。有意思的是，宝宝好像能听懂音乐似的，当音乐停下来时，胎动的感觉就会有微小的变化。

◉ 孕28周胎儿与孕妈妈发生了哪些变化

这一周可以算是孕晚期的开端，胎儿的眉毛和睫毛不断地生长，脑组织数量明显增加。头发变得更长，体重有了成倍的增长。进入这一时期以后，胎儿会做梦了，睡眠也有规律了。

孕妈妈耻骨到子宫上部的距离已经达到了28厘米。此时体重的正常增长幅度是7.7～10.8千克，腹部的红色妊娠纹变得十分鲜明。腹部、臀部和大腿内侧都变得更加丰满，乳房上的血管也显得更加突出了。

孕妈妈的身体出现浮肿，手臂、腿部、脸和脚腕都有可能发生浮肿，这段时间里应该经常把腿搁在高处，坐的时候将腿伸直，还要注意穿比较宽松的鞋子。除此之外，多喝水可以将身体里的废弃物排泄出去，对消除浮肿也有很大的帮助。

如果孕妈妈出现了消化不良和心口难受等胸部疼痛的症状，可以每天进餐5～6次，减少每餐的摄入量，情况会有所缓解。

怀孕29～32周(第八个月)

◉ 孕29周胎儿与孕妈妈发生了哪些变化

这一时期，胎儿的皮下脂肪不断积累增多，手指甲生长出来，用光线刺激时，胎儿会随着光线的方向转动。

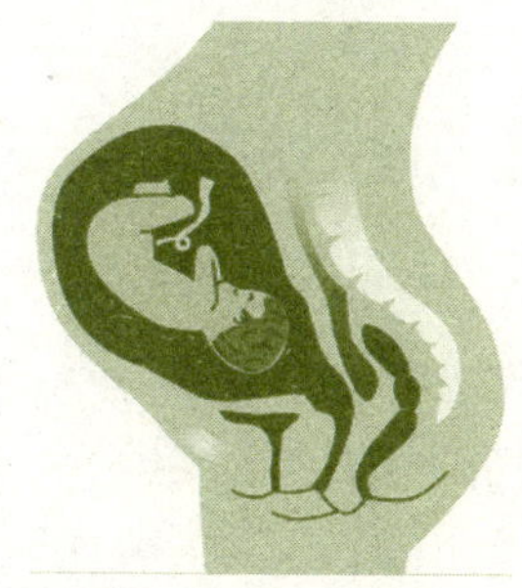

子宫在4周之内又增加了4厘米，体重增加的正常范围是8.5～11.2千

克。妊娠纹、宫缩或者浮肿都属于怀孕后期的正常现象，所以出现这些症状时用不着过于担心。

此时可能常会有乳汁分泌，为了保持清洁，可以在胸罩里垫上纱布或棉垫。

孕期很容易长出黑痣或者雀斑，并且会由于油脂和水分的不均衡导致皮肤角质的出现，保证充足的睡眠并缓解压力可以有效地预防黑痣和雀斑等皮肤问题。

豆芽生鱼片

原料：豆芽200克，生鱼肉300克，葱段、姜丝各适量，胡萝卜数片，酒2茶匙

腌料：姜汁、盐各半茶匙，油2茶匙，胡椒粉少许

芡汁料：盐、糖各半茶匙，生油2茶匙，生粉1茶匙，麻油少许，清水3汤匙

做法：

1.豆芽洗净，热油爆香姜片，炒豆芽八成熟。

2.鱼肉洗净，切片，腌料拌匀。

3.热油，加酒、加芡汁料煮滚，放入生鱼片煮熟，再加入豆芽、胡萝卜片猛火炒匀即可上碟。

即使只是非常轻微的阵痛，孕妈妈也最好采取侧卧姿势并保持镇静。一般来说，只要通过休养就可以解决宫缩和阵痛的问题。多次出现这些情况时要到医院接受检查。

饮食上，孕妈妈应遵循少食多餐的原则，如果不喜欢某一种食物，不要因为其营养价值而勉强食用。

◎ 孕30周胎儿与孕妈妈发生了哪些变化

这一时期，女胎的阴蒂开始变大，并长出了阴唇模样的组织。男胎的睾丸则从肾脏附近移动到了阴囊当中。

孕妈妈的子宫已经增大到几乎要触及肋骨的程度，看上去好像再也没有继续扩大的空间了。然而事实上胎儿和子宫的体积仍在不断变大，羊水量也在持续增加。

变大的子宫接触到横膈膜，让孕妈妈感到呼吸困难。便秘、消化不良和小腿痉挛的情况时常发生。如果乳头上有残留分泌物，用温水柔和地清洗干净即可。

孕妈妈在沐浴时要注意水温不可过热，还要特别小心脚底打滑。

◉ 孕31周胎儿与孕妈妈发生了哪些变化

现在，胎儿仍然一刻不停地生长着。胎儿的皮下脂肪明显增多，在一周的时间里体重能够增加500克以上。实际上新生儿的体重有一半都是在出生之前的7周里增加的。

胎儿肺部与消化器官几乎都已形成，用光线照射孕妈妈腹部可以观察到胎儿作出反应，眉毛和睫毛也变得更加完整了。

在怀孕第12周的时候，孕妈妈的子宫就已经占据了整个骨盆，到了第31周则扩增至腹部的大部分空间，体重正常增长范围是9.4～12.1千克。

孕妈妈的体重几乎以每周500克的速度增长着。血液和体液量增加导致腿部常常发生浮肿。当骨盆的血管被子宫压迫时，有可能引起整个下半身的血液循环受阻。

在睡眠习惯上，怀孕后期孕妈妈可能出现各种睡眠障碍，这种情况完全属于正常现象。此时可以稍稍侧卧并将一条腿放在枕头上，这样可以帮助孕妈妈进入熟睡的状态。

孕妈妈要注意经常检查自己的血压和体重，在感到疲劳的时候要保证充分的休息。

砂仁鲤鱼

原料：鲫鱼1条，砂仁25克，姜丝、葱丝各适量

调料：盐1/4茶匙，生粉1/2汤匙，酒2茶匙，油1茶匙，砂仁洗净、舂碎

做法：

1.鲫鱼剖肚洗净，调料涂匀鱼身。

2.砂仁放入鱼身，隔水蒸12分钟。

3.热油爆香姜丝、葱丝，淋在鱼身上，即可食。

◉ 孕32周胎儿与孕妈妈发生了哪些变化

胎儿的头部、臂部和腿部按照适当的比例生长着，并且开始排尿。由于没有活动的空间，胎动的次数逐渐减少，如果发现是双胞胎，则需要根据胎儿不同的位置来确定分娩方法。

孕妈妈肚脐与子宫上部相距12厘米，耻骨与子宫上部的距离则是32厘米左

右。腹部的深色条纹变得更加显眼，肚脐可能变得平整，也可能明显地凸出。

脊柱和骨盆的关节变化常常导致腰部疼痛的发生，肩膀向后活动时也很容易产生疲劳的感觉。怀孕后期，孕妈妈应该保持每天按摩乳房的习惯。

孕妈妈要注意控制体重，怀有双胞胎时，体重会增加20千克左右，这种情况下孕妈妈就需要把更多的注意力放在对体重的监控上。

同时适当做运动，对于孕妈妈而言，行走可以减轻浮肿的症状，所以每天都外出行走，鞋跟不能超过2～3厘米。

怀孕33～36周（第九个月）

◉ 孕33周胎儿与孕妈妈发生了哪些变化

这一时期，胎儿会吞入羊水并进行呼吸练习，头发明显长长，男胎的睾丸完全进入到了阴囊当中。

孕妈妈肚脐到子宫上部的距离变为13厘米，耻骨到子宫上部的距离有33厘米左右。体重增加了9.9～12.6千克。当感到腰部疼痛时，可以通过洗热水澡或进行按摩，以缓解肌肉的紧张状态。

胎儿的快速成长使孕妈妈的体重增加，胸部的不适也变得更加严重。对乳房进行按摩的最佳时期是洗澡之后和睡觉之前。

由于羊水随时都有破裂的可能，所以孕妈妈应事先熟知早期破水的征兆。若阴道内有近似于水一样的清澈透明液体流出，则是破水的信号。

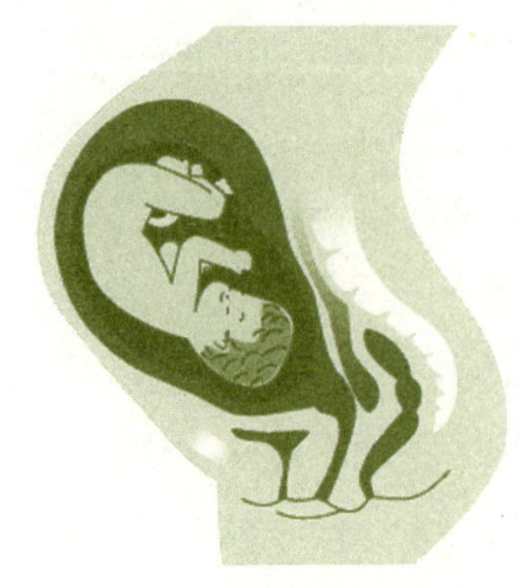

养血安胎汤

原料：芝麻鸡1只，姜2片，石莲子、川续断各12克，菟丝子、阿胶各18克

调料：盐适量

做法：

1. 鸡洗净，放入滚水中煮3分钟，取出炖盅待用。

2. 石莲子、川续断、菟丝子放入煲汤袋，同放瓦罐内，加清水煎30分钟。

3. 将煎汁加入炖盅，再放姜片及阿胶，加盅盖隔水炖3小时；下盐调味可趁热食用。

孕34周胎儿与孕妈妈发生了哪些变化

现在，胎儿头部的骨骼变得坚硬，皮肤上的皱纹也减少了许多。脚指甲长出来的同时手指甲也已经完全长出。

有些孕妈妈喜欢与其他孕妈妈比较腹部大小，其实大小并不重要，重要的是子宫增长的速度是否适当，因为这是我们判断腹中的胎儿是否在正常成长的依据之一。

孕妈妈的脸上有可能出现白色的斑点，但在分娩之后会很快消失。孕妈妈可以感觉到胎儿的位置有所下降，呼吸变得轻松起来，但是由于胎儿向下移动，骨盆会有压迫感。

在感到难以适应这种压迫时，就要去医院检查。此外，激素分泌的增多使乳腺保持着发达的状态，开始分泌少许乳汁。

这一时期，发达的乳腺可能造成胸部发胀或疼痛，要想减轻这种疼痛，可以在沐浴之后做一些按摩。激素的增加还可能使胆固醇升高。这时可吃一些烤土豆、花菜和酸奶当做加餐。

孕35周胎儿与孕妈妈发生了哪些变化

现在胎儿的肺部正充分地发育着，这一时期出生的胎儿存活率已经接近到了99%。

孕妈妈从肚脐到子宫上部的距离是15厘米，耻骨到子宫上部大约35厘米。孕妈妈的体重增加了10.8～13千克。随着分娩的临近，腰部的疼痛症状越来越严重，乳房胀至最大上限，身体变重使孕妈妈很难进入到熟睡状态，情绪波动较大。

营养方面，为了保证胎儿的健康和营养，孕妈妈需摄取大量的维生素和矿物质，如果打算进行母乳喂养就应该更加注重营养的补充。

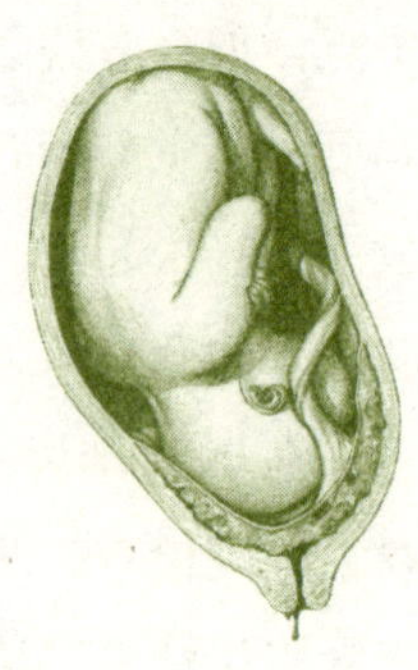

推荐菜谱

淮山瘦肉煲乳鸽

原料：淮山100克，莲子25克，乳鸽1只，姜2片，清水10杯

调料：盐适量

做法：

1.淮山、莲子洗净。

2.乳鸽杀干净放入姜、葱，开水内煮3分钟，取出洗净。

3.瓦煲注清水煲滚，加乳鸽、姜片、淮山、莲子煲30分钟，慢火再煲2小时；下盐调味即成。

◎孕36周胎儿与孕妈妈发生了哪些变化

可以在胎儿出生以后起到体温调节作用的皮下脂肪逐渐增多，胎儿暂时还不能自主呼吸，所以胎儿如果在此时期出生，在一段时间内，必须依靠人工呼吸才能够生存。

孕妈妈从肚脐到子宫上部的距离是14厘米，从耻骨到子宫上部是36厘米。孕妈妈的腹腔内几乎再也没有多余的空间了。子宫随胎儿一起变大，这时已经抵到了肋骨下段的位置。

由于膀胱受到压力，孕妈妈又出现尿频现象，体重增加了11～13千克，胎动次数也明显减少。

在生产方式的选择上，自然分娩可以避免手术带来的后遗症，分娩后只需要2天时间就可以出院，而且之后的恢复期也很快。但如果孕妈妈的骨盆较小，胎儿的个头又很大，采取自然分娩会有一定难度，在怀有双胞胎或孕妈妈有高血压、胎儿宫内缺氧的情况下，医生会建议采取剖宫产手术。总之，应该根据孕妈妈和胎儿的健康状况选择适当的分娩方法。

乳房按摩很重要，为了今后能顺利地进行母乳喂养，孕妈妈在给乳房做按摩时不要有丝毫的马虎。

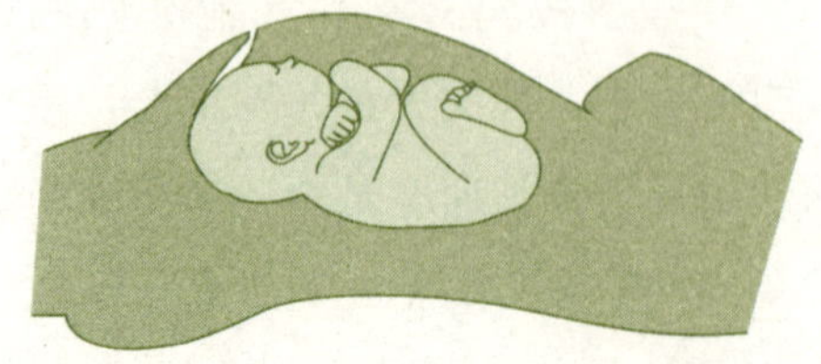

怀孕37～40周（第十个月）

◉ 孕37周胎儿与孕妈妈发生了哪些变化

现在，胎儿继续不断地生长，体重仍在增加，并生成了大量的皮下脂肪。

孕妈妈子宫大小与上一周相似。孕妈妈的体重差不多到达了最高点，与怀孕之前相比增加11～15千克。

胎儿向骨盆下方移动，这一过程可能造成痔疮的发生。孕妈妈单侧乳房的重量已经达到了400～800克，发生阵痛时子宫颈会变软、变薄。分娩过程中，当胎儿通过产道时孕妈妈的腰和背会感觉到明显的疼痛，这种疼痛的感觉会在分娩之后仍然持续很长时间。

饮食上，直到分娩之前孕妈妈都应该保持良好的饮食习惯。要尽量避免摄入高脂肪和高热量的食物，也不要吃生鱼和生肉。

运动上，孕妈妈可以进行强化阴道肌肉的提肛运动，腹部肌肉以及促进血液循环、减轻浮肿和痉挛症状的腿部运动。此外轻微的舒展活动也一样可以起到强化韧带及周围肌肉的效果。

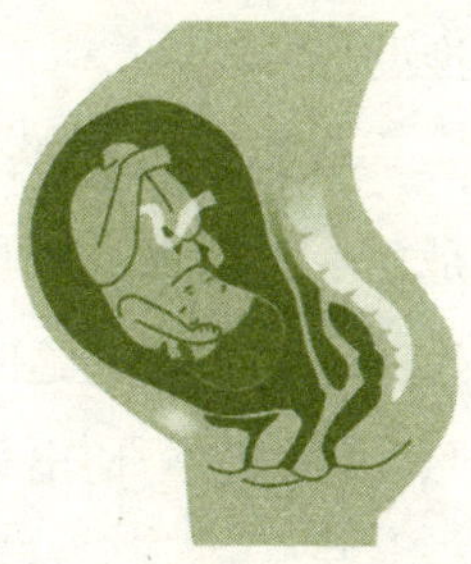

推荐菜谱

香椿蛋炒饭

原料：米饭250克，鸡蛋2个，香椿芽125克，猪瘦肉丝75克，绍酒、精盐、味精、干淀粉、植物油各适量。

做法：

1.香椿芽洗净切末；猪瘦肉丝加精盐、绍酒、味精、干淀粉上浆；鸡蛋磕入碗内，加精盐、味精搅匀。

2.锅置火上，放油烧热，倒入肉丝滑熟，起锅；锅留底油复上火，倒入鸡蛋液、香椿末，旺火翻炒至熟，倒入米饭、肉丝炒匀，淋入绍酒即可起锅。

◉ 孕38周胎儿与孕妈妈发生了哪些变化

现在胎儿已经完全成熟了。

在怀孕的最后几周里，孕妈妈的腹部不再继续变大，但此时已经很笨重了。从肚脐到子宫上部的距离是16～18厘米，耻骨与子宫上部之间达到了

36～38厘米。

孕妈妈在这一时期最好不要采取仰卧的姿势，以免造成呼吸困难和恶心。进行适当的运动可以缓解力气不足和情绪不安的症状。

现在，应该事先准备好哺乳用的胸罩，卡扣在前的那类胸罩往往较为方便舒适。

如果孕妈妈感到胸部不适，最好不要一下吃太多的东西，只要做到少食多餐就不会有胸部难受的感觉。保持营养均衡的饮食，在想吃甜食的时候尽量选择香蕉、葡萄、芒果等健康水果。可把土豆、鸡肉和沙拉当做加餐。

◎ 孕39周胎儿与孕妈妈发生了哪些变化

胎儿可能将脱落下来的头发和汗毛吞进肚子里，这些毛发经过一段时间之后，就会成为胎便并排出体外。胎儿的肺部得到了完整的发育，所有的身体器官都已发育成熟。

从肚脐到子宫上部的距离是16～20厘米，耻骨到子宫上部的距离是36～40厘米。此阶段应避免体重增长过快，最好控制在12～16千克。胎儿位置的下降会给孕妈妈的行走造成困难。此外，分娩之后在胸部等地会留下妊娠纹。

孕妈妈在这一时期要继续保持均衡的营养摄取，为母乳喂养做准备。进行母乳喂养的女性每天要额外消耗425～700千卡的热量，所以这一时期应远离各种容易引起肠胃不适或带有强烈刺激性的食物，还应每天保持喝2升以上的水，并注意补充钙质。

参枣米饭

原料：糯米250克，党参10克，大枣20克，白糖50克。

做法：

1.党参、大枣泡发，加水煮30分钟，捞出党参、大枣，加入白糖搅匀成甜参枣汁。

2.糯米淘洗干净，加适量水蒸熟后扣在盘中，摆上党参、大枣，倒入甜参枣汁即成。

◎ 孕40周胎儿与孕妈妈发生了哪些变化

现在，胎儿占据了整个子宫，几乎再也没有任何移动的空间。尽管这一周是预产期，但宝宝有可能提前1周，或推迟1周降生。

孕妈妈从肚脐到子宫上部的距离是16～20厘米，耻骨到子宫上部的距离为36～40厘米。这时孕妈妈可以感觉到胎儿做好了一切出生的准备。

腹部的皮肤时刻处于紧绷的状态，并有可能产生瘙痒的感觉。此外，颜色变深的乳晕在哺乳时则可以成为一种对婴儿起引导作用的视觉信号。

孕妈妈要在此时做好分娩计划。每一个孕妈妈阵痛和分娩时的状况都不尽相同，因此要做好充足的心理准备，是否采用麻醉，何种情况下采取剖宫产手术……这些具体的分娩计划都必须事先与丈夫制订周密。

孕妈妈还应了解阵痛，由于不知道阵痛会发展到什么程度，所以必须提前做好各种准备，包括了解阵痛和分娩过程中可能发生的紧急状况以及相应的对策。

阵痛发生期间还可能出现恶心和呕吐等症状，所以需要更加注意。口渴时，嚼食冰块比直接饮水更有好处。

马蹄木耳煲猪肚

原料：猪肚半只，马蹄8只，木耳100克，支竹50克，鲜白果30克，红枣10克，姜3克

调料：盐、鸡粉、胡椒粉适量

做法：

1. 将猪肚用粗盐反复搓擦，冲洗干净，放入滚水中煮5分钟，取出切大块，待用。

2. 马蹄去皮；木耳洗净切大块；支竹用温水浸软，切成长8厘米的段，待用。

3. 将所有材料及适量清水放入煲内煲滚，再用慢火煲2小时，加入调料便成。

第二章 宝宝的发育变化（0～6岁）

0～1个月的宝宝

◉ 新生儿的成长速度是怎样的

一般来说，刚出生的正常体重儿体重大约为2.4～4.0千克，低于标准的为低体重儿，超过标准的为巨大儿。如果宝宝饮食正常、生长迅速、发育良好，在这段时间里体重平均每天可以增加30～40克。

身长一般为46～52厘米，平均为50厘米，头部长度占身长的1/4，男宝宝和女宝宝无明显差别。头围在满月时平均增加2.3厘米。宝宝刚出生时体温与母亲相同，之后逐渐降至36.8℃～37.2℃。

体重虽然是衡量身体健康的标准，

但不是唯一标准。在宝宝出生后3～5天内，体重会下降7%～8%。这是因为宝宝出生后要排泄胎便和小便，还会吐一些在出生过程中吸入的羊水，身体内水分也会随肺呼吸、皮肤散发一些。

新生儿长什么样

那些即将成为爸爸妈妈的人，几乎无一例外地想象过自己即将出生的宝宝究竟是男是女？长什么样？像自己还是像对方？

其实，刚生下的宝宝一点也不好看：脑袋约占了身长的近1/4；细小的腿；麻秆似的小胳膊；鼓起的肚子和一张被羊水浸泡的小脸。有的宝宝头发长得很旺，有的宝宝却是个小光头。还可以看得到头皮下密布的血管，以及头顶天灵盖上方中央，有随着脉搏跳动的前囟门。

宝宝出生时承受到来自母体的压力是巨大和难以想象的。正因为如此，宝宝的眼睛可能充血，或是浮肿得睁不开；鼻子扁平，两颊可能不对称。这些都属于正常现象。

新生儿的皮肤非常薄，皮肤底下藏着丰富的血管使皮肤泛着粉红色。皮肤上或许还沾着尚未脱落完全的胎脂。另外，有些部位的皮肤还可能附带一些青色或紫色，即我们常说的胎记。比如脖子前面、眼睑、鼻翼两侧有形状不规则的小红痣，以及鼻尖由于汗腺扩张形成的似痱子样的疹子，这些都会随年龄的增长逐渐消失，父母不用担心。

何为新生儿的囟门

刚出生的宝宝，头顶有一片柔软无骨的区域，被称为前囟门，还有一个位于头后部的称为后囟门。它们是头骨间形成的缝隙，有利于宝宝的头在通过产道时改变形状。囟门大约会在2个月左右变大，到9～18个月左右闭合。

新生儿有支撑力量吗

刚出生后的新生儿，身体几乎没有任何的支撑力量，尤其是颈部与头部。

宝宝的乱蹬乱踹为哪般

新生儿还像在母体里一样，手臂和腿弯向躯干一边，小手攥成拳头。乱蹬乱踹只是一种无意识的活动。

当父母抱着宝宝的胳臂下面，把他放在一个硬垫子上时，宝宝会伸直双腿。当把宝宝脚的重心轻轻移向一侧时，他也会把另一只脚抬向前方，做出走步的动作。

宝宝有反射活动吗

只要把手指放到新生儿的手中，他的小手就会抓过来，并且抓得死死的，平时宝宝的小手也是握成拳头。这就是新生儿的握持反射。

产生这一现象的原因是新生儿的运动机能发育尚不健全，因此新生儿的运动仅仅是一种反射活动。但这种握持反射几周内就会消失。

吸吮反射使宝宝可以找到食物的来源。饿的时候，宝宝就会移动头部，当任何物体接近宝宝嘴角时，他都会以为是妈妈的乳房而将头转过来张开嘴。

◎ 新生儿有自己的心智反应吗

大多数人几乎都认为，新生儿是个什么也不懂，只知道吃、喝、拉、撒、睡哭闹的小家伙。其实，新生儿是有自己的心智反应的。

当宝宝把注意力集中在妈妈脸上的时候，宝宝的心跳会加快，还会突然摆动身体，嘴像鱼嘴那样动，这是宝宝试图说话的最初表示。

新生儿会对如闪电等强光和巨大轰响作出皱眉头、啼哭或停止活动等反应。闹钟响时，宝宝会仔细地听。他会以啼哭来告诉父母他饿和不舒服了。新生儿被爸爸妈妈抱起、摇晃，或者听到亲切的话语时就会安静下来。

新生儿最敏感的感觉器官是皮肤，哺乳时与妈妈皮肤的接触，以及洗澡和换尿布时的触摸，都会使宝宝拥有安全感，发出微笑，但这时脸上的微笑还仅仅是一种反射活动。

◎ 新生儿的视物距离有多少

刚一出生的宝宝，眼睛一般是闭着的，但过不了多久，宝宝就会睁开他还浮肿的双眼，新奇地看着眼前的世界。

爸爸妈妈不要以为新生儿什么也看不见，而忽视与宝宝眼睛的交流，其实，新生儿能够清楚地看到20～25厘米范围内的物体，会通过移动目光和转头来回应你的声音。

因此，每当爸爸妈妈和宝宝说话时，要与宝宝保持这样的距离，以使宝宝能清楚地看到你。时间一长，爸爸妈妈就会发现，每当你出现在宝宝的面前时，宝宝就会手舞足蹈地表现出很兴奋的样子，这说明宝宝已经认出你了。

由于新生儿的眼睛很脆弱，因此，年轻的爸爸妈妈要注意保护宝宝的眼睛，不要让宝宝的眼睛受到强光的刺激。

◎ 新生儿的听力如何

新生儿的听力很敏锐，尤其对爸

爸妈妈的声音更敏感。这是因为当宝宝还在妈妈子宫里的时候，就熟悉了爸爸妈妈的声音。因此，宝宝会立即对爸爸妈妈快乐的声音作出反应，并表现出极度兴奋的样子：有时是双手双脚进行舞动，有时头来回扭动，甚至眼睛追随着你，嘴巴还一张一合。

年轻的爸爸妈妈们千万不要错过和宝宝交流的机会，宝宝一出生，就要开始和宝宝说话，为宝宝唱歌，不要怕他听不懂。当你用抚慰的语气和宝宝讲话时，宝宝会变得很安静；如果你说话的声音很大，宝宝会很惊恐。当宝宝受到惊吓的时候，会伸展开他的手臂、五指和腿做拥抱状来保护自己。因此，千万不要大声对宝宝说话，要表情柔和、慢言细语，在与宝宝说话的时候，眼睛尽量看着宝宝，不但要用语言，更要用心灵与宝宝交流。

0～1个月的宝宝智能发展测试

分类	项目	测试方法	通过标准	出现时间
大动作	抬头	宝宝双手在胸前交叉，抬头	可以向两边转头	第__月第__天
	坐	扶住宝宝上臂外侧	头可以竖直2秒以上	第__月第__天
精细动作	抓握	给宝宝带细圈的玩具	握10秒以上	第__月第__天
语言	喉音	看着宝宝说话时，宝宝发出喉音	发出小声的喉音	第__月第__天
认知	看玩具	把玩具放在距离宝宝眼前20厘米处，宝宝可以注视玩具	注视7秒以上	第__月第__天
	听声音	用声音在距离宝宝10厘米处逗引宝宝	寻找声源	第__月第__天
情绪和社交	逗宝宝笑	挠宝宝痒，逗笑	满月前	第__月第__天
自理	识把	用“嘘——”声示意宝宝小便，建立条件反射	对“嘘”声有反应	第__月第__天

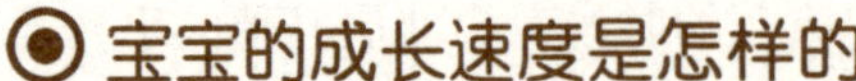

1～2个月的宝宝

◎ 宝宝的成长速度是怎样的

宝宝在这个月的生长速度之快，实在是令人惊奇。满月时，宝宝的体重比出生时平均增加了1千克，身长也平均增长了3～4厘米。

有些生长顺利的宝宝，每天的体重增加量超过30克。但这只是平均数值，宝宝的生长在很大程度上有个性差异。

这时候的宝宝，小脸光滑了，皮肤也白嫩了，肩和臀部显得较狭小，胸部、肚子呈现圆鼓状，小胳膊、小腿也变得圆润了，而且总是喜欢呈屈曲状态，两只小手握着拳。

所有这一切都表明，宝宝已经平安顺利地度过了新生儿期，开始迎接自己的新生活。

◎ 宝宝的头围及评价标准是怎样的

头围是大脑发育的直接象征，关系和影响着宝宝今后智力发展的好坏。这个月的男宝宝头围平均为39.6厘米，女宝宝头围平均为38.6厘米。所以，只要宝宝的头围在增长，即使某个月增长稍微少了也不要着急，要看总的增长趋势。

◎ 宝宝的身体有劲了吗

宝宝俯卧时可以用手支持大约10秒钟，还有些摇摆，也能将头抬起约5厘米。如果竖抱宝宝，宝宝的头不但能颤颤巍巍地挺直片刻，还能随视线转动90度左右。

宝宝的手能抓握吗

仰卧时，宝宝的双臂弯曲地放在头部的旁边，有时双手张开。此时的宝宝将不再具有“握持反射”了，宝宝的手指大部分时间是张开的，而且他开始注意到手的存在。

如果把玩具放到宝宝手中，宝宝的手会抓得很牢，并能在手里握较长时间。有时还能无意中抓住身边的衣服玩。在吃奶时初步能用手扶奶瓶，还经常把手指或拳头放在嘴里吸吮。

宝宝的手脚是否灵活

宝宝在情绪愉快时，手腿都能做较大幅度的舞动，经常高高举起又放下。腿脚开始“不老实”，总是把妈妈盖在身上的小被子踢开。

宝宝会笑了吗

以前整天睡觉的宝宝现在已经熟悉了生活的节奏，醒着的时间多了一些。

宝宝也有了更丰富的表情，会笑

了，偶尔还会发出一些“啊啊呜呜”的声音，越来越可爱了。宝宝的视力和听觉越来越发达，白天一双圆溜溜的大眼睛骨碌碌地转个不停，还能辨别出声音的方向。

这个时期的宝宝似乎已经“认识”朝夕相处的父母及家人，见到他们会露出很高兴的样子，脸上笑着，嘴里叫着，手脚舞着，也乐于让他们抱。

宝宝有了最初的语言吗

第2个月的宝宝开始懂得别人对他说的话中所流露出来的感情。当宝宝听到大声愤怒的说话声时，会惊恐啼哭；对友善的声音往往报以微笑，宝宝还能区别熟悉和不熟悉的声音，以及男人或女人的声音。这阶段宝宝的哭声明显地减少了。

当宝宝身体舒服的时候，如果向宝宝说话或点头，宝宝会笑，还会发出“呃”、“啊”的声音。这种声音通常被称为“咿呀声”。这虽然不是语言，但却是宝宝与爸爸妈妈相互交流的一种形式，是语言的萌芽，也是一种发音练习，是宝宝自我感觉良好的一种表现。

◉ 宝宝的视力如何

宝宝满月后，视觉集中的现象越来越明显，喜欢看熟悉的父母的脸。这时候的宝宝，眼睛清澈了，眼球的转动灵活了，哭的时候眼泪也多了，不仅能注视静止的物体，还能追随活动的物体转移视线，注意的时间也逐渐延长。

当宝宝躺在小床上，妈妈从身边走过时，宝宝的眼睛可以跟着妈妈的身体转动。宝宝也喜欢看自己的手。

此时，宝宝色觉有了很大的发展，到了3个多月时，已能辨别彩色与非彩色。宝宝对色彩有偏爱，喜欢看明亮鲜艳的颜色，尤其是红色，不喜欢看暗淡的颜色。宝宝偏爱的颜色依次为红、黄、绿、橙、蓝等。

◉ 宝宝的听力如何

宝宝已经能辨别出声音的方向，能安静地倾听周围的声音，更喜欢听爸爸妈妈对他说话。

当宝宝哭闹时，如果妈妈哄他，即使声音不高，宝宝也会很快地安静下来；如果宝宝正在吃奶时听到爸爸或妈妈的说话声，便会中断吮吸动作；宝宝对突如其来的响声和强烈的噪声，会表现出惊恐和不愉快，还可能会因此受到惊吓而啼哭。这个时期的宝宝对爸爸妈妈的声音很敏感，也非常乐于接受。

◉ 宝宝如何表现“社交欲望”

第2个月的宝宝，开始注意周围的人，对于时常与他亲密接触的妈妈爸爸已经有了记忆，并会从其他人当中认出妈妈爸爸来，并表现出欢快的样子，脸上笑着，嘴里叫着，手脚舞着，也乐于让妈妈爸爸抱他。

如果面对的是生人，宝宝是不会让抱的，会用啼哭表示反抗。这既是宝宝的一种社交欲望，也是一种自我保护的能力。

1～2个月的宝宝智能发展测试

分类	项目	测试方法	通过标准	出现时间
大动作	抬头	宝宝双手在胸前交叉，父母用声音或借助玩具吸引宝宝	能够抬头45度	第__月第__天
精细动作	看手	宝宝仰卧时可以看到手	看5秒以上	第__月第__天
语言	发音	宝宝情绪好时，会发出啊、哦、呃等	3个元音	第__月第__天
认知	追视	让宝宝平躺，头躺正，父母拿颜色鲜亮的玩具在宝宝眼前30厘米处晃动	宝宝可以追视	第__月第__天
情绪和社交	逗宝宝笑	挠宝宝痒，逗笑	发出笑声	第__月第__天
自理	吞咽	用勺喂宝宝水喝	宝宝可以伴随着吮吸吞咽	第__月第__天

2～3个月的宝宝

◉ 宝宝的体态有哪些变化

此时，宝宝的体重增长速度会较第1个月减慢，平均每月增长600～800克，身高平均每月增长2～3厘米，头围平均每月增长2～2.5厘米。

从外观上看，宝宝小脸蛋上的肉多了，脸上变得干净、光滑了；小胳膊、小腿也圆润了；胸围增大，超过头围，体态显得较为丰满，开始具有婴儿体形。

宝宝的后囟门有何变化

宝宝刚出生时，后囟门很软，还没有闭合。一般在宝宝出生后2～3个月时就闭合。宝宝的后囟门部位缺乏颅骨的保护，因此，爸爸妈妈要注意，在宝宝后囟门闭合前，一定要防止坚硬物体的碰撞，但可以用水轻轻地洗。

后囟门的闭合，标志着宝宝头部发育趋于完善，也标志着宝宝脑细胞发育第二个高峰期的到来。

宝宝能抬起头胸部了吗

宝宝的运动能力从颈部发展到胸部。如俯卧抬头时，宝宝头部抬起的同时可以带动胸部抬起45℃～90℃。

宝宝的头能竖立稳当了吗

抱起宝宝时，宝宝能将头部稳稳地竖直10秒以上。宝宝在仰卧位时不仅头部可以转动自如，肩部和胸部也可以转动，因此这个时期的宝宝可以从仰卧位变为侧卧位，也就是说，如果宝宝发育得好，加以适当的锻炼，这个月是可以翻身的。

宝宝的身体支撑力如何

当妈妈把第3个月的宝宝俯卧放在床上的时候，宝宝就会开始做小小的俯卧撑，努力地用手和胳膊把自己支撑起来，有时能支撑1分钟左右，头还能随着视线转动，小眼睛骨碌碌地看着周围的一切。

当妈妈扶宝宝坐起来时，宝宝可以自己保持几分钟的平衡，但小脑袋还有点颤颤巍巍。

如果妈妈扶着宝宝的腋下把宝宝立起来，宝宝就像跳芭蕾舞似的，脚尖着地举起一条腿迈一步，再举另一条腿迈一步，这是一种原始反射。

当然，这还不能算作真正的迈步，等到了第6个月时，宝宝的下肢才能支撑他的全身。

宝宝手的控制能力如何

进入第3个月的宝宝，最明显的一点就是手的控制能力增强了。这时候的宝宝，好像刚刚发现自己有一双小手，常常会目不转睛、全神贯注地研究“新发现”的手指，看它们怎样协作配合。

如果有玩具放到宝宝面前时，宝宝就会伸出小手笨拙地去抓取面前的玩具，然后又无意识地松开。

宝宝喜欢看自己的手握紧又张开，还会像拍手那样把手掌压合在一起。

◉ 宝宝为什么喜欢吸吮手指

更多的时候，宝宝把手指放到自己嘴里吸吮，而不是整个拳头。吸吮手指，表明宝宝开始用心指导自己的行为，是宝宝心灵发展中最明显的例子。宝宝之所以会吸吮手指，是因为在漫无目的挥动手指时，无意中碰到嘴巴，在反射作用下吸吮起来。这个吸吮手指偶然的发现，让宝宝得到了类似吸吮乳房般的安全感，因此，宝宝开始乐意吸吮手指了。

◉ 宝宝能发出怎样的音调

第3个月的宝宝，嘴里常常会发出一些简单的音调，如“噢”、“啊”等，用一系列容易辨别的叫声，来表达自己的感觉，如饿了、累了、孤独、发脾气、沮丧、生气、不耐烦等，或仅仅是想自己待会儿，还会逐渐拉长音调以引起爸爸妈妈的注意。尤其在吃饱后，嘴里发出咿咿呀呀的声音，显得很满足的样子。

宝宝见到自己喜欢的人，会高兴地手舞足蹈，发出笑声，而且能发出连续的声音，并把头转向叫他名字的人，在被逗引时，小脸洋溢着笑容，嘴里发出“哦”、“啊”的喉音。

这种声音通常被称为“咿呀声”，虽然不是语言，但却是宝宝与妈妈和爸爸相互交流的一种形式，是语言的萌芽，也是宝宝自我感觉良好的一种表现。

◉ 宝宝是怎样表达感情的

2~3个月大的宝宝有了自己的喜怒哀乐。吃饱了，睡好了，看见爸爸妈妈了，宝宝就会发出笑声，嘴里也咿咿呀呀地说个不停；看见陌生人，受到惊吓时，宝宝就会用哭声来达到保护自己的目的；当宝宝饿了，身体不舒服了，也会用嘶哑的哭声来引起爸爸妈妈的注意。

宝宝的表情也越来越丰富，会明显表现欢愉或不快的情绪，妈妈一离开，宝宝会用眼光追随着，若发现妈妈没有回来，便企图用哭声唤回妈妈。

◉ 宝宝认识了亲人

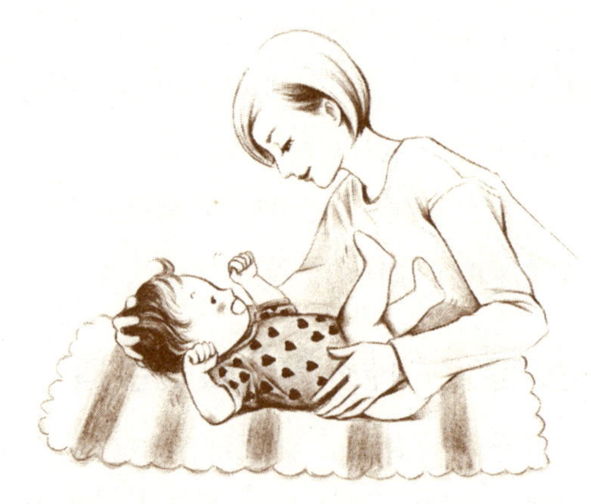

宝宝眼神灵活，能够东张西望。表情也逐渐丰富起来。见到亲人非常高兴，尤其见到妈妈时常常会笑出声音来。当看见亲人熟悉的面孔时会手舞足蹈地表示高兴。当爸爸妈妈和宝宝说话的时候，一定要注视宝宝的眼睛，双眼对视的交流是最好的。

2～3个月的宝宝智能发展测试

分类	项目	测试方法	通过标准	出现时间
大动作	翻身	宝宝仰卧床上，家长在一侧用玩具逗引	能从仰卧翻至侧卧	第__月第__天
	抬头	俯卧抬头	接近90°	第__月第__天
精细动作	握手	仰卧	能双手在胸前互握	第__月第__天
语言	交流	逗引宝宝时，能“咿呀”作出反应	叫喊	第__月第__天
认知	认母	看到母亲时观察宝宝的表情及动作	看到母亲表现高兴	第__月第__天
情绪和社交	照镜子	把宝宝抱到镜子前	对镜子有反应	第__月第__天
自理	睡觉	临睡前让宝宝吃饱，计算宝宝能持续睡几个小时	晚上能持续睡6小时左右	第__月第__天

3～4个月的宝宝

宝宝的身体有了哪些变化

宝宝在这一时期生长速度有所减慢。但爸爸妈妈还是能感到，这时宝宝的身体已不如之前那么软了，已经很好抱了。长时间地抱着他，胳膊还会感到有点酸疼。看来宝宝与出生时相比，无论体重或身高都增加了许多，身体也壮实了许多。

宝宝的头看起来仍然较大，脖子挺得直直的，像个可爱的大娃娃，这是因为头部的生长速度比身体其他部位快。

宝宝的头部转动情况如何

当爸爸妈妈把宝宝抱起来时，宝宝的小脑袋开始东张西望，转动得比较自如了，看东西时眼神也有内容了，看见亲近的人或鲜艳的物品，就会发出喜悦的笑声。

宝宝的身体协调能力怎样

俯卧时宝宝的上半身能完全抬起，头也能挺得很直，头能抬高达到与床面呈90度并且还能坚持几分钟。

如果爸爸妈妈扶住宝宝的腋下，让宝宝站立时，宝宝也能支撑自己身体部分的体重，能稍微控制住身体的摆动。

宝宝何时会翻身

或许在某一天，妈妈分明记得，刚把喂完奶的宝宝像过去那样平放在床上，可拿东西回来后，却惊奇地发现宝宝俯卧在哪儿，小脑袋一仰一合，正用小手努力地把自己支撑起来。

宝宝会翻身了，这表明宝宝对颈部的控制能力，以及身体的协调能力增强了，也标志着宝宝又一全新里程的开始。

宝宝能够自己翻身，对爸爸妈妈来说自然欣喜，但值得注意的是，进入第3个月的宝宝，不知道哪天会自己翻过身，因此，不要在无人照看的情况下，把宝宝独自留在床上、换尿布的桌子上或任何高于地面的表面上，因为宝宝可能会在自己翻身时掉到地上。

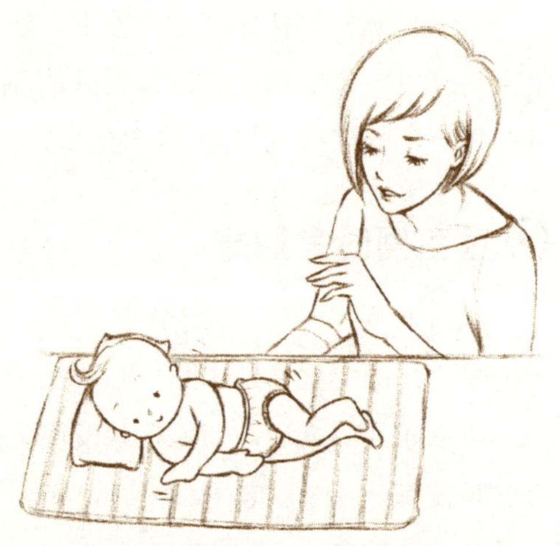

◉ 宝宝手的活动能力怎样

到了4个月时，宝宝的握持反射逐渐消失，两只小手可以自由地合拢和张开。会将双手放在一起，并互相玩弄；还会经常旁若无人地将自己的小手咂吧得津津有味，甚至将整个拳头伸进嘴里。有时宝宝又用小手来回蹭自己的头脸，或许是痒痒了。

当宝宝看见一件玩具时，会高兴地伸出手去拿，当抓住玩具时，还会把玩具拿到眼前来看，对看得见的东西表现出很浓厚的兴趣。手拿得到的东西不管是什么，都想摸一摸、啃一啃。握物时，不再显得笨拙，他能用大拇指和其他四指对握，抓得比较牢。

◉ 宝宝的语音有何进步

现在的宝宝，嘴里发出的不再只是简单的几个元音了。当宝宝发现了有趣的游戏时，脸上笑着，双手拍打着，嘴里咕噜咕噜地故意发出很大的声音。

宝宝还可以经常变换音区，有时用紧闭的嘴唇挤压气流，发出“呜”、“弗”、“丝”等音；有时嘴唇一张一合地又发出“啊”、“噗”的声音。宝宝不高兴的时候会发“m”、“p”、“b”等语音；高兴时会发“j”、“k”等语音，宝宝开始用语音来表达自己的感情了。

宝宝似乎很爱听自己发出的声音，常常练习着声带、嘴唇和舌头之间的配合。当爸爸妈妈也附和着宝宝的发音时，宝宝更来劲儿了，发出的声音更大了，语音也更丰富了。当宝宝觉察到一种声音时，便变得安静下来，并表现出十分诧异。

◉ 宝宝情感的表达方式怎样

此时宝宝有了自己的情感需求，

不再“任人摆布”。宝宝除了对食物和睡眠有需求外，更加想与人接触了。

当妈妈或爸爸走近宝宝的床边时，即使他正在啼哭，也会很快地安静下来，而且手脚一张一合地，渴望着被爸爸妈妈搂抱和爱抚。

随着宝宝智力的发育，宝宝对看过的东西多少有点记忆，能够区别爸爸妈妈和别人，对妈妈的依恋也越来越强。由于妈妈和其他亲近的人反复在宝宝的眼前出现，这张面孔就作为图谱不断地传入宝宝大脑留下印象，这样就产生了最初的记忆。

以后，当熟悉的面孔出现时，宝宝就会认得这个熟悉的面孔，并根据已经建立的条件反射，知道妈妈就要给他喂奶或抱他玩，因而表现出欣喜的表情，做出“认人”的表现。

◉ 宝宝的视线能力怎样

宝宝对鲜艳的颜色分外感兴趣，喜欢红、橙、黄等暖色调的颜色，特别是对红色的物品最感兴趣。爸爸妈妈在宝宝面前放一个颜色鲜艳的布娃娃，或头顶悬吊一只红气球，都能引起宝宝的兴奋，这时宝宝的视线会跟着红气球跑，并会伸出小手去抓。如果妈妈拿着红色的纸片左右移动，宝宝的眼球也会随着左右移动。这说明，宝宝的视觉功能已比较完善，开始能辨别不同的颜色，并能追视了。而这时宝宝可以看到约2～3米远的距离。

◉ 宝宝的听力有何进步

宝宝吃饱奶后，会心满意足地躺在那里，舞动着手脚撒欢。妈妈轻轻一声“宝贝”的呼唤，就使宝宝的头和眼睛随着妈妈声音的方向一起转动，宝宝能听见妈妈的声音并看到妈妈的笑脸了。宝宝听力明显增强，只要妈妈在耳朵边发出声音，宝宝就会跟着声音转头。如果声音太大或刺耳，宝宝就会因惊恐而啼哭。

◉ 宝宝如何尝试“社交”

这个月里，宝宝身体活动比上个月更加频繁，眼睛总是好奇地看着你，有一点声音就会转头寻找，而且好像还很想“社交”，试着咿咿呀呀地说话、微笑，努力表达自己的情感需求。父母在这个阶段要注意宝宝的情感需求，让宝宝无时无刻不感受到来自父母的爱。

3～4个月的宝宝智能发展测试

分类	项目	测试方法	通过标准	出现时间
大动作	仰卧时抬腿	宝宝仰卧床上，在宝宝腿上方吊颜色鲜亮的球	能抬腿踢到球	第__月第__天
精细动作	伸手拍东西	竖抱宝宝，扶住宝宝的前臂，让宝宝伸手拍打前面悬吊的玩具	可以伸手拍打玩具	第__月第__天
语言	发辅音	挠宝宝痒，宝宝笑时，能发出“ba、ma、bu、gu”等音	能发出两个辅音	第__月第__天
认知	认生	观察家中来了生人时宝宝的表现	注视，但不笑，不让生人抱	第__月第__天
情绪和社交	藏猫猫	妈妈用布遮住自己的脸，问：“妈妈在哪儿？”看宝宝表现	被逗笑，并伸手拉布	第__月第__天
自理	张嘴舔食	用小勺喂宝宝粥饭	会张嘴舔食	第__月第__天

4～5个月的宝宝

◉ 宝宝的成长速度是怎样的

宝宝这个时期的体重增加不如以前，相应地来说，生长速度也不如以前快，出现了平缓增长的趋势。

此时的宝宝，身体长胖，宝宝的小脸蛋圆嘟嘟的像个苹果；小胳膊、小腿柔滑白嫩，好似鲜藕。智力也有了很大的提高，那稚气十足、胖乎乎的模样可爱极了。

◉ 宝宝的腿部力量如何

这个月，宝宝只要一醒，就不会老实躺着，总想翻身，如果宝宝穿的衣服少，又正好蹬到被子上，就能翻过身来。宝宝趴着时，能两手支撑起身体，而且能较长时间地抬起头。如果爸爸妈妈扶住宝宝的腰部，宝宝还能勉强坐一会儿，但自己还不能坐稳。如果爸爸妈妈把宝宝抱到膝盖上时，宝宝就会高兴得双脚并拢，在爸爸妈妈的帮助下开始上下蹦跳，越蹦跳越有劲儿，越蹦跳越高兴。

到第5个月，还没有上述这些手脚运动或活动甚少的宝宝，可能因睡得过多所致。对于这样的宝宝，父母应尽量把宝宝抱到户外进行活动。由于宝宝的个性不同，会表现出运动功能上的差异，但迟早都将学会坐立、站起和跑跳等动作，一两个月的推迟并不意味着有病理意义，所以父母不用过于担心。

宝宝的手眼协调能力如何

现在的宝宝，能用眼睛观察周围的物体了，而且对什么都感到新奇好玩，能在眼睛的支配下抓住东西，而且准确率很高。宝宝会把抓住的东西，翻过来倒过去地摆弄着，同时还目不转睛地看着，甚至还把东西从一只手转到另一只手上，有时又抬起小手把东西放到嘴边啃一啃，然后再拿下来看一看，好像在研究什么。这时候的宝宝，随着视觉和运动功能的不断发展，手和眼的反应已相当协调一致了。

手眼协调运动的发展，对促进宝宝的心理发展和生理发展，有着非常重要的作用。宝宝通过摆弄物品，可以从中感觉到物体的大小、形状、颜色、软硬等，加深对物体特征的认识，使宝宝从中学到了更多的东西。

宝宝是否开始学着说话了

这时候的宝宝，语音越来越丰富，还试图通过吹气、咿咿呀呀、尖叫、笑等方式来“说话”。爸爸妈妈说话时，宝宝的眼睛会盯着看，并学着爸爸妈妈的样子发出“喀、喀”的声音，这时宝宝的唾液腺正在发育，所以也常流口水。宝宝还会练习使用他的小舌头，将它伸出嘴唇外发出“呸呸”的爆破音，而且语音越来越熟练。这是因为宝宝发现人们在交流时，使用不同的声音，所以宝宝希望用他的这种声音和方式，吸引爸爸妈妈的注意，多抱抱他，多和他亲热亲热。

◉ 宝宝的视线有何新变化

当宝宝面前滚动着一个皮球时，4～5个月的宝宝就会紧盯着皮球，皮球滚到哪儿，宝宝的视线就追逐到哪儿。如果宝宝头顶悬吊着一只气球，宝宝的眼睛又会随着气球的飘浮而左右转动。更好玩的是，在宝宝面前放一面镜子，宝宝看到镜子中的自己，误认为是个“小伙伴”，就伸着小手去摸，脸上浮现出欢乐的表情，对这个“小伙伴”亲昵备至。

宝宝的这种友爱的反应，实际上就是宝宝对他人、对周围环境的信任感和安全感的体现，这些正是社会性内容的一部分，多让宝宝照镜子，对培养宝宝社会的亲和性、丰富宝宝的视觉体验都很有好处。

◉ 宝宝对音乐的注意力如何

爸爸妈妈发现，当宝宝啼哭的时候，如果放一段音乐，宝宝会很快停止啼哭，扭头寻找放出音乐的地方，并集中注意力倾听。听到柔和动听的曲子时，宝宝会发出咯咯的笑声，而且小嘴里也咿咿呀呀地应和着，拍打着小手，显示出愉快、满意的表情。如果听到刺耳嘈杂的声音，宝宝就会表现出惊恐的样子啼哭起来。

有时，爸爸妈妈叫宝宝的名字，宝宝会很快转过头来，眼睛热切地望着爸爸妈妈，似乎在答应。对于能发出声音的玩具，宝宝更是喜爱，拍一拍，抓一抓，反复把玩，似乎想搞清楚玩具是怎么发出声音的。

◉ 宝宝的记忆力如何

宝宝只要一看到爸爸妈妈或者奶瓶，就眉开眼笑，手脚快活地舞动；如果宝宝看到陌生人或者曾经经历过的惊吓情景，就会因害怕而啼哭。这一切说明，宝宝已经有了自己的记忆。

宝宝产生这种现象的原因，是由于爸爸妈妈和奶瓶在宝宝眼前出现的频率最多，而且也给宝宝带来了欢乐和满足，所以宝宝记忆深刻，一看见就高

兴；而对陌生人，宝宝因没有记忆而害怕；对于曾使自己受到惊吓的情景，宝宝因头脑中已经存储了曾经受到惊吓的记忆，所以才啼哭。

此时宝宝的记忆还明显带着情感色彩，凡是亲切的面孔、色彩鲜艳或活动的事物，都能引起宝宝强烈的情绪，而容易记住并保持下来；对于引起强烈的消极情绪的事物，如害怕、委屈、痛苦等，也容易被宝宝记住；而对于平淡、枯燥的事物宝宝则往往不容易记住。

4～5个月的宝宝智能发展测试

分类	项目	测试方法	通过标准	出现时间
大动作	扶着宝宝站立	双手放在宝宝腋下，扶宝宝站立	站立2秒钟以上	第__月第__天
	靠坐	让宝宝沙发上靠坐	能靠坐10分钟以上	第__月第__天
精细动作	伸手抓握东西	在宝宝面前摆上积木，给宝宝一手一个	两手能同时抓握着玩具	第__月第__天
语言	呼名训练	父母叫宝宝的名字	宝宝有反应，转头看父母，笑	第__月第__天
	模仿发音	逗宝宝笑，对着宝宝发“ba、ma、bu、gu”等辅音	能发出两个重复的辅音	第__月第__天
认知	寻找落地的玩具	父母将能发出声响的玩具掉在地上，观察宝宝的反应	转头寻找	第__月第__天
情绪和社交	照镜子	带宝宝照镜子，逗宝宝	宝宝看着镜子被逗笑	第__月第__天
自理	喂饼干	给宝宝饼干	可以自己把饼干放在嘴里吃	第__月第__天

5～6个月的宝宝

宝宝的成长速度是怎样的

宝宝在第6个月身体发育减慢，但比上个月又有进步，身体的各部分显得更加匀称和润泽。这个月里，宝宝身长平均增长2厘米左右，体重可以增长450～750克，头围增长的数值也不大，一般可增长1厘米，从外观难以看出。宝宝能把手里的小摇铃摇得哗啦啦地响，显得很有劲。虽然体格生长不太明显，但宝宝的智力水平却提高很快，这也是第6个月的宝宝在整个发育过程中比较明显的特征之一。

食欲好、食量大的宝宝，体重增长可能比上个月还大。但是如果每日体重增长超过30克，或10天体重增长超过了300克，就应该适当减少牛乳量。但不论给宝宝吃哪种奶，从这个月起就可以考虑适当添加辅食了，如蛋黄等。

宝宝何时萌出牙齿

进入第6个月，有的宝宝会萌出牙齿，先长出下面的两颗门牙，有的宝宝会先长出旁边的侧切牙，也有的宝宝先长上面两颗门牙，这些都属正常现象。

出牙会使宝宝感到稍许的疼痛，致使情绪会变得有些烦躁，喝奶也没有之前多，而且睡眠也不太好。出牙时的刺激会导致大量口水流出，父母要注意宝宝口周卫生，保持干燥，防止皲裂感染。宝宝出牙的快慢因人而异，与宝宝的体质有关，如果没有在此时期出牙，父母也不用过多担心。

宝宝手、眼、口的协调能力如何

第6个月的宝宝，只要眼前有东西，不管是什么，伸手就抓，还会两只小手同时抓，如果是只小皮球，宝宝的小手会随着小皮球缓慢地滚动反复去抓，直到抓住为止。但是，这时宝宝还不会用手指尖捏东西，只能用手掌和全部手指生硬地抓东西。宝宝能左手拿一块积木，用右手再拿第二块。

宝宝还能自己吃东西，如果给宝宝饼干，宝宝会边往嘴里送，边用小手捏着玩，开始时往往是吃扔，但宝宝却吃得津津有味，甚至有的宝宝还会举着小手，把饼干送到爸爸妈妈的嘴里，那种稚气十足、笨拙可爱的样子实在让人喜爱。

如果妈妈逗宝宝玩，把手绢遮在宝宝的脸上，宝宝能够用手抓住并把手绢扯下来。宝宝已经能够自由地使用双手了，并且手、眼、口已经配合得比较自如了。

◉ 宝宝的感觉、智力发育如何

宝宝的感情变得丰富起来，当父母在身边时宝宝会很快乐，而离开时他就变得很烦躁。宝宝可以区分出不同玩具的功能和声音，他会追逐发出的声响玩具，当一个玩具从宝宝面前消失时，他会寻找。

◉ 宝宝如何表现语言能力

这个月龄的宝宝，虽然不会说话，但已进入咿呀学语阶段，对语音的感知更加清晰，发音变得主动，会不自觉地发出一些不太清晰的语音。

只要不是在睡觉，宝宝嘴里就一刻不停地“说着”，尽管爸爸妈妈听不懂宝宝在说什么，但还是能够感觉出宝宝所表达的意思。如宝宝会一边摆弄着手里的玩具，一边嘴里发出“喀……哒……妈”等声音，好像在自言自语。如爸爸妈妈拿着小布熊逗宝宝玩，宝宝会拍着小手，嘴里还“哦”、“哦”地叫着，对小布熊表现出极大的兴趣。如妈妈拍着手叫宝宝的名字，宝宝会伸开小手，嘴里“啊”、“喔”地叫着，似乎在回应着妈妈。当爸爸问宝宝“妈妈在哪里”时，宝宝就会朝妈妈看，脸上露出欣喜的表情。有时宝宝还把自己的小嘴嘟起，嘴里噗出泡泡来。这一切都说明，宝宝的语言能力有了很大的提高。

平日里，爸爸妈妈在做什么事情之前，都应该告诉宝宝说“爸爸妈妈要干什么什么了”。把语音和实际结合起来，宝宝会快速学会发音，并能运用它。这个阶段婴儿学习语言的最佳途径，仍然是爸爸妈妈多说给宝宝听。看到什么说什么，不断反复地说，并让宝宝看见、摸到，让宝宝不断感受语言，认识事物。

◉ 宝宝的感情有何变化

现在的宝宝高兴时会笑，受惊或心情不好时会哭，而且情绪变化特别快，刚才还哭得很伤心，转眼间又笑了起来。

当妈妈离开时，宝宝又哭起来。如果宝宝手里的玩具被夺走，就会惊恐地大哭起来，仿佛被人伤害了似的。当宝宝听到妈妈温柔亲切的话语时，就会咧开小嘴咯咯地笑着，并把小手聚拢到胸前一张一合地像是拍手。如果妈妈躲在宝宝看不见的地方喊宝宝的名字，宝宝就会东张西望地寻找发出声音的来源，一旦发现妈妈后就笑得很开心。

这个月龄的宝宝可以辨认出熟悉的人并朝他们微笑，但有些宝宝开始明显地认生，对陌生人表现出害怕的样子，不让陌生人抱，也恐惧陌生的环境。如果宝宝不顺心，发起脾气也很厉害，会长时间地啼哭，拒绝吃东西，拒绝其他人的搂抱，只让爸爸妈妈抱。

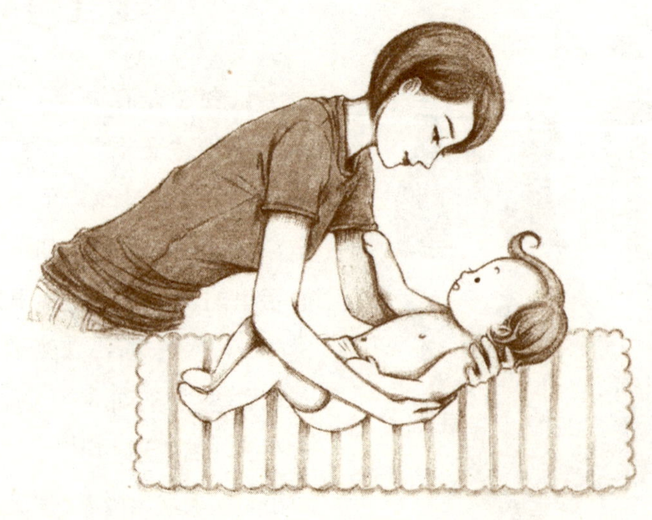

宝宝有了理解力和爱心了吗

第6个月时，宝宝对周围的事物有了自己的观察力和理解力，似乎也会看父母的脸色了。宝宝对外人亲切的微笑和话语也能报以微笑，看到严肃的表情时，就会不安地躲在妈妈的怀里不敢看。听到别人在谈话中提到他的名字，就会把头转向谈话者。当妈妈两手一拍，伸向宝宝时，宝宝就知道妈妈是想抱他，也就欢快地张开自己的胳膊。当妈妈拿起奶瓶朝宝宝摇晃，宝宝就知道要吃奶了，于是就迫不及待地张大小嘴。有时妈妈假装板起脸来呵斥，宝宝的神情也会大变甚至不安或哭闹。

对一些经常反复使用的词语，比如“妈妈”“爸爸”“吃奶”和“上床睡觉”等，宝宝也能理解。

宝宝对亲近的人也会展示自己的爱，当爸爸或者妈妈抱着宝宝的时候，宝宝会用小手触摸爸爸或妈妈的脸，揪爸爸或妈妈的耳朵，还会张着小嘴“啃咬”爸爸或妈妈的脸，咬得口水长流。

5～6个月的宝宝智能发展测试

分类	项目	测试方法	通过标准	出现时间
大动作	坐	让宝宝在床上坐好	宝宝不靠支撑物，可以坐半分钟以上	第__月第__天
精细动作	玩具倒手	递给宝宝一块积木，当宝宝拿住后，再往宝宝拿积木的手递一块	能把手里的积木倒到另一只手里，然后接过新给的积木	第__月第__天
语言	识物训练	问宝宝“灯在哪儿？”“妈妈呢？”	宝宝作出相应的反应，看或者用手指灯或妈妈	第__月第__天
认知	玩具被拿走	当宝宝正在玩玩具时，把他的玩具拿走，看宝宝的反应	表现出哭，或者生气等反抗情绪	第__月第__天
情绪和社交	看“脸色”	假装严厉地“吓唬”宝宝。亲切地逗宝宝	吓唬宝宝时，他害怕或者哭；逗宝宝时，他开心并且被逗笑	第__月第__天
自理	便前有反应	观察宝宝大小便前的反应	宝宝以声音或者行为上的反应来提示父母	第__月第__天

6～7个月的宝宝

◎ 宝宝的成长速度是怎样的

第7个月的宝宝，相对前面6个月来说，体格生长速度继续减慢，体重平均每月增加300～400克左右，身长平均每月增长2厘米左右。这个时期的宝宝，前囟门开始逐渐变小，囟门大小多在1.5厘米以内（对边中点连线的距离）。大多数宝宝已经开始长出了1～3颗牙齿。

◎ 宝宝手的操作能力如何

第7个月的宝宝，手的动作更加灵活，能用拇指和其他手指配合抓住小丸状的物体。有时两只手可以同时运用，比如妈妈在宝宝面前放两块小积木，宝宝会伸出两只小手，同时抓起小积木，甚至还会双手配合，一张一合地拍打起小积木来。如果妈妈端来一碗菜粥，宝宝也会抓过小勺，“笨拙”地往自己嘴里送。尽管宝宝会把粥弄得到处都是，但妈妈不要制止。因为这样做可以使宝宝的手得到锻炼，等过一段时间，宝宝就可以自己用小勺吃东西了。

◎ 宝宝是否会坐了

这个月龄里，多数宝宝都可以坐了。只要拉住宝宝的手，宝宝就会顺势坐起来，而且能在妈妈和爸爸双臂的支撑下、或者靠着沙发短暂地坐上大约半分钟。还有的宝宝即使没有任何物体可依靠，也能够坐10～15分钟左右。

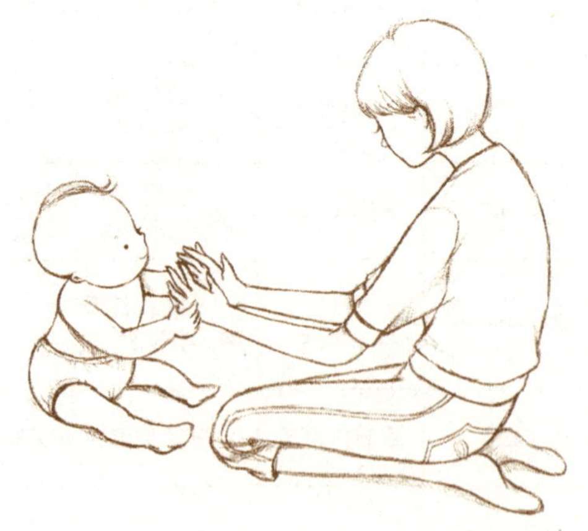

◎ 宝宝是否有了求抱反应

看到爸爸妈妈走近时会张着手臂，让爸爸妈妈抱。平时总见到的熟人，宝宝也会要求抱。

宝宝能理解语言了吗

尽管宝宝现在还不会说话，但却能理解爸爸妈妈常说的一些简单的话的意思了。当妈妈说“小皮球在哪儿”，宝宝会用眼睛看或用手指向小皮球，并在嘴里“哦”、“哦”着，似乎在告诉妈妈“小皮球在这里”。当妈妈抱着宝宝问“嘴巴在哪儿”，宝宝就会把小手指插进妈妈的嘴里，意思是告诉妈妈“嘴巴在这里”。

宝宝现在已经基本能够把感知的物体、动作、语言、表情都联系起来，储存在大脑中形成印象，在下一次遇到这种情况时，宝宝就能理解并作出相应的反应。

听懂成人说话，对宝宝心理的发展具有很大的意义，能够使宝宝的大脑发育更加完善，为语言的发展打下基础，也能够快速提高宝宝的智力水平。

宝宝什么都想尝一尝吗

这时的宝宝对任何事物都感到新奇，只要拿到手的东西，总想放到嘴里去尝一尝；只要看到的东西总想伸手去摸一摸，还特别喜欢用手指到处乱捅。比如当妈妈吸吮宝宝的手指时，宝宝显得既高兴又惊讶，然后又会把手指放进自己的嘴里吸吮，宝宝是想感觉一下，把手指放在妈妈嘴里和放在自己嘴里有什么不同。

宝宝是否有了观察力的萌芽

进入第7个月的宝宝，对音乐、爸爸妈妈欢快的说笑声都有积极的反应。宝宝随着音乐嘴里也“呜呜”、“阿阿”地“唱着”；听到爸爸妈妈说笑得那样高兴，宝宝也欢快地张扬着小手，嘴里也“吧”“哒”“喀”地说着，好像告诉爸爸妈妈“宝宝也要参加进来了”。

这个时期，宝宝的远距离知觉开始发展，能注意远处活动的东西，如天上的飞机和小鸟等。看到这些东西，宝宝会长时间注视着，嘴里也不发出响声了，好像在仔细地倾听。宝宝这时的视觉和听觉都有了一定的细察能力和倾听的性质，这是宝宝观察力的最初形态。

这时期的宝宝，对于周围环境中新鲜和鲜艳明亮的活动物体都能引起注意，有时也会积极地响应。宝宝对拿到的东西会翻来覆去地看看、摸摸、摇摇，这是观察的萌芽。这种观察不仅和动作分不开，而且可以扩大宝宝的认知范围，引起快乐的情感，这对宝宝发展语言有很大作用。

◉ 宝宝是否有了模仿能力

第7个月龄的宝宝，总是学着模仿人。比如爸爸敲小鼓，宝宝也学着把两只小胳膊上下舞动，如果把小鼓拿给宝宝敲，宝宝就会欣喜地、胡乱地敲。假如妈妈把一块头巾围在了头上，宝宝也会随手抓起身边的一件自己的小衣服，往自己脑袋上放，那“笨拙可爱”的样子，实在讨人喜欢。当父母在一起说到高兴处拍手大笑时，宝宝也会拍着小手“咯咯”地笑着，好像他也听懂了似的。宝宝还会模仿声音，如汽车的“嘟嘟”声，可以用手指出声音所在。宝宝特别喜欢玩水，在水中，宝宝也学着妈妈给他洗澡的样子，往自己的脸上划拉。宝宝还喜欢听“哗哗”的翻书声，并用5个手指模仿父母翻书。

宝宝模仿人的举动充分说明，这个时期，宝宝的智能有了显著的成长，对人、事、物及场所逐渐在意、关心。也同时出现了喜、怒、哀、乐等感情，说明宝宝认知事物的能力增强了，此时的宝宝已经开始学会运用智慧，采取自己积极的行动了。

◉ 宝宝想要去户外吗

这个月里，宝宝醒着的时间多了起来，表情越来越丰富。而且宝宝开始在屋里待不住了，他会用小手指着到室外的门，眼睛盯着，表现出想要出去的神情，在妈妈怀里向门的方向使劲。

◉ 怕生是宝宝这一时期的特点吗

在社会交往方面，怕生是宝宝这一时期的一个特点。宝宝在熟悉的环境、熟悉的人面前活泼可爱、稚气十足，能够独坐着玩耍，看见爸爸妈妈和熟悉的人都会笑，喜欢与这些亲近的人在一起。但是，如果家里来了一个陌生人，宝宝就会害怕地躲进妈妈的怀抱里，既不敢看又不让抱，假如陌生人强行抱宝宝，宝宝就会一面大哭一面把身体来回扭动，努力想把身体挣扎出来。

这些都是宝宝感情和认知能力的发展，这说明宝宝能够对自己不认识的地方或人产生不安及恐惧感，已初步会区别熟悉的和陌生的人与物，这就是怕生。

为了使宝宝顺利地度过怕生时期，使心理发育有一个更好的适应期，爸爸妈妈应注意家中有陌生人来拜访时，不要让陌生人太急切地接近宝宝、抱宝宝。应是先通过自己与陌生人热情友好的谈笑来感染宝宝，让宝宝建立起对陌生人的信任，也可以让陌生人通过先给宝宝玩具等来接近宝宝。

另外，平时让宝宝多接触一些新奇的东西，如新奇的玩具，邻居家的小孩儿等，以培养宝宝的接受能力。怕生是宝宝心理发展的一个正常过程，随着宝宝的逐渐长大，怕生现象就会慢慢消失。

6～7个月的宝宝智能发展测试

分类	项目	测试方法	通过标准	出现时间
大动作	独坐	把宝宝放在平铺好的床上或者有垫子的地板上玩玩具	能够在没有支撑的情况下独坐10分钟以上	第__月第__天
	扶站	扶着宝宝腋下或手臂让宝宝站立	能够站10秒钟以上	第__月第__天
精细动作	拣豆	将豆或其他丸状小物体，放在桌上让宝宝捡玩	可以一把抓	第__月第__天
	对击玩具	父母对击玩具，让宝宝一手拿一个积木模仿对击	可以对击，敲出声音	第__月第__天
语言	学会“再见”和“谢谢”的手势	训练宝宝“再见”和“谢谢”手势	可以学会	第__月第__天
认知	找玩具	当着宝宝的面，把玩具“藏”起来。	能把玩具找出来	第__月第__天
情绪和社交	求抱反应	当爸爸妈妈回家时，观察宝宝的反应	想让爸爸妈妈抱	第__月第__天
自理	自己喝水	给宝宝儿童杯，让宝宝双手捧着喝水	能够做到	第__月第__天

7～8个月的宝宝

◉ 宝宝的成长速度是怎样的

第8个月的宝宝，身体发育趋于稳定。体重增长的速度变慢了，但身长却迅速增长。

◉ 宝宝能否自己坐着玩

进入8个月后，宝宝身上的肌肉结实了，平衡能力和控制能力都有所发展。宝宝可以不用爸爸妈妈扶着自己坐着玩儿，身体向前倾斜也不会倒下来。但还不能朝两边扭动，也不会扭腰，在够玩具时有时也会摔倒。但宝宝能够按照自己的意愿，变换各种姿势，自得其乐地玩得很高兴。宝宝一会儿趴下，试着往前爬几步；一会儿又翻身躺下，把自己的小手举到面前看一看，玩弄几下后，又伸到嘴里啃一啃，躺得不耐烦了，宝宝就又翻转过来。

◉ 宝宝手眼的协调能力有何进步

这个时期的宝宝，手的动作更加灵活了，拿东西不再是一把抓了，而是逐步学会用拇指与其他四指配合来抓东西，而且能用拇指与食指捏起像花生米一样大小的东西。食指也更加灵活，可以抠小东西，可以把手指伸进小瓶口。宝宝还爱把小手指到处捅，捅爸爸妈妈的鼻孔、耳孔，捅自己的耳孔等。宝宝对一切充满好奇心。

宝宝在抓握过程中，手眼协调能力不断完善。两只手在与眼睛的合作下能玩弄各种物体，如两手各拿一个玩具，并高兴地把两个玩具互相对敲；把玩具从一只手递到另一只手上；能试着弄响会发声的东西，比如小摇铃、拨浪鼓等，宝宝听到响声会摇得更加起劲儿。

另外，宝宝还发现了一种新的游戏，宝宝会把手指张开，让手里的东西落在地上，或者扔掉，当爸爸妈妈帮他捡起后，宝宝又会扔掉，似乎是有意要这样做的。这反映出宝宝的神经系统发育又进了一大步。

◉ 宝宝是否有了自己的意愿和想法

第8个月的宝宝，不再“任人摆布”了，而是已经有了自己的意愿和想法。

当宝宝想要这个玩具时，妈妈给了另一个玩具，宝宝就会执拗地伸着手，指向自己想要的玩具，直到妈妈重新又拿给自己为止。当宝宝不想吃鸡蛋羹时，如果妈妈硬要喂给宝宝吃，宝宝就会用手推开，有时会左右晃脑袋躲闪，即使喂到嘴里也会吐出来。如果宝宝正一心一意地玩一个玩具，并不时地放到嘴里啃咬，妈妈从宝宝手里把玩具拿走，宝宝就会生气地大声哭闹，两条小腿一蹬一蹬地，张着小手还要玩具，直到重新拿到才不哭闹。洗澡时宝宝会因为讨厌洗头而不配合。换尿布时，宝宝也不老老实实的了。宝宝还会看妈妈的脸色，有时妈妈对爬到床边的宝宝严肃地说："不许再往前爬了，再爬小心掉下去。"于是宝宝就不敢往前爬了，这并不是因为宝宝听懂了妈妈的话，而是因为宝宝看懂了妈妈的表情。

◉ 宝宝是否有了小聪明

宝宝现在也有小聪明了，并会利用小聪明达到自己的目的。

比如宝宝想要妈妈陪，但妈妈却只顾忙别的，于是宝宝就往床边爬，妈妈看见了便会急忙跑过来，宝宝就趁机扑到妈妈怀抱里。有时宝宝会指着远处的玩具叫着，意思是想让妈妈帮他拿，等妈妈拿给宝宝时，宝宝却推开玩具钻到妈妈怀里了。这说明宝宝想要的并不是玩具，而是想有机会让妈妈抱一抱，跟妈妈一起玩。

◉ 宝宝是否有了学说话的迹象

第8个月的宝宝，不仅能变换音调，而且能模仿成人发出的单音节词，发出"妈妈"、"爸爸"的音节。

听到宝宝在"说话"，父母也要及时给予回应，用准确的、简单的普通话和宝宝说话。宝宝经过反复听周围人的说话，看他们说话时伴随的相关动作，就逐渐学会说话了。

宝宝是否有了理解力

宝宝现在有了理解力，比如宝宝能明白“不”是什么意思，如果宝宝已经喝够一顿牛奶的量了，可宝宝还想再喝，就用小手抓着奶瓶不放，妈妈就向宝宝摇摇头，嘴里说“不能再喝了”，宝宝明白了妈妈的意思后，就不再要奶喝了。如果这时妈妈趁机表扬宝宝说“宝宝真乖，真听话”时，宝宝也会有热切的反应，会亲吻妈妈，伸出小手让妈妈抱他，还会爱抚他的玩具。这个时候，妈妈会发现宝宝变得更加活跃了。

随着理解力的增强，宝宝对发生在周围的事物产生了浓厚的兴趣，会转头倾听周围的说话声、唱歌声，甚至窗外小鸟的鸣叫声。宝宝还愿意加入父母的谈话，不仅用咿咿呀呀的声音，还用丰富的手势和表情给以回应。宝宝对镜子里的自己兴趣浓厚，不知道他看到的那个宝宝就是自己。会对着镜子里的宝宝“哦”“哦”地“说着话”，并对着镜子里的宝宝发出笑声，而当镜子里的宝宝也笑时，宝宝就更加高兴了。

宝宝是否更加依恋爸爸妈妈了

宝宝在这个月里与爸爸妈妈的关系更加亲密了，更加渴望爸爸妈妈温暖的怀抱了，似乎一刻也离不开爸爸妈妈了。看到爸爸妈妈时，会很高兴地笑。一旦看不到爸爸妈妈，立刻就会惊恐不安地大哭起来。

其实，这是宝宝正常发育的一个阶段，也是每个宝宝都会出现的一种现象，只不过程度有所不同罢了，医学上称这种现象为“分离焦虑”。随着宝宝的逐渐长大，就会慢慢消失。

7～8个月的宝宝智能发展测试

分类	项目	测试方法	通过标准	出现时间
大动作	爬	让宝宝趴在床上，用玩具在前面逗宝宝	能够慢慢地用手和腹部一起用力匍行	第__月第__天
	坐起再躺下	宝宝躺在床上时，可以自己坐起来，再躺下	能够做到自己坐起再躺下	第__月第__天
精细动作	手指捏取	在宝宝面前摆上切好的水果丁或小饼干	能够用拇指和食指捏取	第__月第__天
语言	懂得说话的意思	对宝宝说一些简单命令的话，如“伸出小手”、“不要碰热水杯”	可以听得懂父母的简单命令	第__月第__天
认知	认识五官	让宝宝指出自己的眼睛、鼻子等器官	能够指出来	第__月第__天
情绪和社交	懂得表情	爸爸妈妈对宝宝表现出高兴、生气等表情	能够懂得两三个表情	第__月第__天
自理	试用小勺	喂饭时，给宝宝小勺，让宝宝试用	能够拿着小勺试着往嘴里送饭食，吃不到嘴里没关系	第__月第__天

8～9个月的宝宝

◉ 宝宝的体形有何变化

这个月龄里，由于出牙、腹泻等情况带来的食量减少，宝宝体重增加的速度会继续放慢，身高继续以每月1厘米的速度增长。

从这个月开始，宝宝不管是在身体发育还是在能力发展方面，都有了不小的变化，宝宝的肌肤丰润有弹性，眼睛清澈明亮，头发柔软茂密，小胳膊、小腿圆润有劲，宝宝即将要从圆滚的体形慢慢转换到幼儿的体形了。

宝宝何时会爬

第8个月的宝宝身上的肌肉结实了，平衡能力和控制能力也有了发展，多数宝宝在这个月学会了爬。宝宝在开始爬的时候，一般都要先往后退。宝宝在趴着时总是伸胳膊够他前面的东西，够不到，就会一拱一拱地向前爬，但在爬的时候，手脚配合还不协调。

行动的自由使宝宝的活动天地一下子变大了，宝宝从被动地坐着，发展到主动地扩展活动领地，这对宝宝的身心发展无疑是一个很大的飞跃。

宝宝还不会爬怎么办

一般来说，宝宝在8个月时就会爬，但也有的宝宝到了9个月仍然不会爬。爬行并不能作为宝宝发育的准则，因为不是每个宝宝都会经过这个阶段。有些宝宝根本没爬过，就直接站立起来。所以如果9个月的宝宝还不会爬，爸爸妈妈先不要着急，应观察一阵再说。

通常一个很会爬的宝宝可能学走就慢；反之，一个不曾爬过的宝宝会较早走路。另外，有些宝宝不是不会爬，而是没有机会学爬。因为有些父母总把宝宝放在婴儿床里、手推车上、婴儿背带、游戏围栏或是学步车中，宝宝没法展示自己的“才能”。

因此，建议爸爸妈妈们，不要把宝宝圈起来，要尽量让宝宝在地上活动；你可以在宝宝前方不远处放置宝宝最喜爱的玩具，来吸引宝宝向前爬。还要为宝宝准备护膝，以免太冷太硬的地板或是磨人的地毯减低了宝宝对爬行的兴趣。

宝宝能否试着站起来

很快，宝宝的小屁股往上一挺一挺地，像是想要站立起来似的。宝宝的小手摸到了自己床上的小栏杆后，就会扶着栏杆想用力把自己拽起来。刚开始的时候，宝宝没有成功，但在爸爸妈妈的帮助下，有一天宝宝终于可以自己站起来了。

宝宝会说“爸爸”和“妈妈”了吗

与上个月相比，宝宝的语言能力有了很大的提高，其中最让爸爸妈妈欣喜的是，宝宝会叫“爸爸”和“妈妈”了。这是宝宝生命里程中的又一大进步，这不仅表明宝宝有了语言能力，而且对于爸爸妈妈来说，亲耳听到宝宝的呼唤，其意义和感受都是非同寻常的。

宝宝是否喜欢表扬

尽管宝宝只有9个月，但对爸爸妈妈的一些简单的语言和表情，都能够领会，尤其对爸爸妈妈的表扬，宝宝更能作出热烈的反应。比如，妈妈伸出手，示意宝宝把手里的玩具给妈妈，宝宝知道了妈妈的意思，就会把玩具交给妈妈，妈妈拿到玩具后，面带笑容表扬宝宝“真听话”，宝宝知道了妈妈在表扬自己，就会高兴地把玩具反复送到妈妈手中，好像希望再多多得到妈妈的表扬似的，兴趣一下子高涨起来。

从宝宝喜欢表扬可以看出，无论是谁，都希望得到别人的鼓励和表扬，即使是婴幼儿也不例外。由此可以给年轻的爸爸妈妈们一点启示：在培养教育孩子的问题上，应该少指责，多启发；少批评，多表扬。

宝宝是否喜欢音乐

宝宝对声音的刺激特别感兴趣，比如，钟表的“滴答”声和电话、门铃有规律的响声。当宝宝听到音乐时，会随着音乐摇摆自己的身体。

宝宝是否能够模仿简单动作

这个月龄里，宝宝可以模仿一些简单动作。比如，当妈妈喂宝宝饭时，妈妈边说：“张开嘴巴，啊——”一边张开嘴巴。宝宝就会学着妈妈的样子张开小嘴。如果妈妈要出门，挥手向宝宝说：“再见”，爸爸如果在宝宝旁边说“你也挥手和妈妈再见”，宝宝就会挥着小手向妈妈表示再见。

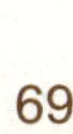

◉ 宝宝如何表现出喜欢与人交往

宝宝喜欢与人交往，虽然还不能和别的宝宝一起玩，但在室外一旦看到其他孩子或周围的景色，往往高兴得手脚乱舞。但见到陌生人仍怕生，更不愿意让陌生人抱。当然也有不认生的宝宝，见到谁都笑的宝宝大多与他的性格有关。

8～9个月的宝宝智能发展测试

分类	项目	测试方法	通过标准	出现时间
大动作	扶着东西站起来	让宝宝在床边等地方，抓扶床栏站起	能够抓扶栏杆站起，站立半分钟	第__月第__天
	扶宝宝走路	让宝宝站好，扶他的手臂，鼓励宝宝向前走	能够迈3步以上	第__月第__天
精细动作	投东西	让宝宝把积木等小玩具投入筐中，父母先做示范	能够模仿把玩具投入筐中	第__月第__天
	按开关	教宝宝按电视、灯等开关	能够按开	第__月第__天
语言	“再见”手势	当有人离开时，让宝宝挥手做“再见”手势	能够挥手表示“再见”	第__月第__天
	“欢迎”手势	当有客人来，让宝宝拍手做“欢迎”手势	能够拍手表示“欢迎”	第__月第__天
认知	指身体部位	问宝宝“眼睛在哪儿”、“鼻子在哪儿”等问题	能够指出眼睛、鼻子等2个以上部位	第__月第__天
情绪和社交	跟随儿歌做动作	当妈妈唱“小燕子，穿花衣……”时，让宝宝随儿歌一边拍手一边摇摆身体，父母可示范	能够随儿歌做拍手、摇摆等动作	第__月第__天
自理	坐便盆	把便盆放在一个固定位置，当宝宝大小便时，让宝宝坐便盆大小便	宝宝知道便盆在哪里，并知道要坐便盆大小便	第__月第__天

9～10个月的宝宝

宝宝的成长速度是怎样的

第10个月的宝宝，已经接近幼儿的体形了，发育中的个体差异表现也越来越明显。

宝宝的运动发育有所差异吗

进入第10个月的宝宝，几乎都能自己坐着独自玩耍了，但也各有差异。有的宝宝能够稳稳地坐很长时间，有的发育早的宝宝可以扶着床栏站起来，也有的宝宝不扶床栏就可以站起来，也有可以扶着床栏走几步的宝宝。

宝宝的爬行能力是否平衡

宝宝在运动发育上的差异自然也体现在爬行上，比如有的宝宝开始走路，而有的宝宝刚刚才开始学会爬行，宝宝的爬行能力并不平衡。爸爸妈妈不要着急自己的宝宝爬得比别人的宝宝慢和晚，等宝宝长大了，这些差异就会慢慢地缩小。一般来说，温顺、不喜欢活动的宝宝，或体重较重的宝宝通常比较慢。

这段时期，充分地让宝宝爬行，比让宝宝学习站立或走路要好。

爬行对于宝宝来说是最好的锻炼方式。一是宝宝利用爬行锻炼了腕力、肩力、腹肌、背肌后再开始走路，跌倒次数就会少，就算跌倒也会用手撑住身体。二是爬行能促进宝宝手指的发育。爬行时五根指头为了要支撑身体重量需要张开，手指接触地面时，指头的小动作会刺激脑部，促进智能发展。这对防止宝宝感统失调、减少晕动症状最重要。所以，多爬行对宝宝的发育有好处，让宝宝顺其自然地学会爬行、站立、走路，符合宝宝的生长规律，爸爸妈妈绝对不可操之过急。

◉ 宝宝的指尖灵活度如何

宝宝手的握力也逐渐增强，不只是攥着小手了，拇指和食指已经可以灵活地抓东西，手指的控制力也越来越好了。他能用两手握住杯子，或者自己拿汤匙进食，虽然食物洒得很多，但宝宝毕竟能把小勺放到自己的嘴里。宝宝还能把抽屉开了又关上，并会开启瓶盖。当妈妈抱着宝宝一起看书时，妈妈翻书，宝宝也跟着翻，尽管宝宝往往一翻就是好几页，但毕竟宝宝的手指能够把纸页翻起来了，这就是一个不小的进步。

妈妈可以把葡萄干和甜玉米粒这样的小东西，放到宝宝面前，让宝宝练习捡。刚开始时，宝宝用整个手掌去抓，慢慢地，宝宝用食指和大拇指就能捏了起来。这些都充分表明宝宝的手、眼和大脑已经比较协调一致了。而通过这些吃饭的动作练习也能提高宝宝的食欲，使宝宝养成良好的饮食习惯。

◉ 宝宝的个性如何初步显露

宝宝已经显露出个体特征的某些倾向性。比如，有的宝宝不让别人抢走自己手中的玩具或吃的东西，显得很“自私”；有的宝宝见别人有什么玩具就想要什么玩具，不给就哭闹；而有的宝宝则慷慨大方，能主动把自己的东西送给别的宝宝，与别的宝宝一起分享；有的宝宝整天不声不响，显得十分听话；而有的宝宝则不让别人碰一下，遇到生人就会害怕得大哭。

对人们的逗引，不同的宝宝也会表现出不同的反应。如有的宝宝就喜欢让人逗自己，一逗就会高兴得手舞足蹈，而有的宝宝别人一逗就哭。还有的宝宝绷着脸对人不理不睬。也有的宝宝见人就打，还大喊大叫，以打人为乐。

宝宝们的这些表现，显示了婴儿期的个性倾向，但这也不是固定不变的。随着宝宝的逐渐长大，家庭、社会及环境都会影响着宝宝的个性发展，也就是说，人的个性发展，既有先天性的一面，又有后天性的一面。因此，爸爸妈妈要在宝宝小的时候，注重宝宝个性的培养，给宝宝塑造出一个健全、完善的个性。

宝宝对感兴趣的事有何表现

这个月里，宝宝自己玩耍的时间多了起来，视野也逐渐开阔起来，宝宝感兴趣的东西也越来越多，对身边的一切东西都想玩一玩、试一试。

当妈妈把宝宝带出去玩时，宝宝开始注意看，并对3米远的人或物发生兴趣，宝宝的眼睛不眨眼地看着，似乎在想，这是什么？当妈妈要带宝宝离开时，宝宝就表现出不情愿的样子，小手指着看到的东西，扭着身子，嘴里还“啊啊”地嚷着。

当宝宝正在专心致志地玩着一个玩具时，爸爸走了过来，对宝宝说“再见”，宝宝会对爸爸的话无动于衷，依然玩手里的玩具，直至感到厌烦宝宝才会把玩具丢到一边。如果宝宝正在被五颜六色的画册吸引着，妈妈过来不经宝宝的同意，就把画册拿走，宝宝就会哭闹，并伸手要他的画册。

宝宝是否有了主见

随着宝宝自我意识的增长，宝宝会变得更加武断，把任何日常活动都变成意志的较量。这时爸爸妈妈就会发现，如果宝宝不愿意坐小童车硬把他放到里面他就会起来；对于宝宝不喜欢吃的东西，如果硬给他喂，他就会摇头拒绝。但是，也有一种办法能让宝宝接受，那就是用另一个更让宝宝感兴趣的事情吸引宝宝的注意力。因为宝宝的记忆是短暂的，一件有趣的玩具或是一个突然的想法都会转移宝宝的注意力。

比如说宝宝不喜欢穿衣服，妈妈就可以给宝宝唱一首好听的歌，让宝宝乖乖地穿衣服；也可以在宝宝哭闹着要奶瓶的时候，把宝宝抱到窗前，让宝宝看外面的花草、小狗、小鸟等，宝宝就会忘记刚才的事情，而被眼前有趣的事情吸引住。

宝宝是否会想办法做到想做的事

这段时期的宝宝，什么事都想做做看，当知道自己的力量做不到时，宝宝就用目光和表情，并兼用声音要求妈妈帮他做。宝宝会用“啊啊”的声音来表示自己的请求，如果妈妈不在身边时，宝宝会设法呼唤。这种行为是建立在信赖关系上的，宝宝知道妈妈会满足自己的要求。

◉ 宝宝的好奇心与探求心如何

这时期的宝宝行动范围变大了，好奇心逐渐加强了，爬行中宝宝会扶着东西站立起来，并在屋子里来回走动，宝宝喜欢到处摸、到处看，并常常把家里的抽屉打开，把每件东西都拿出来看看、玩玩。如果妈妈忘记把桌子上的菜汤收起来，宝宝会把菜汤弄得到处都是。

在父母眼中，这些动作既没有意义，又劳心费神，但宝宝正是在这样的过程中，一点一滴地增加自己的知识，这是一种好奇心与探求心旺盛的表现，对于开阔眼界、增长知识、探索周围世界是有很大帮助的。

当然，好奇心和探求心也会给宝宝带来不安全的一面。如宝宝由于爬楼梯而摔伤、碰倒热水瓶而烫伤等。因此，在这段时期爸爸妈妈要对宝宝的活动更加留心，最好把宝宝活动的房间加以重新调整，把对宝宝有危险的物品，放到宝宝够不到的地方。

9～10个月的宝宝智能发展测试

分类	项目	测试方法	通过标准	出现时间
大动作	独自站立	让宝宝站好，松开手不扶宝宝	能独自站立2秒以上	第_月第_天
	扶着东西迈步	让宝宝在床边等地方向前迈步，比如扶着床栏	能够抓扶东西迈3步以上	第_月第_天
精细动作	手指捏取	在宝宝面前摆上切好的水果丁或小饼干	能够用拇指和食指熟练捏取	第_月第_天
	开合杯子盖	父母开合杯子盖，示范宝宝做	能够模仿做	第_月第_天
语言	会叫“爸爸”或“妈妈”	观察宝宝是否知道“爸爸”或“妈妈”的意思	见到妈妈能叫“妈妈”，见到爸爸能叫“爸爸”	第_月第_天
认知	指图	指着图片问宝宝 “马在哪儿”、“苹果在哪儿”等问题	能够指出来	第_月第_天
情绪和社交	听懂命令	当妈妈或爸爸对宝宝说命令时，比如“坐下”、“把小兔子放到箱子里”等	能够听懂并照做	第_月第_天
自理	配合穿衣	给宝宝穿上衣时训练宝宝伸胳膊，穿裤子时训练宝宝伸腿	能够配合穿衣	第_月第_天

10～11个月的宝宝

宝宝的出牙情况怎样

宝宝出牙情况是因人而异的，上下各长出2颗门牙的宝宝，到了这个月龄会在上面2颗门牙的两侧又长出牙来，这样上面就变成了4颗；在上面的牙暂时还没有出来的宝宝中，有的会跳过上面正中间的2颗门牙，而先从两侧长出2颗牙来，但不久，正中间的2颗牙就会长出来，这样就上下都有4颗牙了。

宝宝的乳牙如果全部长齐，共有20颗。从一侧的齿列中间开始数，是乳中切牙1颗、乳侧切牙1颗、乳犬牙1颗、乳磨牙2颗。宝宝出牙的时间因人不同而有些差异，并不是一成不变的。但一般乳中切牙在6～8个月出现，乳侧切牙在8～12个月出现，第一乳磨牙在12～14个月出现，乳尖牙在15～20个月出现，第二乳磨牙在20～40个月出现。出牙的个数计算方法是：月龄-（4～6）=出牙数。

宝宝的运动能力如何

第11个月的宝宝的运动能力，较上个月有很大的进步。总体上呈现参差不齐、迥然各异的态势。在上个月，好不容易才能抓着东西站起来的宝宝，现在能自己扶着东西站起来了，有的宝宝还能松开扶东西的手，自己站一会儿了；在上个月能扶着东西站起来的宝宝，这时候能扶着东西走了。

宝宝移动的方式也是各种各样，有爬行的，有扶着东西走的，有坐着挪的，还有摇摇晃晃走的。如果妈妈抓住宝宝的双手，有很多宝宝就两只脚交替跳跃着，就像交换着迈步；如果妈妈手向前移动，宝宝也会跟着往前迈腿。这时候让宝宝练习走步是可以的，但如果爸爸妈妈过于高兴，或一再向亲友、朋友炫耀而让宝宝走多了就不好了，因为宝宝的骨骼尚未发育成熟，运动量过大，会对身体造成一定的危害和影响。

所以，爸爸妈妈让宝宝活动还是要适可而止。

此外，这个月龄的宝宝，父母还是应该注意对他的锻炼，最好让宝宝每天在室外活动3个小时。

◎站起来的宝宝有什么新动作

刚学会站立的宝宝，往往还不会从站立位坐下来，大概他也觉得对自己坐下没把握，试一试还是不敢坐下来，因而，常常使站着的宝宝陷入困境。

宝宝在长时间站立后，常常因筋疲力尽而烦躁哭闹，试图用哭声把爸爸妈妈召唤过来。待爸爸妈妈帮他从站立位坐下时，不到片刻，宝宝立刻又会忘记刚才的困境和所有的疲劳而再次费力地站起来。但是，这种反复持续时间不长，就像宝宝学会翻身后，没过多长时间又会爬一样，宝宝在学会站立后，就会努力地学会坐下的动作，这个过程非常有趣。

开始时，宝宝会非常小心地把膝盖慢慢地弯曲，然后再试探着把屁股往下沉，如果沉下来后屁股还没有坐下，

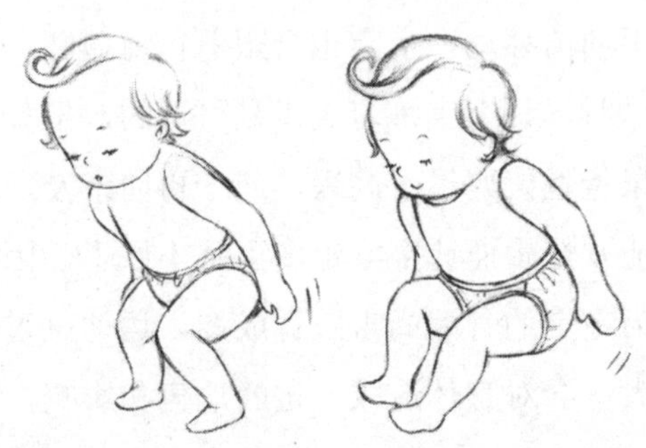

宝宝就又抓住栏杆站了起来，几次反复后，宝宝终于能坐到地面上了。经过一段时间的练习之后，宝宝就能自如地站立和坐下了。

◎宝宝是否能明显地表现出好恶

第11个月的宝宝，不但身体强壮了，而且还能明显地表现出自己的好恶。当宝宝看到妈妈走过来时，就高兴得又叫又拍手，简直不知该用什么来表达自己高兴的心情了。但宝宝一见到他惧怕和不喜欢的人，如穿白大褂儿的医生时，就哇哇大哭，碰都不让碰，非常地“认生”。

宝宝自己喜欢的东西，从很远就伸手要拿，对不喜欢的东西，妈妈就是递到宝宝手里，宝宝也会用手推开。如果宝宝手里拿着他喜欢吃的东西，妈妈从宝宝手里拿开，宝宝会气得大哭起来。

◎宝宝是否能够理解语言

第11个月的宝宝，尽管能够使用的语言还很少，但令人吃惊的是，宝宝能够理解很多父母说的话。

对周围经常使用的东西，即使宝宝还不会说，但也能根据父母说话时的表情，理解父母的意思。如问宝宝：“皮球呢？”宝宝会用手指皮球；问宝宝“嘴巴呢？”宝宝会用手指自己

的嘴巴。当妈妈说“给妈妈吃一块饼干”时，宝宝就会将手里的饼干送到妈妈嘴里。如果问宝宝“爸爸在哪里”，宝宝就左右张望，当看见爸爸时，就会高兴地舞动小手，嘴里说着谁也听不懂的话，意思是告诉你，他找到爸爸了。只要是宝宝知道的东西，宝宝就会发出“啊，啊”的声音，或用手指着，并一直盯着看。

◉ 宝宝是否能模仿说出一些词音

这段时期的宝宝，已能模仿和说出一些词语。宝宝常常用一个单词表达自己的多种意思，如“外外”，根据情况可能是指“我要出去”或“妈妈出去了”；“抱抱”，可能指“抱起我”或“抱我玩”等。宝宝已能有意识地说出“爸爸”“妈妈”“阿姨”“帽帽”“拿”“拜拜”等5～10个简单的词。

当宝宝看到汽车时会说“嘀—嘀—”，看到饭会说“饭—饭—”；见到爸爸则会叫“爸爸”，见到妈妈会叫“妈妈”，而不像以前见到谁都乱叫“爸爸”、“妈妈”了。当东西掉在地上时，宝宝也会发出“拿”的声音。宝宝已经能够根据具体情况，比较恰当地使用合适的语言了。

10～11个月的宝宝智能发展测试

分类	项目	测试方法	通过标准	出现时间
大动作	独自站立	让宝宝站好，松开手不扶宝宝	能独自站立10秒以上	第__月第__天
精细动作	开合图册	父母先开合图册，示范给宝宝，让宝宝照做	能够开合图册	第__月第__天
	打开包糖纸	选择用糖纸拧糖粒、而不用撕开糖果的包装，让宝宝自己拆开，取出糖粒	能够剥开糖纸，取出糖粒	第__月第__天
语言	说简单字音	观察宝宝是否知道说“拿”、“要”、“走”等简单字音	能发1～2个简单的字音	第__月第__天
认知	用棍够玩具	把玩具放在椅子、沙发等宝宝够不到的地方，给宝宝小棍子，看宝宝会不会用小棍够出玩具	能用小棍够玩具，但不一定非要够出来	第__月第__天
情绪和社交	随音乐或儿歌做动作	当给宝宝放音乐或押韵的儿歌时，让宝宝做点头、拍手、摆动身体等动作	能够随音乐或儿歌节奏做简单动作	第__月第__天
自理	自己脱鞋	上床的时候，让宝宝脱鞋	能够用脚把鞋蹬下来	第__月第__天

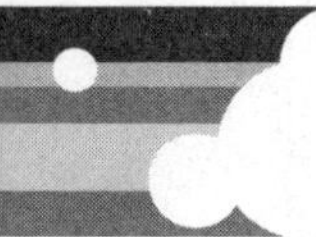

11个月～1岁的宝宝

宝宝的牙齿情况如何

对于快满1岁的宝宝来说，一般都已经长出6～8颗牙齿了。对于上下都长出2颗门牙的宝宝，到了这个月龄，会在上面2颗门牙的两侧再长出牙来，这样上面就变成了4颗；而在上面的牙还没有出来的宝宝中，有的会跳过上面正中间的2颗门牙，而先从两侧长出2颗牙来，但不久，中间的2颗牙就会长出来，这样上下都有4颗可爱的牙齿了。

宝宝腰部脊柱有何变化

众所周知，成人或者是较大的孩子体型呈现曲线形，这是由于脊柱有三个生理性弯曲而形成的。前两个生理性弯曲即：颈部脊柱前凸和胸部脊柱后凸，分别在出生后的3个月和6个月左右形成。等孩子长到1岁的时候，宝宝就开始练习直立行走，在身体重力的作用下，脊柱开始出现第三个生理性弯曲——腰部脊柱前凸。

宝宝会走了吗

当宝宝1周岁时，他可以靠着自己的能力，抓着或者扶着东西自己“旅游”了。虽然在宝宝走路的时候，父母经常会发现宝宝的右边的腿呈罗圈腿，或者是左边的腿有点拖拽着似的。总之两条腿看起来很不协调，比南极的企鹅还显得笨拙，但是父母不必担心，毕竟宝宝是初学者，随着“路”越走越长，这种情况也会渐渐消失的。

当然了，有的宝宝可能这时候还不能走路，要再过一两个月甚至是几个月以后才能走路。这也不用担心，毕竟人也有强弱之分，走路“晚点”是很正常的。只要宝宝的发育状况正常，即使进展缓慢也不要紧。

这时候需要注意的是，做父母的不要拿自己的孩子和其他孩子盲目对比，看宝宝还不会走路就硬性训练宝宝走路，结果欲速则不达，有时候刻意求快不仅起不到作用，甚至还会对孩子的身体造成伤害。

宝宝的操作能力有何变化

当宝宝长到1岁的时候，你就会惊奇地发现：你给宝宝一支笔，他就会用笔在纸上戳出好多窟窿来或者是画上很多笔道；如果你给宝宝一本书，宝宝就会把书翻开又合上，并用几个可爱的小指头不停地翻弄着，虽说不是每次都是翻一页，但聪明的小宝宝毕竟能按照自己的意愿随意翻书了，这不是了不起地进步吗？

当然，对于一些快满1岁的宝宝而言，也许“破坏”才是他的最爱。此时的宝宝喜欢将摆好的东西推翻或者是将抽屉或垃圾箱掀翻。

而玩积木是他们最喜欢的游戏，虽然这个时候的宝宝还不可能知道积木的拼接方法，但是通过多次的实践，他们渐渐地知道在一块大的积木上面放上两块小的积木是不会倒的。

◉ 宝宝是否比以前懂事了

虽然宝宝在这个时候懂事了许多，但你也许会不时地发现：宝宝用笔在碗里不停地划拉，或者是在用筷子梳头等。所以，父母在宝宝面前做一些生活中常做的事情时，要告诉宝宝你在干什么和为什么要这么做，并且让宝宝多试几次。虽然宝宝还听不太懂，但几次过后，你就会惊奇地发现，宝宝犯错的次数越来越少了，他又懂事多了。

◉ 宝宝能否会用语言做简单的交流

经过近一年的成长，如今的宝宝对说话的注意力日益增加，能够对简单的语言和词汇作出反应了。其中，对“不”最有反应。宝宝会利用简单的姿势例如摇头代替“不”。利用惊叹词，例如“oh-oh”尝试模仿词汇。

这个时候虽然宝宝说话比较少，但能用单词表达自己的愿望和要求，并开始用语言与人交流。已能模仿一些简单易读的词语，所发出的“音”开始有了一定的具体意义，这是此阶段宝宝发音的特点。

◉ 宝宝的记忆力有何进步

当宝宝成长到1岁左右的时候，记忆力已经十分明显地显现出来，他能够认识自己的衣物和玩具。如果问宝宝某个玩具放在哪里，他虽然不会张口说出来，但手指头已经能把方向指得十分明白了。如果宝宝曾被小猫抓过1次，那么以后当宝宝一看到猫，就会吓哭。宝宝的这些表现，充分说明了小小的他已经拥有了记忆能力。

◉ 宝宝是否有了反义词的概念

通过日常生活中的接触以及爸爸妈妈的教导，宝宝的脑子里已经有了反义词的概念。开始明白干和湿、冷和热、大和小、来和去这些概念之间的区别了。比如宝宝尿湿了裤子，妈妈让宝宝用手摸一摸，告诉宝宝“裤子湿了”，等妈妈把裤子晒干后，再让宝宝用手摸摸，告诉宝宝“裤子干了”，宝宝的脑子里就有了干与湿的概念了，以后只要有相似的情况，宝宝就能区分开来。

◉ 宝宝是否有了联想的意识

宝宝长到1岁大的时候，开始有了联想的意识，已经能比较清晰地看出因果关系的概念了。宝宝可以知道，敲打手边的小鼓会有怎样的效果——小鼓会发出好听的声音；妈妈拿碗过来干什么——喂自己饭吃；如果妈妈在给自己穿外套——那表示妈妈要带自己出去玩了。

除此之外，宝宝还可以把东西和它们的用途联系起来。比如说，宝宝看见勺子就不由地往小嘴里面塞，好像正在吃什么美味一样，看见小梳子就往自己的小脑袋上面划拉——虽然小小的脑袋上并没有多少头发。宝宝的这种联想和意识是非常重要的，表明宝宝的思维已经能够联系起来想问题了。

◉ 宝宝如何体现自我意识的觉醒

宝宝在1岁之前，还没有意识到自己身体的存在，无法理解自己与周围环境之间的关系。但宝宝在进入1岁之后，就开始意识到了自我的存在。宝宝会咬自己的手指头，并且因为感觉到疼痛而放声大哭，这一咬，使宝宝感觉到咬自己的手指和咬其他的东西是不一样的，从而形成了最初的自我意识。

宝宝还能把自己的动作和动作的对象区分开来，即把主体和客体区分开来。知道了摇动挂着的铃铛，铃铛就会发出声音；拍一拍芭比娃娃的小脸蛋，她就会咿咿呀呀地发出声音，从中宝宝认识到自己跟事物之间存在的一些关系。

有时候，爸爸妈妈还会发现，淘气的宝宝把床上的玩具一件一件地扔到地上，一边扔还一边“嗯嗯啊啊”地说个不停。年轻的父母见此不要奇怪，这是因为宝宝发现通过自己的小手可以让玩具“响了”、“飞了”，小宝宝开始意识到自己的能力，感受到自己的存在和力量，这些行为都是宝宝自我意识觉醒的最初表现。

父母可不要小看宝宝的这些行为，它在宝宝的自我发展中具有重要的意义，对宝宝逐步地塑造自信、自强的自我形象大有裨益。

◉ 宝宝愿意跟其他小朋友玩耍吗

1岁的宝宝，最高兴的就莫过于跟比自己稍大一点的孩子玩。每当这个时候，小家伙就显得特别兴奋，一会儿摸一摸其他小朋友的小皮球，一会儿抱一抱别人的布娃娃，一会儿又拿过人家的小汽车，玩得不亦乐乎。

当然了，来而不往非礼也。聪明的宝宝也知道把自己的玩具给小朋友去玩，即便是一个拿着玩具爱不释手的宝宝，当看到其他的小朋友把手伸到自己面前，仿佛是在说“也给我玩一会好吗”时，宝宝也会把玩具给其他的小朋友的。

11个月～1岁的宝宝智能发展测试

分类	项目	测试方法	通过标准	出现时间
大动作	翻身	鼓励宝宝在父母之间独立行走，而不用父母帮助	能独立走上几步	第__月第__天
	抬头	用玩具吸引宝宝站起来，然后再引导他蹲下	能够独立站起来又蹲下	第__月第__天
精细动作	用笔划拉	用笔在纸上示范画一条线或是画一个点	能戳出点来或者是能画上一道	第__月第__天
	搭积木	拿出几块积木，向宝宝示范如何搭积木而不倒	能搭上一两块积木而不倒	第__月第__天
语言	模仿声音	训练宝宝模仿动物的声音	能学会三四种	第__月第__天
认知	认识身体的部位	指着身体的部位，让宝宝回答	能指出2～3个部位	第__月第__天
	能表达意思	问宝宝几岁了，让宝宝竖起指头来回答	能竖起1根指头表示1岁	第__月第__天
行为	知道给东西	向宝宝索要他手里拿着的玩具	理解你的意思，知道给	第__月第__天
自理	自己吃饭	给宝宝小勺子和小碗，让他自己吃饭	能把饭喂到嘴里	第__月第__天

1岁1个月～1岁3个月的宝宝

◉ 宝宝萌出了几颗牙齿

这个时期的宝宝，大多数已经长出8颗左右的牙齿了，虽然宝宝长牙的时间也因人而异，但差异应该不是很大的。如果宝宝1周岁了还没有长出1颗乳牙，医学上把这种现象称之为乳牙迟萌。

乳牙迟萌的原因大致上有外伤引起的牙龈肥厚增生、腭裂；或者发育障碍、营养障碍、内分泌功能障碍、甲状腺功能不全、颅骨或锁骨发育不全等。

对于乳牙迟萌的宝宝，建议父母带宝宝到医院拍X线片，首先排除先天缺牙的可能性。如因牙龈肥厚阻碍牙齿萌出时，可在局部麻醉下切开牙龈以帮助牙齿萌出。如为全身性疾病引起的乳牙迟萌，则应对全身性疾病进行治疗。

父母要注意的是，一定要在专科医生的帮助下诊治，千万不可病急乱投医，以免延误宝宝的治疗。

◉ 宝宝前囟门有何变化

这个时期的宝宝，前囟门已经逐渐闭合，有的宝宝在1岁时前囟门就已经闭合，有的宝宝前囟门要到1岁半左右才闭合，这都是正常的。前囟门闭合的早晚，反映着宝宝颅脑的发育情况，也反映宝宝骨骼系统的发育情况。

如果宝宝囟门关闭过早，而头围又明显小于正常值范围，说明宝宝可能患有小头畸形；如果囟门晚闭则多见于佝偻病、呆小病或脑积水。有些宝宝虽然囟门早闭，但随着脑的发育，头围依然会继续生长，一般不会影响智能的发育。但有一种头小畸形的宝宝，其囟门早闭，是由于脑发育差，因而宝宝的智力发育也就迟缓。

因此，对于囟门早闭要具体情况具体分析，判定其是否影响到宝宝的智力发育，最适合的方法是，定期测量宝宝的头围和随访宝宝的神经精神发育进程。如果宝宝头围增长速度在正常范围内，同时神经精神发育与其年龄相符，即使囟门早闭，也不会影响智力的发育。

◉ 宝宝学步有何进步

这个时期，宝宝不但自己能够弯腰后再站起来，而且还能独自行走了，能够走稳10步。当然，由于营养、疾病、训练、遗传等种种因素的影响，宝宝开始走步的年龄是有个体差异的。有的时候宝宝走路还会稍微摇晃，也许还会摔倒，但经过多次练习，渐渐地可以走稳。父母让宝宝去屋里一个地方拿东西时，宝宝也能走过去用双手拿东西了，经常这样做，会让宝宝走路更加自如。

宝宝在开始学走路时，免不了要摔跤，这是正常现象。这是因为，宝宝体重较轻，走路速度又较慢，在一般情况下，摔跤都是向前摔，加上又有手的辅助，所以一般不会摔得很重。但爸爸妈妈要防止宝宝向后仰倒，因为仰倒时没有手的辅助，很容易磕碰到头的后脑勺部位（即枕部），而该处是人脑生命中枢等关键部位所在，最怕震荡和挤压。因此，爸爸妈妈要为宝宝提供一些保护措施，既要鼓励宝宝大胆地练习走路，又要注意宝宝的安全。

场地最好选择在地毯或草地上练习。给宝宝穿的鞋子也要大小合适，鞋底软硬要适中，最好穿布鞋、运动鞋或其他牛筋底的鞋等，这些鞋的鞋底软硬适中，不易打滑，穿着也舒适透气。

能够行走在宝宝心理发展上有着非常重要的意义，是宝宝生长发育过程中的一次飞跃。直立行走能使宝宝的双手得到“解放”，使宝宝有可能主动用手去触摸各种物品、摆弄各种玩具，宝宝已经初步有了“自主权”。

有的宝宝只会走2～3步，或者不敢自己走步，父母可以轻轻拉着宝宝，或者用小棍牵着宝宝走，等宝宝可以走稳了再松手。如果宝宝摔倒了，父母也不要大惊小怪，以免宝宝更加不敢学走步。要鼓励宝宝自己爬起来，以此锻炼孩子。

◉ 宝宝的手部发育有何进步

随着宝宝身体的成长发育，手也开始出现了探索动作。这时，宝宝手的伸肌发育逐渐成熟了，可以自由地松手，比如向前扔球等。宝宝的思维进步，也使宝宝愿意通过扔玩具，来观察玩具掉到地上时的情景，这不仅可以锻炼宝宝手的伸肌发育，还能锻炼宝宝的大脑思维能力。

宝宝可以用拇指和食指来捏拿食物了，比如馒头、包子、小蛋糕等。如果宝宝拿包子时还是一把抓，父母可以告诉宝宝“不要这样拿，会把馅弄到手上”，教宝宝用拇指和食指捏拿。

◉ 宝宝是否能翻书了

经常见妈妈拿图册讲故事给自己听的宝宝，在这个时期，有了想自己动手翻书的愿望，因此，妈妈给宝宝讲故事时，该翻书的时候让宝宝翻，宝宝会自己动手翻过去，这说明宝宝的手已经有了良好的技巧了。也许有时还会一翻翻好几页，但是妈妈要耐心让宝宝翻。

有时如果妈妈故意把书拿倒了，宝宝还会提示妈妈呢。

如何对待宝宝的恐惧心理

满周岁的宝宝，在1周半岁之前，恐惧心理是最强的。这个时期的宝宝害怕声音大的东西，如突然而至的电话铃声、汽车的喇叭声、东西砸碎的声音等，一般会把宝宝吓哭。睡醒了发现父母不在身边，也会哭起来，如果哭了很久都没人来身边，宝宝会从此非常害怕离开父母身边。父母平时要注意不要使宝宝受惊，好好保护宝宝，并多给宝宝做些锻炼，让宝宝感到自己是有力量的，自信起来。

宝宝是否会叫更多称呼了

宝宝已经会叫爸爸妈妈了，到了这个时期，宝宝会叫更多称呼了。在爸爸妈妈的训练下，会叫爷爷、奶奶、姨、叔叔、哥哥、姐姐等，一般能够叫4个以上。但有时可能只会发出单个字，比如“哥”、“姐”，经常学叫就会渐渐熟练起来。而且有的宝宝还有了把称呼按年龄分类的能力，比如，看到年长的老人，宝宝会叫爷爷、奶奶，与爸爸妈妈年龄相仿的则会叫叔叔、姨。

宝宝能够听懂简单对话了吗

这段时期，宝宝逐渐能够听懂日常生活中简单的对话，妈妈要耐心、不厌其烦地重复许多语句给宝宝听。对于爸爸妈妈有方向性的命令式语言，宝宝不用借助任何手势或面部表情就可以完全理解了。

宝宝会认识颜色吗

这个时期，宝宝开始认识颜色了，一般都会最先认识红色。宝宝最早会在11个月时就认识了红色，大部分宝宝到了1岁3个月的时候就学会了。

听到名字宝宝是否会有反应

这一时期，爸爸妈妈叫宝宝的名字，宝宝听到后都会有反应，或者是转头看妈妈，或者是蹒跚地走向妈妈。父母要经常叫宝宝的正名，让宝宝对自己的正名能够有反应。

◉ 宝宝如何从哄娃娃上体现爱心

宝宝会模仿父母的样子，哄娃娃睡觉、吃饭等，在让娃娃睡觉时还会给它盖上小被子。这是宝宝在学习关怀别人，这些都来自于平时对父母的模仿。如果父母在宝宝面前不加注意，比如拎着娃娃的一只腿，或随意地把娃娃扔进玩具堆，宝宝也会这样“粗鲁”地对待娃娃。所以这时，每当看到宝宝在玩娃娃时，父母应与宝宝一起“照顾娃娃”，帮助宝宝建立关怀他人的意识。

1岁1个月～1岁3个月的宝宝智能发展测试

分类	项目	测试方法	通过标准	出现时间
大动作	爬台阶	拉着宝宝爬台阶，或者在台阶上鼓励宝宝自己爬上来	能爬上1～2级台阶，手足并用也可以	第__月第__天
精细动作	搭积木	拿出几块积木，向宝宝示范如何搭积木而不倒	能搭上一两块积木而不倒	第__月第__天
	套彩环	示范给宝宝，把彩色的圆环玩具套在垂直的塑料柱上	可以按照示范套4～5个圆环	第__月第__天
语言	说单个的字	父母给宝宝念简短的儿歌，最后一个押韵的字重音念，让宝宝学说	能说2个单字	第__月第__天
认知	认识颜色	让宝宝从多种颜色的玩具中挑出红色的玩具	能够挑出红色玩具	第__月第__天
	认识形状	让宝宝在有圆形、三角形、方形的模板中，挑出指定形状	能够挑出、放入	第__月第__天
行为	认识自己的名字	叫宝宝的名字，注意宝宝的反应	知道在叫自己，回头或者走过来	第__月第__天
自理	控制大小便	注意宝宝在大小便之前能否用语言提示给父母，或者自己去坐便盆	能够用语言提示父母，或者能够自己去坐便盆	第__月第__天

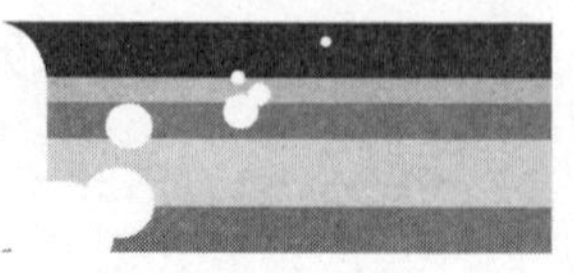

1岁4个月～1岁半的宝宝

◉ 宝宝学步有何进步

这一时期称为宝宝的“学步期”或“运动时代”，是宝宝吸收性思维和各种感知觉发展的敏感期，器官协调、肌肉发展和对物品发生兴趣的敏感期。由于活动能力的提高，此时大多数的宝宝都能独立行走了。现在更加好动，走路更稳，可以向后退，动作也协调了许多，但一般还不会跑。而且现在宝宝也能自己观察路线和道路情况，避开障碍，不像原来那样“没头没脑”地乱闯，那么容易摔跤了。

◉ 宝宝能否双脚交替上台阶

宝宝在这个时期已经能自己扶着栏杆上楼了，甚至还可以双脚交替着一步一级地上来。有的宝宝不会双脚交替上楼，或者不敢上楼，主要是因为练习的机会不多，比如不住在楼房里或其他原因。父母要多找机会让宝宝练习，去公园上滑梯就是不错的选择。让宝宝练习上台阶可以帮助宝宝锻炼攀登和保持身体平衡。

◉ 宝宝开始学跑步了吗

这个月里，宝宝能够双脚离地原地起跳，还会渐渐学习跑步。但是宝宝小跑起来不会减速停止，还需要父母的帮助。对于不敢跑步的宝宝，可能是因为之前摔过，宝宝在跑步的时候容易因头重脚轻，跑步时头伸向前，脚步没有跟上而导致摔倒。因此父母要注意让宝宝在跑步的时候避免摔倒，比如可以给宝宝喊口号“抬头、挺胸、站住”等。

◉ 宝宝手的动作能力如何

1岁以后的宝宝，在经常接触日常物体的过程中，由于爸爸妈妈的不断示范，逐渐学会了一些较为复杂的游戏，而且，宝宝手的动作也不再只是和物体直接联系，还增加了其他能力，学会了使用工具。宝宝能用6块积木造塔；用纸绳穿1～3个珠子；用木棍当做锤子敲击东西；模仿父母，宝宝在用棍子够远处的玩具时已经可以够到了，而不是把玩具再推得更远；用笔乱涂乱画，还会模仿画封口的圆；宝宝还乐意把东西交给别人，或从别人那里用手接受东西；宝宝翻书时，能够一页页翻书，不再是一翻好几页；宝宝还能将玩具摆放整齐；爸爸回来时宝宝还会开关门；宝宝站得累了，还会给自己搬小凳子坐下。

◉ 宝宝的感情有何变化

这个时期的宝宝，有了更丰富的表情，高兴或者生气时，表现会非常明显。这一点尤其在性格外向的孩子身上比较突出，比如，高兴时会大声地笑，有时还会大声地叫喊，生气时会大哭或者使劲跺脚，有时会躺在地上打滚发泄自己的不满。有的孩子会哭得非常厉害，甚至抽搐。但不管是外向或者内向的表现，这都体现了这时期孩子的正常个性。

◉ 宝宝能否说出自己的小名

当父母问宝宝“你叫什么”时，宝宝可以说出平时常被称呼的小名。看来，宝宝已经记住了自己的小名。不仅如此，有的宝宝还能记住爸爸妈妈的名字、小伙伴的名字。对于复杂的名字，宝宝还不能说出，一般只能说出名字的最后一个字。

◉ 宝宝的语言能力有何进步

这个时期的宝宝，注意力多集中在语言上。宝宝对语言的理解能力在不断发展，能听懂别人的说话，并能一步一步地把语言和具体事物结合起来。同时，宝宝说话的积极性逐渐提高，掌握的词汇量也不断增加，而且掌握的词类也由过去的名词、动词扩展到形容词和副词等。在原来18个月前只会讲单字的基础上，开始会说词组、讲自己的名字和说一些简单的句子。

经常听爸爸妈妈念儿歌的宝宝，在妈妈念时，可以说出儿歌末尾押韵的字。比如当念道“小白兔，白又白”的时候，宝宝可以说“白”。父母可以渐渐让宝宝说后面的两个字或是3个字。

宝宝不仅会说一些短句，而且概括能力也增强了，懂得不同的老人都是“爷爷”；不同的女人都是“阿姨”了。这可以说是“一名多物”。另外，宝宝也懂得了“一物多名”，比如，除了知道自己的名字和小名之外，也知道“宝宝”“乖乖”“小心肝”“小胖子”等都是指他。宝宝还喜欢听父母讲故事，一个简单的故事常常喜欢听许多次。

看到宝宝能说出儿歌末尾押韵的字了，有的父母就会赶紧教宝宝其他的儿歌。事实上，忙于教其他儿歌并不利于宝宝的语言学习，应该让宝宝在1岁3个月～1岁4个月之间，先学会背3字儿歌中的一句，再渐渐学会背整首。到1岁5个月～1岁6个月时，再教宝宝背下一首。会背儿歌的宝宝在学习记忆上发展也较早，对以后学习其他课程是很有帮助的。父母平时可以多给宝宝播放一些儿歌的录音让宝宝反复听，也可以让宝宝随着儿歌边背边做动作，这样可以帮助宝宝更快地学会儿歌。

◉ 宝宝能否开始"认"汉字了

在1岁之前，宝宝也许已经"认"过一两个汉字，这时可以"认"更多的汉字了。比如看着图册，宝宝根据图册上面的生活用品，知道了"灯""门""窗"等。

有专家说，其实幼儿的认字是将字当做图形来识别的，并非真正意义的识字。但这种训练依然是很有必要的。

◉ 宝宝能认数了吗

宝宝已经能"认"数了，有的宝宝可以"认"到数字5，这时，经过父母的训练，很快就可以"认"到10了。在背数的同时，不用要求宝宝数东西是几个，因为这时的宝宝手还赶不上最快，点数东西本身的难度大，不利于宝宝的学习。可以要求宝宝拿1～2件东西就可以了，比如，父母可以让宝宝给爸爸妈妈拿来2块饼干、2个玩具等。

如果宝宝学习背数有困难，或者没有兴趣，可以用儿歌来教宝宝背。但要连续学习，每天都背，以免忘记。

数数儿歌

一二三，爬上山，四五六，翻筋斗，七八九，拍皮球，伸开手，十个手指头。

◉ 宝宝能否指认更多的身体部位

之前，宝宝已经会指认自己的五官了，知道眼睛在哪里，鼻子在哪里，嘴巴在哪里。这个时期，宝宝已经能指认更多的身体部位，甚至是小部位，比如"脖子""胳肢窝""膝盖""肚脐"等。有的宝宝甚至还能认识每个手指，分辨出哪个是食指，哪个是中指。

◉ 宝宝能否认识更多的事物

这个时期的宝宝在父母的训练和

教导下，能够认识更多的事物。宝宝能认识汽车、火车、飞机、轮船等交通工具；宝宝还能认识2种以上的颜色，除了以前学习的红色，宝宝还会认识黄色。如果宝宝认识了黑色，很快就能认识与黑色对比强烈的白色。在父母的指认下，宝宝还能认得家中相框里照片上的亲人，比如在远方工作的小姨，或者当兵的叔叔，这说明宝宝有了很好的辨认面容的能力和记忆力。

◉ 宝宝是否有了独立行动的倾向

这个时期的宝宝，由于能够独立行走了，而且活动的范围也越来越大了，所以自主的意识也强了。宝宝虽然对爸爸妈妈的依赖性依然还很强，但随着活动空间的逐渐增大，并且宝宝逐步获得运用物体的动作能力，因此宝宝独立行动的倾向也就逐渐发展起来。

1岁4个月～1岁半的宝宝智能发展测试

分类	项目	测试方法	通过标准	出现时间
大动作	上楼梯	鼓励宝宝扶着栏杆上楼梯	能上1～2级台阶	第__月第__天
	跑步	父母站在宝宝对面不远处，让宝宝跑过来	宝宝能跑过来，但需要父母来扶停	第__月第__天
精细动作	把小球放到杯中	父母用拇指和食指捏拿小球，放到杯中，示范给宝宝，让宝宝做	宝宝能放进杯中4～5个小球	第__月第__天
语言	说“有”“没有”	父母在宝宝面前把小熊藏到身后，问宝宝“妈妈身后有什么”，然后再问“身后有苹果吗”	宝宝能说“有小熊”、“没有”	第__月第__天
认知	认识自己的物品	把宝宝的杯子和父母的放一起，让宝宝挑出自己的	宝宝能够挑出自己的杯子	第__月第__天
行为	给父母拿东西	父母给宝宝下达命令“把爸爸拖鞋拿来”“把板凳给妈妈”	宝宝能够照做拿来物品	第__月第__天
自理	用勺吃饭、用杯喝水	让宝宝吃饭时自己用勺，喝水时自己拿杯子喝	宝宝能够自己用勺、用杯	第__月第__天

1岁7个月～1岁9个月的宝宝

◉ 宝宝运动能力如何

这时期的宝宝，步态明显平稳许多，行走自如；如果父母让宝宝捡起地上的玩具，宝宝会轻松地蹲下，然后把玩具拿起来送到父母手上。宝宝还能有目的地投掷东西，用脚踢球。大部分宝宝可以扶着栏杆上下台阶，能自己爬上小楼梯然后从滑梯上滑下来。有的宝宝已经会跑，但跑起来仍然摇摇晃晃不太稳，步幅小、步子快，容易摔倒。

父母要注意的是，当宝宝正玩得起劲儿，父母去阻止宝宝恐怕只是白费力气，宝宝会把这些“阻止的话”都屏蔽掉，而且任何限制都不利于宝宝能力的发展。因此，宝宝玩的时候即使会占用父母的时间，但只要安全、没有危害性就应放手让宝宝去做。

◉ 宝宝是否表现出了个性

这个时期，宝宝的好奇心很强，已经能体现出各种各样的个性了。喜欢音乐的宝宝，在听到电视或广播中传来的音乐时，会安静地听，还会跟着节拍摆动身体。喜欢画画的宝宝，在拿到彩笔之后，会投入地画起来。喜欢看书的宝宝，会仔细地看着图册，还会缠着爸爸妈妈给他讲；喜欢运动的宝宝，会时常蹦蹦跳跳；喜欢摆弄研究的宝宝，会开始拆装玩具小汽车了。

同时，宝宝还有了“这种东西是我的”的意识。自己的娃娃、玩具不允许其他小朋友玩，小朋友过来拿时宝宝会把玩具抱住不撒手。

这个年龄的宝宝对任何事物都会感兴趣，什么东西都想碰一碰，这既是宝宝的智能发育的特征之一，是一种探求知识欲望的表现，也是发展想象力和创造力的萌芽。

宝宝能有自己的喜好，是非常利于宝宝性格形成和发展的事情，父母要做的就是尽量给宝宝提供发展这种喜好的条件和帮助，鼓励宝宝去做。比如，给喜欢画画的宝宝更多的彩笔、更大的纸；给喜欢看书的宝宝准备更多的、不同的画册，还可以带他去书店，让宝宝自己挑选；对于喜欢摆弄玩具的宝宝，父母也不要禁止宝宝的拆装行为，多给宝宝准备能够拆装组合的玩具就是了。

◉ 宝宝是否喜欢模仿父母

喜欢模仿是宝宝的天性，尤其是一两岁的宝宝，当爸爸妈妈做一些家务时，宝宝总喜欢跟着学。宝宝在这一时期的模仿，主要表现在动作和语言两方面。

爸爸妈妈应多给宝宝一些机会，让宝宝在一旁看着，然后也试试，这对宝宝的身心健康发展都有促进作用。但有时候，宝宝的模仿是不以父母意志为转移的，因为宝宝对看到或听到的一切，都可能自发地进行模仿。

对这样一个有积极模仿心理，但又不明是非的宝宝，无论是妈妈还是爸爸，在平常生活中，尤其是宝宝在场时，都应清楚什么样的事物可以让宝宝模仿，什么样的事物不可以让宝宝模仿，避免给宝宝造成不良的影响。宝宝在模仿中如果取得了进步，父母要及时鼓励，遇到挫折时父母要给予帮助和安慰，以免挫伤宝宝模仿的积极性。

◉ 宝宝的语言能力有何进步

随着宝宝月龄的不断增加，发音器官的日趋成熟，宝宝进入了言语活动积极发展的阶段。这个年龄的宝宝，能听懂的词也多了，在理解语言的基础上，说话积极性逐渐提高，掌握的词汇也越来越多。

这个时期，宝宝的语言能力在慢慢地发生着质的飞跃。1岁半之前，宝宝只会说单个字，现在已经开始会说简单的词组、会讲自己的名字和一些简单的句子了。语言能力强的宝宝1岁半时，已能说出100多个词语，且宝宝的语言模仿能力也令人惊讶。

例如，当宝宝渴了，在1岁半之前时他还只会说“喝”，现在就已经能说“喝水”了。等宝宝再大一点时，宝宝就可以说“宝宝要喝水”了。有时在游戏、交流中，甚至能听到宝宝说出一个从未专门学过的词，这个词可能是宝宝对父母说话的模仿，也可能是从电视中学来的。

宝宝现在有了好奇心，而且随着语言能力的发展，也希望父母来对自己多说些什么，宝宝会问“这是什么”等问题，父母要耐心给宝宝回答，不要敷衍。如果父母经常对宝宝说“等会儿再说”等敷衍的话，孩子会对说话渐渐失去兴趣。

◉ 宝宝能否会说代名词

宝宝在这个阶段已经可以学会说代名词了，比如，宝宝知道哪些玩具、衣服和用品是自己的，会说“我的”，这也是最先学会的代名词。然后宝宝会学会说“妈妈的”、“爸爸的”。如果父母问宝宝“这个小汽车是你的吗”时，宝宝会说“我的”。有时，宝宝还会用“他”字，会说“他的”。

◉ 宝宝注意的时间如何

现在，看图片、看电视、玩玩具、念儿歌、听故事等，都能吸引宝宝的注意力，但是宝宝注意力集中的时间较短，一般在15分钟左右，而且以无意注意为主，宝宝所看的东西，只是瞬间的吸引。同时宝宝记忆的内容也很简单，只能记一些他们熟悉的生活内容，比如吃东西、玩玩具、做游戏、看动画片等。而且记忆的时间短，很容易忘记。

◉ 宝宝会随音乐表现出什么

1～2岁的宝宝由于正处在牙牙学语的时期，虽然这时对音乐的模仿还受到语言的障碍，但宝宝又非常希望和音乐产生交流，所以当宝宝听到美妙的音乐时，就会急切地用手、脚和身体的动作来帮助沟通。这时，爸爸妈妈首先要肯定宝宝的“音乐才能”，用打拍节或叫好等方式鼓励宝宝，与宝宝一起扭摆身体，并诱导宝宝随着音乐的变化而变化体态动作，使宝宝对音乐的速度与节奏有初步的感觉。

此外，节奏感的形成主要是在1～2岁这个阶段开始的，为了培养宝宝的音乐节奏感，爸爸妈妈还要同宝宝常做有音乐节奏的游戏，让宝宝在游戏中增强对音乐节奏感的认识。

◉ 在独立和依赖之间宝宝表现如何

这一时期的孩子，已经可以自己去做一些事情了，在生活自理方面有了一定的进步，但也还处于对父母存在依赖的阶段。

不管是自己能做的还是不能做的，宝宝都想自己去做，不愿别人帮忙。比如宝宝大小便时可以自己脱裤子，吃饭的时候可以自己拿勺子，喝水也可以自己用杯子喝。但在某些方面还是依赖父母的，比如入睡前还是要缠着妈妈，遇到害怕的事会躲到父母怀里；宝宝自己吃饭时，又不愿意妈妈在他吃饭的时候离开；宝宝想走路时，不愿要妈妈的帮忙和扶持。但若妈妈真的离开他，他就会感到恐慌，失去练习的兴趣和信心；宝宝喜欢独自摆弄玩具，津津有味地翻阅画册，但当宝宝感觉不到妈妈的存在时，就会哭闹起来。

父母一方面要鼓励宝宝向自立方向发展，一方面也不能完全让宝宝摆脱对自己的依赖，逐渐让宝宝养成一些事情靠父母，而一些自己的事情就要自己做的好习惯。有的父母认为，让宝宝自己做事比较耽误时间，也会很麻烦。其实父母在这时，应该在安全的前提下，让宝宝自己动手、自己体验，做成后表扬宝宝，让宝宝享受成功的快乐。同时，适度的依赖感可以安慰宝宝幼小的心灵，也可以增进父母与宝宝之间的亲密关系。

1岁7个月～1岁9个月的宝宝智能发展测试

分类	项目	测试方法	通过标准	出现时间
大动作	抛球	让宝宝把球抛到指定方向	能向不同方向抛球	第__月第__天
	追球跑	父母把球踢出	能够追球跑	第__月第__天
精细动作	搭积木	让宝宝拿着积木搭高楼	能搭6块以上	第__月第__天
语言	分辨声音	让宝宝听汽车声、下雨声、刮风声、动物叫等声音，问宝宝是什么声音	能说出4种以上	第__月第__天
认知	配对	把玩具小猫或其他玩具放到桌子上，让宝宝从图片中找出对应的图片	能找到小猫图片或其他对应的图片	第__月第__天
行为	与小伙伴一起玩	鼓励宝宝和其他小伙伴一起玩	愿意和小伙伴一起玩	第__月第__天
自理	脱裤子	鼓励宝宝在便前脱裤子	能基本会做	第__月第__天

1岁10个月～2岁的宝宝

◉ 宝宝是否有了类似跑的动作

接近2岁的宝宝，步态明显平稳，能自如地行走；多数宝宝已经能扶着栏杆上下台阶，或自己攀上小楼梯然后滑下来；有的宝宝已经会跑，但跑起来还不太稳，摇摇晃晃，步幅小、步子快。这时的“跑”其实还是走，只是宝宝练习走时，身体重心较靠前，不得不加快步伐，所以看起来像“跑”。到了2岁以后，宝宝就基本上能跑了。

一般要到3岁时，宝宝跑的动作才能比较自如，身体各部位的动作才会比较协调。

◉ 宝宝的词汇量如何

快满2岁时，宝宝的语言词汇量突飞猛进地增加，开始逐步从爸爸妈妈的言语习惯中掌握语言的语法结构，逐步学会使用一些基本句型。从会说一个词，逐渐到两个词的重叠，甚至三四个词的组合，之前宝宝可能只会说“吃饭”，到了2岁时，已经会很清楚地用简短的词句来表达如，“宝宝要吃饭”“妈妈抱”“宝宝要睡觉”等。不仅词汇量在增加，词汇的类别也在增加，如以前宝宝一般只会说常见的名词、动词，现在逐渐增加了形容词、副词，如“大的”、“不”等。2岁时，一般宝宝能说出近千个词语，与成人交流已基本没有困难，宝宝也将会向爸爸妈妈提出更多的“为什么”。

此外，宝宝在发音上也逐步准确，在这时仍喜欢模仿妈妈或爸爸的发音，比如一首押韵的儿歌，如果妈妈或爸爸常给宝宝唱，宝宝能跟着唱出最后押韵的字。

◉ 宝宝能否与父母对话了

这一时期，宝宝用语言来表达需求的能力更进一步，并有了与父母进行对话的兴趣和能力。

现在，宝宝说话时的语序已经很少出现错误了。在与父母对话的时候，宝宝还特别愿意使用新词，比如宝宝会说“知道”“喜欢”“讨厌”“高兴”等词，有的宝宝在妈妈生气的时候，甚至会说“我开玩笑呢”。

宝宝是否开始萌生想象力

想象是人类的一种心理活动，也是人们对过去感知过的，并在头脑里保存的事物进行加工改造，最终形成新的形象的一种心理过程。

2岁左右的宝宝开始萌生想象力，但宝宝在这时期的想象活动，只是把生活中所见到、所感知过的形象再造出来，由于宝宝这个时期的生活、知识经验都很缺乏，语言水平也比较低，所以想象的内容很贫乏，有意性很差，一般属于再造想象，是一种低级的想象活动。

比如，宝宝利用日常生活经验开展想象时，会模仿妈妈喂自己吃饭的动作，而抱着玩具娃娃去喂饭；或者模仿医生给自己打针那样，给玩具娃娃打针；或者把椅子想象成汽车，自己假扮是司机等。

宝宝注意力与记忆力有何特点

1～2岁的宝宝，其注意力与前两个月相比又有明显的长进。一般来说，宝宝的注意力是随着年龄的增长而增长的。

另外，宝宝的记忆力也与注意力一样有明显的增长。宝宝注意力和记忆力的特点是，夸张、醒目、艳丽、新奇、刺激以及反复出现的东西，容易引起宝宝的注意和记忆。到公园看动物时，宝宝对各种动物都很感兴趣，尤其对小猴子、大笨熊等动物看得尤其认真，而且时间较长，记忆也比较深刻，回来后在较长时间内，还能记住看到的动物。宝宝对玩玩具和做游戏也很感兴趣，因而许多游戏只要玩几次宝宝就能记住玩法。

另外，与自己有关的事情，能引起宝宝的注意与记忆，比如刚刚入托的宝宝，能在10天内记住自己的座位、床位、活动室、厕所等地方，并能记住某某老师和小朋友的名字。有的宝宝甚至还能记住老师说过的一些话。

宝宝的创造力如何

宝宝好奇心增强，自己动手的愿望比较强烈，在宝宝独自玩耍的过程中，时刻在锻炼和考验自己的创造能力。宝宝也开始明白，他做什么样的事情会不符合父母的意愿，但往往因为他的好奇心太浓了，所以即使宝宝知道一些事情在父母眼中是错误的，却依然要去尝试。所以，爸爸妈妈应让宝宝以自由游戏为主，尽可能地给宝宝各种玩具，以使宝宝在玩耍的过程中感受到创造的乐趣。

为增强宝宝的创造性，爸爸妈妈应该给宝宝准备一些便于发挥创造的玩具。如木制卡车、电车、小轿车，以及软材料制成的娃娃和动物，如狗、猫、马之类。还可以给宝宝成套的玩具式小家具、小餐具等。通过游戏使宝宝学会使用的方法，并使创造力得到发展。

◉ 宝宝如何体现出对安全感的需求

这个时期的宝宝正处在一个对周围世界感知和尝试阶段，宝宝独立活动的能力强了，但对周围世界的恐惧感大了；宝宝既想尝试许多新鲜事物，又怕没有安全感。

宝宝的这种双重需求，爸爸妈妈应加以保护。保证宝宝的安全，不仅是指生活中的吃、喝，包括避免着凉、避免生病、避免发生意外事故等，还包括爸爸妈妈对宝宝活动的关心，对宝宝心理的安慰，对宝宝情绪上的理解，甚至在行动上的鼓励与支持。在宝宝的意识中，爸爸妈妈就是安全的象征。宝宝有了安全感，就会变得自信、乐观、勇敢，才能更加敢于独立地探索新事物。

如果爸爸妈妈认为，既然宝宝想自己干，就完全放手不管，那就错了，这样会使宝宝感到被抛弃了，无法真正

满足宝宝对安全感的需求。相反，如果宝宝已学会了走路，宝宝在前面走，尽管宝宝并不需要爸爸的搀扶，爸爸也应在后面跟着，这会让宝宝感到踏实，这是一种符合宝宝的安全愿望的心理需求。爸爸此时的存在，对宝宝来讲是一种鼓舞，宝宝相信爸爸在他遇到困难时，可以帮助他，宝宝就会安心地做自己的事。

但是，任何事情都要有一个度。让宝宝有安全感，并不是指一天24小时爸爸妈妈都得寸步不离地守在宝宝身边。如果宝宝走路摔了一跤，爸爸妈妈就赶忙过去对宝宝吹吹拍拍，生怕宝宝受惊。要知道，过分的保护反而会使宝宝变得胆小、适应力差，加重对爸爸和妈妈的依赖。

◉ 宝宝自理能力有何进步

到2岁时，大多数宝宝能自己较好地吃饭了，也会自己洗手了，能用毛巾把手揩干。而且多数宝宝已经能在白天完全控制大小便，能自己解开裤子坐便盆。这种独立行动的倾向，给宝宝有目的、有意识的活动提供了有利条件。

1岁10个月～2岁的宝宝智能发展测试

分类	项目	测试方法	通过标准	出现时间
大动作	双脚跳	让宝宝双脚跳起，脚离开地面	能跳2次以上	第__月第__天
精细动作	翻书	父母一页一页地翻书，示范给宝宝，让宝宝翻书	能每次翻1页，连翻3页以上	第__月第__天
语言	背儿歌	让宝宝背一首经常练习的儿歌	能背诵整首儿歌	第__月第__天
认知	辨认职业	让宝宝辨认医生、警察、老师等职业	能够辨认出3种	第__月第__天
	认识自然现象	生活中，问宝宝一些自然现象，如“现在是什么天气呀”、“晴天还是下雨呢”等	能够答对父母的问题，认识5个以上的自然现象	第__月第__天
行为	注意力集中	父母给宝宝讲故事，观察宝宝的注意力是否集中	能够注意力集中2分钟以上	第__月第__天
自理	自己戴帽、脱衣	出门时让宝宝自己戴帽子，父母协助宝宝穿衣服、脱衣服	能够自己戴帽子、脱衣服的时候，自己完成最后步骤	第__月第__天

2岁1个月～2岁3个月的宝宝

◎ 宝宝的脚掌心有何变化

婴儿时期的宝宝脚掌肉乎乎的，根本看不出有内凹，被称之为生理性平足底，这是由于宝宝皮下脂肪太多的缘故。宝宝进入3岁以后，那些连接小骨的韧带和肌肉等发达起来了，脚掌心就明显地内凹起来，这样一来，长时间走路，脚就不会感到累和疼了。一般脚掌心内凹明显的人，走路就轻快，弹跳力和爆发力就好。

◎ 宝宝走的能力有何进步

2岁以前，宝宝走路时步态还不稳，更不要说快了，那时宝宝爬楼梯时，都是双脚站稳后再继续前进。而现在的宝宝，爬楼梯时，可以单脚交互，一步一阶。还可以在坡路上走，也不怕在沙子上行走。走路的速度也快了，在走路的时候，宝宝的手里甚至还能抱着一个玩具。

◎ 宝宝是否初步有了跑的能力

宝宝跑的能力较2岁之前有了新的发展。宝宝2岁之前的“跑”没有腾空的过程，两脚总有一只脚在地上，严格讲只能说是“快步走”，而不能说是真正意义上的“跑”。而2岁以后，宝宝的跑有腾空的过程，尽管短暂，但已开始出现了真正意义上的“跑”。

但由于此时宝宝身体形态还是头大、躯干长、四肢短，加上宝宝双腿的力量还比较弱，平衡能力还不是掌握得很好，所以跑起来仍显得头重脚轻，摇摇晃晃，步幅小，步频较快，而且容易摔倒。为了保持身体的平衡，两脚之间的距离也较宽。但不管怎样，宝宝的运动能力又迈上了一个新台阶。

宝宝的语言能力有何进步

宝宝在2～3岁时，语言能力提高很快，能看图讲1～2句话，并能讲对图中动物、人物的名称，比如“小狗跑了”、“玩滑梯”等；能正确使用形容词，比如“黑黑的大笨熊”、“白白的小鸭子”、“快乐的小朋友”等；还能说出一件衣服的名称或颜色，以及其他物品的名称、用途、颜色、特点；能背诵几首儿歌、唐诗、广告词及简单的故事；会猜简单的谜语、学习自编谜语、玩“过家家”时说互相嘱咐的句子等。

宝宝对句子的组织能力有所增强，能用语言表述自己心里的一些愿望，而且喜欢使用新学的字音，有时还会故意说一些不雅的话，让爸爸妈妈觉得又好气又好笑。

宝宝是如何显露出自己的个性的

个性即一个人比较稳定的、经常表露的心理特征。宝宝出生后就有神经类型的差异，这些差异在后天的生活和教育影响下不断地改变着。也就是说，在个性的发展中，随着年龄的增长，遗传的作用越来越小，而环境的影响却越来越大。由于宝宝所处的环境各不相同，因此，2～3岁的宝宝在个性显露上就出现了个体差异。

如有的宝宝活泼好动，有的宝宝沉静内向；有的宝宝伶俐乖巧，有的宝宝呆板木讷；有的宝宝有了某些良好的行为倾向，而有的宝宝却有了某些不良的行为倾向。尽管这些个性特点或倾向是容易改变、极不稳定的，但是，这是一些值得注意的萌芽表现。也正是在这个萌芽的基础上，宝宝的个性发展起来，包括自我意识、道德品质和性格。

由于2～3岁这一阶段，是宝宝自我意识、道德品质和性格特征等开始形成的时期，爸爸妈妈应给予充分重视。早期个性形成是今后个性发展的基础，因此，父母要以自己的言行举止，给宝宝以良好的示范和影响，帮助宝宝发扬优点、克服缺点，使宝宝的个性得到健康发展。

◉ 宝宝的认知能力有何进步

2～3岁宝宝的认知能力进一步增强，知道妈妈、爸爸及家庭中的一些人是从事什么工作的，比如，知道妈妈是医生，爸爸是经理，小姨是老师等。宝宝还能将毛巾、牙刷、香皂、皮球、玩具猫等，按用途进行分类，知道前3种是洗漱用的；后两种是玩具。如果让宝宝拼图，他能拼上4～8块的拼图，并能从图中找出缺漏的部分；认识4～6种几何图形。

在爸爸妈妈的指导下，宝宝还能从地图上找出自己居住的城市，或者能从本市地图中找出家庭所在位置。知道8～10个反义词，并懂得其中的意思，比如“出来、进去”、“冷、热”、“干、湿”、“大、小”、“高、矮”等；认识冬天和夏天，两种季节所穿的衣服及特有的冻柿子、冰激凌等食物。如果妈妈给宝宝一块面包，宝宝还会将面包一分为二，掰半块给小朋友吃。对包袱、剪刀、锤的游戏非常感兴趣，懂得输赢；如果在宝宝面前放一堆玩具，宝宝会取5个以内的玩具。

总而言之，宝宝对日常生活中常常碰到的一些事和物，有了一定的辨别力，而且懂得一些物品的用途、作用。虽然这些认知还比较浅显，但宝宝毕竟迈出了生活的第一步。

2岁1个月～2岁3个月的宝宝智能发展测试

分类	项目	测试方法	通过标准	出现时间
大动作	跳远	父母示范宝宝做双脚立定跳远	能双脚离地跳远，跳过去还能站稳	第__月第__天
	跑步能停	父母喊口号让宝宝跑并停下来	能平稳地停止	第__月第__天
精细动作	拼图	父母示范宝宝做简单的拼图游戏	能在短时间内拼完	第__月第__天
	用手指夹住小豆	父母示范给宝宝用手将盘里的黄豆拿起放入小瓶口中	能夹住1～2个	第__月第__天
语言	说完整句子	让宝宝说完整的句子，如“我要吃西瓜”等	能说出完整句子	第__月第__天
认知	辨认性别	告诉宝宝“妈妈是女的”、“爸爸是男的”，宝宝理解后，问宝宝“你是男孩还是女孩”	能够回答正确	第__月第__天
	认识相反的概念	生活中，问宝宝一些相反概念，如前后、长短、高矮等	能够认识、理解	第__月第__天
行为	表示情绪	生活中观察宝宝的情绪表达	能够用声音来表达情绪，如尖叫、哭闹、笑等	第__月第__天
自理	自己穿鞋袜	鼓励宝宝自己穿鞋袜	能够自己试着穿，穿反了没关系	第__月第__天

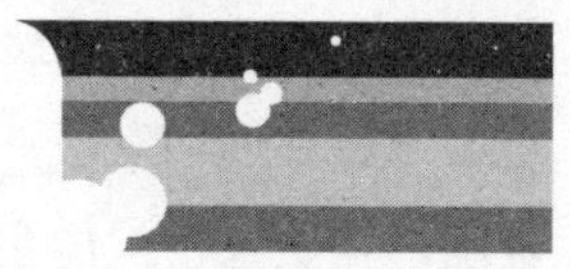

2岁4个月～2岁半的宝宝

宝宝跑跳能力如何

这个时期的宝宝，大多数已经跑跳自如，能并起双脚在原地跳动，但跳得不高。跳的时候还不会用前脚掌用力蹬地，以及两臂上摆配合跳起来；落地时，也不会前脚掌落地，不会使两臂弯曲向上摆动，以保持身体平衡。而且，宝宝跳时，上臂的摆动和脚的蹬、伸配合也不好。因此，整个动作就显得僵硬没有弹性，落地时身体不稳，动作不协调，而且容易摔倒。

到3岁以后，一些发育快的宝宝不但能在原地并脚跳，而且也能双脚并拢，向前跳20厘米左右了。也有部分宝宝开始学跳远时，跳起和落下的两脚尚不能并拢，跳远就像跨大步一样。但是没有关系，经过训练和练习宝宝会逐步跳好的。

跳对宝宝运动技能的发展很重要，应多对宝宝加强这方面的训练和指导。可先有意识地教宝宝在原地跳跃或从高处（15～25厘米的高度）向下跳，还可以在地上画两条间隔一定距离的线，教宝宝练习跳远，两条线的间隔距离，可从10～20厘米逐渐增加。但妈妈或爸爸在教宝宝练习跳之前，应先给宝宝做示范，待宝宝弄明白之后再跳。

练习的场地要平整、松软，最好在垫子上或沙坑里练习。宝宝练习跳时一定要注意安全，家长一定要在旁边加以保护，以免发生意外。

宝宝的运动技巧如何

2～3岁的宝宝，不但学会了自由行走，跑、跳、攀登楼梯和台阶等本事也提高了不少，宝宝还能做一些难度比较大的动作或技巧，比如，爬上高高的滑梯、上沙发、上床。有的宝宝已经学会骑三轮童车、踢皮球、荡秋千等。

运动技巧的发展，在宝宝心理发展上具有重要意义，它可以使宝宝的动

作更具有灵活性；增强宝宝的胆识、促进宝宝独立性的发展；扩大宝宝的认识范围，使宝宝不但能主动地接触事物，还能从各方面认识事物，为宝宝初步的思维活动的形成准备条件。

宝宝的语言能力有何进步

这个年龄的宝宝，语言能力正处在积极发展时期，词汇量也在不断增加，已达到1000个以上，几乎是1岁半前的4～5倍。词的种类也丰富起来。除了名词、动词外，还有形容词、副词、代词等。宝宝已掌握了基本语法，过去的“电报句”发展到了合乎语法习惯的简单句，并且复合句的运用也在不断增加。因此宝宝听和说的积极性都很高，喜欢与人进行言语交流，爱听故事，念儿歌，并能记住一些主要的故事情节，还会背诵一些诗歌等。

宝宝的注意力与记忆力有何进步

这一时期的宝宝正处于探索欲、求知欲旺盛的时期，随着宝宝生活能力的增长、生活范围的扩大，注意力与记忆力又有了新的提高。

宝宝可以用较长时间专心去做一件事，玩玩具、念儿歌、看图片、看电视或观察一个物体等。比如，宝宝对喜欢看的幼儿读物，能专心地、自己一页一页地翻看半小时，可以不受外界事物的影响和干扰。但如果此时妈妈拿走宝宝心爱的读物，宝宝会哭闹不止。

宝宝对反映生活内容的图片和平时见到过的图片，尤其感兴趣，喜欢反复地看，并能向爸爸妈妈说一些图片上的内容，如游戏、玩玩具、看动画片、小白兔、苹果、橘子等。对电视中的幼儿节目，也能集中注意力安静地看上1个小时。

这一阶段的宝宝，注意的内容也较之前丰富了，已开始注意观察周围的事物，如注意妈妈烧饭、洗衣服，看爸爸玩电脑等，并且还有要参与进去的愿望。

这个时期的宝宝，记忆力也有所增强，在短距离内，能认得回家的路；回家能把托儿所老师教的儿歌唱给爸爸妈妈听，还能把在家里的活动告诉老师和小朋友，并在记忆中出现联想。如看到妈妈买回的雨伞上有黄色和红色时，就能联想到那黄色和自己娃娃的衣服颜色一样，红颜色和自己衣服的颜色一样。随着宝宝记忆力的增长，宝宝这时能较容易地背会儿歌和古诗等。

宝宝是否有了初步的社交行为

2～3岁的宝宝，开始懂得怎样与其他小朋友和睦相处了。如果说在这以前，宝宝与小朋友在一块玩的时候，一般都是我行我素，以我为中心，不懂得让步、忍耐，稍不如意，不是哭闹，就是不跟小朋友玩，吵着要回家。那么，2～3岁的宝宝显然已经“通情达理”多了，宝宝能够把自己的玩具让小朋友玩，有好吃的东西，也能够主动地分给小朋友吃了。与小朋友玩游戏的时候也懂得忍让，比如小朋友排着队准备上滑梯，如果有更小的小朋友不愿意等待，要先玩儿，这时宝宝也不会与之争抢，更不会哭闹了，而是能够比较平静地接受。如果这个时候，妈妈及时地对宝宝说：“宝宝能让小弟弟先玩儿，真是个好孩子。”听到表扬的宝宝就会更爽快、更大方了。

尽管宝宝在交往上有了很大的进步，但由于还未成熟，而且大多数宝宝是独生子女，从小备受宠爱。不怎么懂得分享和忍耐，因此，爸爸妈妈要尽量多带宝宝到公园等场所和小朋友游戏，让宝宝从中学习轮流等候及和平游玩的规则，同时也为宝宝将来走向社会，能够很好地与他人相处奠定基础。

◉ 宝宝的生活自理能力如何

这个时期的宝宝，对任何事情都感到好奇，总想自己动手去做、去摸。有时候还要逞强，有时爸爸妈妈怕宝宝摔坏东西或碰伤，不想让宝宝干一些事情，但宝宝偏要干，而且兴致很高。

比如到了吃饭时间，宝宝能够帮着摆桌子、擦桌子、放板凳、分碗筷等；到了睡觉时间，宝宝能自己洗脚，坐马桶；穿鞋时宝宝能分出左右，而且知道拉上鞋后跟；穿有扣的上衣，能独自扣上扣子，会穿有松紧带儿的裤子。

当妈妈做饭时，宝宝还会帮助择菜，拿锅铲等，有时还“忙得”不亦乐乎。在生活实践中，宝宝懂得的东西越来越多，会做的事情也越来越多，这不仅锻炼了宝宝身体的协调能力，而且也提高了宝宝大脑的思维能力和对周围世界的认识能力。爸爸妈妈应该因势利导地帮助宝宝，使宝宝的各项生活能力提高得更快。

2岁4个月～2岁半的宝宝智能发展测试

分类	项目	测试方法	通过标准	出现时间
大动作	用脚尖走路	父母示范宝宝用脚尖沿“S”线走	宝宝能够用脚尖从“S”这一端走到另一端	第__月第__天
精细动作	捏橡皮泥	父母示范宝宝捏橡皮泥，捏成简单的形状	能捏2～3个	第__月第__天
	用筷子夹带壳花生	父母示范给宝宝用筷子夹盘里的带壳花生到另一个盘子里	能夹住2个以上	第__月第__天
语言	回答故事中的问题	给宝宝讲熟悉的故事，讲完后提问宝宝一些故事中的问题	能回答对	第__月第__天
认知	认颜色	把多种颜色的物品放到一起，让宝宝指认颜色	能够认对5个以上	第__月第__天
	认几何图形	准备各种几何图形让宝宝指认	能够正确指认4种以上	第__月第__天
行为	与较大小朋友一起做合作性游戏	与大孩子们一起玩“过家家”，观察宝宝在这种合作性游戏中的表现	宝宝能参与大孩子们的游戏，能做到与其他小朋友合作，听从指挥	第__月第__天
自理	自己洗手	鼓励宝宝自己拧开水龙头洗手、擦肥皂、冲洗干净	能够做好	第__月第__天

2岁7个月～2岁9个月的宝宝

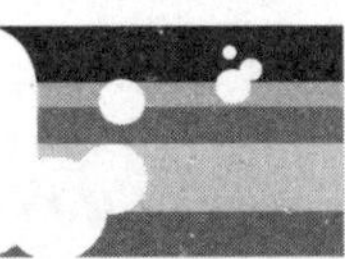

◉ 宝宝的动作能力有何进步

这一时期宝宝的动作发育日趋成熟，攀高爬低，动作已经相当灵活。在掌握了跳、跑、攀登等复杂的动作后，现在宝宝能较好地控制身体的平衡。能单脚站立，甚至单脚跳一两下，能从大约25厘米高处跳下来，会跳远，可以两脚交替着一步一级地上楼了，自己能骑三轮童车。

宝宝手的动作也更加灵巧，会穿脱短袜，会用勺吃饭，能够叠起8块方积木，能临摹画垂直线和水平线。

◉ 宝宝的语言概括能力有何进步

宝宝的语言概括能力在不断增强，

如“汽车”并非指某一辆汽车，而是指他所见到的所有汽车。一般女宝宝语言发展较早，此外宝宝之间也存在较大的个体差异，所以家长不要总把自己的宝宝与别人家的比，尤其是当着宝宝面，不能说“看你家豆豆早就会说那么多话了，可我家蕾蕾还不会”等，以免让宝宝失去信心从而更不利于学习。只要宝宝在纵向比较中，即与自己以前相比有了一点进步，家长就应及时地表扬宝宝。在表扬的同时，还要告诉宝宝应该取得更大的进步。

◉ 如何让宝宝学会等待

2～3岁的宝宝往往脾气急躁，尤其是不能马上得到想要的东西时就会发火。父母要让宝宝逐渐学会等待，这是对宝宝性格的一种磨炼，同时也可以让宝宝从他人的角度考虑，从而培养宝宝为他人着想的品质。

例如，妈妈正在做饭，但是宝宝早已饥肠辘辘，这时千万不要给宝宝吃零食，为培养宝宝学会等待，可以要宝宝来当“助手”，如让宝宝看看桌子摆好没有，帮助清洗装菜的盘子等。宝宝

会一面忙碌，一面耐心地等待，这样开饭时宝宝不仅胃口好，而且通过帮忙也会知道妈妈做饭不易。

有时，宝宝看见别的小朋友手里有个好玩具，很想玩一下，但人家又不放手。这时妈妈应当想办法转移宝宝的注意力，让宝宝去注意其他好玩的东西。在儿童游乐园中如上滑梯、坐碰碰车、坐小飞机等都要经过排队或者买票后才可以玩，有时人很多，要排队才能轮到，父母要借机教导宝宝耐心等待，从小培养遵守秩序的好品质，与其他小朋友一同享受玩的快乐。

2岁7个月～2岁9个月的宝宝智能发展测试

分类	项目	测试方法	通过标准	出现时间
大动作	攀登	鼓励宝宝爬攀登架	能爬3层	第__月第__天
精细动作	穿珠子	让宝宝用塑料绳穿珠子	能一分钟穿10个	第__月第__天
	按形状撕纸	给宝宝有形状和针孔的纸，让宝宝撕	能基本上撕成完整形状	第__月第__天
语言	表达故事	父母拿着图册给宝宝讲故事，之后让宝宝看图册复述	能复述	第__月第__天
认知	分类	把大小、颜色、形状不同的物品放在一起，让宝宝按要求分类	能基本上分对	第__月第__天
行为	学会耐心等待	在超市、公园或其他需要排队的公共场合教宝宝耐心排队，观察宝宝排队时的表现	能够耐心等待	第__月第__天
自理	模仿刷牙	父母给宝宝示范刷牙	能够模仿做	第__月第__天

2岁10个月～3岁的宝宝

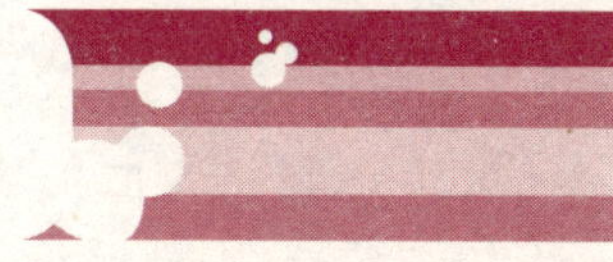

◎ 宝宝的脊椎骨有何变化

宝宝在婴儿时期的脊椎骨是笔直的。等到宝宝能站会走后，就开始变得稍稍弯曲起来，宝宝到了3岁左右，脊椎骨就弯曲得相当明显了，这种弯曲由4部分组成。

颈椎是向前弯曲（前曲）；胸椎部分向后突（后弯）；下面腰椎部分又微微向前突起弯曲；最下面的部分是荐椎，其弯曲是向后的。脊椎骨形成的这种前曲后弯，是为了适应剧烈的运动和保护内脏而形成的，起一种弹簧式的缓冲作用。比如人从高处往下跳时，脚下所受到的冲击，就会被弹簧似的脊椎骨吸收，而不至于波及大脑。脊椎骨弯曲的形成，说明宝宝开始具备了活动的能力和条件。

◎ 宝宝的动作灵活度如何

3岁的宝宝大动作和精细动作已经基本上发育成熟，初步达到成人相应的水平，在以后的发育过程中，将进一步成熟和完善。

这个时期宝宝手的动作更加灵活了，握笔时不再是用整个手掌抓了，而是用手指头握着笔，宝宝能用铅笔画出圆形、三角形、四方形，灵巧一点的宝宝还可以画出简单的人物画；会写2个以上的数字和汉字；能搭起4～8块积木；能用手指捏面塑或橡皮泥；能用剪刀将纸剪开或剪成纸条；将方形纸折成长方形及三角形；转动手腕然后打开瓶盖；按要求的颜色、形状间隔穿珠子；用铅笔屑、彩纸、不干胶碎片粘贴在画好的纸上，成为简单的粘贴画；有的宝宝已经学会使用筷子；有的宝宝已经会自己洗手，并把手擦干净；满3岁时可以自己解扣子，脱鞋。

一般说来，智力发展较快的宝宝，手指的运用就比较灵活，经常活动手指能促进大脑发育。因此，爸爸妈妈应多教宝宝一些锻炼手指的游戏，但要在宝宝自愿的基础上进行，千万不要勉强。

◎ 宝宝能否判断简单语言含义

对于这个年龄的宝宝来说，语言对行动的调节作用有了明显的发展，离开了直接物的刺激，宝宝也能判断“好”与“不好”这类词的含义。当父母说“不好”时，宝宝就会停止做某件事，这也就表明语言作为传授知识经验的工具已有可能。

◉ 宝宝是否有了数字概念

宝宝在数字方面的发展比语言能力慢，但到了3岁时也渐渐有了一定的理解。宝宝开始知道两个1放在一起是2，三个1放在一起是3。宝宝这段时期开始懂得数字的意义，但最多只能了解到3或4，爸爸妈妈这个时期可以要求宝宝说“拿两个苹果过来”，通过这种游戏，确认宝宝对数字理解的程度。

2岁10个月～3岁的宝宝智能发展测试

分类	项目	测试方法	通过标准	出现时间
大动作	走平衡木	父母扶着宝宝走距地面25厘米高的平衡木	能逐渐独立行走	第_月第_天
	抛球	在离宝宝1～1.5米处放一个高40～50厘米的小筐，让宝宝往里面抛球	能把球抛进去	第_月第_天
精细动作	解开、扣上扣子	让宝宝在穿衣服和脱衣服时尝试去解开、扣上扣子	能基本解开、扣上3个以上	第_月第_天
	画图	让宝宝画出人头的轮廓，再画上眼睛、鼻子、嘴巴等部位	能画出2～3个部位	第_月第_天
语言	讲述见闻	生活中让宝宝讲述见闻	愿意讲，能回答父母的问题	第_月第_天
	说出物品的名称和用途	问宝宝常见的生活用品名称及用途，如“毛巾”、“杯子”等	能说出4种物品的名称及用途	第_月第_天
认知	知道家人的职业	告诉宝宝家人的职业情况，问宝宝家人的姓名、职业等	能基本上说对	第_月第_天
行为	自我介绍	鼓励宝宝在问答中，回答自己的姓名、年龄、生日、父母姓名等问题	能够正确回答	第_月第_天
自理	刷牙	让宝宝自己刷牙	能够基本完成	第_月第_天

3～4岁的宝宝

宝宝能否讲一些小故事

这个年龄的宝宝，语言的发展能力及语言的理解能力都非常迅速，能用语言来表达自己的希望和要求，需要和意见，能说出周围事物的形态和名称。而且宝宝还能够理解父母说的一些话的意思，比如家里来了小朋友，妈妈对宝宝说："把你的玩具拿出来给小朋友玩一玩吧。"宝宝就会听话地把自己所有的玩具拿出来让小朋友玩儿，并且还会给小朋友做示范表演，甚至还把自己好吃的食品拿出来给小朋友吃。

这些行为说明，宝宝不但听明白了妈妈的话，还理解了大人所说的意思，那就是"好好招待小朋友"，因此宝宝不仅按照妈妈的话，拿玩具给小朋友玩，而且又主动地拿好吃的东西招待小朋友，把妈妈说的话进一步地深化。一些父母在宝宝3～4岁时，就开始给宝宝讲故事，还教宝宝念一些短小、顺口的古诗词。比如讲《黑猫警长》《白雪公主》的故事等，一般讲过2～3遍后，宝宝就会兴致勃勃地自己讲述了，有时还能在故事里加上自己的想象发挥一下。

宝宝注意力和记忆力发展有何进步

这一时期的宝宝，注意力和记忆力同步发展得很快。注意的范围越来越大，能逐步注意到周围更多的人和事物，而且能把许多无意识的注意，逐渐向有意识的注意转化。能根据父母或幼儿园老师提示的要求观察事物。比如，宝宝能够注意观察小区里的树叶有没有发芽；草坪里种植的花儿有没有出现花蕾，并能协助家长给花儿浇水、拔草等。有的宝宝注意的持久性也有所提高，能较长时间地集中注意力做一件事情，如可以持续较长时间观察蚂蚁搬家、小鸡吃米、小狗撒欢儿、小朋友玩游戏等。

不仅如此，宝宝的记忆力也提高很多，而且记忆的范围也越来越广。就像注意力那样，这一阶段宝宝的有意记忆正在逐步发展，能记住周围更多的人和事物。比如，父母让宝宝第二天去幼儿园时跟老师讲"后天因为某某事，需要请一天假"，宝宝就能把请假的原因和时间说清楚。父母带宝宝到公园去玩，要求宝宝记住在公园里看见了什么，回家后告诉奶奶，宝宝就能按照父母说的话，注意观察，然后回家说给奶奶听。另外，宝宝的理解记忆也有所发展，对于自己理解的儿歌、故事等，宝宝就记得快，也记得牢；而对于他不理解的诗和故事，则不容易记住。

这时期宝宝的抽象记忆也开始发展，对较为抽象的事物逐渐能够记住了，比如，宝宝能较为轻松地记住自己的家庭住址、幼儿园的大致位置，以及老师和父母教的某个词，或物体的名称；知道自己家庭中较为密切的亲友、幼儿园的基本情况；喜欢听故事，懂得故事内容，愿意给爸爸妈妈和小朋友讲故事的部分内容。

◎ 宝宝的想象力和模仿力有何进步

这一时期的宝宝，随着活动能力的增强、知识面的扩大、语言能力的提

高，见识的增多，特别是游戏活动的参与和发展，想象力和模仿力得到了更进一步的增强。

宝宝想象的内容变得丰富起来。可以较全面、较稳定、较逼真地表演某个人，或某种动物的一些活动。比如，有时宝宝把布娃娃当作病人，把自己想象为医生，手拿一个尖东西给“病人”打针或者拿小勺给“病人”喂药等；或者有时把自己当做妈妈，给布娃娃“喂饭”、抱布娃娃“睡觉”、给布娃娃“铺床”等。他们还会模仿爸爸妈妈做家务，学着幼儿园老师的样子给小朋友上课，用几把椅子围起来当做“家”，把小凳子一个接一个地排起来开“火车”等。

3～4岁的宝宝，虽然想象内容逐渐丰富了，但他们想象的特点仍然以无意想象占主要地位，有意想象正开始逐步发展。无意想象是一种简单的初级形式的想象，它没有预定的目的，是在某种刺激物的影响下，不由自主地想象出某种事物的形成过程。比如宝宝看到小朋友饭吃得那么香，马上想象饭里一定有自己喜欢吃的东西，因此会迫不及待地让老师给自己盛饭吃；看到别的小朋友在打针，马上就会想象到给自己打针是多么疼，因而还没等给自己打针就开始哭闹起来。而有意想象则带有一定目的性和自觉性，它是按一定任务而进行的想象活动。这时期宝宝的想象内容和主题容易变化，不能按一定目的坚持下去，很容易受外界事物的直接影响和干扰，从一个主题转移到另一个主题。比如一会儿想象自己是幼儿园的老师，一会儿想象自己当了医生，一会儿又想象自己长出翅膀飞上天去。而且，宝宝的想象还常常跟现实分不清，即宝宝还不能把想象的事物跟现实的事物清楚地区分开来。比如，宝宝听了《白雪公主》的故事后，就以为森林里住着白雪公主和七个小矮人；听了《西游记》的故事后，就嚷嚷着要到水帘洞里去玩。

宝宝往往以想象过程为满足，并不真正注意它是否真实。反映在宝宝听故事时，是一边听，一边进行想象，生动的形象在脑海里呈现，使宝宝感到极大的满足。

这一时期宝宝想象的另一个特点，就是以再造想象为主，很少有创造成分，大部分是围绕和模拟成人生活中的某些动作和活动展开的。想象和模仿也是智慧的集中体现，随着宝宝心理的逐步发育成熟，在良好的教育环境下，宝宝的想象就会逐步向更高级的水平发展。

宝宝的情感还不稳定吗

3～4岁宝宝的情感全部表露于外，高兴了就笑，急了就哭；对喜欢的人寸步不离，对不喜欢的人不愿亲近。说变就变，既直露，又率真。

而且，宝宝的情感还不稳定，非常容易受周围人的情感、情绪的感染和影响。比如，在幼儿园里，别的宝宝大声叫嚷，宝宝也跟着一起大声叫嚷；别的小朋友在受到老师批评时表现出惧怕的情绪，宝宝也表现出惧怕的情绪。

宝宝的情感还很容易冲动。他还不善于控制和调节自己的情感，时常表现出眼泪未干又笑得很开心。比如，当宝宝拿到心爱的玩具时，会高兴得笑出声；而当心爱的玩具被损坏，或玩具被别人拿走时，又会急得大哭起来。

总而言之，这一时期宝宝的情感是不稳定、且多变的，意识性或有意性很低。到了4岁以后，宝宝就会逐渐控制住自己的感情了。

4～5岁的宝宝

◉ 宝宝的记忆有何特征

这一时期的宝宝，由于活动的复杂化及第二信号系统的发展，记忆的范围进一步扩大。不但能记住一些直接的事情，而且还能记住一些间接的事情。其特征主要表现在以下几个方面：

无意记忆和有意记忆。这个时期宝宝的记忆与婴幼儿期一样，记忆带有很大的无意性。宝宝只有对感兴趣的、印象鲜明强烈的事物才容易记住。直到5岁以后，有意记忆的能力才逐步发展起来。

有意记忆是有目的、自觉的记忆，这是与宝宝第二信号系统的发展分不开的，也与爸爸妈妈经常向宝宝提出或者灌输一些能够接受和理解的词句分不开。比如，要求宝宝复述刚刚讲过的故事；回想昨天发生的事等，这对宝宝有意记忆是一个很好的锻炼和培训。另外，游戏、活动对宝宝识记的有意性和积极性有很大的影响。

机械识记和意义逻辑识记。识记是通过把新获得的东西与过去获得的东西联系起来，使新获得东西得到巩固的记忆过程。这个时期宝宝的记忆带有很大的直观性和形象性，而词句的意义逻辑识记能力还比较差。宝宝常常只能机械地记住事物的一些外部特征。比如让宝宝背唐诗，宝宝只是将字和词一字字、一句句机械地背诵下来，但并不理解诗的意思。如果父母能在宝宝背诵的基础上给予讲解，宝宝的意义逻辑识记能力就会逐步提高，也就能在复述故事时，抓住故事的中心意思，或多或少地进行逻辑加工，或省略某些情节，或加进某些情节等。

识记的持久性和精确性。在再认方面，4岁宝宝可以再认一年以前感知过的事物（如以前住过的房子等），而4岁以后的宝宝，再认的保持时间可以更长些。在重现方面（即从记忆中提取已巩固了的事物，使该事物得以恢复），4岁宝宝可以重现几个月以前的事情（如在游戏时，宝宝会突然想起与其玩耍过的小朋友等），而4岁以后宝宝重现保持的时间可以更长些。5岁左右的宝宝，识记的持久性更有了进一步的发展。

记忆的精确性也是记忆发展的标志之一。5岁左右的宝宝，记忆的精确性还是较差的。对简单熟悉的东西记得精确些，而对复杂的东西就有遗漏或歪曲。正因为宝宝记忆的精确性不足，因此常常被成人误解为故意说谎。

◉ 宝宝的认识能力和生活自理能力有何进步

宝宝认识和辨别色彩的能力有了很大的提高。能认识8～10种颜色（红、黄、绿、蓝、黑、白、棕、紫、橙、灰）。如果让宝宝画一张画，宝宝会用彩笔把大地画上绿绿的草、各种颜色的花儿；天空画上蓝蓝的天、白白的云、红红的太阳等，有时还要再画上一座小屋，屋前画的小孩往往就是自己。宝宝不仅对生活中常见的一些事物熟悉，并能描画出来。宝宝还具有一定的判断力和观察力，如果给宝宝一张小动物的拼图，用不了几次反复，宝宝就能按照图样拼出来。

在这个时期，宝宝生活的自理能力已经很强了，虽然吃饭速度比父母慢，但基本都是自己吃，用不着父母特意喂。有的宝宝甚至能拿筷子吃饭了，只是夹一些小的、滑一些的东西还比较困难，比如花生米、粉条、肉丸等，基本不剩饭菜了。在洗漱上大部分宝宝基本不用妈妈帮助了，会自己洗脸、洗脚、洗小手帕、小毛巾，洗完脸还会抹点儿护肤霜；会刷牙、会自己梳头发。早晨起来自己能够穿衣服、穿袜子、穿鞋。如果宝宝上幼儿园，不用父母帮忙头天晚上就能自己把要带的书本、铅笔、彩笔、橡皮等放到小书包里。晚上从幼儿园回到家里，能够把幼儿园里的所见所闻绘声绘色地告诉父母，特别是幼儿园安排了什么游戏、怎么玩的、谁输了、谁赢了，基本都能说清楚。

◉ 宝宝大脑功能的发育正逐渐成熟吗

4～5岁的宝宝，大脑功能的发育正逐渐分化、成熟。左半脑专门管理听、说、阅读和计算；右半脑专门管理对空间的领悟与解释，如艺术品、积木游戏、韵律等。宝宝对周围事物的好奇和探索，使他逐渐明白和懂得了许多道理，对不明白的事情也能用大脑进行思考，向父母和周围的人提出问题，并且有了对事情的判断力和辨别力，能够看出一些事情包括话语、行为、表情、态度的好坏。

宝宝对自己做的错事，经父母分析指正后，能够领悟错的原因，并懂得以后如何不再犯。对曾经受到表扬的事情，宝宝也会津津乐道地向别人炫耀，也希望得到别人的赞扬，这个时期的宝宝，已经有了荣辱意识的萌芽。

唱歌和跳舞是宝宝喜欢的娱乐方式之一。唱歌方面，4～5岁的宝宝只要跟着老师学唱几遍之后，自己就基本会唱了，而且韵律也掌握得较好；跳舞方面，宝宝也能跟着节拍跳，一些简单的幼儿舞蹈，学得很快、很好。这说明宝宝的节奏感和领悟力都有了很大提高。

宝宝是否基本掌握了全身性的主要运动

4～5岁的宝宝，基本掌握了全身性的主要运动，运动功能进一步完善。他们能跑善跳，会灵活地抓起东西，垂吊、攀登和连续起跳等。开始能够把几个运动要素统一成为一个行动，于是就有可能做出一些复杂的动作，比如玩球、跳绳以及爬攀登架、翻单杠等游戏活动。宝宝手的动作也更加灵巧，能参与一些简单的劳动、游戏和生活自理活动，一般女宝宝比男宝宝手的灵活性更好。

这个年龄的宝宝，还特别活泼好动，整天蹦蹦跳跳动个没完，没有一刻安静的时候。父母要求他安静地坐一会儿，没多久，宝宝就要伸伸腰、动动手、踢踢脚或做各种小动作。坐着不动，对宝宝来说是最难受不过的事情，如果哪一天宝宝安静地坐在那儿，就有可能是身体不舒服了。

其实，宝宝的活泼好动，与宝宝身体发育的特点是分不开的。

4～5岁宝宝的骨骼比较柔软、有弹性，脊柱的弯曲还没有定型，肌肉收缩力差。如果长时间保持同一个姿势，就会使所用的肌肉群长时间处于紧张状态。因此，宝宝就不断地变换活动方式，使不同姿势所用的骨骼肌肉部位轮流承受负担，紧张与松弛状态得到轮换，使紧张感和疲劳感得以缓解。另外，活动可以使骨骼肌肉得到充分的血液供给，促进其发展，使它们变得有力量，有弹性。

4～5岁宝宝的高级神经系统尚没有发育成熟。高级神经系统活动是兴奋过程大于抑制过程，抑制过程还很弱，因此，宝宝就表现出易兴奋、好动的特点。如果在宝宝想动而不能去动，那么这时神经系统是要耗费精力的。因此，对宝宝来说，不活动并不是放松和休息，宝宝努力抑制自己不去活动，反而是一种紧张。而经常变换活动方式，就可以使宝宝大脑皮层不同部位的神经细胞交替地工作，使一些神经细胞从兴奋转入抑制，另一些则由抑制转入兴奋。这样，宝宝在不停的活动中并不感到疲劳。因此说，宝宝的活泼好动和神经系统的发育特点有关，是身体发育的需要。

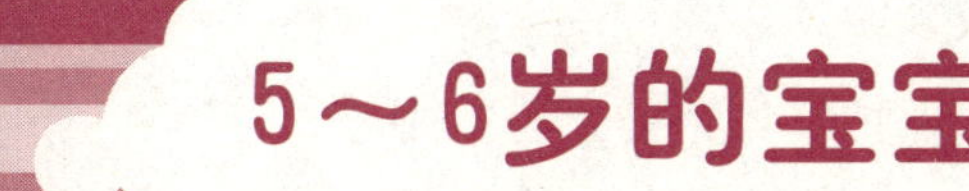

5～6岁的宝宝

宝宝的观察力有何进步

随着活动能力的增强和语言水平的不断提高，宝宝对周围世界的认识更清晰、知识经验也更丰富了。体现在宝宝对事物的观察能力上，较以前有了很大的发展。这时期宝宝的观察力，逐渐转变为一个相对独立的、有目的、有组织的进程，并开始具有了初步的有方向的、自觉的观察能力。

这时期宝宝的观察，是一种有意识、有目的性的观察。能够按照活动的安排或父母提出的要求来进行。比如，让宝宝看一幅画，画上画的是两个貌似相同的小熊猫，让宝宝找出两个小熊猫不相同的地方。这时宝宝就能细心地观察图画的各个部分，找出不相同的地方。

5～6岁的宝宝，已逐步学会了持续地注意观察某一事物，特别是他们经历过的或感兴趣的事情，比如，妈妈买回一盆含苞待放的鲜花，让宝宝观察鲜花每天开放的情景，宝宝就会兴奋地、充满好奇地、急不可待地观察，并随时告诉妈妈，鲜花开到什么程度了。

在此基础上，宝宝观察事物的概括性也在不断地增长。逐渐学会从整个事物中，发现其内在联系和一般的性质。比如让宝宝看两幅图画，一幅画着小鸡掉进河里，另一幅画着小鸭把小鸡救上岸。宝宝通过观察，就能说出这两幅画的关系。

宝宝观察力的发展，是跟生活经验的增长，以及语言的发展分不开的。虽然宝

宝观察的目的性、持续性和概括性有一定的增长，但与学龄儿童比较起来，还相差很远。因此，父母要善于按照宝宝观察力发展的特点，有意识地对宝宝的观察活动加以组织、指导和培养，使宝宝的观察能力进一步提高。

◉ 宝宝是否有了推理记忆的能力

由于活动的内容逐渐广泛和日益复杂，需要掌握和记忆的东西又很多，使得宝宝记忆的能力也得到了更进一步的发展和提高。现阶段宝宝的记忆力再不是以前那种无意识的、机械的、呆板的记忆了，而是向有意记忆和追忆方面逐步发展。比如，头天晚上，妈妈给宝宝讲了一个故事，第二天，妈妈让宝宝把讲过的故事再重新复述一遍，宝宝基本能把故事完整地讲出来，虽然有时也会遗漏一些细小情节，但大的故事轮廓和人物、事件相对完整。

同时，宝宝的理解记忆能力也逐步发展起来，这时宝宝的记忆不只是根据事物的外部特征，而且还能通过逻辑推理来进行识记。比如，宝宝在复述他所熟悉的故事时，不再是一字一句地背出来，而是在理解的基础上或多或少地进行逻辑加工，用自己的语言将故事复述出来。比如，有时在某个情节中，宝宝记不清那句话是怎么说的，但会根据整个故事的意思，以及人物的身份，用逻辑推理把那句话的意思编出来。

这时期的宝宝不仅能记住近期的一些事情，而且还能记住很长时间以前宝宝感到有趣的、印象很深的事情。这说明，宝宝记忆的持久性也有了进一步的发展，但这时期宝宝记忆的精确性还较差，对简单熟悉的事情较容易记得精确，而对复杂的事情的复述就容易有遗漏或演绎。

宝宝的记忆能力也不是自然而然地发展，而是在正确的教育影响下发展起来的。因为记忆力和理解力是一种相辅相成的关系。在理解的基础上记忆，就比较容易记住，而理解能力的强弱，还在于学习、教育、培养。因此，父母应善于按照宝宝记忆发展的特点，有意识地培养和提高宝宝的记忆力。

◉ 宝宝是否进入有意注意阶段

有意注意是指有预定目的，而且需要用意志和努力加以注意的一系列过程，一般受语言支配。5～6岁的宝宝，由于活动的进一步发展和扩大，对周围新鲜事物的兴趣也在日益增大和浓厚，宝宝常常喜欢东看看，西摸摸，力求发现事物中那些不曾注意过的方面。这时候，宝宝的注意力就完全集中到自己所发现的目标上了，并会长时间地琢磨、思考。比如，宝宝在与父母散步的时候，猛然发现一只小狗跑到树下，抬起一条后腿在撒尿，宝宝觉得挺奇怪"小狗干嘛要抬起后腿才撒尿呢？"宝宝想"是不是其他小狗也是这样呢？"带着困惑和好奇，宝宝就有意识地开始注意小狗是怎样撒尿了。

这就说明，这个时期的宝宝，注意的有意性和稳定性正在不断增长，宝宝可以较长时间地做他们感兴趣的事，或是某种发现、或是某个游戏、或是听人讲故事。另外，爸爸妈妈或多或少地要给宝宝的活动提出一定的目的和任务，比如，让宝宝把自己的衣服叠整齐、把新买的拼图拼出来等。宝宝为了执行父母提出的要求，就要不断地、有意识地调节和控制自己的行动，以期达到父母提出的目标和要求。这样宝宝的有意注意就逐步形成和发展起来。

有意注意是宝宝入学之前应有的重要条件之一。尽管宝宝已经进入有意注意阶段，但还是很不稳定的。因此，父母应根据宝宝的特点，有计划地提出宝宝能够完成的各种任务，训练宝宝独立组织和控制自己注意的能力。比如有组织的游戏，带有比赛性的作业或一些力所能及的劳动等，都是训练宝宝有意注意的最好方法。

◉ 宝宝是否具有道德行为和道德判断的概念

这个时期的宝宝，有了道德行为和道德判断的概念。

在道德行为方面，宝宝有了各种道德感，如懂得了同情别人、互助友爱，有了义务感等。比如，坐公交车，能把自己的座位让给老爷爷、老奶奶；看见小朋友摔倒了，会主动上前扶起来；把自己喜欢的玩具让给别人玩等。

在道德判断方面，宝宝开始能从社会意义上来判断道德行为，有了初步的是非观念和行为准则，懂得什么是好的，什么是坏的；什么是对的，什么是不对的；什么是可以做的事，什么是不可以做的事。对崇高的行为、美的语言感到满意高兴，对英雄人物，好人好事羡慕、向往，对错误感到不安，对恶劣的行为厌恶等。

尽管如此，这个时期宝宝道德意识的发展还只是初步的，他对道德观念的理解还很空洞、模糊，道德行为的坚持性也很差，如宝宝一会儿说“不听话的宝宝，不是好宝宝”，但也可能过一会儿就又不听话了。这是由于宝宝的心理发展还处于初级阶段，自我意识、控制自己行为的能力和意志发展都还较差，他的行动常受周围具体环境的影响，缺乏目的性和持久性。因此，父母在对宝宝进行道德教育时不能只讲道理，还要结合具体的事情，让宝宝在实践和练习中巩固道德行为。比如教育宝宝不自私，有了好吃的东西要先敬给长辈。爸爸妈妈可以给宝宝讲“孔融让梨”的故事，为宝宝树立一个学习的榜样，使宝宝真正做到不吃独食。

父母还要多让宝宝与其他小朋友接触交往，让宝宝具体地了解和感受个人和集体的关系，恰当地处理和同伴的关系，从而学会做人的准则。父母千万不要把宝宝关在家里，那样会使宝宝形成孤僻性格，容易导致宝宝将来不合群、小气、自私等人格弱点。

第3篇

1000个胎教早教疑问

怎样开发胎儿的智力潜能？怎样通过早期教育提高婴幼儿的智商与情商？翻开本篇，我们一起来了解关于胎教早教的诸多问题。

第一章 胎教，始于怀孕之前

胎教的思想准备

如何正确地认识胎教

目前，人们对胎教的认识还存在许多误区。这是因为，人们还不了解胎儿的发育情况和能力。我们说胎儿在腹中5个月就已经有能力接受教育了。但这里所说的教育，不同于出生后的教育，主要是对胎儿感觉功能的训练，即皮肤的感觉、鼻子的嗅觉、耳的听觉、眼的视觉、舌的味觉和躯体的运动觉。

根据神经生理学，胎儿每增加一种能力，其神经间的联系就有所增加。胎教的目的，是通过各种适当的、合理的信息刺激，促进胎儿各种感觉功能的发育成熟，为出生后的早期教育即感觉统合学习打下一个良好的基础。从这一点讲，早期开始的胎教为妊娠后期的胎教做准备，而孕期进行的胎教为出生后开始早教做准备。

胎教和早教有什么关系

提倡胎教，并不是因为胎教可以培养神童，而是因为胎教可以尽可能早地发掘个体的素质潜能，让每一个宝宝的先天遗传素质获得最优秀的发挥。如果把胎教和出生后的早期教育很好地结合起来，今后人类的智能会更加优秀。

胎教成功的因素有哪些

胎教成功的因素包括很多方面：

怀孕前做好准备，选择天时地利人和之时，确保夫妇双方身心健康，精子和卵子优良。

及早确诊怀孕，有利于避免有害因素，如X射线、同位素、农药、病毒感染、无意服用有害药物等因素对胎儿的伤害。

定期产前检查，早期发现和适当处理。

孕期发生意外，如有合并症（如心脏病、糖尿病等）及并发症（如妊娠期高血压疾病等）要在医生监护下进行相应保健和治疗。

准备要宝宝前或刚一怀孕就应参加孕妇学校的培训，学习如何进行孕期保健，如何进行胎教，如何做准父母，0～3个月婴儿保健等，以免宝宝出生后手忙脚乱。

分娩时，一定要积极地配合，争取自然产。不少孕妈妈错误地认为剖宫产比自然产好，常常由于不配合而造成难产。

出生后要不失时机地进行全方位的早期教育。

胎教成功的秘诀，是相信宝宝的能力和对胎儿倾心的“爱与耐心”。胎教的各种内容都是围绕一个目的，即输入良性信息，确保宝宝生存的内外环境良好，使宝宝在自然而然中，在无意识探索中健康成长。一切胎教内容都应当在宝宝清醒时进行，而填鸭式、拔苗助长式施教，将适得其反。

如何养成正确的胎教心理

有的孕妈妈实施胎教，有时期望过高，心太切，使得物极必反，收不到良好的效果，甚至造成不良后果。例如，有的孕妈妈在进行语言或音乐胎教时，长时间将耳机放在腹部，造成宝宝烦躁。这样的宝宝生下来以后，可能会对语言有一种逆反的态度。所以，给宝宝听音乐时，不能没有间断地听，如果孕妈妈都觉得疲惫不堪，那宝宝的感觉怎么会好呢。

为了正确地实施胎教，使胎儿真正受益，孕妈妈必须认真学习相关的胎教知识，掌握胎教的正确方法。在实施过程中，严格按照科学的方法去做，注意宝宝的各种反应，若有异常应及时咨询医生。胎教过程中一定要有信心和恒心，不可半途而废。

孕期胎教的一项主要内容是孕妈

妈生活要有规律，给胎儿一个良好的生长环境。孕妈妈还一定要调节好心情，保持一个良好的心境。要知道，生气或悲伤时体内环境变化有可能影响到胎儿的健康发育。

十月怀胎，一朝分娩。这是一个自然规律，到时候，宝宝自然会降临的，孕妈妈不要在最后几天里焦虑不安，影响正常的胎教。要知道，孕期马上就要结束，就要与宝宝面对面生活了，快告诉腹中的宝宝外面大千世界的精彩吧，给宝宝讲几个开心的故事。告诉他父母会永远爱他，会让他健康快乐地成长的。

◎ 为什么说胎教的过程，也是孕妈妈修身养性的过程

孕妈妈要树立持之以恒的信心，要做的事，就要坚持到底。知道自己是没有耐性的人，就要时刻提醒自己。如果怕坚持不下来，可请准爸爸帮忙，让准爸爸时时给予鼓励。胎教是一门“性”、“命”双修的课程，“命”是指人的活动机体，“性”是指人的品性，即一个人的性格品质、道德修养。胎教的过程，也是孕妈妈自身性情磨炼、修养提高的过程。孕妈妈通过修身养性，可以达到对宝宝施以积极影响的目的。换句话说，胎教的过程，也是孕妈妈不断克服自身缺点和不足的过程。

◎ 准爸爸在胎教过程中应怎样做

如果孕妈妈是3分钟热度的人，准爸爸就要在胎教过程中多发挥作用。首先，鼓励孕妈妈适时地进行胎教，同时

激发孕妈妈进行胎教的热情。其次，准爸爸要积极参与胎教，每天与孕妈妈一起进行胎教，用自身的信心和持之以恒的精神带动孕妈妈把胎教进行到底。最后，准爸爸要帮助孕妈妈克服一些不良的生活习惯。

怀孕之前就应该做胎教吗

真正的胎教并非是从怀孕后才开始的，而应该放在怀孕之前。在怀孕之前，夫妻两人在身体和心理上所做的准备，才是胎教真正的开始。

孩子的智商是和胎教息息相关的，而孩子的性格也同样取决于准爸爸妈妈所进行的胎教。因此，如果想得到性格好且健康的孩子，就一定要在胎教上多下工夫才行。如果用一句话来概括胎教，就是为了胎儿能够拥有好的环境而付出的努力和爱。所谓好的环境，就是指能够让胎儿平安度过10个月的宫内环境。如果孕妈妈能够安心、愉快地度过怀孕期，那么宫内环境就会在孕期里越变越好，也会给胎儿带来最好的影响。

准爸爸也要为胎教做准备吗

只有准备充足的父亲才能孕育健康的孩子。在有了孕育孩子的想法后，夫妇两人应当制订详细而具体的受孕、生育和育儿计划，并且做孕前检查，将身体调整到最佳状态。只有做到这些，才能拥有一个健康的孩子。

我们可以将准爸爸的胎教法分成两大类，也就是“受孕胎教”和“协助胎教”。受孕胎教就是丈夫在让妻子怀孕时，努力地优化一切条件，在这以前要把自己的身体调整到最好状态，做任何事时都要有孕育杰出下一代的考虑。在丈夫身体健康、心旷神怡时孕育的孩子，出生后身体结实、头脑发达的概率相对较高。妻子怀孕后丈夫所要做的协助胎教同样重要。丈夫的帮助与照顾会使妻子的心情变得安定，这是任何东西都不可代替的“灵丹妙药”。妻子安定的心情将给胎儿带来良好的影响。

夫妻二人应为胎教做哪些准备

夫妻二人应一起为胎教做身体和精神上的准备。健康的精子和卵子相遇是生下健康婴儿的必需条件。因此，夫妻二人必须在计划怀孕之前的数月就应努力调整好作息时间，调理好身体和心态。精子和卵子是在人体内产生的，它们理所当然地会受到健康状态的影响。

无论在身体上还是在精神上，准爸爸妈妈们都应该保持健康的状态，特别是要戒除烟酒。丈夫最好在妻子怀孕前的6个月开始身体和心理上的准备，戒烟、戒酒自然不必说，连可能对未来孩子产生不良影响的言行都应该多加注意，要时时以感恩的心态迎接每一天的到来。

学习胎教方法有什么好处

妻子怀孕可能是夫妻人生的一个转折点，从怀孕的那一刻起，他们就开始了一种崭新的生活。孩子的出生对爸爸妈妈而言是巨大的幸福，同时也是沉甸甸的责任。因此爸爸妈妈不应当无知地迎接孩子的到来，而应该在如何孕育一个健康孩子方面作一些知识储备。如读一些关于怀孕知识、生育知识和胎教方法的书籍，常去社区中心、医院和幼教中心听一听相关的讲座，或者通过互联网阅读别人的育儿日记、生产日记和胎教经验谈……这些对未来的爸爸妈妈都会有所帮助。

掌握了一定的胎教方法后，准爸爸妈妈就能体会到胎教的重要性了。夫妻一起学习胎教方法还能加深两人之间的感情，这种情感将自然而然地延续到即将出生的孩子身上。

胎教的方法有哪些

胎教的方法有：情绪胎教、营养胎教、视觉胎教、语言胎教、运动胎教、按摩胎教、日记胎教、音乐胎教、旅行胎教、艺术胎教、童话胎教、环境胎教等。

在怀孕的40周里，孕妈妈与宝宝同体共息，孕妈妈的情绪和生理状态都与胎儿休戚相关。因此，从孕妈妈营养到行为活动，乃至所接触的生理、心理环境——都是我们胎教的范围，可以说胎教伴随着妊娠的整个阶段。

夫妻共度美好时光有什么益处

有人说爱情需要表达出来才会更加美好，因此丈夫和妻子就应该经常以各种方式表达彼此之间的爱意，这样一来夫妻之间的矛盾就能轻松得以化解。生活在一个快节奏的时代，应设法让自己的生活节奏慢下来，多享受一下二人世界的美好时光。受孕胎教的真谛就是让夫妻双方的身心达到良好的状态，然后孕育生命，夫妻在一起度过的美好时光越多，彼此之间的爱情就会越加深笃。

夫妻有共同关心的话题是一件再好不过的事情。养几盆花草，读相同的书籍并进行讨论，或者共同旅行、欣赏音乐……这些都是值得采用的方法。

孕妈妈为什么过于依赖丈夫

有的女性怀孕后，感情会变得脆弱，在精神上和心理上都离不开丈夫，对丈夫有一种依赖感，孕妈妈希望丈夫能时时在身边，与自己一起分享快乐、分担不安。

怀孕是女性生理和心理上的一次巨大衍变期，这种衍变时常造成孕妈妈心理上的不平衡。如果丈夫在身边，有一种稳定的作用，丈夫的爱是孕妈妈精神上的镇静剂。孕妈妈希望丈夫能以自己为中心，时时关心自己、处处照料自己，这种依赖心理既有生理上的需要，也有感情上的需要，还有一份额外的担心，担心自己形体的变化，会改变自己在丈夫心目中的形象。

这时，准爸爸可别吝惜那几句温暖的话，贴心话不仅仅是说给孕妈妈听的，也是倾注给宝宝的父爱，使宝宝得到更多的爱。准爸爸要多为孕妈妈考虑，多关心妻子，多表白自己的爱心，给孕妈妈一个坚强的支柱。

孕妈妈自立自强对胎儿有什么好处

作为孕妈妈自身，别变得太娇气。有了身孕，并不等于什么都不重要了，只一门心思地关注腹中的宝宝。相反，孕妈妈应该继续工作，参加必要的社交活动，阅读相关的胎教、孕育知识。丈夫对孕妈妈必要的关注是应该的，但丈夫有自己的一份工作，他还有必要的社交活动，他需要与合作伙伴沟通应酬，孕妈妈要多体谅，不要对他有过分的依赖。相反，在很多事情上孕妈妈要学会自强自立，学会在心理上进行自我调理和自我平衡。孕妈妈的这种坚强与毅力会直接影响到宝宝的生长发育，在宝宝的心理上埋下自尊自强的种子，为宝宝出生后的良好品质打下坚实的基础。

压力会对精子与卵子产生什么影响

压力会严重影响精子和卵子的健康与活力。万病的根源都是压力。尽管我们说压力在某种程度上是动力，但如果压力过大就很容易成为致病的诱因。人体在承受各种压力的同时身心会变得非常虚弱，患疾病的概率则会大幅提升，随之内分泌逐渐失调，正常排卵受到影响，受孕也就可能因此遇到障碍。

应当记住，胎教的根本是让准妈妈保持安定的心态，从而改善宫内环境。受孕胎教也是如此，也是让准妈妈的内心达到安定的状态。实际上，如果内心有所不安或是感受到压力，人的体液和血液就会变得更趋于酸性，这一变化就有可能妨碍精子和卵子的正常接触。

为优生做身体调养

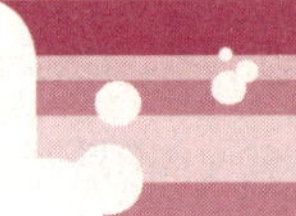

◉ 什么时候应停止避孕

如果要怀孕，自然要停止避孕。那么究竟应该在什么时候停止，又应该在什么时候怀孕呢？应该在停止服用药物3个月以后再怀孕。虽然在刚停止服用药物就怀孕，不至于生出畸形儿，但为了最大限度避免不良后果，我们还是应当留下足够的时间。

此外，女性24～29岁是生育的最佳时期，怀孕和分娩一般都会比较顺利，产后身体恢复也较快。

◉ 需要做孕前检查吗

怀孕之前未来的爸爸妈妈应一起去做孕前检查，以排除夫妻两人是否患有会对胎儿产生不良影响的疾病。人们都有可能患有自己不知道的疾病，因此孕前检查非常必要。在接受这些检查之后，如果患有某些疾病，应治愈后再怀孕。

◉ 为什么应该戒烟戒酒

在制订怀孕计划之后，最应该做的第一件事情就是戒除烟酒。烟和酒对身体有害已是人尽皆知的。吸烟的男性精子活动能力低，精子数量较少。如果丈夫完全戒除较为困难，为了将要孕育的下一代，起码应该在妻子怀孕期前后尽量减少吸烟的数量和次数。

维持标准体重有什么好处

有许多人为自己体重的增加而感到烦恼，但过度节食对身体同样有害。体重过重或是过轻都会降低受孕的概率。即使受孕成功，不正常的体重依旧会给生育造成不良的影响。超重时可能诱发妊娠期高血压综合征、糖尿病等，还会对关节造成损伤；体重过轻则会减缓胎儿的生长发育，造成低体重儿出生的可能。因此，保持标准体重对孕育下一代非常有好处。

为什么要有计划地怀孕

有很多准爸爸妈妈担心自己服用的药物会导致畸形儿的出生。实际上怀孕0～4周内，孕妈妈很难意识到自己怀孕的事实。于是误服药物导致流产的事情偶有发生。而有计划怀孕的最大好处就是能消除由此带来的不安全感。由于怀孕是在计划内，所以就能做到对药物有所防范。

可以服营养药物吗

如果正在服用营养药物，那么请仔细阅读相关的说明书，查看其对发育中的胎儿会产生什么样的影响。不听取专家的建议而服用大量的维生素、矿物质反而会造成不良影响。

有研究结果表明，服用过量的维生素A会导致畸形儿出生。如果计划怀孕，则应该提前3个月停止服用营养药物。取而代之的是均衡摄入含有各种营养的食物，防止出现营养不均衡的情况。

营养膳食该怎样把握

无论对谁而言，以自己的健康为标准选择摄取营养都是相当重要的。如果打算怀孕，就需要多花一些心思，只有这样，才能在怀孕初期为胎儿提供充分的营养打下坚实的基础。

夫妻双方在准备怀孕后，不要总吃营养不充分的面粉制品和甜食，也尽量不要吃方便食品。虽然方便面和罐头省时省事，但为了自己的身体健康还是要尽量不吃。另外，不要吃生肉或是半熟的鸡蛋。具体的营养膳食知识请参看本书其他章节。

风味秋刀鱼

原料：秋刀鱼2条

调料：酒5毫升，盐8克，胡椒粉少许

做法：

1.将秋刀鱼洗净，抹酒、盐和胡椒粉后腌制10分钟。

2.将秋刀鱼放入烤架烤熟即可。

3.食用时，可滴少许柠檬汁。

莴笋沙拉

原料：莴笋80克，圣女果30克，豌豆苗10克，黄甜椒15克

调料：沙拉酱10克，原味酸奶20克，盐适量

做法：

1.莴笋洗净并切成滚刀块，再用加了适量的盐的沸水汆烫后捞起放凉备用。

2.将黄甜椒切丝，与豌豆苗一起用沸水汆烫，捞起后；用凉开水激后备用。

3.圣女果洗净去根备用。

4.将圣女果放入果汁机中打汁，倒出拌入沙拉酱、原味酸奶调匀备用。

5.将做法1和2的材料摆盘，食用时淋上做法4的调味酱料即可。

什么时候开始服用叶酸

要在受孕前3个月至孕后3个月服用叶酸。每天服用叶酸0.4毫克，可以预防神经管畸形。在先天畸形当中有一种是脊椎裂症，这种疾病在怀孕的最初几周就可能发生。专家认为，在脊椎裂症的病例当中至少有75%可以通过提前服用叶酸来预防。

叶酸含量丰富的食物包括芦笋、鳄梨、香蕉、豆类、西蓝花、蛋黄、豌豆、肝、菠菜、草莓和酸奶。

◉ 为什么说生活作息要有规律

准爸爸妈妈要有健康的身体，才会有健康的精子和卵子。没有什么比有规律的生活对此更重要了。持之以恒的锻炼，如游泳、骑自行车、散步、慢跑等运动，一日三餐顿顿不落，保证充足的睡眠，缓解疲劳，这种有规律的生活与服用补药相比，应该算作是最好的保养方式。

◉ 怎样让周边环境变得舒适

明亮的色彩会使人的心情变得明朗。明亮而温馨的色彩装饰居室，暖色调衣服，墙壁挂上幅画，再配上音乐，这一切都会使人的情绪变得安定。经常给居室通风，保证屋内空气新鲜也是十分必要的。如果孕妈妈的生活能够过得舒适愉快，同样会给将来出生的孩子带来好的影响，这一点是毋庸置疑的。

◉ 大自然与胎教有关系吗

大自然中新鲜的空气有利于宝宝的大脑发育。有人曾在动物身上做实验：将怀孕的兔子和大鼠分别放在箱子里，然后观察结果，发现它们所生的幼仔出现无脑畸形的概率非常高。这项实验说明氧气对大脑发育的重要性，这一点对人类来说也是一样的。大自然可以给宝宝提供充足的氧气，郊外、公园、田野、海滨、树林等对人身心健康极其有益的负离子每立方厘米含量可高达数千，甚至上万个。但是在我们生活的城市室内，每立方厘米却只含40～50个负离子。因此，孕妈妈应经常到大自然去吸收这种“空气维生素”。

◉ 孕妈妈晒太阳对宝宝有什么益处

大自然是无限美好的，它使人大开眼界、增长知识、陶冶情操，同时得到娱乐和休息。为了未来宝宝的健康、聪明、活泼和可爱，孕妈妈一定要多到大自然中去，陶冶母子的性情。

太阳光可以促进血液循环，杀灭麻疹、流脑、猩红热等传染病的细菌和病毒，还能促使母体内钙的吸收，促进宝宝骨骼的生长发育。大自然中美丽壮观的景色本身就是一幅美妙的图画：潺潺的流水声，鸟儿的鸣唱声，这些都是很好的胎教内容。

孕前检查为胎教打基础

什么是TORCH

TORCH的检查项目包括风疹病毒，弓形虫，巨细胞病毒，单纯疱疹病毒体。正常为阴性，如阳性，则应在产科医生指导下妊娠。

TORCH对胎儿的影响可能是致命的，如果孕妈妈患上了风疹，本人虽然仅仅出现类似感冒的轻微症状，但会给胎儿带来致命的影响。在受孕前3个月感染风疹很容易导致流产。即使没有流产，50%～75%被感染的孕妈妈也会生下死婴或有严重畸形的婴儿。

在受孕前进行风疹抗体检查之后，如果结果是阴性就要进行预防接种。接种之后至少3个月后再怀孕。

为什么要进行血型检查

为了预防产妇分娩时出现大出血，孕期常规都事先检查血型，弄清楚孕妈妈的血型是相当必要的。另外，如果准爸爸是A型、B型或AB型，准妈妈是O型，生出的小宝宝有“ABO”溶血的可能性。如果准妈妈为Rh阴性血型，既往有胎婴儿Rh溶血史者，在生产前要预备好Rh阴性的血液，以备新生儿发生Rh溶血症换血治疗时用。

梅毒对宝宝有什么影响

孕妈妈患有梅毒时，毒菌会进入胎盘造成胎儿先天性感染。胎儿感染上梅毒菌之后，肺、肝、脾、胰腺都会受到影响。胎盘也会发生变化。这样的变化会对胎儿的健康产生严重的影响。想了解是否感染梅毒就得做血清检查。除了在怀孕初期进行一次检查之外，危险系数较高的孕妈妈在怀孕后期还应当增加1次本项检查。

在患有梅毒的情况下可以用青霉素进行治疗。在怀孕前18周进行治疗就可以预防胎儿感染。如果超过18周，就需要孕妈妈和胎儿一起接受治疗。

为什么说艾滋病患者不宜怀孕

艾滋病患者是不宜怀孕的，新生儿因父母是艾滋病患者而直接感染病毒的平均概率是25%。所以，在已经得

知自己感染艾滋病的情况下就不应当生育。如果从怀孕第8个月开始服用防止母婴感染的药物，病毒传染给胎儿的可能性将会降低到6%～8%。

尽管对于大多数正常孕妈妈而言感染艾滋病的概率很低，但仍应该具有防范的意识，在事先进行艾滋病检查之后，以健康的身体状态迎接怀孕。

◉ 为什么要进行贫血检查

患有贫血症的女性将无法给胎儿提供充足的氧分和营养，胎儿是从妈妈的血液中获取必需物质的。若母体贫血，那么胎儿就无法获得充足的氧分和营养。育龄妇女很容易因为贫血而在怀孕过程中变得非常脆弱。

孕妈妈贫血可能导致早产、难产，生出低体重婴儿，引起婴儿发育迟缓，严重的还会导致新生儿死亡。所以说孕妈妈的营养状况是新生儿的健康基础，这句话一点都不夸张。希望所有已婚女性都在怀孕之前进行检查，发现问题要及时接受相关的治疗。

◉ 孕妈妈怎样应对妊娠期合并贫血

妊娠期合并贫血疾病对孕妈妈及胎儿危害极大。孕妈妈表现为易疲劳、体位性头晕、脸色苍白、食欲不振等症状，而且产时容易出现大出血。孕妈妈贫血可使胎儿发育迟缓，出生后有的宝宝还会出现多动症。为了预防妊娠期合并贫血疾病，孕妈妈要多吃含铁丰富的食物，如猪肝、红枣、红小豆等，还要适当补充蛋白质，特别是优质蛋白质等营养素，比如蛋类、瘦肉类、豆类等，这样可改善机体营养状况，提高免疫力。

◉ 孕妈妈怎么样应对妊娠期合并症

随着孕周的增加和胎儿的长大，妊娠期合并症也相应增加，为预防孕期合并症，在怀孕中期开始，孕妈妈不仅要定期进行围产期的检查，还要针对自身的身体状况进行全面系统地、定期地、连续地进行化验分析、营养监测和营养评价，切实做好预防保健工作。一旦出现异常，应及时同妇产科保健大夫一起，采取必要的措施，进行必要的饮食结构调整，合理地进行饮食供给，保证整个孕期母婴的营养需要。

◉ 为什么要进行肝炎检查

如果孕妈妈患有肝炎，经过产道出生的婴儿就有可能染上肝炎。肝炎是一种被感染者自己可能都毫不知情的疾病。所以，如果不接受肝功能检查，就无法确认是否患病。

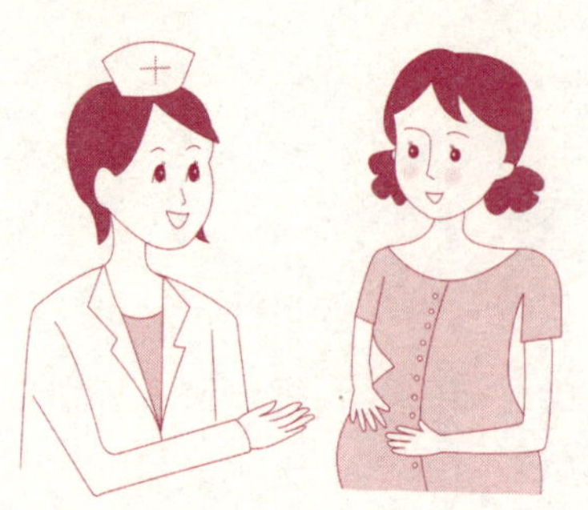

在计划怀孕以后，先进行肝炎病毒接种，在产生抗体之后再怀孕是最安全的。如果第一次检查结果皆为阴性，就需要通过3次肝炎疫苗接种而获得抗体。而如果在体内检查出有抗原，就要通过几个不同种类的检查确定其活动性如何。诊断为肝炎处于活动期，就必须在怀孕前进行彻底的休息。

如果孕妈妈是肝炎病毒携带者，孩子一生下来就必须要接种免疫球蛋白和肝炎疫苗。

为什么要进行尿常规检查

进行尿常规检查能够预防妊娠期高血压综合征。这是为诊断是否患有膀胱炎、尿道炎、肾盂肾炎而做的必要检查。如果蛋白质呈阳性，则有患妊娠高血压、糖尿病的可能，所以怀孕前要做尿常规检查。

为什么要进行弓形体检查

近年有越来越多的人喜好饲养宠物。如果家里养了宠物如猫和鸟，孕妈妈最好去做一做检查。如弓形虫主要是通过猫类而使胎儿受到感染的。尽管感染的时候不会有任何症状，被感染者可以像平时一样正常生活，但其后遗症会相当严重。

如果孕妈妈感染了弓形虫病，就有可能导致流产、早产、胎死宫内等。还有可能造成胎儿的中枢神经先天缺陷，如脑积水、小脑畸形、脉络膜视网膜炎等。

为什么要进行衣原体检查

沙眼衣原体是一种细胞内微生物，传染方式以性接触为主，其次是手、眼以及患者的污染的衣物、器皿等媒介物间接传染。它是引发子宫内膜炎和输卵管的炎症从而导致不孕的原因，还会导致流产、早产、死产等各种危险情况的发生。早检查早发现，治愈后可生育。

计划怀孕是胎教的一部分

◎ 为何说有计划地怀孕是胎教的基础

胎教的基础是有计划地怀孕。为了生出健康的孩子而事先进行的计划是相当必要的。有许多孕妈妈很晚才知道自己怀孕了，可在这期间又是吃药、又是照X光片，还容易产生不安的情绪。这种情绪不仅对孕妈妈自己，而且对胎儿也会造成不好的影响。然而，如果夫妻是有计划地怀孕，就能事先调整自己的身心，极大地减少对胎儿有危害的行为的发生概率。事实证明，有计划的怀孕可以使生下畸形儿的概率大大降低。这比保证孕妈妈身心愉快地度过怀孕280天、迎接孩子的降临更为重要。

◎ 怎样制订受孕计划

有计划地怀孕不仅可以有效地防止畸形儿的出生，还会让夫妻二人在所有亲朋的祝福中，愉快地度过每一天。

年轻的新婚夫妻有时因为性生活没有节制而意外妊娠。没有计划的怀孕虽然也可以说是喜事，但恐怕带来更多的还是烦恼和负担。也许家庭的经济情况还没有到十分宽裕的地步，或者怀孕是在身体欠佳、服用药物或是酒精中毒时发生的，这些都容易导致不理想的结果。

在这种情况下怀孕，孕妈妈将会战战兢兢地度过接下来的10个月。这种不安的感觉不仅对妈妈有害，对胎儿也同样是有害的。

◎ 什么样的时机适宜受孕

夫妻二人如果有了想要孩子的念头，就应好好商量一下到底什么时候要孩子比较合适，内容包括怀孕的时机、育儿计划等所有具体事项，还要仔细盘算一下家里的经济状况。因为怀孕、生育和孩子的教育等将会是一笔不小的开销。如果经济条件较为宽裕，对大人和孩子都比较好。如果有长期旅行或是搬家的计划，最好推迟怀孕。

◎ 最佳受孕季节是什么时候

如果有搬家、长期旅行或是留学的打算，就暂时不要怀孕了。因为一般认为每年的4月是不错的生育季节。若想让孩子在这个时候出生的夫妻，就要

在前一年的6～8月怀孕。

呕吐症状严重或在自己母亲怀孕时也曾经常呕吐的孕妈妈，应避免在身体敏感的季节里怀孕。一般情况下，孕期呕吐发生在春季和夏季的比较多。

家庭经济状况也是不得不考虑的因素之一。生育和孩子的教育都需要一笔很大的开销，因此在家庭经济情况宽裕的条件下怀孕才是明智的选择。

◉ 什么样的环境对精子有利

精子偏爱较为凉爽的环境。健康的精子是指活动性强的精子。为了确保精子的足够活动性，有生育计划的男性就应该尽量避免到温度过高的场所和环境。有研究结果表明，高温作业、长时间驾驶、案前工作的男性，精子活动能力会明显下降。

与人体内的其他器官和物质相比，精子适宜在2℃～3℃的环境下生存，这也就是为什么睾丸和阴茎都长在人体外部的原因。男性穿过于紧绷的内裤或者紧贴身体的牛仔裤会对睾丸产生刺激，使生产精子的能力下降。因此生育期的男性应尽可能穿宽松的内裤和外裤。

◉ 什么样的环境对卵子有利

相反，卵子喜欢的是温暖的环境。所以与睾丸不同，女性的性器官生长在人体的内部。如果想让一个月才排出一次的卵子能够保持健康的状态，避免压力是非常重要的。保护卵子，其实质也就是保证整个身体处于一个健康的状态。

如何孕育出一个小生命

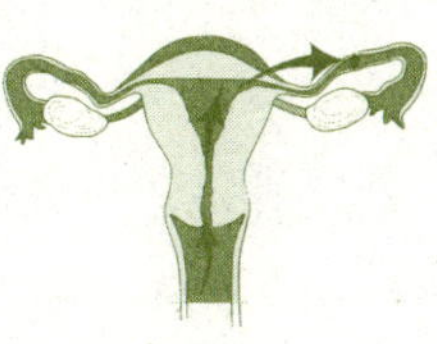

确定排卵日期以后，应如何孕育出一个小生命呢？和谐的夫妻关系是孩子未来健康的第一条件。首先必须要做到相敬相爱，在醉酒、不安或是有厌恶情绪的状态下过性生活会对胎儿造成不良影响。过性生活时，应该将其他事情全部忘掉，而只把对配偶的爱铭记在心。另外，还要做到的就是节欲。想得到健康的精子和卵子，就一定要防止性生活过度。

女性什么时候可以产生卵子

女性是携带着卵子来到这个世界的。但那些最初携带的仅仅是处于原始状态的卵母细胞，它们直到进入青春期以后才会变成成熟的卵子。在5个月大小的女性胎儿的身体内，可以找到约700多万个卵母细胞。而到了青春期，这个数量将削减到20万～50万个。

当卵巢开始排出成熟卵子的时候，女性就自然获得了怀孕的能力。卵子是体积最大的人类细胞，是一种不透明的、无色的液体。从卵巢里突破而出的卵子会移动到输卵管里，并在那里等着与精子相遇。

卵子到达输卵管以后，会等待精子12～24小时。由于卵子的生命只有短短的一天时间，因此如果在此期间不能遇到精子就会自动死亡，随即发生月经。

怎样通过基础体温确定排卵期

想要如愿以偿地怀孕，掌握正确的排卵日期就显得相当重要，排卵一般发生在月经开始日的14天之前，但具体日期是因人而异的。可通过下面的方法确定排卵期。

如果月经不规律，通过测量基础体温就可以更准确地获知排卵日期。将每天早上相同时段所测得的体温绘成图表，就会发现在有些日子里体温上升了约0.5℃，这样的日子就是排卵日。每天测定体温的时段必须相同，而且都要符合刚刚起床这个条件。

怎样通过疼痛确定排卵期

在排卵日里右下腹不时会有轻微的痛感。那是卵子从卵巢中排出时性器官产生的疼痛感觉。但这样的痛感并不是人人都可以感受到的，在100人当中不会超过15人，所以这种方法并不适用于每一个人。如果可以感觉到疼痛，那么把月经周期中各种疼痛发生的日期记录下来，就可以得知排卵日期了。

◎ 到医院检查可以确定排卵期吗

能够最准确地获知排卵日的方法就是到医院做检查。根据超声波检查或尿液检查的结果可以诊断出具体的排卵日期。超声波能够测量具有产生卵子功能的卵巢中卵细胞的大小，从而诊断出排卵日期。想知道确切的排卵日期，就得持续进行3～4次这种检查。而尿液检查的结果则是根据尿液中的激素含量判断的。

◎ 男性什么时候可以产生精子

与女性出生时即带有卵子相反，男性直到进入青春期之后才获得产生精子的能力。精子是在睾丸里产生的，这个过程不断进行，并且一直持续到老年时期才会停止下来。形状犹如蝌蚪一般的精子一刻不停地摇晃着自己的尾巴，它们为了与卵子结合而踏上各自前进的道路。精子是体积最小的人类细胞，肉眼无法辨认。

精液作为精子的生存环境，时时刻刻都起着为精子供给养料以及运送精子的作用。与精液一起进入女性体内的精子可以存活3～4天。

◎ 精子与卵子怎样结合

在发生受精之前，精子为了寻找卵子而不得不踏上漫长的旅程。一次射精会带来数千万以至2亿个精子，之后能够进入输卵管的只有不到100个，而它们当中只有最幸运的精子才能最终与卵子相遇。精子要想和卵子相见，就一定得经历相当“残酷”的竞争过程。

受精是在输卵管里发生的，受精卵会缓缓移动，寻找能够让它生存280天的舒适环境。子宫就是这样的舒适环境。于是受精卵在子宫内汲取养分并开始发生变化，在急速成长并完成细胞分裂之后，受精卵会着床。

受精卵在开始着床的时候，

直径大小不过0.25毫米，所以要想让它成长为具有人类外型的个体就必须提供大量的营养。于是受精卵就好像海绵吸水一样，从母体内开始快速地吸收养分，各个身体器官逐渐形成并且发育。

爱心妈妈经验谈

我在孕前睡眠就不是很好，怀孕后更是常常睡不踏实，还常常做梦。听说这样对胎儿不好，老公就每天晚上9点让我听着舒缓的音乐，给我按摩头部。这方法还真灵，我很快就会睡意袭来。后来没有老公按摩头部，到9点半左右我就会入睡。

◉ 受精卵是怎样形成的

怀孕是怎样实现的呢？它是通过精子和卵子的相遇而得以实现的，我们只有清楚地了解受孕过程才能体会到受孕胎教的重要性。

我们的身体是由数十亿个细胞构成的，而在新生命诞生的过程中起着重要作用的，只有精子和卵子这两种细胞。被分配到男子和女子体内的这两种细胞，一般通过性关系得以相遇。一个精子与一个卵子结合形成了受精卵，受精卵在着床以后不断地吸取营养成分并快速地成长，在约280天之后就变成迫切希望见到爸爸妈妈而来到这个世界上的婴儿了。

◉ 怀孕都有哪些征兆

怀孕征兆：总有恶心的感觉，尽管在严重的时候有的孕妈妈会呕吐不止，但一般情况下仅仅是有恶心的感觉而已。孕吐大多是在空腹时发生的，由于个体差异，有的孕妈妈孕吐严重必须住院治疗。曾经非常喜爱的香水味某一天却突然不喜欢了，一向很适合胃口的食物反而引起不适和呕吐，这些往往都属于孕吐的症状。

乳房胀大：怀孕会使乳房发生变化。胸部会胀大而敏感，乳头的颜色会加深。这是由于黄体激素导致的。

浑身乏力：全身上下感觉没有力气，体质较敏感的人会从怀孕1个月的时候开始有这种感觉。此外，一些孕妈妈容易在用餐之后不久就开始犯困，工作时也会很快疲劳，往往在晚上没有精神，总是想早睡觉。

尿频：这是因为血液集中在骨盆周围，对膀胱造成了一定刺激而导致了尿频的发生。尽管膀胱里仅仅存有非常少量的尿液，但由于受到刺激，所以就自然地产生了非常强烈的尿意。

口味发生变化：当体内激素增加之后，导致孕妈妈的口味与过去有了不同。假如你以前不喜欢吃肉，忽然有一天汉堡包却成了你的最爱，那么，你真得该去医院查一查：自己是不是怀孕了。

怎样通过月经周期推算预产期

确认怀孕以后，孕妈妈就想知道孩子在哪一天出生。推算预产期的方法很简单，只要知道最后一次来月经的日期，就可以通过简单的计算而进行推测。

在最后一次来月经的日子减去3个月再加上7天，这样就可以得知大概的预产期了。例如最后一次月经开始的日子是2007年6月27号，那么6减3得3，27加7得34，由于3月份一共有31天，因此得出来的预产期就是2008年4月3号。

如果不记得最后一次来月经的日期，还可以通过B超来测量胎儿的大小和怀孕周数，从而得出预产期。需要提请注意的是，就算推算出预产期，胎儿正好就在那一天出生的可能性其实并不大。比预产期早上几天或是晚上几天的情况都是正常的。

怎样通过B超推算预产期

能够得出最准确结果的测定方法就是通过B超检查，测量胎儿从头顶到臀部的距离，从而判断胎儿大小。采用B超确认怀孕周数，这个过程最好在怀孕20周内进行，因为在此之前，胎儿在发育程度上的个体差异不大。

◎ 其他推算预产期的方法还有哪些

怀孕4～7周时可以测量胎囊的直径，8～11周时可以测量头顶到臀部的距离，12周以上则可以测量从正上方观测到的头部边长，身体周长和大腿骨的长度。通过以上这些方法都可以算出怀孕的周数。到了11～12周的时候就可以测听到胎儿心脏搏动的声音，将此作为一个依据，再参考B超的检测结果，就可以算出更加准确的预产期了。

斯瑟蒂克胎教法

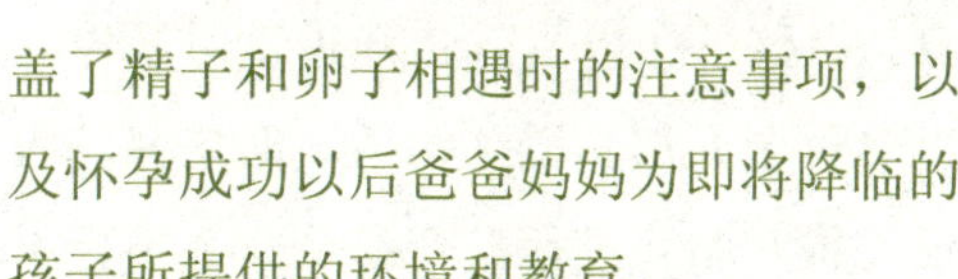

◎ 什么是斯瑟蒂克胎教法

美国一对普通的夫妇生下的孩子竟然都是智商高达160以上的天才，他们所采用的胎教方法一时之间成为人们议论的话题。根据这对夫妇的名字，此胎教法被称为斯瑟蒂克胎教法，其主要内容是对胎儿说话并通过卡片教授胎儿文字与数字。斯瑟蒂克胎教法的中心思想是，只要父母以对孩子的爱为基础制订完全的怀孕计划，并积极地将其付诸实践，无论是谁都可以生下聪明伶俐的小孩。

◎ 斯瑟蒂克怎样确立怀孕计划

每次说起胎教，人们很容易将其想象成一件从怀孕以后才开始的事情。实际上，胎教这个概念十分广泛，它涵盖了精子和卵子相遇时的注意事项，以及怀孕成功以后爸爸妈妈为即将降临的孩子所提供的环境和教育。

斯瑟蒂克夫人也特别看重在怀孕前做好为人父、为人母的心理准备。丈夫和妻子要相敬相爱，随后在确定完整的怀孕计划之后，竭尽全力地创造让健康的精子和卵子相遇的良好条件。

要想让健康的精子和卵子相遇，夫妻两人就必须将精神和身体调整到最佳状态。反之，如果心绪不宁，人的血液就会偏向酸性，这会对胎儿产生不好的影响。

提前做好怀孕计划也很重要。有详细的怀孕计划时，即使不能确定自己是否已经怀孕，也可以在相应的期间里有意识地回避会给胎儿造成危害的行为和言语。

可以说，怀孕计划的制订既是丈夫和妻子各自做好心理准备的过程，也是给胎儿营造安稳的子宫环境的开端。

◎孩子在出生前就开始学习了吗

身为机械工人的父亲和平凡的母亲所生下的4个女儿智商都超过了160，这一事件一时之间几乎震惊了整个美国。它意味着有某一因素能够超越遗传，对人类的智商起到决定性的作用。

斯瑟蒂克夫妇看重的东西就是宫内教育。“孩子在出生前就开始学习了”，虽然每个人都知道这句话，但是究竟应该怎样对胎儿进行教育却是一个不折不扣的难题。但对于这一点，斯瑟蒂克夫人的心中却有着明确的答案。

◎为什么说每一个胎儿都是天才

斯瑟蒂克夫妇一直坚信“每一个胎儿都是天才”，正是在这种观念下他们从怀孕开始的时候起就坚持对胎儿说话，还利用卡片教授胎儿文字和数字。除此以外，他们的胎教方法还包括听音乐和浏览图书，以及将准爸爸和准妈妈的生活趣事用非常自然的语调说给胎儿听。

实际上，这对夫妇对胎教的信念并没有在一开始就达到完美的程度。他们的胎教历程是在丈夫的劝导下开始的，那时斯瑟蒂克夫人对胎教的态度并不像后来那样坚决。然而随着时间的推移，她也逐渐意识到了胎教的必要性，对胎教的热情也自然而然地高涨了起来。

斯瑟蒂克夫人心里十分清楚，不顺应自然而去人为地制造天才是一种徒劳的行为。孩子可以清楚地察觉到父母的声音和情感，也可以分辨出话语的意图。所以这对夫妇告诫人们：准爸爸准妈妈的心中不能有一丝急功近利的思想，而应该怀着即将与胎儿相见的喜悦心情进行胎教。

◎为什么说胎教源自心底无限的爱

斯瑟蒂克夫人在胎教之后又对4个女儿实行了早期教育，使姊妹4个都变得极为聪明，并成长为感情丰富且情绪安定的女孩。

除了胎教方法得当这个重要的原因之外，另一个不能不提的根本原因就是伟大的母爱。从斯瑟蒂克胎教法中极为朴实的胎教内容就可以看出，要想和这对夫妇一样持有坚定的信念和积极的行动并不是一件容易的事。斯瑟蒂克夫妇的成功告诉我们，应该让自己的内心对胎儿的爱变为胎教的根源和基础，而不是某一种简单的期望或者目标。只有做到这一点，胎教这棵树才能结出最饱满的果实。

怎样为胎教做准备

确定怀孕计划之后就应该开始准备孕期将要用到的胎教用品。首先需要购买的就是能够使人产生联想和希望的色彩鲜艳的图书，虽然怀孕后期才会用到文字卡片和数字卡片，但孕妈妈可以把它们事先做好并保存起来。最好制成两套，写上从1～10这10个数字的卡片，并在另外几张卡片上画出“+”、“－”、“=”等数学符号。制作的材料最好选用白色的卡片纸，并将不同的颜色搭配起来在纸上写字，争取达到一目了然的效果。文字卡片的制作要点也与之相类似。

多与胎儿对话有什么益处

用一句话来说要让孕妈妈把自己变成话匣子，从早上起床直到晚上睡觉，把自己的所有想法、行动和感觉通通讲给胎儿听。这种进行胎谈的习惯可以使孕妈妈和准爸爸更清晰地意识到胎儿的存在，并迅速传达父母对胎儿的爱。从怀孕的那一瞬间起，我们就应该把胎儿当作实际存在的对象，在此基础上与胎儿进行积极的交流和对话。

怎样进行子宫对话

斯瑟蒂克夫人究竟用了什么方法让4个女儿都是那样的聪明伶俐呢？在她的胎教法中有一个不可缺少的要素，这就是所谓的“子宫对话”。子宫对话并不是什么需要高超技术的胎教法，无论东西古今，对孕妈妈们来说它都是一种不可或缺的胎教手段。

孕妈妈应该以比做任何事都积极的态度来对待与胎儿的谈话。尽管一直以来就有这样的说法，就是养育小孩的妇女应该把自己变成话匣子，但按照胎教的理念，这个时间范围应该扩大到怀孕阶段。在对话的过程中，应该把自己在日常生活中所遇到的事情非常详细地说给胎儿听，争取用语言把自己所接受的信息全部表达出来。

◉ 子宫对话对胎儿有什么好处

将日常生活中产生的所有想法和感情都说给胎儿听，会明显提高胎儿的智力。“硬邦邦的”、“软绵绵的”、“甜丝丝的”……把这些通过感觉器官接受到的信息直接表达出来，就可以使胎儿很快对其产生认识，并达到使胎儿自身的感觉变得更加灵敏的效果。

斯瑟蒂克夫人每次怀孕时都会不停地和自己的孩子对话。这些对话的直接目的并不是让孩子进行某种学习，而是要表达自己对孩子的爱意。

在孩子出生以后，她一直坚持用深情的声音呼唤孩子的小名。不仅如此，她还为孩子们唱歌、讲故事、哄她们玩。

爱心妈妈经验谈

从4个月起，我就开始与宝宝有交流了。每当我看到、听到了任何美好的东西，我有怎样的心情，我想做什么……我都会第一时间就告诉宝宝，这个时候感觉小家伙好像真的和我是有感应似的，在我说话的时候，他总是活泼地踢动着小腿。

◉ 让胎儿听准爸爸的声音有什么作用

如今，准爸爸们也纷纷开始对胎教产生了兴趣，因为他们都知道自己在胎教中所起的重要作用。准爸爸的声音较为低沉，所以比孕妈妈的声音更容易让胎儿听到。准爸爸的声音可以刺激胎儿的脑部发育，但多数准爸爸陪在胎儿身边的时间十分有限，所以大多数胎儿对准爸爸的声音并不是特别熟悉，而胎儿可以经常听到准妈妈的声音并对此产生记忆。

与此相反的是，一体相连的孕妈妈和胎儿之间，早已非常自然地形成了一种亲子关系，而这种亲子关系，对在怀孕和生产过程中，一直只是起到辅助作用的准爸爸来说，往往是可望而不可即的。在这样的情况下，准爸爸们就更应该一有空闲就让胎儿听一听自己的声音，努力使自己与胎儿之间的感情变得深厚起来。

◉ 准爸爸怎样与胎儿做交流

为了让孩子熟悉自己的声音，准爸爸应该每天固定拿出一点时间为胎儿阅读。

准爸爸与胎儿交谈其实并不需要做什么特别的准备，只要用柔和的声音把当天所发生的事情说出来就行了。在进行胎谈时，准爸爸要和孕妈妈的腹部距离保持在50厘米左右。

怀孕期间，如果准爸爸坚持不懈地与胎儿交谈，宝宝出生之后就能分辨出爸爸的声音。上班出门、下班回家的时候可以用“睡得好吗”、“今天在玩什么呢”、“爸爸从公司回来啦”这样的话向胎儿问好，以此增进准爸爸和胎儿之间的感情交流。

◎ 阅读有图画的书籍有什么作用

我们都知道童话书对胎儿有很大的益处。斯瑟蒂克夫人是一个比较朴实的人，但她每当怀孕后一定要给胎儿朗读印有美丽图画的童话书。插图的线条和色彩明快、文字内容丰富的童话书可以把梦想、希望和友情的概念传递给胎儿，使子宫对话的内容和范围瞬间变得宽广起来。

斯瑟蒂克夫人曾回忆说，她在怀孕2个月时就阅读一些画有动物图片的童话书。那些书籍给人带来一种朴素而美好的感觉。其实，胎儿到底能不能理解书里的内容，甚至他们能不能清楚地听到孕妈妈的声音都不重要。重要的是孕妈妈能否带着兴趣去阅读，并从中感受到乐趣。在厌倦甚至是反感的心态下阅读毫无用处。

斯瑟蒂克夫人说，胎儿也对童话书有着自己的偏好。他们喜爱那些由原色红、蓝、绿构成的线条，且色彩鲜艳、画面简洁的图书。此外，书中最好不要有太多的文字，文字不要超过整个页面的50%。

◎ 欣赏音乐或哼唱歌谣有什么作用

孕妈妈应该根据自己的喜好为胎儿播放音乐，或是直接哼唱歌谣给胎儿听。让胎儿倾听音乐可以丰富他的感性

爱心妈妈经验谈

妊娠纹的出现因人而异，有的孕妈妈一点儿没有，而有的却很明显。一般来说，体重突然增加的情况下容易出现妊娠纹。妊娠纹属正常生理现象，产后颜色会逐渐变浅，但不会完全消失。需要提醒的是，孕妈妈不要为了消除妊娠纹而用力按摩此部位，这样会造成子宫收缩。也不能胡乱涂抹软膏或者化妆品。因为含有类固醇成分的产品会透过皮肤进入体内，对胎儿产生不利影响。

认识能力，并陶冶他的情操。此时最好选择一些旋律平缓而优美的音乐。

孕妈妈和准爸爸可以把胎儿的小名编到歌词里再唱给胎儿听，也可以把平时喜爱的几首曲子录到一起连续播放，这些做法都将提升胎教的效果。

◎ 怎样用卡片向胎儿传授数字知识

5个月以上的胎儿已经具有了学习的可能。由于其接受能力的提高，谈话内容也就变得更为宽泛了。

怀孕之前就制作完的数字卡片终于可以在这时被派上用场了。取出画有数字的卡片并仔细观察每一个卡片的形状和色彩，直到脑海中的印象变得十分鲜明为止。接着对这些数字的外观和它们的作用一一加以说明，用各种各样的方法使胎儿产生相应的认识。

例如，在看到“1”这个数字时，你可以把它描述为“把铅笔竖起来的模样”、“跟黄瓜差不多”，然后拿起身边的某一样物体，说出类似于“一本书”这样的短语。一定要在观察对象的同时用清晰的声音把“一”这个单词表达出来。

此外，还可以在提出“把这边的一个苹果和那边的一个苹果加起来，一共是几个苹果呢”这样的问题之后，认真地看着放在一起的苹果，体会与胎儿一起思考的感觉，然后再说出“两个”的答案。计算完之后还不要忘记说出“你真行”这样的夸奖和称赞。

斯瑟蒂克夫人一直认为，孕妈妈和胎儿共同思考的过程能够使胎儿的脑部受到有益的刺激。由此我们可以推想到：孕妈妈在进行胎教的过程中，不良情绪会转移到胎儿身上，在这种情况下无论怎样胎教也不会得到任何的效果。

◎ 怎样用文字卡片教胎儿学习文字

胎儿的记忆能力从怀孕第6个月开始提升，在怀孕第8个月时逐渐稳定下来。在这一时期对其进行文字教育往往可以取得最佳效果。在此基础上，还可以让胎儿接触一些单词，在遇到没有见过的文字时应该正确读出这个字，并用手指写出来。每一个字再组3个词，然后最好能把与每个单词相关的画面也一起描绘出来。

为胎儿讲解数字、文字和图形等概念的时候，应灵活地运用卡片。在白色的图纸上用鲜艳的颜色写下文字或数字等内容，然后把其裁剪成卡片。这是一种简单而实用的方法。接下去可以首先简单地说明符号的样子，然后描述一下联想到的相关画面，最后再直接拿实际生活中的对应事物举例，让胎儿留下深刻的印象。

◉ 怎样通过散步让胎儿接触这个世界

散步对孕妈妈来说是一项非常有益的运动。它既可以让人接触到新鲜空气，又可以达到锻炼的效果，进一步而言，还可以给胎儿带来各种各样的体验。

在散步或者逛街时孕妈妈可以把周围的风景描述给胎儿。天上的云朵、玩耍的孩子、橱窗里漂亮的衣服和在道路上穿梭的汽车都可以是描述的对象。

孕妈妈若能饶有兴致地观察，就可以给胎儿带来感官上和认识上的刺激，从而让其得到丰富的间接体验。散步时速度过快，或是时间太长很容易带给人疲劳的感觉。因此孕妈妈最好能做到闲庭信步。散步的最佳时段是上午10点到下午2点，因为这段时间内宫缩较少，身体状况都比较稳定。

◉ 怎样向胎儿描述眼中的景物

孕妈妈可以借助童话书让胎儿感受勇气、情义和友谊这些抽象概念。孕妈妈应该通过自己的声音把图画里的各种动植物、风光、陆地和天空展现在胎儿面前。在阅读过程中，孕妈妈可以让自己的脑海中浮现出一幅幅画面，然后将它们绘声绘色地转述给胎儿。照片和图片的好处就在于它们可以帮助孕妈妈将世界广大而美妙的东西展示给胎儿。

第二章 怀孕1～40周的胎教

怀孕1～4周（第一个月）

为什么说胎教是未来一段时间一家三口的事情

根据胎儿的发育状况和孕妈妈的身体变化来选择有效的胎教方案，这才是最正确的做法。胎儿在脑部发育时期应该选择什么样的饮食；胎儿身体发育需要哪些营养成分；严重呕吐时接受准爸爸什么样的按摩可以得到缓解；孕妈妈的手脚出现浮肿时做哪些运动可以帮助缓解；这些都是胎教时要涉及的内容。

怀孕1～4周时“三口人”各自在做什么

胎儿——受精卵会在1周的时间里着床，至此，在到达子宫之前，不断发生细胞分裂的受精卵，终于在柔软的子宫当中找到自己的位置，着床以后很快就形成了初始形态下的神经管、血管系统、循环系统等组织，并开始向胎儿的心脏供血。这一时期的胎儿被称作胚芽，而把胚芽包裹起来的纤毛组织，即是后来形成胎盘的重要基础。

孕妈妈——在这一时期，可能很多孕妈妈都没有怀孕的感觉。大部分女性是在发现月经停止之后才怀疑自己是否怀孕，因此这一时期她们多半会毫不知情。也有一些较为敏感的女性可以从疲劳、低热、畏寒等感冒症状中意识到自己可能怀孕了。但如果事先做好了怀孕计划，此时就能够判断自己是否怀孕并很快加以确认。

准爸爸——准爸爸在早期胎教中的作用可能并不十分明显。但他应当承担起选择何时生育的重要责任。即便是

采取了避孕措施，还是应该做好随时可能因避孕失败而怀孕的思想准备。

◎ 为什么说孕妈妈的身体状况是胎教的重要基础

无论是按周划分还是以月份划分，我们所介绍的具体胎教方法在更多意义上还是对孕妈妈进行的产前教育，其根本目的就是让孕妈妈拥有一个健康的身体，这也是胎教的根本所在。

当然，孕妈妈在孕期常常欣赏美妙的旋律对保持一个平和的心态和健康的身体是大有益处的。胎儿在母亲的腹中时时刻刻都发生着变化，只要能够大致掌握其变化规律并施以合适的胎教，毫无疑问将收到事半功倍的效果。

◎ 怎样科学地对待胎教

假如生搬硬套地认为“这个月可以和胎儿交谈啦”或“下个月最好多听一些优美的音乐”，这无疑有悖科学的胎教理念。

在阅读与怀孕及胎教相关的书籍时，首先应将这本书全部读完，从而全面了解胎儿和孕妈妈的各种变化并充分体会胎教的正确含义。一旦到了为怀孕做准备的那一天，以前所学的那些胎教方法就可以一一派上用场。因此，学习胎教，就应该从准备怀孕之前抓起。

最近，人们对于早教的关注程度在不断上升，实际上比起早教更值得关注的是早期的胎教。如果换一个角度去认识胎教，也可以将其认为是早教的另

一种形式吧。可以这样说，胎教是比一般的早教更早开始的教育。

◎ 怀孕1～4周的饮食胎教应注意什么

受精卵周围是一些草根一样柔软细微的绒毛，这些绒毛可以透入到子宫内膜中，为胚胎汲取必要的营养和氧分，所以这一较为原始的时期被称为“胚芽期”。

胎教并不应该是在怀孕之后才开始的，在制订怀孕计划时就要将胎教纳入其中。有了怀孕的打算之后，至少应该提前3个月制订计划。因为参与受精的精子都是在3个月之前就被制造出来的，所以丈夫应在妻子受孕的3个月之前让自己的心情安定下来。孕期的饮食应本着丰富多样、适量的原则，粗细搭配，每日食谱应包含：蛋白质、脂肪、糖类、维生素、矿物质、纤维等。

◎ 怎样选择受孕概率高的食物

充分摄取维生素A、维生素B族、维生素C、维生素E，多吃富含蛋白质和钙质的食物。糙米、谷物胚芽、麦粒、豆芽、豆腐、豌豆、黑豆等新鲜谷物，蔬菜还有各种水果都是值得选择的食品。在这些食物中，红薯、土豆、柚子、李子、大枣、南瓜、花菜、芹菜和白菜则是最好的选择。女性还应该食用一些锌、铜含量较高的肉类或海产品。

为了进一步保证受精卵顺利着床，可以取20毫升生地的汁液，每天2～3次空腹服用，也可以将浸泡过生地汁液的米熬成粥，具有补血降火的良好效果。另外，将去掉外壳和莲子心的莲子与米饭熬成米粥也具有同样的作用。

苦菜对于受精卵着床也有强化心脏机能并安定情绪的作用。另外，孕妈妈宜多吃卵磷脂含量较高的豆类、大酱汤、鸡蛋黄以及动物肝脏等。

◎ 怎样摄取优质蛋白和钙质

在这一时期，孕妈妈的足厥阴经脉调控着胎儿的生长，并且与肝脏直接相关。所以除了性生活要注意外，孕妈妈不得随意服用药物，而应吃一些强化肝脏机能的食品。如荠菜、韭菜、紫李、山梅以及肉枣茶和木瓜茶等。

充分摄取优质蛋白和钙质、维生素以及其他矿物质也是十分必要的。肉类、动物内脏、牛奶、奶酪、鸡蛋黄、鳗鱼和泥鳅等鲜活水产，此时都可以摆上餐桌。除此以外，鱼片、牡蛎、豆制品、海藻以及西芹、青椒、白菜等也都是相当适宜的食品。

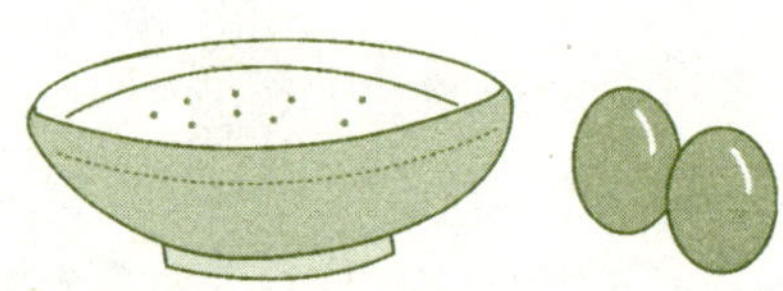

哪些食物可以预防便秘和贫血

水果中如苹果，蔬菜中如苋菜，都含有大量维生素和纤维素，有调整肠胃的作用，可预防孕妈妈便秘。平日里多吃苹果或苹果汁、苋菜、或是在早晨醒来时喝一杯凉白开或蜂蜜水或牛奶，都可以减少便秘的发生。

牡蛎豆腐汤

原料：牡蛎500克，豆腐300克，葱末10克

调料：盐适量，胡椒粉少许

做法：

1. 用盐水将牡蛎洗净，沥干后放入锅中，在开水中汆烫，然后捞起备用。

2. 将豆腐切丁，与调味料同时放入另一锅开水中。

3. 待水重新沸腾时，将牡蛎和葱花入锅，即可熄火。

含铁质丰富的食物，如菠菜、鸡肝等，都有助于身体制造更多的血红素，可预防贫血。其他如奶类、硬壳果及其他高蛋白质食物，孕妈妈多吃都会减少贫血发生的可能性。

可以服用鱼肝油吗

胎儿即将形成自己的骨骼，母体正处于随时都可能缺钙的状况，此时要多选择含有丰富钙质和维生素D的食品，如鸡蛋黄和鱼类，必要时吃些鱼肝油。

鱼肝油指的是在明太鱼和鳕鱼的肝脏中蕴藏的、不饱和度极高的、金黄色脂肪油。在怀孕期间，孕妈妈的体力消耗较大，或是钙严重不足急需补充。孕妈妈应该每天服用5克左右的鱼肝油。当孕妈妈出现焦躁不安或皮肤变粗糙的现象，服用鱼肝油可以起到良好的改善效果。

怎样看待孕吐

孕初期孕妈妈常有恶心和疲劳的感觉。有80%的孕妈妈会从第2个月开始出现孕吐，大多数人会在第4个月或第5个月时停止。但有一些孕妈妈仍会在第5个月之后，甚至持续到孩子出生之前，都有孕吐或其他与之相似的现象。

在早上空腹时或用餐以后感到恶心和呕吐，随即感到四肢无力、心身疲惫。

其实，孕吐是怀孕以后的正常生理现象，不必为此事大费心思、过于烦恼。

◉ 怀孕1～4周的运动胎教应注意什么

由于怀孕初期的心身疲惫、四肢无力多是由妊娠反应造成的。因此，当感到不适就立即卧床休息是完全没有必要的，孕妈妈可以选择进行一些轻松的活动来调整自己的身心。在怀孕的第4周之前，着床的过程都还没有完全结束，所以这时切不可进行剧烈的运动。做适当的伸展运动和筋骨锻炼可以有效地缓解疲劳的感觉。

◉ 怎样做舒展背部运动

孕妈妈做背部舒展运动要盘腿而坐，让两手手指在胸前交叉再一起向上推过头顶。将背部伸直，借用两臂的力量尽力向上推。上推的同时吸气，随着两臂的放下再缓缓地吐气。孕妈妈反复做这一动作可以强化筋骨，解除双肩的紧张状态。

◉ 怎样做转动颈部运动

做转动颈部运动，孕妈妈首先将脖子向右边缓缓转动侧视右方，然后变为向左转动并侧视左方。再向上仰视转而向下。孕妈妈通过从左到右，再从右到左的旋转，可以缓解颈部的僵硬状态，达到松弛肌肉的效果。

◉ 怎样做深呼吸

孕妈妈在做深呼吸时，将双手放在腹部两侧，用鼻子深深地吸入一口气，同时向前挺起腹部。然后慢慢地用嘴将气息吐出，并随之收缩腹部。深呼吸不仅可以缓解孕吐，还可以使孕妈妈的心态变得更加安定。

◉ 怎样做拉伸肋部运动

在做拉伸肋部运动时，孕妈妈两腿叉开而立，两臂伸开置于胸部前沿。然后一只手高高举起，另一只手放在下端，在一侧肋部收缩的同时尽可能地拉伸另一侧的肋部。接着换一只手高举，重复这一动作。

怎样做拉伸腿部肌肉运动

做拉伸腿部肌肉运动时，孕妈妈首先在一条腿向前迈出的姿势下把前腿伸直，让脚后跟接触到地面。然后后腿弯曲的同时尽量使上半身的头部和腰部保持一条直线。保持15～30秒，注意呼吸均匀。最后为使前腿的膝盖不发生弯曲，可以用手轻轻按住。这个运动能增加孕妈妈腿部后半边肌肉韧带的柔韧程度。

按摩胎教法有什么作用

怀孕之后，孕妈妈不得随意服用药物这一点是显而易见的。那么，在整个怀孕期会出现一些不适，有的症状还会随着时间的推移而逐渐加重，比如浮肿、妊娠期高血压等，这些都可以通过按摩来缓解。怀孕时如果接受按摩，一定要告知对方自己怀孕的事实。

怎样做针对白带增多的按摩胎教

孕妈妈在怀孕时期白带增多的现象，通过有效的按摩是可以得到缓解的。孕妈妈在肾脏的反射区涌泉穴上用大拇指轻轻地按1～2次。用大拇指在膀胱反射区上下按摩3次。握起拳头在脚后跟底部的生殖腺反射区上轻轻敲击4～5次。

涌泉穴和膀胱反射区之间是输尿管反射区，在这一区域用大拇指滑动搓摩约9次。用大拇指按摩位于大脚趾底部的大脑反射区，每次持续4秒钟，共进行4～5次。在子宫和卵巢反射区按照逆时针方向画圆。

怎样做针对尿频的按摩胎教

针对孕妈妈尿频的按摩胎教有：首先孕妈妈在肾脏的反射区涌泉穴上用大拇指缓慢地连按4下，再重复3～4次。其次在涌泉穴和膀胱反射区之间的输尿管反射区，按照箭头所示方向用大拇指滑动搓摩约9次。再次在足部内侧的膀胱反射区，以没有痛感为前提，按3秒钟，重复按3次。最后用大拇指轻按位于大脚趾底部的大脑反射区，重复4～5次。

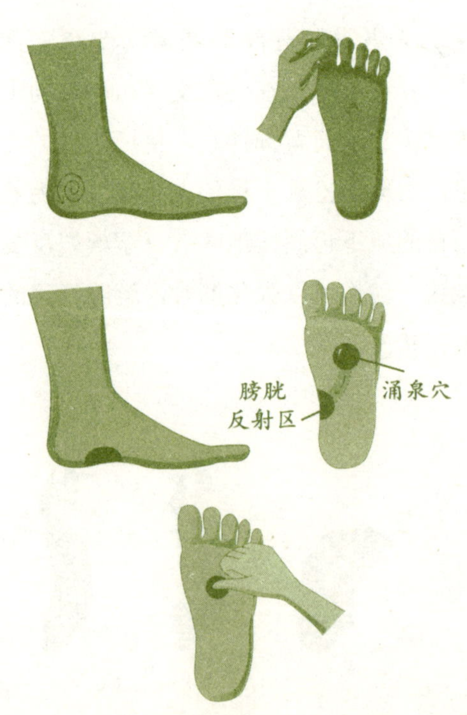

日记胎教法有什么益处

孕妈妈怀孕期间一边写日记一边让自己的内心变平和的过程就是日记胎教。在孩子出生前写胎教日记，出生后写育儿日记，是一件很有意义的事情。如今记录胎儿成长过程并写成胎教日记已经成了一种时尚。越来越多的孕妈妈把胎教日记贴到育儿专题网站上，甚至还有一些热心的女性开始发表“怀孕预备日记”。除此以外，我们偶尔还能看到一些准爸爸们写的相关文章，相当有趣。

孕妈妈往往都会有一种不安的感觉，胡思乱想的也比较多见，因此有必要对自己的内心进行一番梳理。写日记一方面可以排解孕期的寂寞，另一方面可以将自己的心里话抒发出来，使不安的内心渐渐平和下来，并逐步加深对胎儿的爱。与丈夫一起写日记还可以增进夫妻之间的感情。夫妻关系会变得更加亲密，孕妈妈也会得到一种情绪上的安慰感，这种安慰感则会自然而然地提升胎教的效果。

怎样写胎教日记

受到体内激素变化的影响，孕妈妈在一天内可能时而忧郁，时而感到幸福，感情时刻处于起伏不定的状态。在这种情况下孕妈妈最好养成写日记的习

爱心妈妈经验谈

以前我常常听到“胎教很重要”这样的话，但一直没有决定应该使用哪一种胎教方法，也没有像别人一样尝试每一种胎教方法。我和丈夫都认为每个孕妈妈都应该有自己独特的胎教方法，我所选择的方法就是愉快地对待和经历每一件事，因为我相信，孕妈妈在身体上和情绪上获得的所有感受都会完全传递给胎儿。所以每一天，我都尽量坚持做自己喜欢的事情。在悠闲的时候听一听音乐或做几样好菜，有时就在附近散散步。丈夫有空也尽量陪伴我。在工作日里，我们吃完晚饭以后也会在社区里兜兜圈子并愉快地谈话。我家周围有许多小山和树林，所以我经常去那里享受一番“森林浴”，之后便觉得自己的心情格外爽快。

散步时我并不是简单地走来走去，而是不停地给胎儿描述路边的花草、树木、蝴蝶、星星等大自然的一景一物。“树木可以给我们带来新鲜的空气、凉爽的树阴和美味的果实，它们是我们的朋友。”我就用这样的方式与胎儿进行对话。

惯，写的时候心里可以想着将要出生的孩子，借此来使自己逐渐进入宁静而平和的状态。在写日记时最好能将当天发生的事件以及自己的苦恼、担心、喜悦和感激等情感记录下来。总之，什么都可以写进去。

孕妈妈应该将自己的真实想法坦率地写进日记当中，同时我们也要注意到，在怀孕期间，孕妈妈的感受并不仅仅是舒适和幸福。对于即将成为母亲的事实感到不安，担心自己生下畸形儿，担心怀孕之后夫妻之间疏远，这些都是孕妈妈在怀孕过程中很容易遇到的问题。对此，孕妈妈首先应该做到坦率地面对它们。一边写日记一边思考，然后让自己的想法逐渐向积极和肯定的方向转变。因为如果孕妈妈整天愁眉苦脸、焦躁不安，子宫环境也会跟着越变越差，并最终对胎儿造成不好的影响。

日记的形式并不固定。孕妈妈可以把它写得很长，也可以写得很短，甚至写成一封信也没有关系。我们建议在睡觉前像与胎儿进行交谈一样把自己想说的话写成一封信。有一点非常重要，那就是一定要坦率地对待自己。

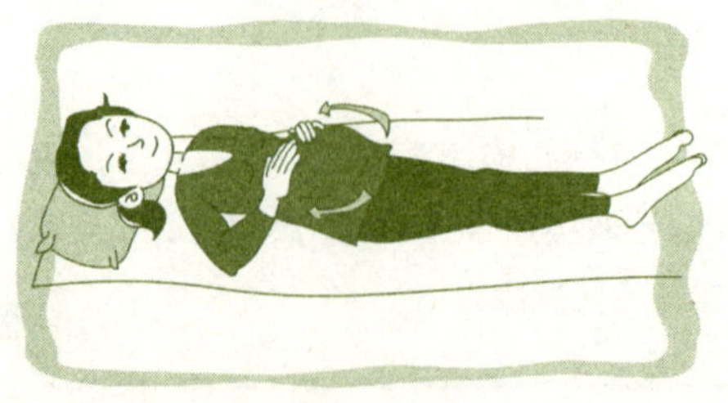

写日记时，孕妈妈应该从心里跟孩子进行对话。

◎ 如何将胎教日记写得有趣

一本好的胎教日记往往涵盖怀孕期间孕妈妈和孩子的所有身体变化，在刚刚得知怀孕消息的日子，第一次感觉胎动的日子，在B超检查时看到孩子模样的日子，听到孩子心脏跳动的日子等这些特殊的日子里，孕妈妈可以把自己的喜悦和神秘感一一记录下来。还可以把在胎教过程中读过的诗句或播放的音乐，自己和丈夫之间的深厚感情以及对孩子的无限期待全部作为日记的内容。

写完一篇日记后可以自己朗读出来，胎儿一定会对父母充满爱意的声音产生好感，这样一来就顺便起到了胎谈的作用。孕妈妈可以用阅读童话书的方法来阅读日记。

除了文字内容以外，还可以把B超检查的照片贴在日记本里。如果拍下自己每个月发生的外貌变化贴在日记本里，今后也一定会成为美好的回忆。在孩子出生以后妈妈可以把这本日记当作礼物送给孩子，一定会比千言万语更能传达自己心中的深厚爱意。

◎ 不会写胎教日记怎么办

孕妈妈觉得写胎教日记有困难不妨改为写信。如果孕妈妈感到写日记压力很大，可以偶尔尝试一下写信的方式。信写完之后应当像写好日记一样，用舒适的姿势躺下来并大声地朗读给胎儿听。孕妈妈的声音将向胎儿传递父母的深厚爱意。

什么是心理胎教的清净法

心理胎教的清净法就是为身体和心灵注入能量的心理胎教。我国周朝的太任王后曾刻苦修炼8个月时间，最终生下了聪明而又仁慈的周文王。太任王后所修炼的内容其实就是适合孕妈妈学习的清静法，太任王后的行为就是我们常说的心理胎教。

在各种调整心灵和肉体的身心方法里有一种方法就是清静法。这种方法不仅可以起到胎教的效果，还可以对分娩过程和产后休养等环节产生很大的帮助。周文王从小就聪明过人，这一点是与他在出生前所接受的胎教分不开的，其中最重要的一点是，他的母亲在怀孕时静养了整整8个月。正是因为文王的母亲太任王后口中不说污言，脑中不想邪念，修炼身心，认真胎教，才最终诞生了文王这样的一代明君。

清净法都包括哪些内容

清静法包括清静操、冥想。孕妈妈坚持使用清静法不仅对胎教有好处，也会对分娩有帮助。清静法要练习一个月以上才可以看到效果，所以最好从怀孕第16周起一直练习到分娩。孕妈妈每天应该练习30～60分钟，也可以根据自己的身体状态适当缩短或延长。清静法中有多种清静操的姿势和冥想法。练习清静操、呼吸和冥想都可以让孕妈妈保持良好的心理状态。

怎样用清净法调节内心

所有胎教方法的根本都是让孕妈妈保持好的心理状态。清静法的一大效果就是使孕妈妈能够对自己的内心进行调节，使其在身体和精神上同时保持健康的状态。所以对怀孕的人来说，学习清静法是一个非常好的选择。

学习清静法以后，孕妈妈就可以自由应对怀孕和分娩过程中身体所产生的所有变化，情绪也会渐渐变得积极而爽朗起来，这会让孕妈妈以一种平稳的心态顺利地度过整个怀孕阶段。

怎样消除怀孕和分娩时的恐惧

清静法可以消除孕妈妈对怀孕和分娩的恐惧感，使其变得愉快起来。由于清静法包括的清静操、呼吸法、放松法和冥想法等能够提高顺产的概率，所以在想到自己将会顺利度过怀孕和分娩时，孕妈妈不安感和恐惧感就会自然而然地消失殆尽。

怎样用清净法促进与胎儿的交流

胎教的出发点是通过母体和外界良好的氛围与胎儿进行交流。孕妈妈应当时刻留意胎儿是否有着某种需求，并不断以交谈等形式与胎儿分享自己的感受，最终达到两人进行交流的目的。清静法可以引导孕妈妈的身心，使孕妈妈和胎儿之间很快建立起自然的、深层次的交流，并对胎儿的品性以及大脑机能的发展提供帮助。

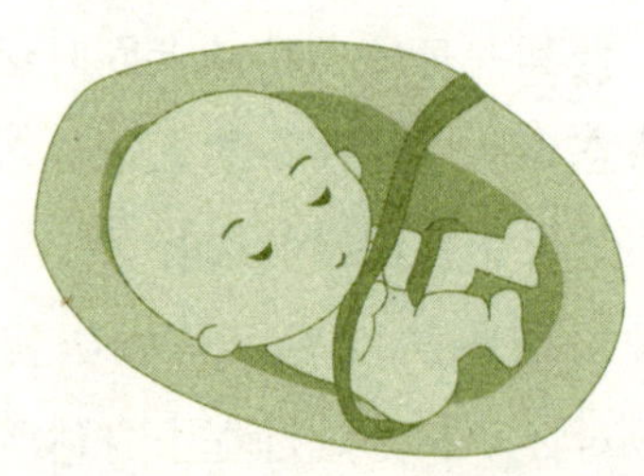

怎样用清净法提高顺产的概率

许多练习清静法的孕妈妈在分娩时都只经历了很少的痛苦。只要经常用清静操锻炼身体并熟练掌握运用呼吸法和松弛法等诀窍，孕妈妈在分娩时就能够很自然地做到顺产。实际上，呼吸法和松弛法可以促进大脑当中氨多芬的分泌，这不仅能够减轻疼痛，还能加速分娩过程，这样一来阵痛的时间也就自然减少了。

怎样做清净体操

在练习清静体操时一定要舒展眉梢并面带微笑。孕妈妈可以选择一种舒适的姿势坐下，同时要注意伸直腰部，正视前方，下巴略微向里收。在呼吸法上主要采用自然呼吸方式，有时也要根据情况做出深呼吸的动作。

卧姿

此套动作最好在怀孕第16～32周练习，如果身体不是特别沉重也可以一直练习到怀孕的后期。练习躺着做的体操动作能促进全身的血液循环，并能够强化腰部力量。还能预防和治疗腿部的浮肿症状。

两腿一起上抬：双手垫住头部，两腿一起上抬并弯曲到胸部位置与胸口接触。

功效：促进腿部的气血循环，减轻腿部浮肿和心律不齐的症状。此外还可以强化腰部肌肉，增加子宫的收缩能力。

双腿轮流上抬：平躺，弯曲左腿，然后抬起右腿与身体呈90度角，与此同时用双手垫住头部。尽可能长时间地保持这一姿势，然后把腿放下来之后休息

片刻。

功效：预防并治疗腿部浮肿，强化内脏器官并帮助消化。

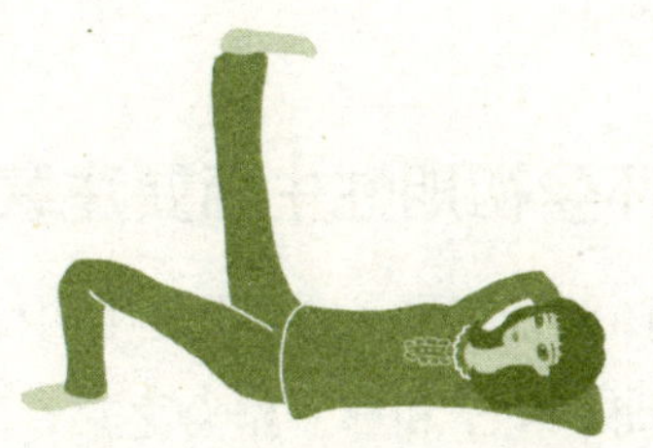

这套动作可以从怀孕初期一直做到分娩之后，并且最好和丈夫一起练习。练习“坐行”可以增加孕妈妈的肺活量，从而给胎儿带来充足的能量供给。这不仅有益于胎儿的健康成长，还能够使孕妈妈的消化和排泄功能恢复正常，并让手脚渐渐温暖起来，心情也会随之变得更加愉快。

双手推门势：双手手掌向前方完全张开。双臂分开与臀部同宽，举至肩膀的高度。一边收缩手臂一边长长地吸气，在伸直手臂的同时再将气息呼出。重复4次。

功效：让内心安定下来并使腰部变得更加结实。对伸展孕妇的骨盆也具有一定的好处，还可以疏通全身的气血，给胎儿带来充足的氧气。

叠手姿势：两手手指交叉向前推，然后先向上举，再移动到头后，最后头部向后倾。将此套动作重复2次。

功效：疏通上半身的气血，帮助消化，强化肾脏的机能，解除腰部的疼痛。

站姿

此套动作可以从怀孕中期一直做到怀孕末期，能使人的大腿和骨盆腔变得结实，并能够促进全身的气血循环，提高顺产概率。

四肢运动：双脚分开与肩膀同宽，右臂向上伸直，手指朝向天空，左腿向前迈步并在空中弯曲成90度角。两侧轮流做，各重复5次。

功效：促进血液循环和新陈代谢，强化腿部肌肉和骨盆腔，提高顺产概率。

走姿：在空气清新的地方慢慢走动，与此同时重复将自己的手掌向内弯曲再向外展开的动作。

功效：将清新的空气传递给胎儿，通过深呼吸来提高胎儿的供氧量。适量的行走能够强化孕妇腿部的肌肉并放松骨盆肌肉。

结束操

主要方法是双手互搓发热之后摩擦自己的脸或耳朵。

◉ 夫妻感情不和会影响胎教吗

夫妻感情不和会使缺陷婴儿的出生概率上升2.5倍。对于胎儿来说，爸爸的作用是不可忽视的。据统计，与关系融洽的夫妻相比，如果夫妻间的感情出现不和，所生婴儿在精神或肢体上出现残疾的概率会上升2.5倍。胎教并不是孕妈妈一个人的事情，每一份责任都应该由夫妻二人共同承担。

有一种说法认为孩子的身体是妈妈的，心灵是爸爸的。从这句话中我们可以看出，在受孕过程中丈夫的心理状态是相当重要的。从受孕开始，一直到孕妈妈分娩为止，丈夫一定要做到的事情就是：不管发生了什么事情，自己一定要有所担当，尽可能地让妻子平稳度过孕产期。

◉ 怀孕初期性生活要注意什么

怀孕后的1～12周是孕期中最重要的时期。精子和卵子结合之后，未来的胎儿会在子宫中寻找自己的位置，在这个过程中会有流产的可能。这期间要尽量减少性生活的次数并避免插入过深。此外，将手指插入阴道可能导致细菌感染或造成损伤，是极不可取的行为。

怀孕5～8周（第二个月）

◉ 怀孕5～8周时胎教要注意什么

孕妈妈怀孕5～8周时一家三口胎教要注意，这个时候的胚芽期还没有结束，要多给胚芽提供充足的氧气。

胎儿——怀孕第5周，胎儿进入了细胞迅速分裂的特殊时期，脑部和脊髓开始逐渐形成。到了第7周，其头部占据了全身整整一半的大小，并且可以明显地与躯干区分开。可以把这一时期称作是身体各个器官的分化期。脑细胞和神经细胞有80%都是在这一时期分化形成的，同时视觉神经和听觉神经也渐渐形成，下颚和嘴部开始出现，整个脑部正在迅速发育。

孕妈妈——大部分的孕妈妈在此刻都知道了自己怀孕的事实。所以有关怀孕的联想就油然而生。体质较为敏感的人应该从此刻开始做好预防呕吐、低烧和四肢无力等症状的准备。乳房和排便习惯也可能发生变化。除此之外，因为胎盘还没有形成和固定，所以孕妈妈应该尽早确认自己怀孕与否，以便让自己的身心尽快进入平静的状态。

准爸爸——确认怀孕事实之后，准爸爸应当尽快和准妈妈一起制订有关胎教和生育的整个计划。当然，在此之前准爸爸就已经经历了去医院接受检查的忙碌和考验。在这一时期里通过B超检查，所观察到的可能不是人体模样的胎儿，而是与蝌蚪的形态有着几分相似的分裂后的受精卵。然而就是这次不完整的观察，不仅给准爸爸带来第一次看见自己骨肉的真实感受，还将使夫妻二人的内心在同一时刻平静下来。

◎ 什么是胚芽期

就像我们所知道的一样，受精卵刚发生变化的时候并不能直接被称为胎儿。从医学的角度讲，精子和卵子相遇才发生受精，从那时开始10周以后一直到婴儿出生时为止，腹中的孩子才可以被称作胎儿。因为在第10周里，胚芽期中形成的身体各个部分开始进行第二阶段的发育和生长。换句话说，胚芽时期所形成的心脏、肝、肺和脑部都处于原始的状态，一直要到胎儿时期，这些已经形成的器官才会逐渐发育成熟。

◎ 什么是胎儿期

如果孕妈妈能够理解胚芽和胎儿的区别，将对自身保养和胎教大有帮助。在胎儿期可能很多孕妈妈为误服了药物而忐忑不安，事实上药物对怀孕的影响主要发生在胚芽期里，在胎儿期并不明显。因此，孕妈妈就不用为自己在胎儿期服用过药物而深感忧虑了。要知道对于胎儿而言，没有什么比母体时刻处在压力之下更加糟糕的事了，如果能牢记这一点，胎教就会获得相当好的效果。

在胚芽期中，不仅要让孕妈妈情绪稳定，还要尽可能减轻她身体上的负担。此时期的胎教重点就是通过安定情绪和休息，让孕妈妈的疲劳程度减到最低，要想做到这一点，需要更多的是丈夫的鼎力协助。

爱心妈妈经验谈

我常问自己，有没有一种爱可以心连着心？后来怀孕了，才深刻地感受到了造物主给女人的特别礼物。宝宝的心脏随着妈妈的心脏跳动，宝宝呼吸着妈妈的呼吸。变了，一切都变了，肚子大了，皮肤长斑了，各种从未有过的反应也出现了。于是我就时常问自己的母亲和医生，这正常吗？那正常吗？就这样把疑问与不适放在嘴上而不放在心上，漫长的孕期很顺利地度过了。

◉ 沐浴时为何水温不能过高

孕妈妈在沐浴时水温过高会造成缺氧。在受到压力的时候，人会出现缺氧的症状。尽管这在孕期属于正常现象，但处于胚芽期时，保证氧气充足是一件非常重要的事情，因此孕妈妈一定要尽量避免受到压力。

胚芽期是人体各个重要器官开始形成的时期，如果供氧不足就会在组织分化的过程中引起致命的缺陷，要知道只有在组织正常分化之后，身体各个部位才能够完整地形成，所以一定要防止因为压力等因素而造成的缺氧状况。

许多老人都会告诫孕妈妈不要长时间置身于热水当中，孕妈妈应远离高温环境。原因何在呢？事实上，这就是一个供氧的问题。在高温环境下，连成年人都可能感到呼吸困难，更何况是胎儿呢？那么沐浴时水温过高呢？可以想象，其所造成的缺氧会让子宫里的胎儿处于危险之中。

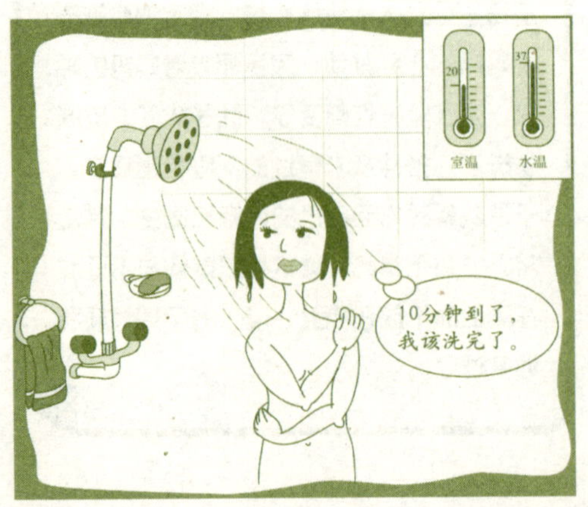

◉ 怀孕初期缺氧有什么危害

研究结果表明，那些在怀孕初期经常出入桑拿房的孕妈妈产下畸形儿的概率比一般女性高出2～3倍。另外，女性在怀孕初期应尽量远离氧气稀薄的环境，并避免进行那些需要消耗大量氧气的运动。

◉ 怀孕5～8周的饮食胎教应注意什么

孕妈妈怀孕5～8周的饮食胎教应该注意：如果用餐后孕吐变重，可以考虑减去一餐，但同时必须好好研究什么才是利于消化的食物和烹饪方法。呕吐非常严重的时候孕妈妈难以进食，这时就有可能出现营养不良或脱水，这无论对胎儿还是对孕妈妈都是有很大危害的。一旦出现了进食困难的情况，孕妈妈应当立刻咨询医生，通过输液等手段及时补充水分和营养。

爱心妈妈经验谈

听说吃鸡蛋好，老公就给我买了好多鸡蛋，可医生说不可多吃，于是老公想就买鹌鹑蛋给我吃，为了胎儿的安全，我去咨询了医生，医生说鹌鹑蛋含胆固醇过高，最好别吃。时间长了我也吃腻了，想吃皮蛋，可医生又说皮蛋含铅量太高，不要多吃。一切听医生的，现在宝宝很健康。

◎ 孕妈妈在哪些情况下会恶心

怀孕后恶心是正常的生理变化，但令人恶心呕吐的时间因人而异，有的准妈妈将近第3个月时才开始恶心呕吐；而有的准妈妈怀孕4周后就出现了。恶心的具体症状也是因人而异。有的准妈妈想吃酸的食物，有的想吃辣的食物，有的想吃平时从来不爱吃的食物，也有的除了口味上的变化和挑剔外，还忍不住要不停地吐口水。

大多数准妈妈对肉味、油腥味、香烟味等有反胃现象，只要一闻到这些味道就会恶心甚至呕吐。一天当中，有的是在早上空腹时恶心，有的只是闻到饭菜味才恶心，还有的刷牙时恶心。

症状轻微者对身体的影响不会太大，严重者由于较长时间摄取很少的食物，对母婴的身体健康有很大影响，因此，准妈妈除了向医生请教咨询外，还应当留意自己的恶心状况，努力找到减少恶心的办法。

◎ 怎样通过饮食缓解孕吐

此期间准妈妈最好远离厨房，尽量避免油烟味。吃饭时，饭菜要放凉一些再吃，气味变淡了，就不会刺激胃黏膜．可以减轻恶心。由于呕吐会造成营养和水分的丢失，因此，准妈妈应在饭前、饭后1小时左右，喝些大麦茶、燕麦片、牛奶和果汁等。水果是每天必须要吃的。另外，也要吃些坚果类食品，如核桃、杏仁、南瓜子、葵花子、开心果、松子、芝麻等，因为这些食品中所含的亚油酸等不饱和脂肪酸和蛋白质，对胎儿的生长发育极为有利。

为了不致在早晨起床时因胃里空空而恶心，在睡觉前适量吃一些饼干、小酥饼等含碳水化合物丰富的食物。而且这些食物中的色胺酸，可有效缓解紧张感，减轻孕吐。

◎ 铁元素与孕吐有什么关系

孕妈妈血液中的铁元素含量不足时，孕吐症状往往会变得更加严重。为了改善这一情况并预防贫血，应该相应地调整孕妈妈的饮食结构。

这个时期孕妈妈要避免吃凉粉、柿子和绿茶等食物，多吃可以改善贫血状况的动物肝、肾以及生蚝、牡蛎和紫菜。鱼类中较为合适的有沙丁鱼、秋刀鱼等。其中秋刀鱼不仅蛋白质的含量比

爱心妈妈经验谈

我做菜时喜欢多放点作料，如小茴香、八角、花椒、胡椒、桂皮、五香粉等，怀孕后也没特别注意，可后来便秘很严重。医生说孕妈妈饮食应清淡，炒菜时应少放或不放作料。因为这些作料能消耗很多肠道的水分，减少胃肠分泌，从而使肠道干燥，引起便秘。

牛肉和猪肉高得多，还含有大量的维生素B_{12}等物质。

爱心妈妈经验谈

我原来以为胎儿对世界是完全陌生的，可后来的事情却让我大吃一惊。原来，我怀孕后，正遇上丈夫去国外出差，我便每天都对腹中的小宝宝说关于他爸爸的事情，坚强的我在思念中顺利地生下了儿子。当丈夫回来庆贺时，我对儿子说“看，这就是最爱我们的爸爸”时，小宝宝竟然在我的怀里对他爸爸露出了甜甜的笑容。可见，胎儿可以通过母体来感受外界的爱。

◎ 怀孕5～8周的运动胎教应注意什么

有许多女性在怀孕之后对自己的身体备加呵护，连家务事都不曾做过，因此时间一长这些孕妈妈就很容易进入缺乏运动的状态。实际上，适当的运动可以为孕妈妈的生活增添活力，并且能对胎儿大脑的活性化过程产生一定的帮助。只要寻找最适合自己身体情况的运动项目，并维持合适的运动量，孕妈妈一定会活力充沛地度过怀孕的每一天。

◎ 运动胎教能提高顺产率吗

适量的运动不仅能够维持孕妈妈的健康，还可以提高顺产率。因为分娩时起重要作用的腿部肌肉与腰部肌肉可以在平时的运动中得到一定的锻炼。

◎ 运动胎教对胎儿有什么好处

运动过程可以通过母体给胎儿提供新鲜的氧气。氧气不仅使胎儿的脑部得以活性化，还起到维持身体各种机能正常运作的作用。因此运动胎教能帮助胎儿的身体和大脑发育。

◎ 运动胎教对孕妈妈有什么好处

有一部分女性在怀孕之后过度地补充营养并失于锻炼，变得肥胖起来，使得妊娠高血压综合征的发病率和巨大儿的出生率有所增加。适当的运动不仅能够预防肥胖，还有助于生育之后产妇的体形恢复。

进行适当的运动，这对因怀孕导致的体形变化而感到不安的孕妈妈来说着实算得上是一剂良药。

运动会使孕妈妈的体内开始分泌内腓肽。内腓肽作为一种激素，会使人变得心情愉快，内心安稳，孕妈妈腹部肌肉的自然活动会对胎儿起到按摩的效果，这样一来胎儿也就同样能体验到来自母体的那种平安快乐的感觉。

◉ 出现什么状况应停止运动

运动中孕妈妈应当根据自己的身体状态寻找最为合适的运动项目，并维持适度的运动量。无论是否处在运动中，当感到疲劳时应立刻停止运动，并进行充分的休息。

特别要小心的是阴道出血，有清水一样的分泌物从阴道中流出，足关节或手、脸突然浮肿，血压明显上升，急剧的收缩或腹痛。出现这些异常症状时要立即停止正在进行的运动。除此以外，妊娠期高血压综合征患者、怀双胞胎的孕妈妈、心脏病患者和胎盘前置的孕妈妈也最好不要运动。

◉ 怎样做肩部放松运动胎教

孕妈妈再做肩部放松运动胎教时，首先要以舒适的姿势盘腿而坐，将力量集中到肩部，同时略微提肩；然后再一下子放松下来，让两肩自然降下。

◉ 怎样做提拉上身运动胎教

提拉上身的运动胎教，孕妈妈首先要平躺时将膝盖立起，双手朝屋顶方向推去，感觉就好像要接触到屋顶一样。然后再同时提拉上身再慢慢躺下，上身被提拉起来的时候吐气，躺下的时候再重新吸气。这个运动能强化孕妈妈腹部的肌肉。

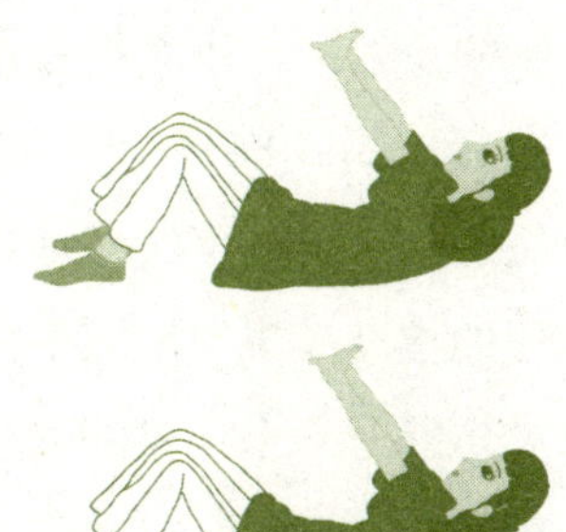

◉ 怎样做臀部运动胎教

臀部运动胎教也分为两个部分。首先是要孕妈妈躺下以后将双腿高高举起。然后再同时抬起臀部。臀部运动胎教能锻炼孕妈妈的下腹部肌肉。

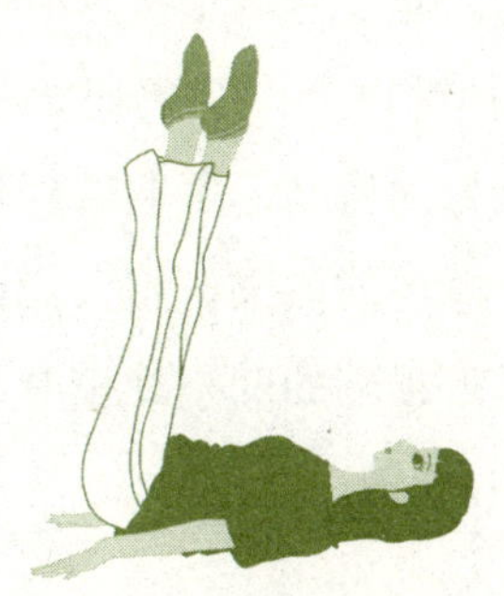

怎样做针对孕吐的按摩胎教

针对孕吐的按摩胎教，孕妈妈可以用大拇指在涌泉穴上轻按3次，每次持续4秒钟。在输尿管反射区用大拇指滑动搓摩9次以上。用大拇指在膀胱反射区上按下4～5次，每次持续4秒钟以上。在每两个脚趾之间的部位是淋巴系统的反射区，在这一区域用大拇指和食指向外抽拔，每一个部位重复1～2次。在肠胃的反射区用大拇指进行挤压，一共3次，每次4秒。另外在胰脏和十二指肠的反射区内用大拇指按照逆时针方向进行旋涡式旋转。结束之后在这3个区域之间从上到下缓慢地搓摩，以达到最佳的按摩效果。用双手握住整个脚背，模仿掰开一个苹果的动作来进行按摩，重复4～5次。

怎样做针对疲劳的按摩胎教

感到疲劳时，孕妈妈可先以用热水泡脚15分钟左右，再用大拇指在涌泉穴上轻按3次，每次持续4秒钟。然后在输尿管反射区用大拇指滑动搓摩9次以上，再在膀胱反射区上按摩4～5次，每次持续4秒钟以上。孕妈妈要从脚腕开始朝膝盖方向按摩，争取做到让脚上的血液向上循环的效果。用大拇指在每一个脚趾靠近顶端的凹陷处按摩2～3次，每次持续4秒钟。

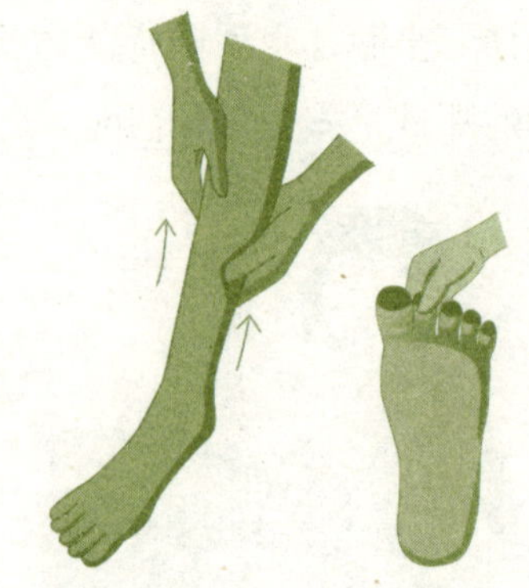

怎样做预防流产的按摩胎教

孕妈妈在做预防流产的按摩胎教时，要在涌泉穴上用大拇指从里到外画圆，每次持续4秒钟。画圆的时候要按照逆时针的方向，并重复4～5次。位于大脚趾中央的是脑垂体反射区，用大拇指在这一区域画圆并重复4～5次。在脚后跟底部的生殖腺反射区上用大拇指画圆，搓摩4～5次。在脚踝的内外两侧用大拇指按逆时针方向画圆，搓摩4～5次。从内侧脚踝向上三指的部位是三阴交穴，用两只手一起从脚踝推摩三阴交穴。

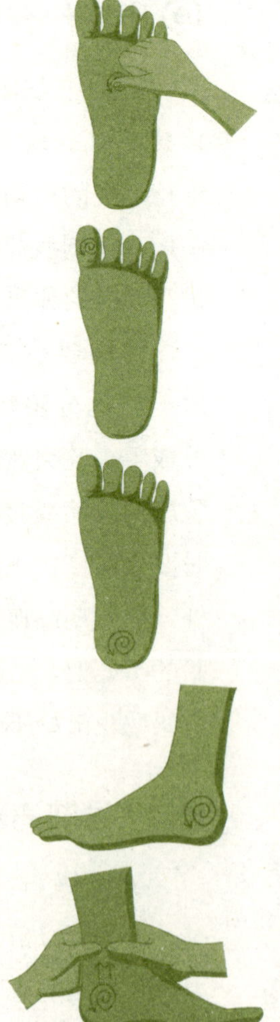

◎ 做游泳胎教有哪些好处

孕妈妈做游泳胎教的好处有：让胎儿平静下来，孕妈妈体内有许多肌肉承载着沉重的子宫，在水里游泳时，可以极大减轻这些肌肉的负担。此时胎儿也像进入了游泳的状态，在子宫里漂了起来。当孕妈妈游泳时，子宫会进入一种放松的状态，而宫内的胎儿也就能跟着变换到较为舒适的姿势。进入水中以后，孕妈妈身体的自由度会明显增加，能够在泳池里随意地做出跳跃和奔跑的动作。

◎ 游泳胎教可以缓解疼痛吗

游泳胎教可以缓解双腿浮肿和腰部疼痛的症状。孕妈妈的体重在怀孕期间至少会增加10千克，有时甚至能达到20千克以上，这种变化无疑会给肌肉和关节带来更重的负担，致使孕妈妈常常感到疼痛，而游泳对缓解疼痛比其他运动项目效果更好。当孕妈妈在水中活动时，浮力可以让她感到身体轻盈，从而减轻了脚腕和膝盖等部位的肌肉与关节的负担，同时，腿部浮肿及腰部疼痛等症状也可以得到明显的缓解。

◎ 游泳胎教可以提高顺产率吗

游泳具有放松孕妈妈子宫，锻炼肌肉并强化其心肺机能的作用，这些都会提高顺产的概率。许多孕妈妈都在学习拉梅兹呼吸法，而游泳正好可以让孕妈妈更加熟练地体会和运用该呼吸法。

◎ 游泳之前要注意什么

孕妈妈在游泳之前应该注意：听取医生的建议，从计划游泳开始到结束，应在咨询医生的建议后确定具体的时间安排。当医生做出孕妈妈和胎儿都没有异常情况的诊断时，孕妈妈就可以开始游泳了。即使怀孕的时间已经超过

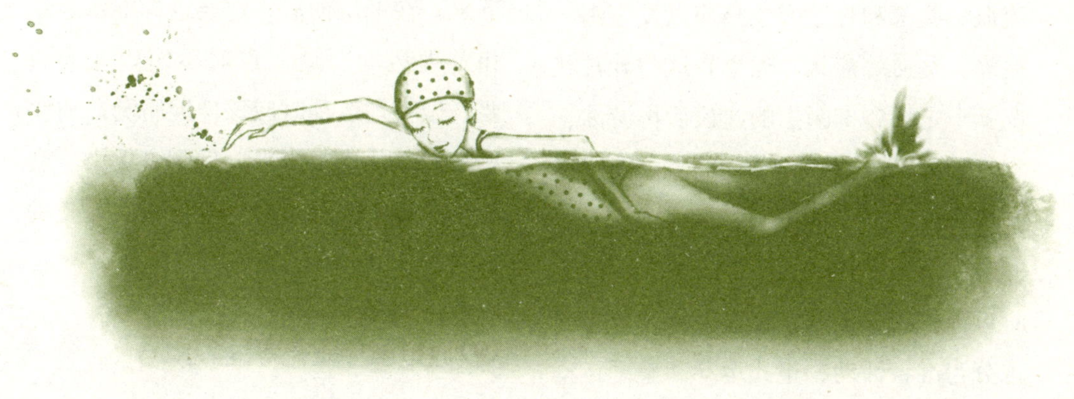

16周，如医生觉得还不适合游泳，就应该向后推迟。在决定游泳的结束日期时，孕妈妈也同样应该尊重医生的建议。大体上说应该在生产前1个月，即怀孕第9个月停止游泳，因为孕妈妈无法掌握发生阵痛的具体时间。

◉ 什么时间做游泳胎教比较合适

游泳的最佳时段是上午10点到下午2点，因为在这一段时间里子宫偶尔才会收缩1次。孕妈妈每周最好游泳2～3次，在水中若是有腹部绷紧或身体疲惫的感觉，就要立刻进行充分的休息。

◉ 在游泳之前应做哪些检查

在游泳之前检查身体有无异常状况，在游泳之前孕妈妈应进行细致的检查，以确定身体是否有异常的状况。孕妈妈可以自行检查身体是否出现阴道分泌物比平时明显增多，是否有突然发生阴道流血、腹部和骨盆产生疼痛以及腹泻、瘙痒、贫血等症状，如果有这些异常状况就一定要咨询医生的建议后再游泳。

◉ 怎样做游泳胎教

游泳胎教应将运动时间控制在1小时以内。对孕妈妈来说，游泳过程大致可分为准备活动、正式运动和整理运动3个阶段。在1小时的时间内按照顺序进行上述几项活动就不会给身体带来过重的负担。此外，以前不会游泳的人还可以酌情减少游泳的时间。

一定要做好准备活动，孕妈妈在下水之前一定要记得用温暖的水淋浴，这样可以使自己的身体放松下来，然后通过做5～10分钟的准备活动，最好再摆动起自己的手臂做一些基础体操动作。若身体已经准备就绪，孕妈妈就可以下水进行缓慢的起身练习了。在此过程中应重复向两侧分腿和弯曲膝盖的动作。

在水中进行正式运动，孕妈妈应当进行肌肉的锻炼，以及伸展运动和保持平衡等可以缓解肌肉紧张状态的活动。即使会游泳的人，也可以抓住泳道线，在左右浮动的同时进行踢腿练习。练习过程中感到呼吸急促时可以稍停片刻，等呼吸变得均匀一些再重新开始。

以伸展运动和深呼吸结束游泳活动，游泳的最后阶段是进行整理运动，这样可以使运动时加快的脉搏重新减缓下来。在锻炼前后一定要进行准备运动和整理运动，这一点对孕妈妈尤为重要。做整理运动时应该伸展胳膊、肩膀和跟腱，从水中出来以后则可以做一套简单的体操为整个锻炼过程划上完整的句号。

◉ 胎儿也懂得听音乐吗

也许有人会提出疑问：孕妈妈在家

中欣赏音乐，胎儿果真可以听得见吗？答案是肯定的。孕妈妈能够听见的音乐，胎儿基本上也都能听见。牛津大学出版社出版的《音乐的开端：音乐能力的起源与开发》对相关的最新研究结果进行了介绍，书里写道：尽管怀孕28周以后胎儿的耳朵才具备完整的外观，但从第3个月开始胎儿就可能听见声音。子宫里的胎儿可以听见孕妈妈消化食物的杂音，循环系统内体液的流动声，以及孕妈妈的说话声和外界传入的各种声响。可见，胎儿也是能听见音乐的。

对于胎儿的大脑来说，最好的精神食粮当属音乐了。音乐胎教是除胎谈以外被孕妈妈排在第2位的胎教方法。播放孕妈妈喜爱的音乐时，胎儿会津津有味地欣赏，心情也会变得愉快起来。音乐有的时候能够比话语更能直接地触及人的心灵并起到安抚的效果。

◉ 音乐胎教对胎儿有什么益处

怀孕第20～24周，胎儿已经具有了相当发达的听觉能力，在听见外部传来的声音时，其心脏跳动会做出变快或变慢的反应。就是因为胎儿可能听见外部的声音，让胎儿倾听音乐的胎教才会对其产生影响。有研究结果表明，接受过音乐胎教的孩子和没有接受过音乐胎教的孩子比较，前者注意力更为集中。

◉ 音乐胎教可以使胎儿情绪安定吗

音乐胎教会对胎儿产生怎样的影响呢？总的来说，它会影响到胎儿的神经发育。在1998年的《纽约时报》上曾刊登过一篇文章，描述了音乐对神经所起到的作用，并且预测在未来音乐将在医学领域里产生巨大的影响。听音乐可以适当地刺激感官，使肌肉得到放松并促进大脑活性激素的分泌。正因为如此，欣赏音乐才会使心理状态安定下来。

在倾听节奏柔和、旋律优美的音乐时，不仅孕妈妈自己的情绪变得安定，而且还会将这种情绪传递给胎儿。当听到让自己愉快的声音时，人的大脑会产生强烈的a波，这种电波往往在大

脑活性增强时才会大量散发出来。这一事实证明，音乐足以起到让大脑环境产生积极变化的作用。

爱心妈妈经验谈

从怀孕5个月开始，我就每天都上胎教网站按指定的怀孕天数听胎教音乐和故事。我坚持每天在傍晚7点左右听15分钟的胎教音乐，且边听边跟着音乐的节奏抚摸肚子。实践证明还是有效果的。因为宝宝出生后，每当哭闹的时候我就给她放胎教时的音乐，马上她就安静下来。

◎ 音乐胎教能够促进胎儿脑部发育吗

人类的脑细胞在数量和形态上并不具有个体差异，但脑细胞之间联络路线的多少决定脑的发育程度。怀孕5个月以后胎儿的脑部就已相当发达，脑细胞数量接近成人的140亿，这时给予其一定刺激就可以使连接脑细胞的线路增多，从而对脑部发育产生明显的作用。

在帮助胎儿脑部发育这一方面，听觉足足起到90%以上的作用，这恰恰也是一个可以证明音乐胎教重要性的理由。音乐可以刺激主管各种感觉的右脑半球，只要持续倾听音乐，人的想象力和创造力都会有所上升。胎儿时期就喜欢音乐，这样的孩子在出生以后一定会在语言、集中注意力和感性上显示出相对的优势。

◎ 音乐胎教能够促进亲子关系吗

通过采取音乐欣赏、唱歌、使用乐器等音乐胎教，不仅可以使胎儿在情绪上、心理上、精神上和身体上健康、完整地成长和发育，还可以更加有效地加深胎儿与父母之间的亲情。只有在亲人之间才可能形成的亲情会让胎儿感到自我的存在，并使其安稳地成长。不仅是孕妈妈，胎儿的爸爸参与到音乐胎教当中也显得格外重要，这是因为胎儿可以感受到父母之间依然存在的感情的缘故。

◎ 怎样选择胎教音乐

一切胎教方法的基础都是在减轻孕妈妈压力的同时让其保持心态平稳，音乐胎教也不例外。抱着一定要进行音乐胎教的想法去听一些连自己都不感兴趣的音乐，会使孕妈妈难受，也可能对孕妈妈造成相当大的压力。妈妈的各种心态都可能原封不动地传递给胎儿，所以在这种情况下进行音乐胎教有可能适得其反。

在进行音乐胎教的过程中，孕妈妈通过欣赏音乐获得情绪上的安定，与此同时这种安定的情绪还会传递给胎儿。所以与音乐直接对胎儿产生的影响相比，孕妈妈本人在鉴赏音乐时产生的情绪反应对胎儿的影响更为深远。因此，一定要把以孕妈妈的喜好当作最重要的胎教音乐为基准。

为了能在怀孕期间顺利地进行音乐胎教，女性最好在平时就养成欣赏音乐的习惯。胎儿只会对孕妈妈喜爱的音乐做出最敏感的反应，因此孕妈妈不仅要根据自己的喜好选择音乐，还要通过欣赏音乐保持平和、愉悦的心态。

◉ 音乐胎教的主要方法有哪些

对胎儿有益的音乐胎教法有：

哼唱歌谣。精典歌谣往往具有民间语言和文化的特征，所以容易被人们学习和接受，我们可以把这些歌谣当作最基本的胎教素材。准父母可以自己填词，唱民歌和童谣，以强化胎儿与父母之间的感情。准爸爸和准妈妈可以把对胎儿的爱称加入到创作的内容中，再唱给他听，这也是一种与胎儿进行心灵沟通的有效手段。

边听音乐边跳舞。跳舞可以使整个家庭的气氛活跃起来，并达到健身的效果。孕妈妈可以使用舞巾和丝带，也可以在播放柔和音乐的同时踩着拍子跳舞。准妈妈和准爸爸在爱的氛围下共同起舞也能起到愉悦身心的作用。

鉴赏音乐。欣赏音乐是一种可以给予胎儿最为丰富的感官体验的音乐胎教法。在实施这种以欣赏为主的方法时，可以选择比较容易吸引胎儿注意力、形式分明、内容淡雅的古典音乐。巴赫的《G弦上的咏叹调》、亨德尔的《水上音乐》、莫扎特的《g小调交响乐第一乐章》以及约翰·帕赫贝尔的《卡农》等都被广泛推荐为胎教音乐。除此之外，乔治·温斯顿的轻音乐就好像现代的音乐剧作品一样，可以给人带来轻松的享受。妇产科专家史沃茨博士曾说：“我们发现分娩时播放音乐可以减少孕妈妈的紧张感觉，并对胎儿起到镇定的作用。”

◉ 对胎教有益的音乐有哪些

对胎教有益的音乐有古典音乐和摇篮曲。

古典音乐。人们在听到某些声音的时候会有一种愉快安稳的感觉，因为那些音符包含着生命的节奏。这种节奏的专业术语是“1/F 波动”，这种波动可以消除人类的不安感。古典音乐正是因为含有大量的这种波动才会在胎教音乐中占据不可动摇的地位。但是，对于那些平时对古典音乐没有兴趣的孕妈妈来说，勉强去听不想听的东西效果只会适得其反。在这种情况下，古典音乐带给孕妈妈的不可能是平和的心态，反而有可能是一种相当巨大的压力，那样下去唯一的结果就是对胎儿造成危害。选择胎教音乐必须以孕妈妈的喜好为依据。只要合乎孕妈妈的口味并带来平和、幸福的感觉，就意味着这样的音乐可以作为胎教音乐。

哼唱摇篮曲。最容易引起胎儿好感的声音就是妈妈的声音。孕妈妈的说话声音可以通过骨骼和身体其他组织的振动传达到子宫里，对胎儿来说，它比其他任何的外部声音都更加动听。如果孕妈妈平时能够在挺着肚子的同时哼唱几首摇篮曲，那么胎儿就可以将妈妈的声音与节奏感联系在一起加以记忆，同时进一步加深母子(女)之间的感情。

◉ 怎样听胎教音乐最有效

胎儿最熟悉的声音就是孕妈妈的心脏搏动声，因此与这个节奏相似的音乐，即在每分钟60～70拍的音乐，最适合当作胎教音乐。与悲伤的曲子相比，明亮而平缓的音乐可以对情绪起到更积极的作用。应该选听节奏规律、旋律平和、能创造温馨氛围的音乐。

在决定听哪一类胎教音乐的同时还要选择相对应的胎教方法。尽管没有必要为欣赏音乐做什么特别的准备，但在欣赏美妙乐曲时注意保持舒适的姿势对孕妈妈来说仍然非常重要。孕妈妈应该在欣赏音乐的同时解除全身的紧张状态。此外音量要适中，这样才能带给胎儿柔美的感觉。

有许多孕妈妈很重视音乐胎教，从早到晚一刻不停地听音乐，同时却做着一些其他的事情，比如洗碗、读书或者扫地，能够保持积极态度一心一意地进行音乐胎教往往可以为孕妈妈带来更佳的效果。在舒适的姿势下尽情品味音乐的柔美，并对胎儿讲述与音乐有关的话题就是一种非常合适的方法。

◉ 孕妈妈感到厌倦时怎么办

听音乐感到厌倦时要果断地停止。那种从早到晚背负着一定要进行音乐胎教的责任感，强迫自己去听不感兴趣的音乐的做法，都只会对胎

教产生负面的影响。因为进行音乐胎教的根本目的在于让孕妈妈和胎儿的情绪安定、身心愉悦。当孕妈妈感到厌倦或烦躁时，应果断采取措施。

◉ 怎样丰富音乐胎教

胎儿总是在重复着一种规律生活，即睡眠2～3个小时后再活动约30分钟。为了避免过响的声音把睡梦中的胎儿吵醒，可以在感受到胎动时听一些轻快的音乐，在其沉睡时则欣赏比较平静柔美的乐曲。除了听正式的音乐以外，孕妈妈还可以哼一些摇篮曲或读一读童话故事以增加胎儿的安定感，并借此丰富音乐胎教的内容。

◉ 不同时段的胎教音乐都有哪些

早晨起床后，孕妈妈可以听莫扎特的圣乐曲《春的序曲》、舒伯特的《音乐瞬间》的第三首、贝多芬的第六号交响曲《田园》、格里格《培尔·金特》中的《早晨》《索尔维格之歌》《阿拉伯舞曲》《安妮特拉之舞》。

休息的时候可以听柴可夫斯基的芭蕾舞曲《天鹅湖》、维瓦尔第的《金翅雀协奏曲》、克莱斯勒的《伦敦德里小调》《天使小夜曲》《罗曼史》《十四行诗》《幻想曲》。

胎动明显时可以听德沃夏克的《诙谐曲》、约翰·施特劳斯的《春之

声圆舞曲》、贝多芬的第一交响曲中的《小步舞曲》、莫扎特的《小步舞曲》、阿尔贝尼斯的《探戈》。

用餐时可听柴可夫斯基的《胡桃夹子》中的《花的圆舞曲》、亨德尔的《弥赛亚》中的《哈里路亚》、肖邦的《军队波兰舞曲》《离别曲》《雨点前奏曲》《即兴幻想曲》、莫扎特的《一首小夜曲》中的第四乐章《回旋曲》。

睡觉时可听舒伯特的《摇篮曲》和《圣母颂》、勃拉姆斯的《摇篮曲》、贝多芬的《致爱丽丝》《月光奏鸣曲》、戈达尔的《约瑟兰的摇篮曲》、克莱斯勒的《摇篮曲》、夏农的《爱尔兰摇篮曲》、格什温的《夏日时光》。

◉ 音量对胎教有什么影响

美国佛罗里达医科大学的研究人员曾得出这样一个结果：如果妈妈说话的声音在身体之外被测定为72分贝，子宫内部就将达到77.2分贝。很吵的噪声和突然发出的响声都会给胎儿带来压力。根据观察，在这种情况下胎儿的呼吸会不规律，可能还会做出吞咽羊水的动作。胎儿最熟悉的声音就是妈妈的心脏搏动和器官运作的声音，所以我们应该尽可能地把音乐的大小调整到与其相近的程度。

爱心妈妈经验谈

人们说怀孕早期比较容易流产，当年我总是一个人待在家里，并且尽可能地减少活动，一段时间下来觉得有些烦闷，这时其他怀孕的朋友向我提出了尝试音乐胎教的建议。我当时觉得那几乎是无稽之谈。我觉得很奇怪，音乐胎教就是在家里放音乐听，胎儿能从中学到些什么呢？

后来我专门去教授音乐胎教的地方报了名，接着就开始了相关的学习。我渐渐了解到音乐胎教并不是单纯的听听音乐，还包含了韵律体操和乐器演奏等形式多样的方法。听一听柔和的音乐并跟着摇动身躯可以起到非同寻常的运动效果，使人的身心变得轻松、愉快、舒适。平躺下来把木琴放在肚子上进行演奏，胎儿就会显得心情愉快并做出表示新奇感觉的胎动反应。

在家里丈夫也会不时地自弹自唱一番，每到这时胎儿的动作就会变得活泼起来。尽管在提到音乐胎教时人们首先想到的是听古典音乐，但我认为在选择乐曲上应该根据自己的喜好。

如今，我和漂亮的女儿一起听音乐了。在播放胎教时听过的音乐时，好像唤起了她的记忆一般，微笑出现在她的小脸上。音乐把我的爱心完完整整地传达给了孩子，对此我感到非常满足。

◉ 自然的声音也能起到胎教的作用吗

胎儿也热爱自然之声。在听到鸟儿的鸣叫声、溪水的潺潺流动声以及风吹树叶的声音时，不仅孕妈妈的内心会感到一阵清爽，胎儿在情绪上也会受到感染而有所变化，感情将变得越来越丰富。与此相反的是，关门时发出的巨响、瓷碗打碎的声音、夫妻之间的争吵声和刺耳的电话铃声会使胎儿受到惊吓并做出“不满”的反应。时常听到这类噪音，胎儿的情绪很容易变得烦躁，所以孕妈妈一定要多加注意。

怀孕9～12周（第三个月）

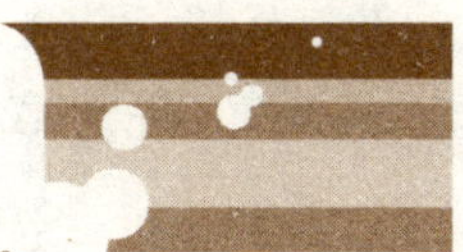

◉ 怀孕9～12周时一家三口胎教要注意什么

胎儿——进入了快速发育的阶段，脑部和脊髓的细胞开始不停地分裂，是胎教的重要时期。

孕妈妈——怀孕的第一道关卡“孕吐”开始了。除此以外身体出现了非常明显的变化。由于子宫渐渐扩大，抚摸腹部会有轻微隆起和变结实的感觉。乳头的颜色变深，阴道分泌物增多，还可能出现贫血或眩晕等现象。在此时期应充分做好进行胎教的思想准备。

准爸爸——至此，妻子怀孕的事情终于给两人带来了生活上的实质变化。不仅妻子在身体上的变化被看在眼里，由孕吐所造成的痛苦也会在准爸爸的心里留下深刻的印象。这时，准爸爸千万不能有责怪妻子过于娇气的想法，而应该下定决心与她并肩度过10个月孕期，给妻子提供最好的照顾。孕吐期间很容易没有胃口，应该尽量满足妻子提出的饮食需求，做一些适合其口味的菜肴。

◎ 怎样做有利于胎盘的调节和保护

孕妈妈和胎儿之间所有的交流都是通过胎盘进行的。对于在妈妈腹中的胎儿来说，胎盘就是他的生命之源。血液自然不用说，胎儿必需的氧气、营养成分以及免疫物质的供给，都必须依靠胎盘才得以完成。

那么应该为胎盘做些什么呢？第一条要做到的就是当心会损伤胎盘功能的低氧环境，防止出现胎盘血管急剧收缩的情况，即减少孕妈妈所受的压力。当孕妈妈受到一定压力时容易引起胎盘的血管收缩，从而降低通过胎盘输送到胎儿体内的血液量。

◎ 孕妈妈怎样为自己减轻压力

孕妈妈应该采取各种办法来降低自己的压力。最好能把那些生气的、不愉快的事情连同其他烦恼一起全部忘掉，尽最大的努力来保持自己的心态平静。这正与传统胎教中欣赏优美的音乐并接触自然的声音相对应。此外，要想减轻压力给孕妈妈带来的影响，周围的人所起的作用也十分重要。其中丈夫的作用是最突出的，所以我们一直在强调准爸爸在胎教中的重要性。

◎ 怀孕9～12周的饮食胎教应注意什么

这个时期的饮食胎教应选择促进心脏和脑部发育的食物。进入9～12周，胎儿终于开始在模样上接近了人的形态。所以事实上这一时期的胚胎才可以真正称得上是“胎儿”，透过其皮肤可以看到皮肤下的血管，甚至还可以看见内脏。从11～15周，胎儿的大脑皮质明显变厚，其表面上可以储存记忆的那些褶皱也开始出现并增深。第12周时心脏发育完整。第12周结束之后，胎儿的心脏搏动变得更加有力，利用B超检查可以观察到胎动。

◎ 什么食物叶酸含量丰富

菠菜与生菜的叶酸含量很丰富，在9～12周里控制胎儿生长的是母体的手厥阴经脉，手厥阴经脉分布在心脏周围，并起到给心脏供给营养的作用。这一时期饮食的注意要点是强化手厥阴经脉，并帮助胎儿的脑部和心脏发育，最好还能兼有安胎的功效，因为此时流产的概率还没有降低。

为了帮助胎儿的细胞分裂，吃含有丰富叶酸的菠菜、生菜、茼蒿、动物肝脏、大豆和红豆，是大有益处的。还可以通过食用植物油来摄取不饱和脂肪酸，以此帮助胎儿的内分泌系统发育，并促进其细胞的生成。

什么营养有助于胎儿脑部的发育

摄入高蛋白和铁元素含量充足的食物，对胎儿的脑部发育至关重要，为了胎儿的脑部发育，还应当摄入一些高蛋白和铁元素含量充足的食物，包括动物肝脏、海螺、鲣鱼、牡蛎、蛤蜊、荞麦、茼蒿、芹菜、菠菜、牛奶、核桃、松子和扁桃等。为了防止这一时期比较容易出现的流产现象，补充大量的维生素C是相当必要的。

多吃含铁量高的食物

推荐菜谱

猪肝炖艾蒿

原料：艾蒿6克，猪肝200克

调料：米酒15毫升，姜丝20克，盐、糖、淀粉适量

做法：

1.将猪肝除筋膜，洗净切片，加入酒、淀粉腌3分钟，放入开水氽烫后捞起备用。

2.取一汤锅，大火将水烧开，放入姜丝后再以中火煮约3分钟，再放入艾蒿、盐、糖。

3.最后再倒入准备好的猪肝，煮开即可。

怎样面对孕吐

孕吐是怀孕经常出现的现象，这种现象是极为正常的，一般认为其主要诱因是胎盘内分泌出的孕激素所致。所以孕妈妈要坦然面对孕吐。然而许多人在经历孕吐之前就已经对其产生了恐惧心理。研究结果表明，能够坦然面对孕吐的女性更容易克服和适应那些不适。所以我们说，先前的过分紧张并给自己造成心理负担是完全没有必要的。只有孕妈妈调整好心态才是一种应对孕吐的有效方法。“孕吐孕吐，你尽管过来吧，谢谢你让我的丈夫变得更体贴了”，持有这种愉悦心态的孕妈妈一定能够使孕吐的症状减轻到最低，保证自己轻松地度孕期里的每一天。

◉ 怀孕9～12周的运动胎教应注意什么

进入第12周末，可以说是已经到了较为安全的时期，不过仍需小心谨慎。尽量避免容易引起强烈震动或是幅度较大的运动。此时已经能够看出孕妈妈逐渐隆起的腹部。为了减轻以后胎儿体积继续变大带来的腰部疼痛，孕妈妈应该注意锻炼腹、背肌肉，同时锻炼保持平衡的能力。

◉ 怎样缓解骨盆及臀部的疼痛

这段时间里孕妈妈往往会感觉到因脊柱受压迫而产生的阵痛，同时骨盆和臀部也会有疼痛的感觉。经常活动骨盆周围的肌肉可以缓解这些症状。在整个怀孕过程中，有多种诱因可能引起臀部疼痛，受到胎儿压迫则是较为常见的原因。

长久地保持坐姿，运动量过大都有可能导致疼痛。如果发生以上这些情况，在做运动时，一旦遇到让你极为不适的动作或者姿势时就应立刻停止。

◉ 怎样做转动肩部运动胎教

孕妈妈在做转动肩部运动胎教时，要以放松的姿势盘腿而坐，两肩先从后向前、再从前向后进行转动。这项运动能使孕妈妈肩部的关节变得柔软，并能缓解紧张的感觉。

◉ 怎样做肋部运动胎教

在做肋部运动胎教时，孕妈妈首先要采取仰卧的姿势，曲起膝盖然后上举，双手叉在一起并放在头部后方。然后抬起上身，尽量让左肘接触到右膝，之后再次躺下。抬起上身的同时呼气，躺下的同时再次吸气。这项运动能有效地锻炼孕妈妈的腰部的肌肉。

◉ 怎样做推动盆骨运动胎教

做推动骨盆的运动胎教，首先孕妈妈要在仰卧的姿势下立起膝盖。然后向上推抬臀部，用大腿和臀部的力量上推再下降。这样做能强化孕妈妈大腿和骨盆下部的肌肉。

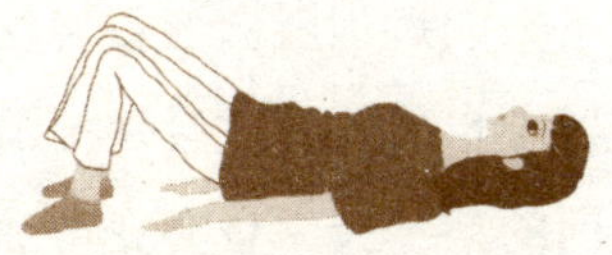

怎样做盆骨运动胎教

孕妈妈在做骨盆运动胎教时，首先要两脚分开，膝盖稍适弯曲。然后在慢慢地转动臀部。尽量保持腰部不要跟着旋转，而让其起到带动臀部的作用。在重复数次之后，要记得更换转动的方向。

怎样做保持平衡运动胎教

保持平衡运动胎教首先要求孕妈妈两手抓住椅背或将双臂张开以保持平衡。然后抬起脚后跟再轻轻放下。这项运动能让孕妈妈更好地支撑日渐增重的身体，提高孕妈妈掌握身体重心的能力。

怎样做针对贫血的按摩胎教

针对贫血，孕妈妈可用大拇指在足底中央的肾脏反射区涌泉穴上按3次，每次持续4秒钟。以对角线方向向下滑动并挤压输尿管反射区，重复9次。在脚踝内侧的膀胱反射区挤压3次，每次4秒钟。用大拇指和食指一起按大脚趾上的大脑反射区，每次4秒钟，重复4～5次。在膀胱反射区范围内靠近跟腱部位的尿道反射区上按摩，方法是用大拇指按照椭圆形的路线不断搓摩。用大拇指在足底的小肠反射区上按箭头方向滑动搓摩，重复4～5次。

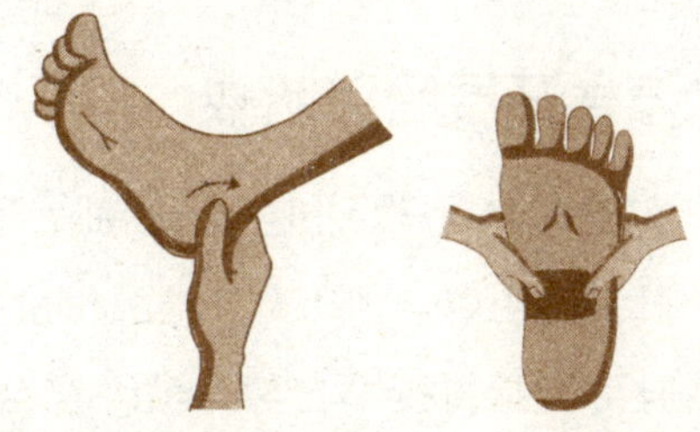

怎样做针对消化不良的按摩胎教

针对消化不良的按摩胎教，孕妈妈要在位于足底的涌泉穴上用大拇指按3次，每次持续4秒钟。在输尿管的反射部位用大拇指轻按4～5次，每次持续4秒钟。在脚踝内侧的膀胱反射区挤压3次，每次4秒钟。用大拇指在尿道的反射部位按摩9次以上。

从涌泉穴开始向下推至小肠反射区，反复按摩。在脚腕到膝盖上10厘米的区域内按摩，通过挤按内侧、外侧和底侧而让足部的血液向上循环。

怎样做防止便秘的按摩胎教

孕妈妈防止便秘的按摩胎教有：在足底中央的基本反射区涌泉穴上用大拇指轻按3～4次。在位于涌泉穴对角线方向的输尿管反射部位用大拇指轻轻挤压4～5次，每次4秒钟。在膀胱反射部位用大拇指轻轻挤压4秒钟。在足底中央的小肠反射部位按照箭头所示方向向下轻捋，重复4～5次。

怎样开展胎谈胎教

实施胎谈胎教法时先要给胎儿起一个可爱的小名。刚开始对腹中的胎儿说话时可能觉得挺不自然，就像在自言自语一样。与其生硬地称呼胎儿为“孩子”，不如叫他的小名再开始胎谈，这样，接下来的过程就会变得轻松许多，不仅妈妈不自然的感觉会逐渐消失，与胎儿之间的亲子关系也会变得深厚，从而使妈妈有机会与胎儿进行更为亲密的谈话。小名取“圆圆”、“豆豆”“宝宝”等非常上口，但小名最好不要有性

爱心妈妈经验谈

我是个没耐心的人，刚开始数胎动还感觉蛮好玩的，可时间一长就坚持不下来了。于是丈夫只好接过这个重任。有一次丈夫没数胎动就睡觉了，我不忍心叫醒他就对腹中的宝宝说，宝宝啊，你爸爸好懒啊，你可不能学他，快起来陪我玩一会儿。奇怪的是，宝宝根本就不听我的话，感觉不到一次胎动。我惊叫起来，老公醒了，过来一边与宝宝说话一边抚摸着，一会儿宝宝就开始动了。哦，原来数胎动还能增加与宝宝之间的感情啊。

别倾向。因为这代表了父母对孩子真实性别的尊重态度。

爱心妈妈经验谈

怀孕中期以后，我的肚子渐渐地隆起来，并且开始感觉到了胎动。“孩子在肚子里睡得可香了！”我们就这样对怀孕、对胎儿产生了实在的感觉。我把上班时遇到的事情、与朋友一起谈论的话题、观看电影或演出后的感受等全部讲给胎儿听。到了晚上还会给胎儿讲童话故事。丈夫很富有爱心，他每天回家后，都要将手放在我的肚子上为胎儿朗读童话书。每当听到丈夫的声音，我的心境都会变得舒适而平和。

◉ 胎谈时应注意什么

胎谈时就像与朋友说话时一样真诚就可以了。由于孕妈妈说出的话得不到任何回应，有时候做起来会漫不经心。

但实际上在进行胎教时，孕妈妈不应该觉得自己是单独一人，而应该用与身边的朋友交谈的真挚态度和嗓音来诉说自己的心里话。说话时要注意抑扬顿挫，并尽量做到发音标准；如果能够保持平静、柔和的声音，胎儿就不会产生拒绝感。一边深情地抚摸肚皮，一边温柔地对胎儿说话。只要坚持这样做，就可以把孕妈妈的安定情绪完完整整地传递给胎儿。

◉ 胎谈的最佳话题是什么

每次说不同的话题可以对胎儿的大脑起到良好的刺激作用。如果想让胎儿的情绪安稳，就应该经常对胎儿的大脑进行良性刺激。事实上，胎谈时的最佳话题就是孕妈妈自己的各种体验。

此外，胎儿对语言的初步学习过程也是在腹中就开始的。这时孕妈妈只要进行各种积极的活动并用话语向胎儿表达自己的感情，就可以对胎儿产生极大的帮助。在迎接美好清晨的那一刻，为什么不试着向胎儿问好呢？这样向胎儿问好会使孕妈妈自己的心情也渐渐地明快起来，不知不觉就做好了迎接快乐一天的心理准备。

◉ 胎谈时可以说什么

胎谈时不妨说这些：

早上起来时：“宝宝，睡得好吗？”“妈妈昨天做梦梦到你啦！你看

爱心妈妈经验谈

好心情是对宝宝最好的胎教。我的宝宝出生后一直很健康，我认为主要的原因就是我在整个孕期中都保持好心情。因为宝宝在妈妈肚子中的发育，会受到妈妈体内分泌的各种激素影响，妈妈心情不好时，对宝宝的负面影响很大，连宝宝将来的性格都会受到影响和改变。

看这升起的太阳是多么的美丽呀，让我们一起度过精彩的一天吧！”

吃饭时：“今天咱们吃鱼，鱼对咱们的身体可有好处了，它的味道香浓，营养丰富，让咱们一起尽情享用吧！”“苹果好吃吧？真是又香又甜，据说苹果里有许多的维生素呢！”

去医院时：“今天是定期检查的日子，你的脸、手和脚都长到多大了呢？妈妈很快就可以看到啦！”“已经做过B超检查啦，宝宝你真是太可爱了。你一定要在妈妈的肚子里乖乖地、健康地长大哦！”

听音乐时：“这是轻音乐，让妈妈从身体到心情都变得舒畅了！宝宝的心情也很不错吧？”

发生胎动时：“呵呵，宝宝这会儿正玩得开心呢，妈妈来陪你一起玩好吗？”“来，妈妈在这里拍一下，宝宝也来拍一下？嗯，真听话！”“宝宝的心情可真不错呀。你知道吗？妈妈也和你一样高兴！”

爱心妈妈经验谈

当我感觉到宝宝突然踢了我一脚时，那种微妙的感觉让我充满幸福感，想想看在自己的身体里，孕育着另一个生命，我感到自己是世界上最伟大的人。我出现胎动很早，才两个月就感觉到了，医生也感到不可思议。我的怀孕期胎动是很频繁的，每天都超过100次，也许是我和他常玩游戏的缘故吧。

◉ 胎谈时听音乐有什么好处

胎谈的同时可以做一件非常容易的事情——欣赏音乐。

播放孕妈妈最喜欢的音乐，然后

从与音乐相关的事情开始聊起，这样就能够非常自然地进入到胎谈的状态中。在欣赏音乐的同时，孕妈妈可以把自己对音乐的感觉，音乐讲述的内容以及使用的各种乐器一一介绍给胎儿。

◉ 对胎儿唱歌有什么益处

对胎儿唱歌也会使其变得心情愉快。除了与胎儿谈话之外，把孩子的小名编到歌词里，或者学一些传统的童谣唱给胎儿听，也都是不错的选择。

有些妈妈曾经说：把胎教时经常唱的童谣再次唱给婴儿听时，婴儿会有非常明显的反应。专家们还发现，胎儿时期经常欣赏音乐的孩子在情绪上比其他的孩子更加稳定。用父母自己作词配上现成的曲子唱给胎儿听，既有趣又能达到胎教的效果，这可真是一举两得的事呀。

◉ 胎谈可以读童话吗

胎谈时可以用谈话的口吻读童话故事，选择好的童话故事，然后用谈话一样的口吻坚持读给胎儿听。最重要的是讲故事时一定要想象胎儿就坐在自己的身边，但必须注意不要读得过于平淡，一定要让自己的声音始终饱含感情。

从怀孕第6个月开始，胎儿的听觉就得到了明显的发育，并成为五感当中最为敏锐的一感。因此为胎儿读童话故事就变成了胎教效果最好的刺激方法。即使不读童话故事，孕妈妈也可以选择一两篇自己喜爱的小说或散文读给胎儿听，读的时候仍然应该饱含感情。

◉ 怎样寻找胎谈对象

如果觉得一个人说话还是有些放不开，可以把想象中孩子的小脸画出来，并当作胎谈的对象。这样做可以让孕妈妈感到胎儿似乎真的就在自己身边，如此一来胎教也将变得更有效果。

孕妈妈可以采取舒适的坐姿，看着孩子的画像娓娓道来，这样妈妈平和安定的情绪就能够渐渐地传递给胎儿。此外，把漂亮的宝宝图片收集到一起并贴在墙上也是一种方法。就“欣赏漂亮的宝宝图片就能生下漂亮宝宝”这样的想法而言，也可以算作是一种图像胎教的理念吧。

怎样向胎儿传达爱意

胎谈过程中最不能忘记的事情就是传递爱的信号，“让胎儿知道你的无限爱意”，可以说是胎谈的初衷。“我爱你”、“欢迎你的到来”这样积极的话语将使胎儿真切感受到自己被疼爱的事实。

同时，孕妈妈一定要避免消极的言行，因为胎儿能够感知孕妈妈的情绪变化。孕妈妈在视觉和听觉上都尽可能不接触消极的事物。举例而言，要避免使用“太差了”、“不行”等否定词汇的语句。

称赞和奖励对胎儿的好处是不言而喻的。去医院做检查时，发现胎动比较明显或是感觉自己身体状态良好时都是夸奖腹中胎儿的大好机会。请记住，只有保持积极的言行和开明的想法才能为未来的孩子带来积极而开朗的性格。

怀孕13～16周（第四个月）

怀孕13～16周时胎教要注意什么

胎儿——妈妈腹内和出生以后的所有阶段中，此周龄是大脑发育速度最快的时期。在16周结束的时候，其脑部已经占据了头盖骨里的整个空间，而这时头部事实上只有乒乓球大小。胎儿已经能对外界的强光和噪声作出反应，并且开始出现愉快、不安和愤怒等情绪。

孕妈妈——已进入了安全时期，孕吐状况逐渐减轻，食欲变好，妊娠纹出现。根据胎儿的需要，孕妈妈要继续补充优质蛋白等营养成分。同时，因为胎儿还拥有了各种感情，所以孕妈妈保持愉快的心情就显得格外重要。除此之外，胎儿对温度的变化较为敏感，不宜待在寒冷的环境中，尽量不要沾凉水。

准爸爸——要把心思放在怎样让妻子保持一个平静的心态上。胎儿为了造血，必须不断地通过胎盘来吸收母体的铁元素，因此在孕中、晚期仍有一些孕妈妈患贫血。所以，及时给孕妈妈补充富含铁的食品是准爸爸必须做到的。不过，补充过多的铁能引起便秘，所以，还要记得每天早上递给刚起床的妻子一杯温开水。由于已经进入了怀孕的安全时期，可以适当地有一些性生活。

爱心妈妈经验谈

为了给孩子的智力打下一个优良的基础，我从怀孕后一直坚持经常吃玉米、黑豆、核桃、芝麻、黑木耳、紫菜、花生、牛肉、鸡肉、猕猴桃、芹菜、胡萝卜等益智食品。现在看到聪明活泼的小宝宝，就很庆幸当时自己的细心，毕竟孩子的大脑在母体内就已经开始发育了。

宫内环境对胎儿有什么影响

在市场上销售的众多育儿类的书刊中，指导怎样提高孩子智商(IQ)的内容备受青睐。尽管近年来人们比较关心孩子的情商（EQ）和德商（MQ），但是，大多数父母还是觉得孩子聪明比什么都更重要。

也难怪父母们会有这样的想法。一般认为，孩子聪明就能进入好的学校，以后可以找到好的工作就能享受不错的待遇，然后就能过上幸福的生活。众多父母的这种想法是可以理解的。那么，智商与胎教有什么样的联系呢？

在20世纪初，学者们普遍认为智商80%来自遗传。智商在当时被认为是先天性的，靠人力作用无法影响到，然而最近学者们通过各种研究与实验证明，“就决定人类智商的因素而言，宫内环境比基因占据了更加重要的地位”。因此，创造一个良好的宫内环境，就可以实现生出聪明孩子的愿望。

◎ 压力对胎儿大脑有什么影响

健康的人体呈弱碱性体质。假如在较长时间内持续地感受到压力，人体就会逐渐变成酸性体质，这意味着免疫力下降，易患疾病。同样，这种体质会使所有接受血液供给的组织受到影响，特别是对孕妈妈来说，对胎儿的影响将会是致命的。我们都知道接触烟酒会给孕妈妈带来极为不良的影响，但是事实上，压力会比烟酒造成的危害更大。

人承受压力后，细胞的分化发生障碍，对正在朝向完全状态发育的胎儿脑部直接造成恶劣的影响。可以这样说，压力不但会给胎儿大脑组织的发育造成困难，还有可能导致孩子日后出现一定的精神障碍。

◎ 怎样为孕妈妈减轻压力

在得知压力会给胎儿的大脑发育带来危害之后，我们最先应该满足的就是让孕妈妈身处在一个没有压力的环境当中。如果在你身边有孕妈妈，就一定要记得给予她更多的谅解与照顾，使她时时刻刻都保持愉快的心情。

爱心妈妈经验谈

自从怀了孕，我就总告诫自己一定要做好胎教，听音乐怕听少了，抚摸怕时间长了等。后来，上了孕妇学校，才知道放松心情、吃好、喝好、睡好才是最关键的。这样，我就不把胎教看得过重，很轻松地去对待，这样就好多了，反正胎教太多，宝宝也会累的。

◎ 怀孕中期性生活要注意什么

到了5个月的时候，怀孕就逐渐进入了平稳阶段。随着呕吐症状的减轻，孕妈妈在身体上和心理上都基本适应了怀孕的状态。由于胎盘已经稳稳地固定在它的位置上，因此即使是受到轻微的撞击也不易造成流产。尽管这时进行适当的性生活并无坏处，但有30%～40%的孕妈妈都有不想过性生活的念头。她们会直截了当地向丈夫说出这样的想法，并希望得到理解。因此，即使继续进行性生活，丈夫的动作也应该尽量温柔，不要挤压到妻子的腹部。

怀孕13～16周的饮食胎教是什么

在此时期孕妈妈应摄取大量优质蛋白，这样有利于胎儿的肌肉、血液和骨骼的发育。除此之外还应多吃肉类、鱼类和豆制品，特别是要多吃含有充足铁的肝脏和对胎儿脑细胞发育有促进作用的青花鱼。补充矿物质、维生素A、维生素C以及纤维质含量丰富的绿叶蔬菜、水果和薯类也是十分必要的。以上这些对消除便秘及维持身体的酸碱平衡都非常有好处。

胎儿怎样吸收营养

胎儿通过母体来吸收氧气和营养。从母体吸收氧气、营养和免疫抗体的营养循环也是依靠中焦功能来完成的。而下焦则控制着胎盘上的体液循环，让其自身分泌大量的激素以防止发生流产或早产。

要为胎盘、脐带和羊水供给充足的养分，维生素B_{15}可以维持母体内氧气的利用率，使脏腑的功能变得更加完善。枇杷叶中含有大量的维生素B_{17}，具有提高抗病能力，强化脏腑机能的功效。将枇杷叶煮熟后放凉，冲入糖汁后再服用是一种口感不错的饮料。

怎样均衡摄取营养

均衡摄取包括优质蛋白在内的各种营养成分。这一时期要多吃高蛋白食品，特别是牛奶、乳制品、明太鱼子酱和蛋类，因为这对胎儿肌肉、血液和骨骼的形成都大有帮助。还要多吃肉类、鱼类和豆制品。特别是要多吃维生素B_1含量丰富的猪肉，以及含有大量DHA并对胎儿脑细胞的发育有所帮助的青花鱼。

除此之外，补充矿物质、维生素A、维生素C以及纤维质含量丰富的绿叶蔬菜、水果和薯类也是十分必要的，这对缓解便秘及维持身体的酸碱平衡非常有好处。糙米、胚芽、糖类和油脂能有效地补充能量。同时搭配鳗鱼、韭菜、香菇、芝麻和番茄等食物，可以促进消化。

怎样用食物预防流产

食用艾蒿、生地和葱可以预防流产。这一时期某些孕妈妈可能有少量出血的现象，人们称之为“胎漏”。此时可在医生的指导下食用一些艾蒿或者生地。葱是我们离不开的配料，用糯米熬成粥，加入3～5只葱根，煮熟后食用。或取葱根煮成较浓的汤汁服下亦可起到安胎之效。

鱼虾丝瓜

原料：鳜鱼肉150克，干虾12只，丝瓜300克

调料：姜4片，清鸡汤800毫升，盐、胡椒粉、淀粉、蛋白、香油各适量

做法：

1.将鳜鱼肉切片后，用盐、胡椒粉和香油腌制10分钟。

2.将干虾放入蒸锅，加入1～2片姜，加热5分钟；丝瓜去皮切成小块。

3.在炒锅中倒入食用油，将鱼片炒至变色后取出。

4.剩下的油用姜片炝锅后，放入丝瓜，炒软后，再加入清鸡汤与水。

5.水开后，将蒸好的干虾及鱼片倒入锅中炒匀，即可食用。

怀孕13～16周运动胎教应注意什么

随着胎儿的快速成长，孕妈妈的腹部渐渐隆起，但还不笨重。所以，在这一时期以不勉强自己为前提，做一些运动还是很有好处的。

支撑子宫的腹部韧带在这一阶段常常会产生痛感，许多孕妈妈在翻身或移动整个身体时常常会感到疼痛。这种疼痛有时就像被锥子刺中一样。由于孕妈妈骨盆中间的软骨发生软化，其耻骨的结合部位往往会出现问题并产生不适的感觉。这种情况还会因为在运动中突然改变方向或强度而变得更加严重，所以一定要避免那些要经常转向或改变速度的运动项目。

怎样做拉伸背部运动胎教

首先要将两腿向前完全伸直，脚腕向上弯曲。然后作出拉自己脚尖的姿势。注意膝盖不能弯曲，背部不得弓成圆形，尽量向前伸展自己的手臂。这样能帮助孕妈妈松弛背部的肌肉，消除紧张的感觉。

◎ 怎样做伸展背部运动胎教

伸展背部的运动胎教首先是要孕妈妈双手扶住墙壁，努力让手臂和身体形成直角。然后用这种姿势按压自己的肩和背。这项运动能强化孕妈妈背部肌肉并松弛肩部。

◎ 怎样做转动脊椎运动胎教

孕妈妈做转动脊椎运动胎教时，首先要将两腿向前，完全伸直并分开，脚腕向上弯曲，挺直背部并保持此坐姿。然后转动身躯向后看，左右两个方向切换。这项运动具有松弛肋部肌肉的作用。

◎ 怎样做左右推动盆骨运动胎教

左右推动骨盆运动胎教，首先孕妈妈要将两腿分开与肩同宽，保持站姿并稍稍弯曲膝盖。而后用力向右推骨盆，之后再用力向左推。这项运动能强化孕妈妈的骨盆。

◎ 怎样做前后推动盆骨运动胎教

孕妈妈在做前后推动骨盆运动胎教时，首先两腿分开与肩同宽，保持站姿并稍稍弯曲膝盖。然后上身保持不动，用力向前推骨盆，之后再用力向后推。这项运动能强化孕妈妈的骨盆底部的肌肉。

◉ 怎样做针对牙龈炎和牙龈出血的按摩胎教

针对牙龈炎和牙龈出血，首先要在肾脏反射区涌泉穴上用大拇指轻按3～4次。其次在输尿管反射部位用大拇指轻按4～5次，每次4秒钟。再次在膀胱反射区用大拇指轻轻挤压4秒钟后，按照箭头所示方向滑动并向里推以进行按摩。

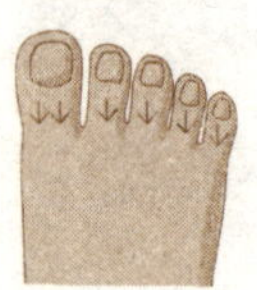

◉ 怎样做针对痔疮的按摩胎教

针对痔疮的按摩胎教，首先用大拇指在位于脚底中央的基本反射区涌泉穴上按3～4次，每次4秒钟。然后在脚后跟底面边缘位置的肛门反射区，用大拇指反复按4～5次，每次4秒钟。

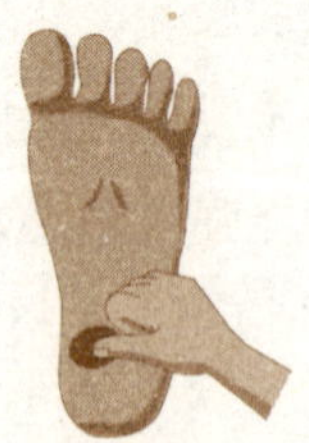

◉ 怎样做针对乳房疼痛的按摩胎教

针对乳房疼痛的按摩胎教，要用大拇指按涌泉穴3次，每次持续4秒钟。按脑垂体反射区3次，每次持续4秒钟。在内分泌系统反射区用大拇指按逆时针方向画圆，需做到从内向外揉搓并重复2～3次。用大拇指在足部的内外侧脚踝上按照逆时针方向画圆，重复2～3次。从内向外数第二个和第三个脚趾之间的脚背部分是胸部反射区，在此位置按照箭头所示方向搓摩，重复4～5次。

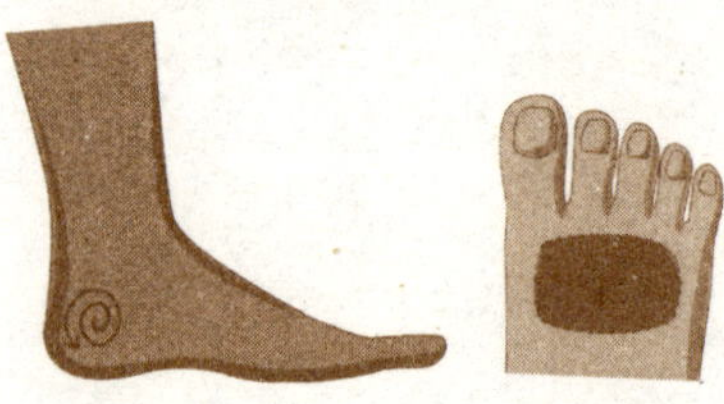

◉ 怎样做针对下腹不适的按摩胎教

孕妈妈在针对下腹不适做按摩胎教时，首先要在肾脏反射区涌泉穴上用大拇指按3～4次，每次4秒钟。其次在输尿管反射部位上用大拇指轻按4～5次，每次4秒钟。再次用大拇指和食指在大脚趾上的大脑反射区按4秒钟以上时间，重复4～5次。最后在脚底的小肠反射区按照箭头方向滑动按摩，重复4～5次。

◉ 童话胎教有什么益处

童话胎教法就是孕妈妈和准爸爸一起给孩子读童话书，通过那些动听的故事可以培养孩子的潜力和感性能力。具体地说，童话胎教有以下益处：

培养胎儿的潜力。胎儿的听觉机能在怀孕中期就已接近发育完毕，此时人们可以看见其对外部的刺激做出反应。这时，如果准爸爸和准妈妈能够用温柔的声音为其读一读童话故事就可以刺激其脑部，从而达到提升胎儿潜在能力的效果。

增强胎儿的想象力和好奇心。通过不同的童话故事，不仅可以将勇气和友情等概念传授给胎儿，还可以培养胎儿的想象力和好奇心。

对胎儿的感性方面产生刺激。胎儿倾听声音的过程并不是单纯地通过耳朵来进行的，他往往要运用自己的整个身躯来接受外部的信息。所以孕妈妈如果能够带着丰富的感情朗读，就可以促进胎儿感性能力的发育。此外，不仅父母与孩子之间的亲子关系会得到加深，丈夫和妻子之间的爱情也会变得更加浓厚。每天坚持拿出30分钟读童话书，让整个家庭一起度过这充满幸福感的胎教时光吧。

爱心妈妈经验谈

我在26岁时怀上了孩子，因为年轻，对怀孕有些不知所措，于是我去书店买了几本与怀孕有关的书籍。就这样，我了解到良好的胎内环境对胎儿的智力和性格的形成有多么重要。在平时读书的时候我能感到自己的心情变得平和，所以我选择了读书作为主要的胎教方法。我不仅叫下班回家的丈夫给我读书，还特别注意在自己睡觉和发生胎动的时候用平和的声音朗读童话故事。我对那些可以充分发挥想象力的书特别感兴趣，那时读的最多的是《不会叫的蟋蟀》《饿肚子的小虫》《咕咚的故事》《小狗》。

有时我还让丈夫扮演故事中的角色和自己一起演绎故事。接受了童话胎教的宝宝，出生后性格温和大方，而且对书有着特别的爱好。看着他一个人专心致志翻阅书籍的样子，你真的会对童话胎教所起的巨大作用感叹不已。

怎样做培养胎儿潜力的童话胎教

读童话书会给胎儿带来良好的刺激。父母要培养胎儿潜力的童话胎教，从一开始就要以童话中的图画、思考、经验、知识等来刺激胎儿，进而使他形成印象。印象的形成需要经过外部信息的持续输入和大脑进行数据处理与储藏两个步骤。

印象的形成离不开脑细胞和脑细胞之间形成连接的有机过程。这种连接称为神经网络。胎教的各种措施就是输入良性信息刺激，读童话书是刺激宝宝神经网络的方法之一。用孕妈妈的声音读出的每一个美丽童话都将给胎儿带来好的影响。

怎样把童话胎教做得更加有趣

为了使童话胎教做得更加有趣，孕妈妈和准爸爸可以参照以下几点：

给孩子起小名并运用口语来讲述故事。给孩子起了小名以后，孕妈妈可以把童话书里主人公的名字通通改成孩子小名，并运用口语来讲述这个故事。这样在读故事的时候孕妈妈就会觉得自己的孩子和故事的主人公合二为一，从而使自己对胎儿的感觉变得更加亲切。

讲解书里出现的事物。胎儿对整个世界可谓是一无所知，会很自然地对书中出现的事物产生好奇。针对这种情况，我们可以对童话故事中出现的各种事物进行亲切而生动的讲解。

边走边读。如果读书时采取的姿势很不舒适，胎儿也一定会有难受的感觉。孕妈妈应该在最舒适的状态下慢慢地读给胎儿听，可以一边走一边读。这样做既可以让孕妈妈得到锻炼，又可以使胎儿接受有益的振动刺激，可谓是一举两得。

根据图画的内容改编故事。在读童话书之前，孕妈妈可以根据图画的内容对故事的细节进行改编，这样做将为孕妈妈和胎儿带来很多的乐趣。在进行改编故事这种再创作的时候，孕妈妈可以从那些之前没有留意到的小幅插画开始。在想象的过程中，孕妈妈的注意力和想象力会得到很大程度的提升，而胎儿的想象力也同时得到增加。

◉ 氧气胎教有什么益处

氧气在人类脑部活动中扮演着非常重要的角色。脑部的氧气供给中断短短的10秒钟，就会给大脑带来非常致命的影响。正因为如此，孕妈妈就更应该为腹中的胎儿考虑，时刻保证充足的氧气供给。

胎儿的脑部在怀孕4～6个月时发育得最为迅速，这时只有为其提供充足的氧分，才能生下头脑发达的孩子。美国彼兹堡大学的研究小组发现，在较为安静且营养和氧气供给充足的子宫环境中生长的孩子智商明显偏高。

在各种氧气胎教的方法中，最简单的要属散步和森林浴了。孕妈妈通过适当的散步和森林浴，吸入充足的氧气，不仅可以促进胎儿脑部的发育，还能够对很容易感到忧郁的孕妈妈起到调节心情的作用。在寒冷的冬天或是其他不适宜外出的时节，要打开家里的窗户进行换气，并借助简单的体操运动增加氧气的吸入量。

◉ 散步胎教对孕妈妈有什么益处

孕妈妈在散步时吸入的氧气会随着脐带输送给胎儿。这些氧气进入胎儿体内之后会起到促使脑细胞活性化的作用。可以想象，在泥土小路上散步并接触清新的空气对人的健康来说绝对是件再好不过的事情。

散步对血液循环也特别有好处。许多孕妈妈的腰痛或腿痛就是由于血液循环不畅而引起的。因此散步可以明显地减轻浮肿或腰痛的症状。除此之外还可以增强人体的心肺功能，并使人自然养成腹式呼吸的习惯，也可以减轻孕妈妈生产时的阵痛。

◉ 散步胎教对胎儿有什么益处

散步胎教能使胎儿的皮肤受到适当的刺激。散步可以增加胎儿的运动机能，并满足胎儿在皮肤刺激上的需要。有的人把皮肤称为胎儿的第2个脑，可见从某一角度来说皮肤的刺激与脑部的发育息息相关的。刺激胎儿的皮肤就可以使胎儿的脑部也受到刺激，从而促进脑神经的发育。

◉ 散步时应注意什么

孕妈妈在散步时应注意：

确认身体处于良好的状态。在开始散步之前要确认自己的身体不存在任何问题。

穿舒适的便鞋。孕妈妈最好穿较为舒适的便鞋，开口宽敞、低面、弹性好的鞋子是最佳的选择。

摄取水分。应事先准备好大麦茶和矿物质饮料以备散步时饮用。给身体供给充足的水分可以预防脱水。

注意休息。孕妈妈最好能根据自己的身体状态来调节走路的速度并保持愉快的心态，这样才能在散步中获得最佳的效果。

散步的地点。孕妈妈很容易出现关节松弛、肌肉抽筋等现象，并可能因此而受伤，所以散步时最好选择一些地面平坦的场所。

放松呼吸。为了更多地吸入清新的空气，掌握一种好的呼吸方法格外重要，在用鼻子吸入长长的一口气之后稍作停顿，然后把气息从口中呼出。

正确的姿势。走路的姿势也非常重要。低头走会给颈部和肩膀带来很大的负担。孕妈妈在散步中应该保持挺起胸部、注视前方的姿势。步伐随意，感到舒服就行。

◉ 散步之后怎样做足底按摩

孕妈妈在散步之后做足底按摩是非常重要的。

孕妈妈先后捏住每一个脚趾中央的凸起部分，并轮流进行按摩和缓慢地

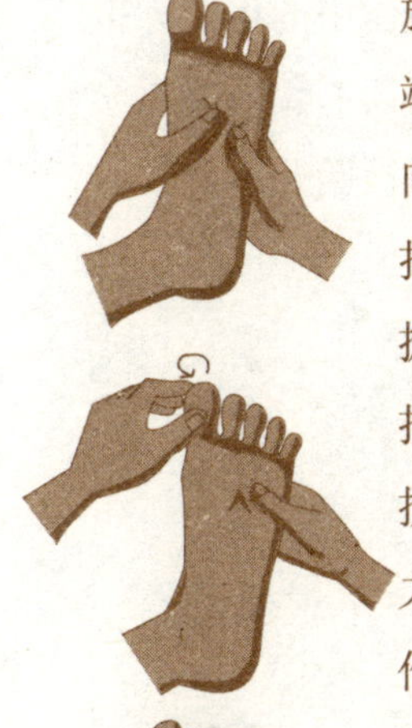

旋转。然后以脚趾的顶端作为起点向脚后跟方向推进，再用两手大拇指挤按整个脚底。最后握紧拳头，用第2个手指关节在脚底轻轻地抚按。此动作不可过于用力，仅仅起到刺激的作用就可以达到最佳效果。最后在脚腕周围进行大范围的抚摸和刺激。结束以后再用以上的方法按摩另一只脚。

怀孕17～20周（第五个月）

◎ 怀孕17～20周时胎教要注意什么

胎儿——胎儿长到第5个月时，孕妈妈很可能感受到胎动，而胎动的前提是胎儿的骨骼和肌肉都已经发育到了一定的程度。在胎儿的各种感官当中，听觉和视觉的器官已经具备了进一步完善的功能，所以孕妈妈应当尽量地避免与此相关的各种有害的刺激。此外，胎儿的心脏机能逐渐发育完全，使用听诊器就可以听见其心脏跳动的声音。在这一时期进行B超检查，可以看见胎儿吸吮自己拇指的模样，这也可以被看作是为以后吸吮母亲乳汁而做的一种练习准备。

孕妈妈——由于感觉到胎动，孕妈妈能强烈感受到怀孕带给身体的变化——体重增加、下腹隆起、乳房变得丰满、乳头的颜色逐渐加深。总而言之，在外形上越来越像孕妈妈了，身体和心理都逐渐进入安定的状态。由于孕吐症状完全消失，食欲大振，所以孕妈妈一定要注意控制自己的体重，每个月的增长幅度应控制在2000克以内。

准爸爸——出现胎动，表示胎儿已经进入了一个相当活跃的状态，所以抛开一切顾虑，立刻开始进行胎教！“怎么样跟胎儿交谈比较好呢？”有的人可能这么问。答案是，从简单的打招呼开始做起吧！常常抚摸孕妈妈的腹部也会对胎儿产生积极的影响。这些行动都可以算作是准爸爸对孩子的正式问候。可千万不要当那种一直等孩子出生才送去关心的爸爸哦。

◉ 怀孕17～20周之后胎儿有什么变化

人类都具有5感，即视觉、听觉、嗅觉、味觉和触觉。胎儿同样也具有这5种感觉，尽管它们形成的时期略有不同。首先进行的是大脑细胞组织化，到了怀孕6个月之后随着感觉器官的不断发育，胎儿才终于完整地获得这5种感知能力。但是这5种感知能力在性质上是有差异的，胎儿的视觉、听觉、嗅觉和味觉是直接的，而通过母体发挥作用的触觉则是比较间接的。

可以先来研究一下胎儿的听觉。到目前为止，已经有多项研究结果表明，胎儿在母亲腹内可以听见父母的说话声。实际上在整个孕期，这种说话声就是对胎儿具有最大引导作用的声音。准爸爸、准妈妈在轻声阅读书籍或温柔交谈时，这些声音其实都被胎儿听到了。

◉ 嘈杂的环境对胎儿有什么危害

嘈杂的环境会减缓胎儿呼吸功能的发育，胎儿宫内环境也不是完全安静的，胎儿还是时刻处在孕妈妈体内自然产生的各种杂音中，这些杂音包括孕妈妈的心跳声，肠道蠕动的声音。只要想想在饥肠辘辘时肚子发出的那些奇怪响

爱心妈妈经验谈

第一次丈夫为我听胎心音说，宝宝心跳得怎么这么慢呢？才70次/分钟，接着我测了我的脉搏竟然也是70次/分钟，看来丈夫是把我的脉搏当胎心了。还有一次，丈夫听着听着胎心忽然间没有了，找得丈夫满头大汗，后来在肚脐下方找到了。呵呵，小宝宝在肚子里就这么调皮。

声，我们就能够体会到胎儿得经受多么大的噪声困扰了。所以说，要想将准妈妈或是准爸爸的说话声完整地传达给胎儿，就一定要选择绝对安静的环境。

一项成果表明，嘈杂的环境会减缓胎儿呼吸功能的发育，有时候对胎儿来说连呼吸都感到困难。

怀孕17～20周饮食胎教应注意什么

怀孕第17～20周，胎儿的四肢运动逐渐活跃起来，孕妈妈可以感受到胎动了。感受到这种胎动的时间对于有过生育经历的女性来说大约是第17周，对于第一次生育的女性大概是在第19周。此外，身体比较丰满的孕妈妈感觉到胎动的时间可能也会推迟1周左右。

怀孕17～20周时母体的“足太阴脾经”掌控着胎儿的生长。因此，只要加强孕妈妈脾脏的机能就会对胎儿的肌腱、骨骼、四肢和头发的生长有所帮助。

柳橙的外皮与大枣对脾脏有很好的补养作用，大枣不仅可以泡茶饮用，还可以煮熟以后单取枣肉。柿干具有强化脾脏的机能。可以将柿干泡在牛奶中浇上蜂蜜再煎熬服用。除此之外，小米、糯米、扁豆、牛肉、鲫鱼和冬苋菜也同样有此功效。

有益胎儿成长的食品有哪些

由于胎儿的大脑在这一时期急速发育，所以选择对其脑部发育起到帮助作用的饮食尤为重要。

第一，以海带为代表的碘类含量较高的海藻类食品，以牡蛎为代表的各种贝类食品。

第二，硒元素也非常重要，黄油、鱼、大蒜、贝类、小麦胚芽和苹果当中都含有大量这种物质。与维生素E一起吃还可以提高吸收率，所以在享用以上食物时还可以适量吃芝麻、葵花子和核桃等食品。

第三，摄取大量的维生素B_1，酵母、小麦胚芽、海藻类及大豆中的含量很高。

第四，铁元素也格外重要，海苔、鹿尾菜等海藻类食品，以及木耳、绿茶、竹笋、芝麻中都含有大量的铁。

第五，钙也是必需成分之一，它可以使骨骼变得更加结实。螃蟹、干虾、沙丁鱼与奶酪都含有大量钙。

第六，钾元素也值得重视，食用晒干的海带可以补充大量的钾元素。香蕉、鹿尾菜、干萝卜片以及干香菇中也含有大量的钾元素。

怀孕17～20周运动胎教应注意什么

这一时期孕妈妈开始感觉到胎

动，有时感觉就像蝶翅轻拂或小虫爬动一般。这时可以发现孕妈妈的腹部产生了变化。除此之外，由于胎儿已经在自己的位置上完全固定了下来，所以进行适当的运动一般不会带来任何的问题。

胎儿已经具有了相当的重量，所以平躺状态下所做的运动最好不要持续很长时间，平躺姿势会影响血液的正常流动，给静脉造成压力，从而有可能导致低血压。这样做还可能引起眩晕症或排尿量增加等后果。所以从现在开始要尽量避免采用平躺姿势进行任何活动。

◉ 怎样做扭动背部运动胎教

孕妈妈做扭动背部运动胎教首先孕妈妈要俯卧，用双手撑住地面，然后尽量提起上半身。然后扭动上身的同时回头去看自己的脚后跟。这样能让孕妈妈放松背部两侧的肌肉。

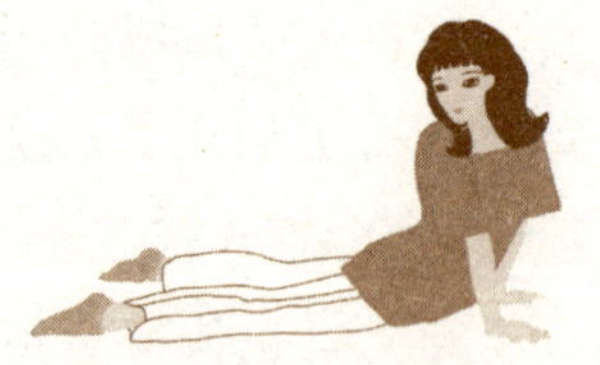

◉ 怎样做抬起双脚画圈运动胎教

抬起双脚画圆圈运动胎教，孕妈妈首先将两手向后扶住地面，双腿并在一起尽量上举。然后两腿同时在空中画圆。这项运动能强化孕妈妈腹部肌肉。

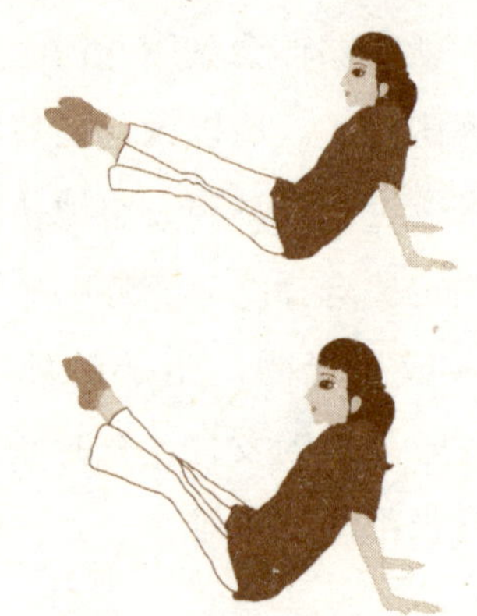

◉ 怎样做转动脚后跟运动胎教

孕妈妈做转动脚后跟运动胎教时，首先伸展双臂，抬头挺胸。然后尽力抬起脚后跟，持续一会儿以后再放下。这样能增加孕妈妈的腿部力量，并有助于掌握身体的重心。

◉ 怎样做胸部运动胎教

做胸部运动胎教时，孕妈妈首先将两臂各弯曲成直角并分开到身体两侧，上臂与地面保持垂直。然后吸气后再呼气，同时两臂向前并拢，接着再继续做分开、并拢的动作。这项运动能锻炼孕妈妈胸部和背部的肌肉。

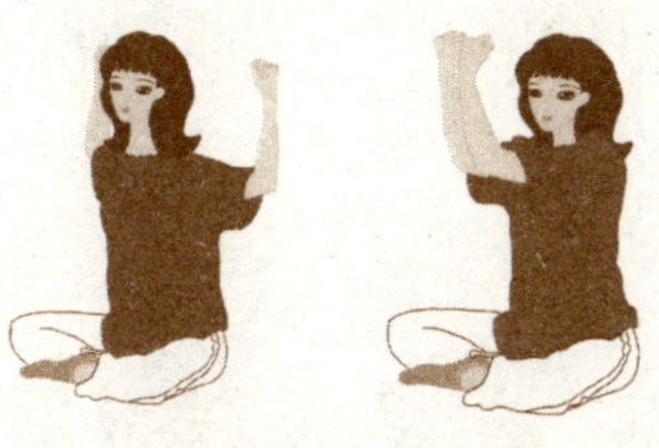

怎样做转动手臂运动胎教

孕妈妈在做转动手臂运动胎教时，首先要以放松的姿态站立，两臂抬至与肩同高，手掌向上，在手臂上注入全身的力量。然后随后用手臂带动肩部从前向后转动，然后再改至从后向前，能强化孕妈妈肩部和臂部肌肉的效果。

怎样做前后分脚半跪运动胎教

在做前后分脚半跪运动胎教时，孕妈妈首先要将一只脚迈向前方，同时抓住椅子或桌子保持站立的姿势。然后渐渐将两膝的部位弯成直角，身体半跪下来。然后改换另一只脚迈向前方再重复半跪的动作。这项运动能提高孕妈妈腿部肌肉的力量。

怎样做针对肩背疼痛的按摩胎教

针对肩背疼痛的按摩胎教：先在涌泉穴上按3次，每次4秒钟，然后向下滑动，挤压输尿管反射区，重复9次；挤压脚踝内侧的膀胱反射区3次，每次4秒钟；在膀胱反射区和靠近跟腱方向的尿道反射区之间，照椭圆形的弧线扫过，达到按摩的作用；从脚腕开始一直到膝盖上10厘米，按摩内侧、外侧和后侧；在脚底内侧再稍微靠上一点的部分是能够对背部起到反射作用的中足骨。在这一反射区按照从脚趾到脚后跟的方向滑动并挤压，重复9次；脚上与肩部相对应的反射区是小脚趾的侧面部分。在这一部位按照从脚趾到脚跟的方向滑动着进行按摩并重复9次；小脚趾和大脚趾下端之间的脚底部分是对应背部和肩部的反射区域。在此部位按照从小脚趾到大脚趾的方向进行9次以上的按摩。

怎样做针对腰部疼痛的按摩胎教

针对腰部疼痛的按摩胎教：在肾脏反射区涌泉穴上用大拇指轻按3～4次；接着在输尿管反射区上用大拇指轻按4～5次，每次4秒；用大拇指在膀胱反射区上轻轻挤压4秒钟；用大拇指在尿道反射区上滑动揉搓9次以上；在脚的内侧面从大脚趾往下依次是颈椎、胸椎、腰椎和尾骨这几个脊椎部分的反射区，用大拇指在这一区域滑动按摩4～5次即可。

怎样做针对头痛的按摩胎教

针对头痛的按摩胎教，首先要在位于脚底中央的肾脏反射区涌泉穴上按3次，每次4秒钟。然后用大拇指来回移动并在每一个脚趾靠近顶端的凹陷处各按2～3次，每次持续4秒钟。最后孕妈妈如果出现头痛并感到颈部僵硬时，就找到大脚趾和脚底连接的凸起部分，并在这一区域的中央位置从上向下捋，重复9次左右。

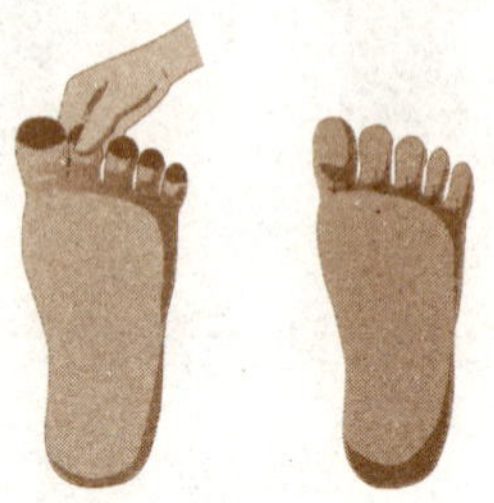

什么是旅行胎教

孕妈妈让自己暂时从原来的生活环境中解放出来，外出去旅行，会为自己的生活增添许多活力。对孕妈妈来说，旅行同样是一个与胎教无法分割的话题。怀孕早期和末期都不适合外出旅行，而孕中期则是出门旅行的绝佳时机。

旅行胎教有哪些益处

怀孕第16周～27周，无论是孕妈妈还是胎儿都处于一个相对比较稳定的状态，因此趁这个机会出门旅行一般不会给身体造成不良影响。相比之下怀孕早期和末期则存在比较大的风险，孕妈妈应尽量避免参加远距离的出游活动。

清新的空气可以使心情变得清爽起来：胎儿是通过母体的血液来获取氧气的，带给胎儿充足氧气的方法之一是去空气质量很好的地方旅行，绿色的大自然可以让孕妈妈感到轻松，而清新的空气也无疑会把心中的烦闷一扫而光。

给胎儿描述自然的风景和声音。

孕妈妈可以将自己感兴趣的东西及其感受详细地描述给胎儿。这样孕妈妈与胎儿之间的话题就会自然而然地丰富起来。平时在城市里听不见的鸟叫声、风声、水声以及稀奇的文物都可以成为向胎儿描述的对象。

◉孕期旅行应注意什么

孕期旅游孕妈妈一定要先咨询过医生的建议后再出发。一般情况下如果孕妈妈身体状态正常，即使出国旅行也不会有什么问题。这就是说，在不给自己身体带来过大负担的前提下，孕妈妈没有必要刻意限制旅行的次数。

旅行前后所有事项应该由丈夫包办。旅行的目的是为了解除孕妈妈的压力，并培养胎儿的情操。但筹备一次旅行并不是件容易的事情，稍有疏漏就有可能导致整个旅行计划在出发前一刻彻底泡汤，对此一定要多加注意。

仔细安排旅行行程。要乘坐巴士或者汽车就得预先订车票，接着还要备齐所有的旅行用品。此外，必须事先计划好去哪些地方以及具体的日程安排。怀孕时参加旅行就必须做好比平时更多的准备。这个时候丈夫应该承担起做好准备工作的任务。看着丈夫为了自己而积极地进行旅行准备的样子，孕妈妈在感激之余也一定会觉得自己的负担减轻了许多吧。

◉哪些情况不适宜旅行

孕妈妈存在以下情况不宜旅行：孕妈妈有过流产、早产史，或者严重的并发症（如心脏病、高血压、糖尿病等）不宜旅行；孕期如果出现腹痛或阴道出血的症状也不宜旅行，同时，早孕反应如果依然比较严重，也不应旅行。

总之，应多听医生的建议，并密切关注你自己的身体状况。

◉ 孕期旅行的必备物品有哪些

孕期旅游孕妈妈必备的物品有：

医疗保险证和病历：因为不知道在旅行途中会发生什么事，所以携带孕妈妈的医疗保险证和病历是相当必要的。孕妈妈可以将这两样东西放在一个信封里，这样需要的时候就可以很快找到。

零食：为了应对孕妈妈在旅行途中突然出现作呕的情况，可以随身携带一些平时用来减轻孕吐症状的零食。花生、核桃等坚果类食品和果干等都可以起到这样的效果。

防晒霜：阳光照射与皮肤上黑痣、雀斑的形成具有密切的关系，因此外出时一定要携带可以阻断紫外线的防晒用品。除了脸部以外，在臂部、颈部等暴露的部位也要涂上防晒霜，以起到保护皮肤的作用。

帽子和遮阳伞：在阳光强烈的日子外出旅行，帽子和遮阳伞也是不可缺少的用具。戴上宽沿帽就可以有效地防止阳光强烈的刺激。

薄毯子：孕妈妈应该把一床薄毯子放在自己行李箱里，即使是夏天也不例外，因为近年来人们习惯把车里的冷气调到很低的温度。在凉爽的日子里孕妈妈更要多加注意，以免受凉。

爱心妈妈经验谈

我和丈夫本来就很喜欢旅行，平时经常一起出去游玩，怀孕后我们决定以去近郊旅行的方式进行胎教。正好那个时候家里新买了一辆面包车，可以让我随意地坐在或躺在后排座位上，在这样的舒适环境下进行旅行。怀孕初期出于安胎考虑，我一直待在家里安静地读书，从怀孕中期直到第8个月为止，我都积极地接触大自然。尽管有时会出现很明显的晕车症状，但我仍然享受着旅行带来的乐趣和幸福。旅行过程中我每接触一个地区的风土人情都会有很多的感受，而这些通过感官接受到的信息都可以传达给胎儿。为了预防晕车，丈夫会每隔一段时间就把车停下来，让我吹一吹凉爽的清风并观赏周围的景色。为了不让身体感到疲倦，我在车里特地准备了几张垫子用来把脚垫高，还放了几个橙子和柠檬，它们能产生自然的香气。不知道是不是因为这个原因，我的女儿性格开朗而豁达，并具有相当敏锐的感性能力。幼儿园的老师也夸奖她表现力强。我们相信这一切都要归功于怀孕期里的多次旅行，以及我在旅行过程中所进行的胎教。

◉ 自驾车旅行的孕妈妈要注意什么

自驾车旅行孕妈妈要注意：

将车内打扫干净。因为孕妈妈要在车里的狭小空间内度过很长一段时间，所以最好把车内环境打扫干净以后再出发。特别要清洗车里的空调设施，并除去各个死角的灰尘。

让孕妈妈坐在车子靠后的位置。因为，哪怕是一次轻微的追尾事故所带来的冲撞也会给孕妈妈隆起的腹部造成伤害。因此，最好将车里靠后的座位留给孕妈妈。

预防晒伤。白天的强烈阳光会对孕妈妈造成刺激和伤害，因此一定要在车窗上装上遮光用的设施。

预先做好防晕车准备。即使是平时从不晕车的人，怀孕后，身体发生各种变化后可能会晕车。孕妈妈晕车时，最好停下来，下车吹吹风。此外，在感到难受时把切成薄片的生姜含在嘴里，也是减轻晕车症状的有效方法。

留出让孕妈妈抬腿的地方。孕妈妈在怀孕期间经常出现浮肿症状，在狭窄的车里坐了很长一段时间之后，腿部更容易发生这样的症状。针对这种情况应该在孕妈妈的身前放上垫子或旅行包，让其在感到疲倦的时候可以把腿放在上面。

◉ 乘坐飞机应注意什么

孕妈妈在怀孕期间乘坐飞机，要选择靠过道的座位。一般情况下飞机内部都会保持较为舒适的气压环境，不会给人体造成过重的负担。但长时间飞行往往会造成腿部和脚腕的浮肿，所以在此之前最好预定靠过道的座位，在飞行过程中每隔1个小时在过道上来回走一圈或做一做伸展运动，可以减轻浮肿症状。怀孕后期不宜乘坐飞机。

摄取充足的水分。在飞机提升飞行高度或机内温度时，孕妈妈可能有脱水或恶心的反应。因此一定要摄取充足的水分。

准备易穿易脱的鞋子。也许在飞机航行的时候，你贪图舒服而脱了鞋，但是在下飞机的时候却发现双脚浮肿而很难再将鞋子穿上，并且隆起的腹部也让你穿起鞋来很费劲。因此，在出门之前，一定要记得穿一双轻便舒适且易穿脱的鞋。

怀孕21～24周（第六个月）

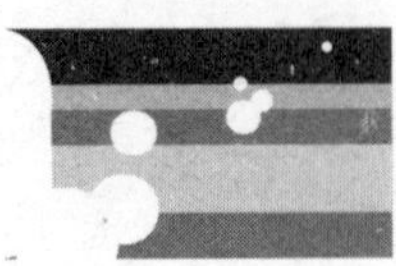

◉ 怀孕21～24周时胎教要注意什么

胎儿——除了胎动更加明显之外，胎儿还渐渐获得了保持身体平衡的能力。听力明显变得更加发达了，几乎能够敏锐地感觉到从母体以外传来的声音。胎儿的视网膜也发育到了一定的程度，时而还会发现胎儿做出皱眉或哭泣等表情。

孕妈妈——体重的增加让孕妈妈有吃力的感觉。腿部的负担变重，腰部和背部也常常感觉不适。每天睡觉以前做一做按摩，让紧绷的肌肉都松弛下来。孕妈妈乳房变大，还有可能分泌乳汁，已经为哺乳做好了准备。体温还可能上升，可以多喝一些饮品，但是不要喝碳酸类饮料，因为后者当中的糖分和香料会影响钙的吸收。孕妈妈要从现在开始逐渐养成良好的习惯。

准爸爸——随着妻子身体的变化，准爸爸变得忙碌起来，他需要做的就是给妻子提供最好的照顾。准爸爸胎教的实质就是与准妈妈一起为迎接健康的孩子出生做好准备。每天晚上准爸爸都应该给妻子肿得厉害的腿做一下按摩，而且为进行母乳喂养做准备，最好顺便也给乳房做一做按摩。此外，轻轻抚摸孕妈妈隆起的腹部可以给她带来心理上的安全感，并保持夫妻两人亲密的交流。为了让妻子远离方便食品，丈夫也一定要养成良好、健康的饮食习惯。

◉ 胎儿可以感觉到光线吗

这个时期的胎儿已有可以感觉光线的视觉神经。一项在美国得出的实验结果表明，当光照射孕妈妈的腹部时，胎儿会不停地做出蠕动的反应。大部分6～7个月的胎儿都会有这种反应，它直接证明胎儿可以感知到妈妈体外的光线这一事实。

当然，事实上胎儿此时还无法区分事物的形态或者颜色。人们可以通过闭上双眼之后所感受到的那种光感来了解胎儿看东西的感觉。孕妈妈应当避免出入会对腹部造成强烈光线刺激的地

方，并远离容易使人兴奋的娱乐场所，因为孕妈妈感受到的各种刺激都会同时对胎儿产生影响。

◉ 阳光下散步对胎儿有什么益处

应该让在子宫当中具有光感的胎儿接触什么样的光线呢？答案自然是："暗光胜过亮光，自然光胜过人造光"。近年来，怀孕以后还要坚持上班的女性越来越多，她们需要注意长时间接触电脑所带来的不良影响。上班时利用午休时间去室外散散步，享受一下自然光线，对孕妈妈和胎儿来说都是一件再好不过的事情。挺着肚子在柔和的阳光下散步并与胎儿进行交流，就从现在开始做起吧！

◉ 怎样选择对胎儿筋骨有帮助的食物

在怀孕的第21～24周(第6个月)里，母体的"足阳明经脉"控制着胎儿的生长，这条经脉所对应的器官是胃。因此，如果能够强化母体的肠胃功能，就可以促进胎儿的筋骨形成和骨髓造血。

能够起到强化肠胃功能作用的食物有：葛根、生姜、糯米、粘玉米、牛百叶、羊肉、母鸡、鲫鱼、梭鱼、黄花鱼、橘子、大枣、柿饼和韭菜等。为了保证优质蛋白的供应，孕妈妈应坚持摄取牛奶、乳制品、肉类、鱼类、豆类。此外还要选择含丰富铁质和维生素B_1、维生素B_2的食物，并同时注重补充维生素A、矿物质和纤维质等其他营养成分，应摄入足量的糖分和脂类以不断地获取必需的能量。

◉ 海藻有什么益处

海藻类食物不仅可以缓解便秘，还对胎儿的成长有一定的促进作用。海带等海藻类食品不仅在缓解便秘方面有着极好的效果，还含有可以促进胎儿生长发育的特殊成分。有运动习惯的孕妈妈若食用海藻类等食物就可以使自己的运动能力得到很大的提升，从而为生下健康的孩子打下良好的基础。

◉ 为什么要减少盐分的摄取量

对于经常吃咸菜和虾酱等腌制品的人而言，注意避免因摄取过多盐分而带来的不良影响，是一件非常重要的事情。过量食用盐分之后，人体会出现以高血压为主的各种不良症状，会给心脏带来沉重的负担。另外，大量饮水会使孕妈妈浮肿加重。即使是普通人，食用过咸的食品也是有害的。因此，孕妈妈就更应该做到保持饮食清淡这一条健康准则。孕妈妈每天必需的盐分大约是5克。

怎样通过饮食促进胎儿的大脑发育

进入怀孕中期后，促进胎儿大脑发育最有帮助的做法就是，维持高蛋白的摄入量并预防缺铁。成年人脑部的重量仅仅是全身的2.5%，血液量是全身的15%。因此为了给胎儿的大脑供应充足、新鲜的氧气，孕妈妈一定要避免缺铁情况发生。贝类含铁量最为丰富，芹菜和菠菜里也同样含有大量的铁。巧克力也是含铁的食物，但铁与钙存在着互相制约营养作用的现象，所以最好不要同时食用巧克力和牛奶。

推荐菜谱

葛根茶

原料：葛根20克，大枣4个

调料：水600毫升，蜂蜜少许

做法：

1.将晒干的葛根切成同样的粗细，备用；大枣去核。

2.在水中放入大枣和葛根，文火煮30分钟。

3.将滚热的葛茶倒入茶碗，稍凉后根据口味加适量蜂蜜。

怀孕21～24周运动胎教应注意什么

这个时期孕妈妈的腹部已经明显地凸起来。膨胀的子宫给肠部尤其结肠带来了不良的影响，因而可能导致便秘，此时孕妈妈最好通过少量的运动来使肠部的蠕动变得更加顺畅。进入怀孕中期以后，身体的各个部位都已经能够有效地进行配合，初期时出现的那些不适症状也都逐渐消失殆尽。孕妈妈可乘此机会学习一些锻炼动作。

此外，采取正确的姿势这一点是需要反复强调的。要知道人的姿势对身体的均衡、呼吸、外形和动作都有影响。随着胎儿的体积增大，许多孕妈妈常常会出现腰痛的现象，这多半是由不正确的姿势引起的。因此，要养成保持正确姿势的习惯，并经常进行强化腰、背部肌肉的运动。

怎样做向前俯下轻摇腹部运动胎教

孕妈妈做向前俯下轻摇腹部运动胎教时，首先将双手和膝盖撑起整个身体，让腹部完全放松下来。然后将身躯向两侧轻轻晃动。这样做帮助孕妈妈舒展腹内的空间，对疏通肠道有明显的帮助。

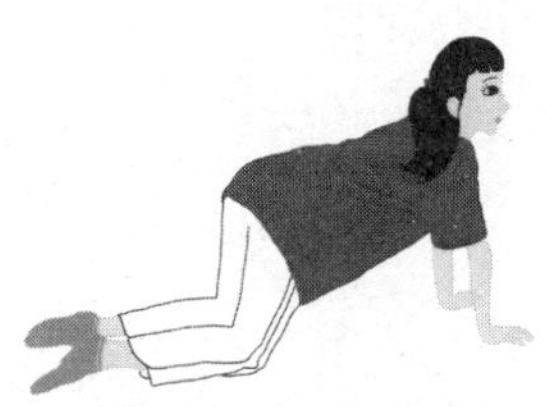

怎样做两腿分开半站运动胎教

两腿分开半站运动胎教，首先是要孕妈妈将两腿向左右方向大幅度分开，在这样的站立姿势下平伸双臂至肩部的高度。然后保持双臂左右平举，让双腿的夹角接近90度，然后下坐2次，将力量集中到臀部再向上提升2次。这样做的目的是要锻炼孕妈妈大腿内侧和臀部肌肉的效果。

怎样做半坐式运动胎教

孕妈妈在做半坐式运动胎教时，首先将两腿分立，与肩同宽，双臂向前平伸，与肩同高。然后慢慢将双腿分开进行坐下再站起，尽可能不让臀部往后陷，让双腿集中力量坐下再站起。这项运动胎教能强化孕妈妈大腿内侧的肌肉。如果觉得保持平衡较为困难，可以抓住椅子或书桌的边缘来完成这个动作。

怎样做转动手腕运动胎教

孕妈妈在做转动手腕运动胎教时，只要捏紧拳头并将手腕轮流向上和向下弯曲，再进行从里向外和从外向里的转动。

怎样做转动脚腕运动胎教

做转动脚腕的运动胎教，首先孕妈妈将双腿向前平伸，背部挺直，双手撑住地面。其次脚腕尽力向上弯曲再改向前伸出，双脚从里向外再从外向里地转动。

做这项运动胎教的孕妈妈要注意：孕期穿舒服的鞋子格外重要。许多职业女性此时都会出现足部和脚腕肿胀的现象，这是久坐或久站而带来的血液循环不畅所引起的。因此，随时给脚和脚腕做按摩或常常转动手腕都大有益处。

怎样做针对皮肤瘙痒的按摩胎教

针对皮肤瘙痒的按摩胎教，孕妈妈可以在涌泉穴上按3次，每次4秒钟；向着对角线方向的输尿管反射区滑动按摩，重复9次左右；在脚踝内侧的膀胱反射区上挤压3次，每次持续4秒钟；在5个脚趾各自之间的淋巴反射区上用大拇指和食指一起挤按，每次4秒钟，重复4～5次；在脚背上朝着箭头所示意的脚腕方向进行整体的滑动按摩。

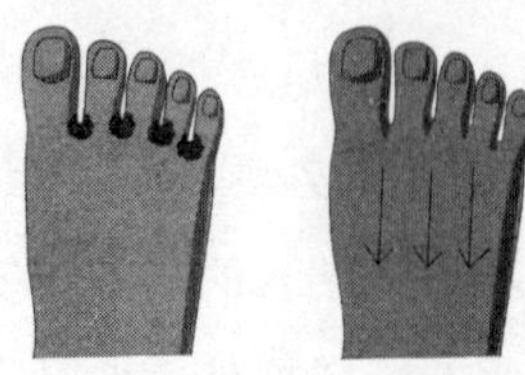

怎样做针对忧郁症的按摩胎教

针对孕妈妈忧郁症的按摩胎教，要用双手握住整个脚背，模仿掰开一个苹果的动作，重复4～5次；用大拇指和食指依次抓住5个脚趾向上提拉；握住脚底向后扳，重复这一舒展运动4～5次；用大拇指在脚踝的侧边卵巢反射区依照逆时针方向画圆，通过这一动作达到按摩的效果；用大拇指在涌泉穴上按下并挤压3次，每次4秒钟。

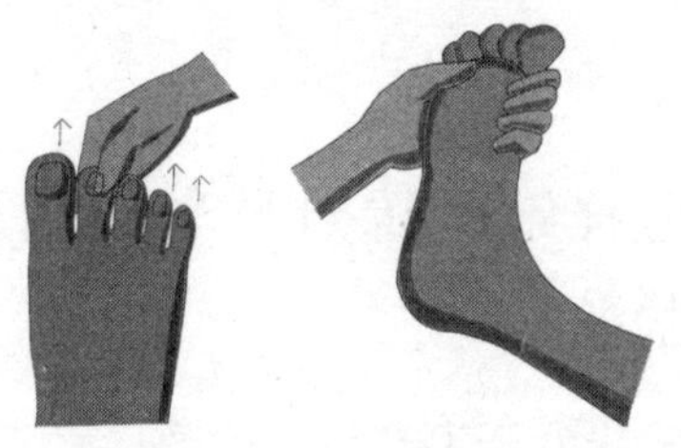

怎样做针对鼻塞、流鼻血和过敏性鼻炎的按摩胎教

针对孕妈妈鼻塞、流鼻血和过敏性鼻炎的按摩胎教，先按下并挤压位于脚底中央的肾脏反射区涌泉穴3次，每次4秒钟；然后在大脚趾上的大脑反射区位置用大拇指和食指一起按住4秒钟以上，重复4～5次；最后用拇指按压鼻部反射区其进行刺激，重复4～5次。

◉ 森林浴胎教有哪些好处

所谓森林浴，就是一种“在呼吸新鲜、清爽空气的同时在森林里漫步或休憩的活动”。

森林浴对完全暴露在压力环境和各种污染之下的现代人来说是一种极佳的保健方法。不仅如此，这种使身体和心情都变得舒畅的活动给孕妈妈带来的积极作用也是难以估量的。植物杀菌素和阴离子都可以对胎教产生帮助：植物杀菌素是植物为了保护自己不受细菌的侵害而不断释放出的一类“芳香性物质”，即所有植物产生的杀菌性物质的总和。而森林浴的效果也同样来源于这些植物杀菌素。

森林浴的另一个效用就是为人体获取大量的阴离子。阴离子可以使人的自由神经变得镇定，还可以起到促进新陈代谢并强化细胞和脏器机能的作用。

◉ 怎样更好地进行森林浴

森林浴的黄金季节是初夏到初秋，这段时期温度和湿度较高，植物杀菌素会被大量地释放出来。此外，在一天当中最好的时段是上午10～12点，我们应该尽量利用这段时间享受森林浴的乐趣。

孕妈妈进行腹式呼吸：与散步时相类似，在进行森林浴时应该努力吸入尽可能多的空气，感觉好像要用空气把自己的身体注满一样。这种腹式呼吸的方法可以让人充足地吸收氧气和植物杀菌素。此外还可以在树木之间轻轻地跳跃，或者做一做体操和伸展运动，这些都会增强森林浴的效果。

穿比较宽松的衣服：在进行森林浴时应尽量穿轻便而宽松的衣服，这样就可以使皮肤更多地接触空气中的植物杀菌素。由于在森林中呼吸新鲜空气的同时还要走山路，所以对鞋子的选择十分重要。除了尽量穿运动鞋之外，还应该选择鞋底较厚的鞋子，以应对高低不平的山路。

◉ 森林浴后怎样做按摩放松

孕妈妈用手掌从上往下轻轻按摩小腿，以放松的姿势坐下，再用整个

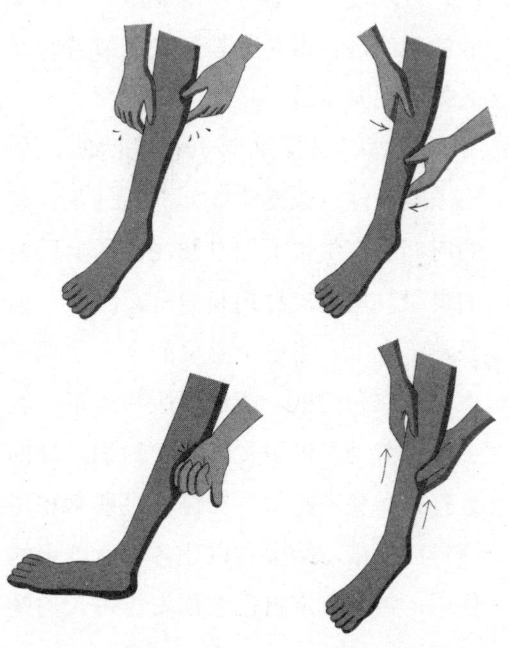

手掌从脚腕开始向膝盖位置抚摸并提拉整个腿部的肌肉；用拇指和其他手指的前端以抓捏物体的姿势揉搓整个腿部；两手用拧干衣服的姿势轻轻地拧自己的腿。从脚踝部位开始，到膝盖为止顺次做这一动作；在按摩小腿1～3次之后，用拳头轻轻地敲自己的小腿；用整个手掌从下到上对腿部进行揉搓，让积聚其中的废弃物进入体液并流动到排泄器官当中。

◉ 孕妈妈怎样安排自己做家务

胎教其实越自然越好，与日常生活息息相关的胎教会使未来的宝宝对现实生活拥有更大的热情。

孕妈妈一边做着家务事，一边进行胎教，也不失为语言胎教的一种好方法。合理地安排家务，既能留出一段安静的时间进行语言胎教，又能节省时间去郊外观光旅游。

孕妈妈安排星期一和星期四，外出采购（注意改变路线），并且花一定的时间观察学生上课以及在操场上玩耍的情景。星期二打扫起居室、卧室、家具，给宝宝讲述这个温馨的家。星期三擦拭窗户和门框，清洁厕所和浴室，教宝宝爱劳动、讲卫生的科学知识。星期五打扫和整理厨房。安排好星期六和星期日的食谱，给宝宝讲述各种营养素的作用，告诉宝宝自己怎样安排每天的膳食以保证孕期的营养需要。星期六和星期日这两天主要是在家里休息或者去植物园、花园、田野、沙滩等地方，除了享受日光浴外，还要向宝宝传授自然界的知识。

每个孕妈妈都可以根据自己的情况，在胎教中拟定家务安排表，进行轻松自然的胎教。

◉ 长辈在胎教中要注意哪些

不要以为胎教只是未来父母的责任。实际上，家庭的其他成员，尤其是孩子未来的爷爷、奶奶、外公、外婆等人也将在胎教中占据一席之位。

目前我国提倡一对夫妻只生一个孩子。但是，一些老人，尤其是爷爷、奶奶往往希望生一个“虎虎势势”的小孙子，而不想要孙女。这样，会在胎教中给孕妈妈带来一些压力，引起不良影响。所以，长辈在胎教中应做到以下几项：

不要重男轻女。如果老人一心想要孙子势必给孕妈妈带来一定的精神压力，甚至造成心理障碍，以致影响腹中宝宝发育。

不要用自己的经历，给孕妈妈灌输怀孕是如何的麻烦和难受、分娩过程中是如何的疼痛、孩子生出来后，培养孩子又如何困难等。这对于孕妈妈来说无疑是一种不良刺激，甚至由于条件反射而产生恐惧症，导致一场痛苦而又沉闷的妊娠和分娩，给宝宝造成极为不利的影响。不要对怀孕的媳妇不以为然，不要老提自己当年如何如何，言下之意就是眼下的媳妇太娇气。这对于孕妈妈来说也是一种不良刺激，往往会给原本就烦躁不安的情绪火上浇油，甚至发生口角，进而影响宝宝。

怀孕期间，家庭所有成员都应给予孕妈妈热情的帮助和充分的体谅，不要给孕妈妈造成压力，更不要随意指责她懒惰、娇气等。如一旦发现有矛盾的苗头，家庭其他成员切不可计较，并尽量用幽默的方式化解，共同努力为孕妈妈创造一个宽松的生活环境，使宝宝在祥和的气氛中健康地成长。

怀孕25～28周（第七个月）

◎ 怀孕25～28周时胎教要注意什么

胎儿——随着脑部的不断发育，胎儿渐渐开始对自己的身体有了控制能力。这一时期胎儿的脑电波变得十分发达，几乎接近新生儿，具体而言就是能够在羊水中控制自己，并做出转身的动作。胎儿的感觉变得更加敏锐，并且会将自己心情愉快与否的信息传递给母体。在听见美妙的声音时懂得静静欣赏，听见嘈杂的噪声时则会不耐烦地踢打妈妈的腹部。由于获得了分辨光亮与黑暗的能力，开始有了自己的生物钟。同时，味觉变得越来越发达，可以尝到甜味和苦味，并很快喜欢上了甜味。手脚变长，逐渐具备了人的模样，肺部的发育进一步带动了呼吸。

孕妈妈——身体的重量逐渐增加，肚子也越变越大，这让孕妈妈很难保持平衡。体重的增加使两条腿的负担越来越重，随着疲劳程度的增加，腿部的形状可能改变。此外，体积不断增加的子宫已经满满地占据了整个下腹部。拖着这样沉重的身躯恐怕连睡觉也成了一件困难的事情。所以，这一时期有的孕妈妈会被慢性疲劳症状困扰，还有的人会感到胸部疼痛，或者出现由于胃部被扩大的子宫压迫而引起的消化不良。胎动的幅度越来越大，如果把手放在孕妈妈肚皮上也能感觉。

准爸爸——可以通过活跃的胎动而强烈地感受到胎儿的存在。应该从现在开始就和妻子一起为孩子的出生做准备，包括购置婴儿用品。渴望与爸爸沟通的胎儿也希望得到更多的父爱，如果丈夫根据妻子的提示在胎儿踢中的部位外侧轻轻回敲，胎儿就会再次踢打那个部位以试图和爸爸对话，所以此时对胎儿的各种努力做出积极的反应就成了准爸爸当仁不让的任务。当然，不要忘记给因为身体发生巨大变化而倍感吃力的妻子做一做按摩。除此之外为妻子做一顿美味佳肴或者去环境优美的餐厅吃饭也可以体现丈夫的爱意。

◎ 胎儿有味觉吗

“又没有直接吃东西，何谈胎儿会有味觉呢？”有的人可能提出这样的问题。但胎儿的确是具有味觉的，到了怀孕第28周，胎儿的味觉已经很发达了。例如，当孕妈妈直接服用葡萄糖时，可以观测到胎儿的心脏搏动次数有明显的增加。因为胎儿有着强烈地摄取葡萄糖这种必需营养成分的愿望，所以才想通过自己活泼的表现表达出这种愿望。

◉ 胎儿可以参与制订孕妈妈的食谱吗

孕妈妈摄取营养的状况与胎儿成长状况相关。所以不能随随便便地决定孕妈妈的饮食内容，而要考虑其在滋补身体方面所能起到的作用。因此，孕妈妈要为了胎儿的健康选择最营养的食物，不要把方便食品或快餐食品当正餐。在没怀孕之前，可以随心所欲地选择吃什么，但是怀孕之后则是你和胎儿共同的选择，所以，在确定食谱时，怎么能不考虑胎儿的感受呢？

◉ 胎儿有记忆吗

不要忘记“胎儿是可以记住一切”的这一事实。根据胎儿出生以后记得以前听到过的父母的声音这一点来看，他的确具有一定的记忆能力。那么，胎儿到底能记住些什么呢？

爱心妈妈经验谈

我怀孕后体重控制得很好，妊娠反应很轻，连妊娠纹都没有。我主要应用了一些小技巧，如先喝水，后喝汤（但很少喝浓汤），再吃青菜、米饭和肉类（肥肉除外）。并且我三餐按时吃，煎炸食物不吃，睡前3小时我会刷牙，刷完牙就不吃任何东西，这样我的体重就控制得很好。

有许多相关的研究结果都表明，怀孕7个月以后，随着负责记忆功能的中枢神经逐渐形成，在胎儿周围发生的所有事情都有可能被其记住。所以身为父母，在胎儿7个月左右时就要特别注意自己的言行。还有研究发现，胎儿对音乐和语言这两大领域的记忆能力最为突出。

◉ 怀孕后期性生活要注意什么

到了怀孕第7个月的时候，孕妈妈的

腹部明显突出，并有一定的压迫感。因此在睡觉的时候最好不要采用较为吃力的平躺姿势，而应该采取侧卧姿势。这一时期有许多必须注意的事项。而且，到了第10个月，丈夫就应该多为妻子考虑，尽量不要再提出过性生活的要求。

烧核桃

原料：核桃仁200克，碎牛肉100克

调料：砂糖、蒜泥各5克，碎葱10克，砂糖8克，香油3毫升，牛肉调料、酱油5毫升，蜂蜜5毫升，胡椒少许

做法：

1. 将核桃仁放入沸水中烧煮1～2分钟，去核桃仁皮。

2. 把碎牛肉蘸上牛肉调料，放在倒上油的平底锅中炒熟。

3. 加入核桃继续煸炒。

4. 把除蜂蜜以外的料理酱按照各自的份量放入锅中烧煮，待其变得浓稠以后把核桃和牛肉倒进去并搅拌均匀。

5. 待核桃开始发出深色光泽以后再倒上蜂蜜。

◉ 怀孕25～28周饮食胎教应注意什么

在怀孕第25～28周中，母体的“手太阴经脉”控制着胎儿的生长。这条经脉是与肺部直接相关的。我们所选择的食物必须有强化肺部的作用，并且能够对胎儿的皮肤、毛发和大脑的发育有所帮助。沙参的重要作用在于可以同时保护到肺部的阴气，除此之外，橘子、核桃、梅子和牛奶也是对孕妈妈的身体极其有益的食品，可将牛奶和米粥一起熬制后随时食用。

◉ 怎样通过饮食消除浮肿

适量饮水和低盐的饮食可以帮助孕妈妈消除浮肿。这一时期还是要保证孕妈妈每一顿都吃饱，但不要吃太咸的食物。每天保持摄入水分1500毫升左右，并在此基础上根据身体是否浮肿来相应调整。除了白开水以外，孕妈妈也可饮用大麦茶和果汁等来补充水分。

尽管怀孕第17～24周也会出现全身浮肿、腹部隆起和呼吸困难的现象，但浮肿出现得最为明显和频繁的阶段还是在怀孕第7个月，即在第25～28周。

◉ 浮肿严重有什么危害

孕期浮肿严重会导致胎儿发育不良。浮肿严重时可以考虑采取食疗法：把鲤鱼的腹内掏空，在其中放入一把红豆后熬汤服下。或者把桑根皮和红豆按照同样的分量混合烧煮后饮用。桑根皮和红豆不但具有显著的利尿作用，还可以预防与浮肿同时发生的高血压症状。除此之外冬葵汤、玉米粥和玉米茶对缓解浮肿症状也有一定的效果。

◉ 怀孕25～28周运动胎教应注意什么

胎儿的脑部快速发育，产生大量的脑细胞，此时需要为胎儿提供充足的氧气和营养。那些能够促进呼吸的运动意味着可以给胎儿带来更多新鲜的空气。相反，那些需要屏住呼吸，或者要求举起很重物体的运动，孕妈妈最好不要考虑。

◉ 怎样做抬头呼吸运动胎教

做抬头呼吸运动胎教，孕妈妈要把两脚分开，与肩同宽，将双臂缓缓地举向上方并用鼻子吸气，与此同时抬起自己的脚后跟。这项运动胎教能提高孕妈妈保持平衡身体的能力并增加氧气的供应量。

◉ 怎样做拉伸肩部运动胎教

孕妈妈在做拉伸肩部运动胎教时，首先要将两腿分开，膝盖弯曲，跪坐，上半身前倾并让两手接触地面。然后尽可能地向前伸出双手，彻底地舒展自己的肩部。这样能增加孕妈妈肩膀的柔韧性，并让整个身体松弛下来。

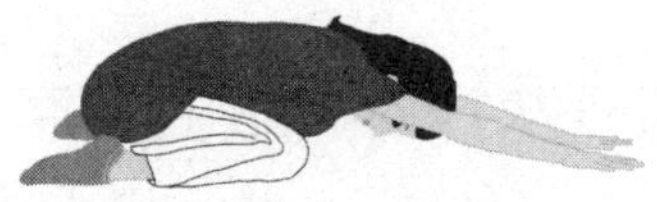

◉ 怎样做舒展背部运动胎教

在做舒展背部运动胎教时，孕妈妈首先要将双臂上举，吸入空气再从口里慢慢吐出，上半身向前弯曲。然后注意保持背部挺直，脖子稍稍上抬，两眼凝视前方。待身体弯曲至与双腿构成直角之后再次吸入空气，弓起背部并慢慢地让上半身恢复原位。这项运动胎教能强化孕妈妈的

肌肉，并使孕妈妈的呼吸变得更畅通。

◉ 怎样做转动身躯运动胎教

在做转动身躯运动胎教时，孕妈妈首先将右腿完全伸直，左腿弯曲起来并跨过右腿踩在地面上，此时开始扭动上半身并向后看。然后用右手揽住膝盖，左胳膊撑在地面上。上半身保持竖直，在保持有规律地呼吸的同时做上述动作。换另一侧重复做。这项胎教运动能缓解孕妈妈背部肌肉紧张。

◉ 怎样做针对失眠的按摩胎教

针对孕妈妈失眠的按摩胎教，先用热水泡脚15分钟左右；在脚底中央的涌泉穴反射区挤压2～3次，每次4秒钟；在大脚趾中央位置的大脑反射区上用大拇指使劲按4～5次；用大拇指在小肠反射区按照箭头方向反复擦拭并按摩；左手按压右脚，右手按压左脚，用大拇指在脚底部位每隔4秒钟挤按1次，最终每一个按下的点连接起来可成为弯勾的形状；用右手大拇指在左脚脚底上每隔4秒钟挤按1次，把按下的点连接起来就呈“U”状。还要记得在直肠反射区上多按下1次，这一动作在晚上睡觉之前应重复4次。

◉ 怎样做针对呼吸困难和胸部疼痛的按摩胎教

针对呼吸困难和胸部疼痛的按摩胎教，孕妈妈先用热水泡脚10分钟以上；然后在脚底中央的涌泉穴反射区挤压3次，每次4秒钟；最后在脚背上朝着箭头所示意的脚腕方向进行整体的滑动按摩。

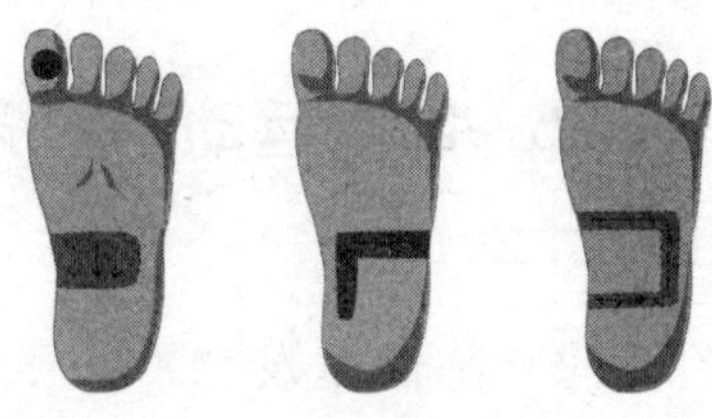

◉ 怎样做针对静脉瘤的按摩胎教

针对静脉瘤的按摩胎教，孕妈妈可以用大拇指按涌泉穴3次，每次4秒钟；向着对角线方向的输尿管反射区滑动按摩，重复9次左右；在脚踝内侧的膀胱反射区用大拇指挤压3次，每次4秒钟；用大拇指和食指握住脚腕，然后从下部向膝盖方向摩擦，重复4～5次，以达到按摩脚内侧、外侧和后侧的效果。

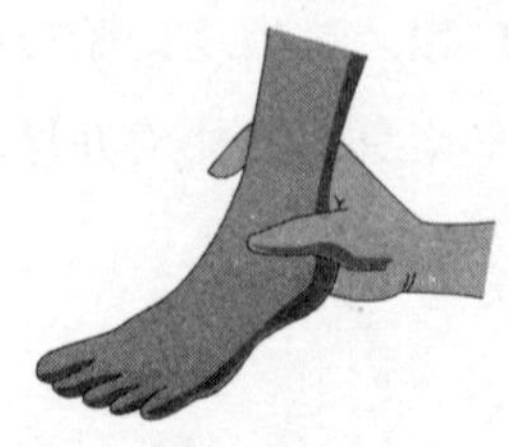

什么是视觉胎教法

尽管一直以来人们更为熟悉的是音乐胎教和童话胎教，但近年随着人们对胎教的关注程度不断上升，视觉胎教也终于出现在了大多数人的视野当中。对名画进行鉴赏、给图案上色等方法都属于通过接触色彩，训练胎儿感性能力的视觉胎教。孕妈妈看到的东西越多，胎儿所能感受到的美觉体验就越多，因此，现在就让孕妈妈开始看，开始感受吧。

视觉刺激对胎儿有什么影响

对胎儿进行视觉刺激与听觉刺激同样重要。胎儿的听觉在怀孕早期不断地发育，并且会在怀孕24周时达到成人的水准，而相比之下，视觉的发育则要晚许多。胎儿在视觉上接受的刺激也同样会对其在情绪上产生明显的影响。相对而言，人的视觉需要极为复杂的机能作为支持，而直到出生时为止，胎儿并没有完全具备这些机能。进一步说，小孩子要长到8岁才能获得与成人一样的视觉能力。人类视觉发育的周期如此之长，这就难怪胎儿只能分辨光线明暗的程度了。

照射到妈妈眼睛里的光线会对一种叫做褪黑激素的物质产生调节的作用，使胎儿的眼前也相应地产生明暗的感觉。当看到明亮物体的时候，褪黑激素的分泌量会下降，看到昏暗物体的时候上升，这一点使胎儿也具备了辨别外界事物明暗的本能。胎儿对外部的光线开始产生反应往往是在怀孕第7个月之后开始。

看电视有胎教作用吗

电视的信息容量大，内容丰富多彩。但是电视在工作时会在室内产生高压静电效应，使大量阳离子从屏幕中释放出来，将室内空气中的阴离子消耗。

在阴离子缺乏的空间时间越长，对身体越不利，有专家对在电视机前面工作每周超过20小时的14735名工人做过调查，发现他们的健康状况比一般人差。其中孕妈妈有90%出现不良反应，容易导致流产和早产，严重者出现宝宝骨骼畸形。据报道，美国18名在彩电荧光屏前工作的孕妈妈，1年之内竟有7人流产，1人早产，3人产下畸形宝宝。

长期看电视对孕妇有什么危害

电视机的显像管在强高压电源激

发下，向荧光屏连续不断地发射电子流，从而产生对人有影响的高压静电，并释放大量的正离子。正离子可以吸附空气中带负电的尘埃和微生物，附着在人的皮肤上，特别是使孕妈妈的皮肤产生炎症。

荧光屏上还能产生波长小于400微米的紫外线，由此产生臭氧，当室内臭氧达到1%的浓度时，可引起咽喉干燥、咳嗽、胸闷、脉搏加快等，就会影响孕妈妈和宝宝的健康。

因此，孕妈妈不宜长期在荧光屏前工作，不宜近距离长时间看电视，特别是彩电发出的射线，要比黑白电视机高出20倍左右。看电视时，一般应该距荧屏2米以外，并注意开启门窗通风。看完电视后，不要忘记洗脸。

◉ 刺激五感有什么益处

当人们看到伦勃朗的《犹太新娘》，莫奈的《睡莲，水景系列》这样的名画时，心情会很自然地平静下来。这些画当中包含着画家的精神，以及一种可以使人感动的东西。

此外，在观赏名画的同时进行一定的讲述也可以增强刺激的效果。怀孕6～7个月之后胎儿已具有了五感，而美术正是具有能够有效刺激五感的胎教内容。胎儿的脑部在有所感受的时候才会快速发育，此时全面地刺激五感就能起到最大的帮助效果。

◉ 怎样做视觉胎教

提到视觉胎教，人们脑海中也许立刻就浮现出了孕妈妈欣赏名画的场景。对于很多人来说，欣赏图画似乎就是视觉胎教的全部内容，其实系蝴蝶结、织十字绣、折纸和陶艺也都属于视觉胎教的范畴。靠手指来进行操作的织十字绣、系蝴蝶结和折纸等，不仅能够培养人的注意力，还可以使内心很快安定下来。因此孕妈妈最好能培养自己对上述活动的兴趣，并且用它们来打发平日里的闲暇时光。

不过，要想完成一个作品往往需要花费很长的时间，所以无论是谁，在参与时一定要具有耐心。这一点其实也与胎教的根本目的完全相符，因为孕妈妈的耐心和意志力会对胎儿产生很大的影响。同时，在这一过程中，胎儿的思想和审美能力也会受到一定的启发。孕妈妈可以经常去附近的文化宫或美术馆参观并尝试适合自己的视觉胎教方法。

◉ 视觉胎教的素材有哪些

平时对美术毫无兴趣的人，如果因为怀孕而强迫自己去美术馆或画展，是不可能得到任何效果的。假若一个人从未去过美术馆，即使特地跑到美术馆去欣赏名作，也很难真正产生特殊的感觉和印象。

在这样的情况下，与丈夫一起去看场电影，漫步在夜景迷人的步行街或者看一看可以带来美好回忆的照片则是较为明智的选择，这样也属于视觉胎教。无论真实的风景还是照片，只要能让孕妈妈心态平和并引起欣赏的兴趣，就可以称得上是视觉胎教最好的素材。

◉ 欣赏名画有什么益处

与音乐胎教、胎谈胎教和童话胎教相比，视觉胎教可能显得较为无趣和困难。事实上，人们可以让视觉胎教变得生动和有趣起来。

欣赏好的画作就和听到优美旋律、阅读感人的文字一样是一种美的享受，此时人的内心会变得安定，甚至会有一种被净化的感觉。参观摄影作品、画作、雕刻、陶艺和版画的画展将对胎教起到很大的帮助。小提琴家朴有真的母亲在怀孕时，曾乐此不疲地前往美术馆和音乐会进行艺术胎教，这让人联想到，正是这种经历使朴有真的感性能力在胎儿时期就得到了锻炼。

即使每周只有1次，能够和丈夫一起前往最近的美术馆或画展，接触各种各样的画作无疑将给胎儿带来极大的享受。况且步行去场馆，孕妈妈还能锻炼身体，何乐而不为呢？对于常常待在家里的孕妈妈，出一趟门也会使孕妈妈与胎儿之间谈论的话题变得丰富起来。

◉ 不懂美术，怎样做视觉胎教

提起对美术的认识，也许你只记得米勒的《拾穗者》和达·芬奇的《蒙娜丽莎》，但这没有关系，因为你一定具有人类的基本色感。只要对画作没有反感，任何人都可以从零开始对它们进行鉴赏。其实，对于鉴赏名画，最重要的并不是了解多少与之相关的背景知识，而是排除一切拒绝感和心理负担。因为，无论采用多么好的胎教方法，如果孕妈妈在进行胎教的过程中感到有压力，就一定会产生负面影响。

◉ 孕妈妈适宜欣赏什么样的名画

通过鉴赏画作使自己的感情变得丰富，并将这种美感传递到胎儿的做法才是真正意义上的视觉胎教。在进行视觉胎教时，人们往往会因为不知道该看哪些作品而感到苦恼。最适合被用做胎教的其实就是那些美感充足，线条和色彩较为鲜明且能够带给人柔和感觉的作品。从这一点上来说，那些能够用明亮的颜色和快速的笔触很好地展现色感变化的印象派作品就符合这样的条件。

刚开始的时候，孕妈妈可以欣赏一些风景画，看到美丽的自然风景就如同倾听自然的声音一样，可以使情绪安定下来。孕妈妈要掌握画家和作品的基本信息之后再对其进行鉴赏，往往可以带来更多的感受。因为孕妈妈掌握了这些基本信息后就会对画作产生许多相关的疑问，到最后也就能相应地有许多感动和收获。也只有在孕妈妈拥有感情的情况下，胎教才能真正有效。

对孕妈妈来说，一个画展并不只具有观赏一次的价值。同样一幅作品，每看一次都可能有不同的感受。昨天没有领悟的内涵也许会在今天的欣赏中产生新的感受，这种体验将带给你无比喜悦的感觉。

◉ 职业女性怎样进行视觉胎教

职业女性可以利用画册进行胎教，在选择画册时，要把孕妈妈的爱好取向当作最为重要的基准。比起一些受到别人称赞的“杰作”，不如选择一些孕妈妈所熟知和喜爱的画家的作品。此外，在学生时代的美术课上曾学习过的，或平时通过各种媒体经常接触的作品也很适合在胎教中使用。孕妈妈看到这些作品时，往往会产生一种亲切的感觉。

进行音乐胎教，并不都是为了把孩子培养成音乐家。所以如果期待通过视觉胎教使孩子具有较高的审美感，长大以后成为一个名画家，虽是不切实际的，但这种暗示却是具有深远影响力的。

怀孕29～32周（第八个月）

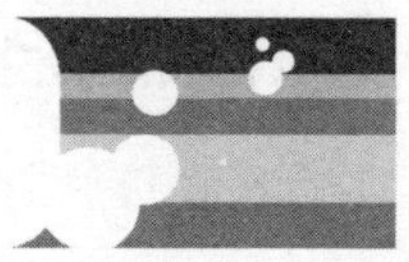

◉ 怀孕29～32周时胎教要注意什么

胎儿——到了怀孕的第8个月，即使是早产，胎儿存活的可能也非常高。此时出生的婴儿在外表上已经和足月儿极为相似，其听觉和视觉几乎完全发育成熟，第30周胎儿已经能够通过脑电波而产生感情。胎儿身躯修长，大约30厘米。随着身躯渐渐变大，胎儿活动的空间越来越狭窄，所以胎动的幅度比起过去有所减小。如果仔细观察，还可以看见胎儿为了适应出生以后的环境而进行呼吸练习。

孕妈妈——随着胎儿体积变大，孕妈妈越来越有压迫感。孕妈妈由于膀胱受到压迫还会产生尿失禁的症状，受激素影响会出现腰部疼痛等不良反应，对每一个人而言都是一个艰苦的阶段。

准爸爸——这一时期里孕妈妈真的非常辛苦，丈夫一定要给予最大的帮助。这种帮助不仅是给孕妈妈按摩，还包括处处关心孕妈妈。有时孕妈妈会感到非常疲惫，不由自主地想一直躺着不愿活动，这时丈夫应该主动提出散步，让孕妈妈得到必要的锻炼。怀孕后期仍然保持一定活动量，有利于分娩。此外这一阶段子宫较为敏感，所以一定要尽量节制性生活。丈夫分担孕妈妈的辛苦，才是最大的帮助。

◉ 胎儿能够记住羊水的味道吗

一项研究结果显示，将分娩时排出的羊水涂抹在母亲一侧乳头上，让新生儿接近母亲，大部分的婴儿都会选择吸吮抹上羊水的那一侧乳头，这证明新生儿仍记得羊水的气味。由此看来，胎儿是具有嗅觉的。但是胎儿这种出色的嗅觉能力在出生1周以后就渐渐消失了。

正是因为胎儿对自己所处的子宫环境存在记忆，所以孕妈妈要吃有益的食物，听柔和的声音，看优美的景象，这样才会对胎儿产生良好的刺激。

◉ 可以和胎儿进行皮肤接触吗

皮肤就是另一个大脑，从胎儿时期父母就要与孩子进行接触。胎儿的脑部发育和所接受的身体接触有着密切的关系。如今不仅有各种婴儿按摩法、五感刺激法和皮肤接触法，还主张让父母和刚出生的婴儿进行一定的身体接触。出生以后的身体接触固然重要，但是在出生之前的接触也是非常必要的。多和胎儿进行间接接触可以促进脑部发育，使他的情绪安定下来。

什么是抚摸胎教

间接接触就是抚摸胎教。让丈夫抚摸孕妈妈的腹部，或者孕妈妈抚摸自己的腹部，这都可以算作是与胎儿进行间接接触。这样不仅能促进胎儿的脑部发育而且能安定身心。需要注意的是，如果抚摸力度过大有可能引起宫缩，所以在抚摸过程中一定要调整好力度。

子宫变大，是胎儿努力的结果吗

女性子宫的体积在怀孕之后竟然能够发生1000倍以上的增长，这太神奇了。没有怀孕的女性子宫体积仅有7～10立方厘米，而怀孕末期时包含着胎儿、胎盘和羊水在内的子宫已达到了5000立方厘米。这还是只怀一个胎儿的情况，如果怀的是双胞胎，子宫的体积还要再膨胀几乎1倍。

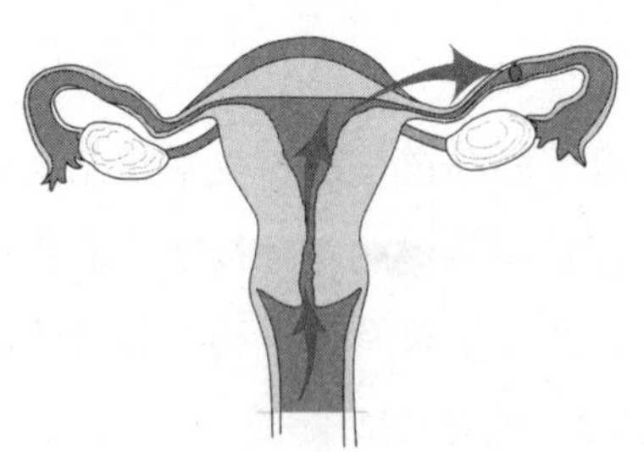

事实上，子宫变大是与胎儿自身的努力分不开的。怀孕12周之前子宫体积增加依靠的是母体激素的作用，在此时期以后则改由胎儿来承担这一重任。从第13周开始，随着自身体积的增加，胎儿会尽一切努力使子宫变大，这可以被看作是胎儿的一种自力更生的行为。

怀孕29～32周饮食胎教应注意什么

这个时期孕妈妈应选择可以强化大肠机能的饮食，而梅子和牡蛎可以使大肠充分地发挥作用。怀孕第29～32周，孕妈妈的“手阳明大肠经”与胎儿的生长有关。手阳明经脉所对应的器官是人的大肠。所以这一时期孕妈妈应该多吃可以强化大肠机能的小米、梅子、牡蛎、蛤蜊、芹菜、白菜和牛奶等食物。

孕妈妈在饮食上应怎样把握

孕妈妈在饮食上要增加对新鲜蔬菜和鱼类的摄入量。孕妈妈可以补充以下这些食物：麦芽糖，含有大量亚油酸、卵磷脂和维生素E的花生以及蛋白质、钙质和铁质含量丰富的鲍鱼、牛肉。五味子、芝麻、食醋以及香菇、柠檬、土豆、菠菜、芹菜、芦荟等新鲜蔬菜和水果对孕妈妈也很有好处，还可以考虑增加对海藻类和鱼类食品的摄入量。

除此以外，含有18种氨基酸的橘子、维生素E含量丰富的葵花子与扁桃、铁元素含量丰富的褐藻、鹿尾菜和钙质含量丰富的虾和沙丁鱼等都是不错的选择。当然，糙米以及可以补充人体赖氨酸的大豆、大豆胚芽和豆浆也同样具有很高的营养价值。

芹菜能缓解妊娠期高血压综合征吗

芹菜汁能有效缓解妊娠期高血压综合征。这一时期孕妈妈的子宫变大会压迫肠胃，因此应当采取一些措施来促进消化，预防便秘。要减少每餐的进食量而增加用餐的次数，用餐之后可以采取右腹朝下的姿势卧床休息30分钟左右。怀孕8个月后，孕妈妈可能发生妊娠期高血压综合征，表现为血压升高、蛋白尿和浮肿三大症状，严重时会引起孕妈妈全身的痉挛，甚至昏迷。

因此，孕妈妈应该尽量避免盐分含量过高或具有强烈刺激性的食物。平时血压就偏高的女性还可以在怀孕期间尝试喝芹菜汁来预防妊娠期高血压综合征。

怀孕29～32周运动胎教应注意什么

到了这一时期，子宫的上端开始压迫腹部，所以吃多一点就很容易感到不适。孕妈妈还要一直保持营养丰富、摄入均衡的饮食习惯，保证每天摄入需要的热量。如果想控制体重，千万不要节食，可以做些运动，比如散步、游泳以及在水中行走和慢跑。

怎样缓解身体不适

胸罩不合适也有可能造成背部不适、疲劳以及肋骨酸痛，因此，应当及时更换能够完全支撑整个胸部的胸罩。有些孕妈妈转动肩部感觉颈部有痛感，可以有针对性地训练上半身和脖子，利用重量合适的哑铃锻炼颈部、上臂以及脊柱。垫高背部或是采取侧卧姿势睡觉容易造成高血压、恶心和眩晕等，所以一定要保持正确姿势。

怎样做手臂运动胎教

孕妈妈做手臂运动胎教时，可以首先保持放松的坐姿，两肩向后倾的同时抬起双手，让肘部完全向上舒展后再放下，重复数次。然后在举起双臂时要吸气，向下放时呼气，反复进行。

怎样做推掌运动胎教

在做推掌运动胎教时，孕妈妈首先要以放松的状态坐下，两手在胸前合掌，吸气的同时用力推动双掌。而后一边吐气一边放松。重复这一动作。

◎ 怎样做拉伸肋部运动胎教

做拉伸肋部运动胎教，孕妈妈首先要以放松的姿态盘腿而坐，用一只胳膊肘撑住地面。然后另一只手臂向上举并做肋部弯曲，同时肘部以上的部分向地面方向用力。这项运动胎教还可以强化孕妈妈的肋部肌肉。

◎ 怎样做肩部运动胎教

孕妈妈在做肩部运动胎教时，首先将两腿大幅度分开，在站立的姿势下弯曲膝盖并呈90度角。然后用两手撑住双膝，一侧的手将膝盖向后推，另一侧则尽量使肩膀往里沉，扭动上半身以配合这一动作。这样解除孕妈妈肩部和背部的紧张状态，并松弛大腿内侧的肌肉。

◎ 怎样做抖动双手运动胎教

孕妈妈在做抖动双手运动胎教时，先要紧握双拳再放松，接着从上向下抖动双手。能促进孕妈妈的血液循环并缓解手部肌肉僵硬的感觉。

◎ 怎样做预防早产的按摩胎教

做预防早产的按摩胎教，丈夫与孕妈妈对坐，孕妈妈把脚放在丈夫的膝盖上；用大拇指在脚底中央的涌泉穴上用力挤压2次；用大拇指捏住大脑反射区所在的大脚趾位置，然后进行揉搓按摩，重复2次；在位于脚后跟的生殖腺反射区上按逆时针方向画圆进行按摩，重复2次左右；用大拇指和食指抓住脚腕，然后柔和地进行左右转动；并拢食指、中指和无名指，然后用指纹所在的部位在孕妈妈的脚踝周围按逆时针方向画圆。

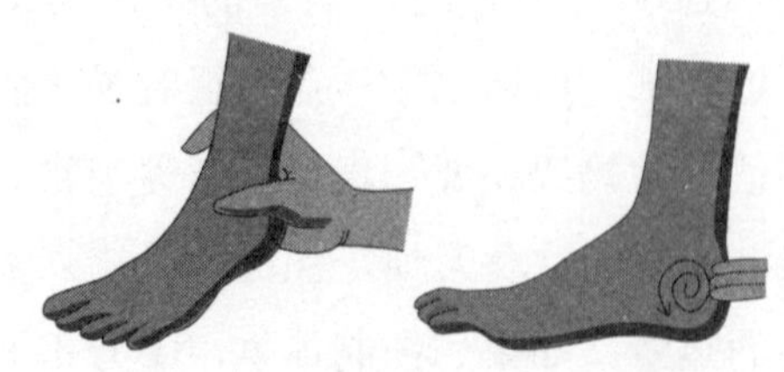

◉ 怎样做针对妊娠性浮肿的按摩胎教

针对妊娠性浮肿的按摩胎教，首先孕妈妈要把毛巾敷在脚背上，用双手握住整个脚背，模仿掰开一只苹果的动作进行按摩，持续1～2分钟。然后用一只手从脚腕出发往膝盖方向摩擦，就好像要让血液向上流动一样。持续1～2分钟。随后按摩另一只脚。最后用大拇指在脚底中央位置的涌泉穴上轻轻按3次，每次持续4秒钟。

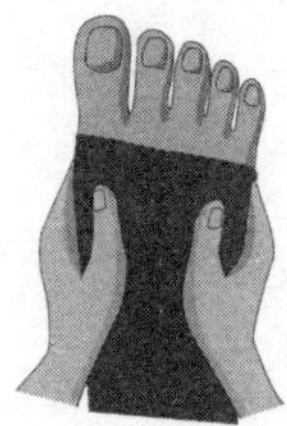

◉ 怎样做针对早期阵痛的按摩胎教

针对早期阵痛的按摩胎教，首先孕妈妈要在脚底中央的涌泉穴上用大拇指缓缓按4～5次。然后用大拇指在小肠反射区上按图中的箭头方向进行滑动摩擦，重复4～5次。最后在脚后跟部位的生殖腺反射区上进行2次滚动按摩。按摩时要仿照旋涡的形状按逆时针方向进行。

◉ 怎样做针对手脚麻木的按摩胎教

针对手脚麻木的按摩胎教，孕妈妈首先将手脚浸泡在热水中10分钟。然后用大拇指在涌泉反射区从里到外按逆时针方向旋转着进行按摩。其次在小肠反射区上用大拇指按照箭头所示方向进行摩擦。再次用大拇指按压各个脚趾的顶端。最后再将手和脚放到热水当中，不断地搓擦手脚直到感觉发热为止。

◉ 自己做画有什么益处

在雪白的画纸上将自己的感情表达出来并不是一件容易的事情，对于认为自己完全没有美术细胞的人来说，更是如此。事实上，做美术作业就像接受心理治疗一样，可以达到释放内心情绪的目的，这种能够缓解压力的活动所起到的胎教效果比鉴赏画作高出数倍。不管怎么样，强迫自己作画是毫无意义的，所以请带着愉快、自愿的心情参与这项活动吧。

我们所画的并不是要拿给别人欣赏的作品，所以不一定要把它画得非常完美。比起作品完成得好与坏，我们更应该关心的是，在作画的时候自己是否做到了一直保持镇定，以及是否有与胎儿共同参与的感觉。如果孕妈妈平时就经常进行艺术鉴赏，这种习惯在进行胎教时就可以提供很大的帮助。孕妈妈在生活中不仅要学会从普通的事物中发现美，还要想象如何用图画将这种美表现出来。

◉ 怎样进行视觉胎教效果更佳

在进行视觉胎教时要尽可能多地接触不同的色彩和素材。可以尝试着用蜡笔、颜料和彩色铅笔绘画。蓝天、白云或是孩子漂亮的面庞等都可作为素材。甚至可以对着从医院带出来的B超图片画一画胎儿现在的模样。除了绘画之外，捏泥人和剪纸也同样是极具趣味的美术活动。

◉ 做十字绣对孕妈妈有什么益处

我们都知道锻炼自己的手指可以使脑部变得发达。在进行手工作业时，手指上的神经会对脑部产生一定的刺激作用，所以一直以来，我们都非常注重让儿童参加动手的活动。

需要进行手工作业的活动有折纸、陶艺、缝纫和编织等，其中因技法简单、费用低廉而广受大众欢迎的则当属十字绣了。做十字绣可以使孕妈妈的心情很快得以平静，对提高其集中注意力的能力也有一定的作用。在一幅十字绣作品里往往要用到数十种颜色的丝线，所以在一针一线的编织过程中，孕妈妈的色彩感和调和颜色的能力也不知不觉得到了提高。孕妈妈若能在怀孕时多接触一些美丽的颜色和形状，生出的孩子也将拥有较高的审美能力。

爱心妈妈经验谈

我怀孕的时候，正在为采取什么方法胎教犯难时，刚好看到一个做十字绣的小店，尽管平时得去上班，但我仍有充足的休息时间织十字绣。在织十字绣时手指要不停地动，这样不仅对胎儿的脑部发育大有的好处，还可以培养胎儿的色彩感和美感。我对织十字绣的热情很高。刚开始的时候我只能做一些手机链，后来水平慢慢提高到能做围兜和内衣。在欣赏优美旋律的同时一针一线地织成一样作品，等到完工的时候会有一种极大的成就感。此外，把做好的十字绣裱在相框里送给朋友，也可以使心情变得愉快起来。这种兴奋的感觉也同样会传递给胎儿。如今我的儿子已经有2岁半了，他对做东西、拆东西、剪东西这样的事表现出了很明显的兴趣。都说孩子只有多动手才能使头脑发育得更快，对于我的儿子来说都不用去教他，他自己就喜欢上了各种动手的活动。连幼儿园的老师都说，她从来没有看到过对手工这么感兴趣的孩子，这大概得益于我的孕期胎教吧。

◉ 做十字绣应注意什么

刺绣使人眼光和神经都集中在了针尖那一点上，所以很容易产生疲倦的感觉；另外，孕妈妈也不适合长久保持刺绣的姿势。因此，孕妈妈最好把每次刺绣的时间控制在1个小时之内。

此外，刺绣可以陶冶心态，宁静心态，是一种修身养性的过程，不可当成任务，过于形式。最好在腰后垫一个垫子，在舒适的姿势下完成这项活动。孕妈妈还可以在刺绣的同时与胎儿聊天。可以说一说正在为其制作的东西，比如枕头、围兜和儿童被等，也可以说对各种颜色的喜好，最好能在刺绣的同时达到胎谈的效果。

◉ 什么是装饰胎教

进行这一活动的最佳时期是怀孕第5～8个月。首先可以养一些绿色植物，让孕妈妈感受到自然的气息。在看到绿色植物时，孕妈妈自然而然地会产生平静的感觉，而植物释放出的香气还可以起到使大脑更加清醒的效果。此外，换上不同颜色的窗帘和坐垫也可以起到调节气氛的作用。挂上名画或贴上以美丽风景为内容的明信片和照片也是很好的方法。有的孕妈妈还喜欢把漂亮宝宝的照片放在家中。除此以外，悬挂具有特殊意义或是能感动和教育胎儿的作品则是最佳的选择。

怀孕33～36周（第九个月）

◉ 怀孕33～36周时胎教要注意什么

胎儿——胎儿身体的各个器官都发育完成，虽然肺部尚未完成，但此时出生完全可以存活。脸部的表情更加丰富，有时皱眉，有时微笑。由于胎儿的身躯体积过大，此刻在子宫中几乎无法再做移动。此外，胎儿还会向下调整自己的头部，已经做好了随时来到这个世界的充分准备。

孕妈妈——子宫膨胀到了极限，孕妈妈感觉呼吸困难、胸部难受，心跳依然厉害了，排尿次数明显增多。如果发生尿失禁也用不着过于担心，因为这多半是一种暂时性的症状。某些孕妈妈食欲出现下降，也有一些人会受到便秘或痔疮的困扰。腿部经常会发生浮肿，腹部可能有发胀和堵塞的感觉。因此孕妈妈要尽量避免久站或长时间保持一种姿势，还要有意识地减轻各种压力。

准爸爸——必须要经历生产这一考验的孕妈妈，不仅在身体上十分疲惫，在心理上也同样会产生不安的情绪。因此准爸爸一定要多为孕妈妈着想，对其进行无微不至的照顾。随着孕妈妈的身体变得越来越笨重，此时再提出任何性要求都是不合适的。准爸爸应该尽可能地抽时间陪在孕妈妈身边，与其一起练习按摩和调整呼吸的方法，还可以购置婴儿用品，与孕妈妈一起做好迎接孩子到来的准备。

◉ 胎儿会做梦吗

“胎儿也会做梦吗？”妻子怀孕后，她自己或是身边的人都有可能做梦，这种梦被称作胎梦。每个人的胎梦都不一样，对胎梦的解释和分析也不尽相同，但我们可以把胎梦看成提示准爸爸或者孕妈妈开始进行胎教的自然信号。

不仅孕妈妈和准爸爸会做梦，胎儿也有做梦的可能。在怀孕第9个月时，对胎儿进行脑电波测试，就可以观察到胎儿大脑电波会发生交叉并引起做梦。尽管人们无法了解那是一些怎样的梦境，但是胎儿会做梦这一事实已经被明确地证实了。

那么，孕妈妈和准爸爸此时应该给予胎儿怎样的帮助呢？其实只要仔细想想自己做梦的情况就可以找到正确的答案。在心情舒畅、愉快的日子里我们往往会在睡觉时进入美好的梦境，相反在心情沉闷的时候我们不仅很难入睡，还常常会进入到乱七八糟的复杂梦境当中。胎儿的所有经历都是通过妈妈获得的，所以妈妈只有在生活中保持平和安定的心态才能对胎儿的梦境产生好的影响。

◉ 社会胎教有什么作用

孕妈妈在怀孕的10个月当中无疑时刻需要被保护，因此，周边人士的细心照顾非常必要，而这也同样是倡导社会胎教的理由。工作中的同事应该尽可能地给孕妈妈最好的照顾，婆家的亲戚则要在各方面都多加注意，争取将孕妈妈的压力减到最小。

在面对孕妈妈时，要记住她是一个怀有充满希望的小生命的人，记住任何言谈举止都可能对两个人的未来产生影响，这样想的话周围人就能变得更加小心起来。每个人都为培育健全美好的生命而贡献一份力量，这就是真正意义的“社会胎教”。

◉ 怎样缓解孕妈妈的抑郁症

这一时期孕妈妈很容易被这样或那样的不安感所包围，往往会为分娩时的痛苦和以后抚育孩子的问题而担忧，严重的会患上忧郁症。然而，只要我们能够事先了解这种疾病的原因，就可以采取一定的措施加以预防，从而使怀孕末期的孕妈妈从这种不必要的心理压力中摆脱出来。

忧郁症是孕妈妈在适应怀孕和生产所带来的各种变化的过程中，可能发生的一种常见的精神疾病。它的致病原因一直被认为会给孕妈妈带来负担的各种环境因素。一般来说这种症状会在产后6个月左右自行消失，但假如恢复的过程很不顺利，就可能使孕妈妈受到产后忧郁症的困扰。

孕妈妈应该把这些事实告诉身边的人，尤其是要告诉自己的丈夫，这样就能够得到应有的关心和照顾。也只有这样孕妈妈才可以轻松地摆脱忧郁症所带来的烦恼。

◉ 什么食物可以安胎

将大枣烤熟后食用可以起到安定神经和补养虚羸的作用。如果胎儿情况一直不安定或者孕妈妈有出血症状，腰和下腹部有坠痛，食用松子可以获得意料之外的显著效果。还可以将南瓜柄炒熟之后裹上一层面粉，然后与糯米浆一起食用，或者服用南瓜藤煮成的汤，这些都具有显著的安胎效果。此外莲根汁液和当归茶在补充维生素B族、维生素C、维生素E的同时能起到止血和保暖的作用。

◉ 什么食物可以强化肾脏机能

怀孕33～36周，母体的“足少阴经脉”控制着胎儿的生长，这是一条与肾脏有关的经脉。所以强化孕妈妈的肾脏机能可以促进胎儿的性器官发育，并使骨骼变得结实起来。总而言之，这一时期的饮食宗旨就是帮助胎儿获得完整健全的身躯。

例如，肉枣和五味子可以对孕妈妈的肾脏起到补养作用，在保护胎儿的“精血”方面大有好处。橘子、山莓、栗子和黑豆也都是具有类似功效的食物。如果孕妈妈是第一次怀孕，胎儿的头部已经降入骨盆。所以为了应对分娩时所发生的出血状况，就要从这一时期摄取含有大量维生素C、维生素K、维生素B族、叶酸和铁元素的食品。含有这些元素的食品还包括酵母、瘦肉、动物肝脏、牛奶、奶酪、鸡蛋黄、鱼卵、蛤蜊、鱼、紫菜、白菜和菠菜等。

◉ 什么食物可以预防流产

一般来说，不足37周出生的称早产。孕妈妈在平时经常摄取富含钙质和维生素的食物可预防流产和早产。孕妈妈还应该吃一些维生素E含量丰富的食品。维生素E的实际成分就是生育酚，因此，如果在怀孕期间缺乏维生素E就很容易出现流产、早产等危险情况。在小麦胚芽、向日葵油和羊肉里含有比较多的这类物质。每500克的羊肉内含有45毫克的维生素E，还含有钙质112毫克，铁质21毫克和大量的维生素B_1、维生素B_2，因此羊肉对防止早产很有帮助。

枣茶

原料：干肉枣200克

调料：蜂蜜或砂糖各少许

做法：

1.将肉枣放在冷水中迅速清洗再捞出。

2.将肉枣放入水中，用小火微微烧煮。

3.把肉枣的颜色煮出来之后将肉枣茶倒入茶杯当中。

4.根据自己的喜好放入蜂蜜或砂糖即可饮用。

◉ 怀孕33～36周运动胎教应注意什么

怀孕后期由于胎儿变大，骨盆会产生明显的疼痛与不适。此外，会阴部有压迫感和小便次数频繁也是常有的现象。通过规则的提肛和收缩骨盆的运动可以降低尿失禁的发生概率，如果有尿失禁的情况，可以使用卫生巾。体积增大的胎儿会让孕妈妈感到胸闷和呼吸困难，可以活动上半身以促进呼吸。某些孕妈妈静脉症状可能比较严重，需要通过运动来促进血液循环，让血管恢复弹力。有静脉曲张等症状的孕妈妈不可保持久站或者久坐的姿势，应该让自己的一条腿保持尽量高的高度。不要穿高跟皮鞋，要穿较为宽松的袜子。

◉ 怎样做紧缩阴道运动胎教

孕妈妈在做缩紧阴道运动胎教是，首先是吸气，同时慢慢地从肛门用力尽力缩紧阴道，注意不要把力量分散到其他部位，然后呼气，同时慢慢放松下来。吸气时数到6，呼气时数到8，重复5次之后改向一侧躺下休息。

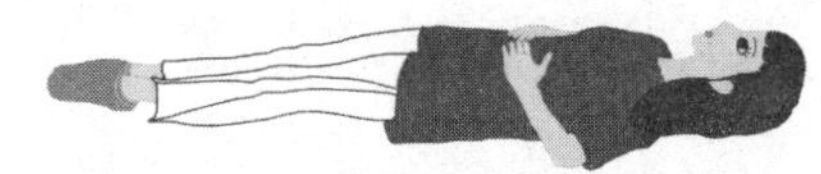

◉ 怎样做分腿运动胎教

孕妈妈在做分腿运动胎教时，首先要在平躺的姿势下将膝盖向上举。用嘴慢慢呼气的同时，按住膝盖并抬起上半身。然后用鼻子吸气并恢复平躺姿势，重复5次之后改向一侧躺下休息。

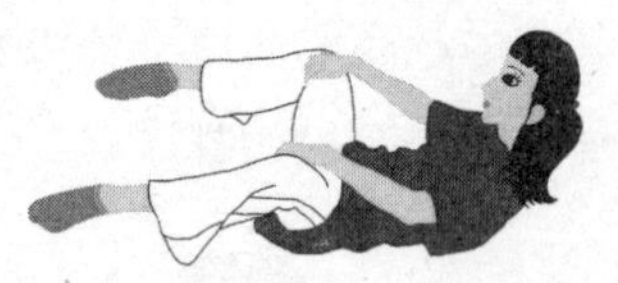

◉ 怎样做找平衡运动胎教

在做找平衡运动胎教时，孕妈妈首先要将两腿分开站立，用鼻子吸气的同时高举双臂。然后一边吐气一边放下双臂降到与肩同高，一条腿保持不动并尽力寻找平衡感，另一条腿稍稍向前抬起。最后再次呼吸之后将腿放下，变换方向，重复这一动作。

◉ 怎样做脚腕运动胎教

孕妈妈在做脚腕运动胎教时，最主要的是要将两手自然地撑住地面，双腿向前舒展，待腿部完全放松之后碰撞两脚腕。多次重复这一动作。

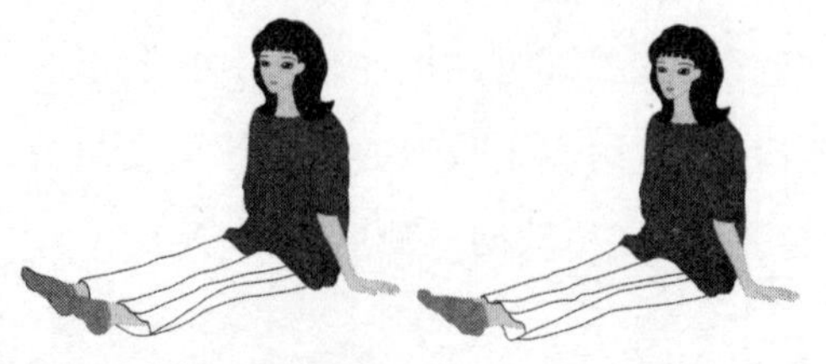

◉ 怎样做腿部运动胎教

在做腿部运动胎教时，孕妈妈首先要平躺以后把双腿举起并靠在墙壁上，一条腿慢慢下沉到地面后再重新抬起。然后再换另一条腿进行这一动作。重复5次左右之后改向一侧躺下休息。这项运动能强化孕妈妈的腿部、臀部肌肉及增加大腿内侧柔软性，并且解除疲劳，防止在孕妈妈的腿足部位的血液过于集中。

◉ 怎样做妊娠期糖尿病的按摩胎教

针对妊娠期糖尿病的按摩胎教，先用热水浸泡双脚20分钟以上；在脚底中心的涌泉穴上用力挤压2次；用拇指和食指揉搓大脑反射区所在的大脚趾下面区域，重复2次；在脚后跟部位的生殖腺反射区上用画圈的方法进行按摩，重复2次；用大拇指和食指抓住孕妈妈的脚腕，然后柔和地进行左右转动的按摩；将食指、中指和无名指并拢，然后用指纹所在的部位在孕妈妈的脚踝周围用画圆的方法进行转动按摩；大脚趾的正下方的区域是胰脏反射区。在这一位置用大拇指挤压3次，每次持续4秒钟。

怎样做针对记忆力和思考能力降低的按摩胎教

针对记忆力和思考能力降低的按摩胎教，首先在脚底部位的涌泉反射区上用大拇指按2～3次，每次4秒钟。其次用一只手从脚腕出发向膝盖方向摩擦，就好像要让血液向上流动一样。两手交叉方向对两只脚分别进行这种按摩，持续1～2分钟。最后用拇指和食指捏住位于大脚趾上的大脑反射区，然后用转圈的方法进行按摩，重复2次。

怎样做针对压力过大的按摩胎教

针对压力过大的按摩胎教：首先在脚底中心的涌泉反射区上用大拇指缓缓按4～5次，按时要尽量用力。其次在小肠反射区从上向下进行滑动摩擦，重复4～5次。再次在脚后跟部位的生殖腺反射区上用画圈的方法进行按摩，重复2次。最后用一只手抓住自己的脚，另一只手将5个脚趾一起向后扳动。

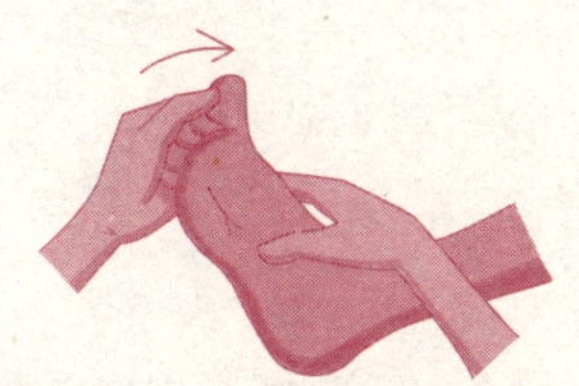

瑜伽胎教可以宁静身心吗

瑜伽的练习方法大致可以分为三类，即使身体得到锻炼并往健康方向发展的运动法，强化生命力的呼吸法，以及净化人的心灵并带来内在平和的冥想法。

运动法是借助瑜伽体操来均匀地伸展骨骼、肌肉等各个部位，从而起到锻炼整个身体的效果。呼吸法是通过吸入和呼出等调节呼吸的手段来积蓄气

息，在给身体带来活力的同时让内心变得平静。冥想法要求端正心态，通过冥想变成自己心灵的真正主人，从而让自己的生活变得随意而自由起来。瑜伽胎教正是采用了这3种方法使孕妈妈的身体保持各方面的平衡和稳定，并能够迅速地进入良好的状态。

◎ 瑜伽胎教对整个孕期有什么益处

女性在怀孕之后要经历许多身体上和精神上的变化。血液循环量的增加导致心脏负担变重，骨骼与肌肉重量的增长也给关节带来了更多的压力。除此之外，孕妈妈的神经和感觉也变得极为敏感，极易导致其情绪上的波动，并感受到各方面的压力。此时进行瑜伽胎教将会获得明显的帮助。通过运动、呼吸和冥想可以维持身体和内心的轻松感觉。

◎ 瑜伽胎教对胎儿的发育有什么益处

孕妈妈的健康与胎儿的健康息息相关，进行瑜伽练习可以确保胎儿在母体中有活动的空间，这一点将会对胎儿的成长以及其头脑发育产生直接的正面影响。冥想和呼吸可以使人的精神变得十分清醒。此外，练习瑜伽体操使身体内部的气息流动顺畅之后，这些气息也会对胎儿的脑部发育产生积极的作用。孕妈妈的身体若能保持清爽舒畅，胎儿也会在腹中感受到情绪上的安定并健康地成长起来。

◎ 瑜伽胎教对生产后的康复有帮助吗

怀孕给许多女性带来腰痛和浮肿等烦恼，练习瑜伽能很好地预防这些症状的发生。练习瑜伽还可以为孕妈妈产后的恢复和以后的健康打下基础。在接受自己成为母亲这种变化之后，产妈妈在感到身体疲倦的同时会有一种兴奋感和责任感。瑜伽可以让孕妈妈迅速地适应这种变化，并帮助她最大限度地发挥出自身的力量。

怀孕37～40周（第十个月）

◎ 怀孕37～40周时胎教要注意什么

胎儿——此时胎儿已经做好了来到这个世界的一切准备，急不可待地等着那个特殊时刻的到来。胎儿不仅为出生后的呼吸做着大量的准备，还会从母体当中汲取各种抗体以增强自己的免疫力，肠道中充满了胎便，这些粪便会在出生之后的几天内排泄出来。

孕妈妈——孕妈妈和胎儿一样为分娩做着最后的准备。这时腹部体积和重量的增长让孕妈妈很难保持平衡。子宫口此时开始为分娩做准备，变得潮湿且柔软，还会有许多分泌物，孕妈妈需要经常进行沐浴。如果下腹部发胀或者疼痛次数明显增高，应该立刻到医院检查。

准爸爸——胎儿终于要出生了。这时准爸爸除了陪在心神不宁的妻子身边外，还要时刻做好去医院的准备。因为我们无法准确地预知胎儿会在何时降临世上。假如孕妈妈一个人在家，往往在出现阵痛时过度紧张，所以准爸爸要尽可能地陪在妻子的身边，即使不能陪在她身边，也要随时打电话问一下。到了妻子分娩的时候，更应该在她身边与她一起经历这紧张而又担忧的过程，一起享受宝宝出生所带来的奇妙感觉。

◎ 为什么说自然分娩是孕妈妈的首选

实际上，有许多充足的理由可以让孕妈妈选择自然分娩法。专家研究结果证实，采用自然分娩法生出的婴儿比采用剖宫产生出的婴儿智商高2个百分点。因为婴儿在经过母体的产道时，身体上的各个组织都受到了挤压的刺激，而剖宫产手术则不能达到这样的效果。身体所受到的刺激与胎儿肺成熟后及生后适应外界生活存在着不可分割的密切联系。

◎ 丈夫陪产有什么好处

孩子的出生对其本身，对父母，以及对整个家族来说都是一件值得庆祝的

爱心妈妈经验谈

我孕37周的一天半夜突然被下身出水惊醒了，知道是破水了，孩子要生了。但由于是深夜2点，太不方便就想等到天亮后再去医院。没过1小时肚子开始痛起来，阴道有血流出，这时我丈夫也慌了神，急忙叫出租车往医院赶。随着急剧的阵痛我禁不住屏气用力，幸好很快到医院了，10分钟后孩子就生了。医生说这是急产很危险的，破水要马上去医院，且要平躺着，不可用力。

大事。但是在现实当中人们常常不能享受到这一点，孕妈妈被单独推进产房，家属不得不焦急地在门口等待。妻子即将分娩了，丈夫首先要确认如下事项：分娩室是否允许丈夫进入，医院对采用自然分娩的态度等。如果条件允许，丈夫最好能陪产，这样可以表达一下丈夫想共同承受痛苦的心意，以起到减轻孕妈妈疼痛的作用。让丈夫参与进来，与孕妈妈一起承担痛苦的新观念，以及分娩过程中始终得到丈夫关爱的积极氛围，对孕妈妈是非常重要的。

爱心妈妈经验谈

我怀孕时，家务活大部分都是我婆婆帮着做。我除了散步就做孕妈妈体操。可是习惯了做家务，不做还感觉太清闲了。于是我就买了点棉布自己亲手为小宝宝做衣服，我一边做着衣服，一边告诉腹中小宝宝布上的各种图案，还特意去请教会刺绣的姐妹。刚开始不是很熟练，一不小扎到手了，我哎哟了一声，小宝宝竟然动来动去，我告诉他没事了，他就慢慢安静下来，感觉好开心啊。

怎样通过食物强化膀胱功能

食用海带和益母草有益于强化膀胱功能。怀孕第10个月里母体的“足太阳经脉”控制着胎儿的生长，这是一条与膀胱有关的经脉。胎儿借助母体膀胱的机能在怀孕最后阶段获得了完整的骨骼和元气，然后才来到这个世上。因此孕妈妈一定要食用可以强化膀胱机能的食物。这类食物包括海带等海藻类的食物，还包括益母草。

什么食物可以促进乳汁分泌

孕妈妈需要在这一时期提前为以后的喂奶做好准备。维生素C有促进乳汁分泌的作用，这种成分主要存在于动物肝脏和酵母中。

此外，如果打算母乳喂养，从现在开始就要以比平时多补充维生素C，因为新生儿的出生会使产妇缺乏维生素C。一篇研究论文中说，对怀孕第10个月的孕妈妈血液当中的维生素含量进行测定，发现这一数值甚至还未超过平日的1/3，因此在怀孕过程中一定要坚持补充维生素C，尤其在怀孕的最后一个月里更是如此。有打算母乳喂养的孕妈妈要避免吃含有大量脂肪的食物。

摄取高脂肪食品容易使乳汁变得黏稠并对喂奶产生一系列的不良影响，因此孕妈妈在摄取肉类时需尽量只食用瘦肉部分，而且最好避免吃凉性的食物和过咸的菜肴。

怎样为分娩之后的身体补充营养

维生素C还可以使伤口快速恢复。充足地补充骨蛋白能有效预防和治疗各种骨骼疾病。因此，如果想尽快摆脱各种产后后遗症的困扰并让虚弱的身体恢复起来，就必须在怀孕第10个月进一步增加维生素C的摄取量。补充维生素C的最佳方式莫过于吃蔬菜和水果了，西芹、白菜、青椒、菠菜、橘子和莴笋是最佳的选择。此外，莴笋还可以对乳汁分泌起到明显的促进作用。

推荐菜谱

蘑菇炒青椒

原料：蘑菇300克，青椒100克，洋葱50克

调料：小葱、蒜泥各5克，盐3克，料酒、辣椒油和芝麻粒各适量，辣椒丝少许

做法：

1. 剪掉蘑菇的底端，切成4等份；
2. 把青椒的子去除干净，分成4等份以后再按2厘米的长度切开。
3. 把洋葱切成与青椒一样的小块，再把小葱细细切碎。
4. 在平底锅里倒入油，放进蒜泥和洋葱开始炒，再先后放入蘑菇和青椒继续炒。
5. 在锅里倒入料酒和辣椒油并用盐进行调味，接着加入辣椒丝、芝麻粒和小葱后拌一下，即可食用。

怎样做曲膝观顶运动胎教

孕妈妈做曲膝观顶运动胎教时，首先将双腿大幅度分开，两臂向侧面平伸。在这样的姿势下一只腿慢慢弯曲过来，上半身向弯腿的那一侧倾斜。然后一只手向地面伸出，另一只手伸向屋顶，同时双眼向上仰望，注意臀部不能下沉。这项运动能增加孕妈妈的平衡感，并使大腿内侧的肌肉变得柔软。

怎样做盆骨运动胎教

孕妈妈在做骨盆运动胎教时，首先要将双脚大幅度分开，竖膝而坐。两手抱住膝盖，一边靠鼻子用力吸气，一边让身体竖直，向前推动骨盆。然后在从口中吐气的同时背部向后弓曲。这样做可以使孕妈妈的骨盆放松，并解除背部肌肉疲劳。

怎样做侧分双腿运动胎教

孕妈妈在做侧分双腿运动胎教时，首先将双腿向两侧分开，将两膝弯曲起来并向上举起。在吸气、吐气的同时将上半身抬起，展开膝盖并用双手按住两侧的小腿肚子。

然后静止下来从1慢慢数到5，再次吸气并向后躺下。在重复2～3次以后身体向侧面躺下休息。这项运动对孕妈妈分娩更加有利，并使大腿内侧肌肉的柔软性得到增强。

怎样做针对产后抑郁症的按摩胎教

针对产后忧郁症的按摩胎教，先用双手握住整个脚背，模仿掰开1个苹果的动作进行按摩，重复4～5次；用大拇指和食指依次抓住5个脚趾中的每一个向上提拉；握住脚底向后扳，重复4～5次；用大拇指在脚踝侧边的子宫反射区上依照逆时针方向画圆；用两手的大拇指从左右两侧对应着挤压脚底中心的涌泉反射区。一共挤按3次，每次4秒钟。也可以用一个大拇指进行按摩。

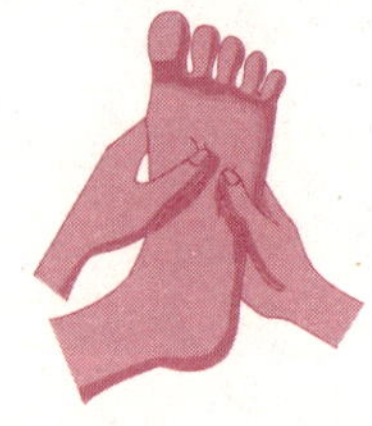

怎样做针对肥胖的按摩胎教

针对肥胖的按摩胎教，首先把毛巾敷在脚背上，用双手握住整个脚背，模掰仿开1个苹果的动作进行按摩，持续1～2分钟。然后从脚腕出发向膝盖方向摩擦，对两只脚轮流做这种按摩，持续1～2分钟。最后用大拇指轻按脚底中心的涌泉穴上3次，每次按4秒钟。

怎样做针对妊娠期高血压综合征的按摩胎教

针对妊娠期高血压综合征的按摩

胎教，首先把毛巾敷在脚背上，双手握住整个脚背，模仿掰开1个苹果的动作进行按摩，持续1～2分钟。然后从脚腕开始向膝盖方向摩擦，就好像要让血液向上流动一样。对两只脚轮流进行这种按摩，持续1～2分钟。最后用大拇指轻按脚底中心的涌泉穴上3次，每次按4秒钟。

怎样做促进乳汁分泌的按摩胎教

促进乳汁分泌的按摩胎教，首先在脚底中心的涌泉反射区上按4次，每次3秒钟.其次是向着对角线方向的输尿管反射区滑动按摩，重复9次左右。再次在位于脚踝内侧的膀胱反射区上挤压3次，每次持续4秒钟。最后用一只手抓住自己的脚，另一只手将5个脚趾一起向后扳动。

第三章 0～1岁宝宝的早教

0～1个月的宝宝

怎样给宝宝做竖抱抬头锻炼

宝宝只有抬起头，视野才能开阔，智力才可以得到更大发展。不过，由于新生儿没有自己抬头的能力，还需要爸爸妈妈的帮助。父母可以通过下面两种方法，来训练宝宝抬头。

竖抱抬头方法：妈妈在喂宝宝吃完奶后，竖抱宝宝，让宝宝头靠在肩上。为了避免宝宝吐奶，妈妈轻拍宝宝背部，让宝宝打嗝后，抱稳宝宝，但不扶宝宝的头部，让宝宝的头部立直片刻，每天进行4～5次。这种训练在宝宝空腹时也可以做。

怎样给宝宝做俯卧抬头训练

在宝宝空腹时，爸爸或妈妈任何一人坐好，或者靠在沙发上，把宝宝放在胸腹前，让宝宝自然地俯卧在那里。将宝宝的头扶至正中，两手放在头两侧。父母用手按摩宝宝的脊背部，通过话语等吸引宝宝抬头。旁边的爸爸或妈妈可以摇晃带响声的玩具，逗引宝宝转头。

怎样训练宝宝做伸展运动

新生儿的小胳膊和小腿都处于自然弯曲状态，似乎还保持着在妈妈体内的样子。妈妈或爸爸训练宝宝做伸展运动时可以利用日常护理的机会，在为宝宝洗澡或换尿布的时候，妈妈或爸爸可以帮助宝宝伸展一下身体。

帮宝宝伸展身体时，只需将关节稍

微弯曲，宝宝就会反射性地伸开他的关节。除了关节外，轻触宝宝的膝盖内侧、身体、手等，宝宝也会反射性地伸展他的身体。

这个时期的宝宝，由于四肢十分娇嫩，所以不能用力拉他的手、脚，以免弄巧成拙。

宝宝可以做爬行训练吗

宝宝在新生儿期就有爬行的先天条件反射，所以，适当地进行爬行运动训练，对宝宝的发育和成长具有积极作用。

在帮助宝宝进行爬行训练时，可以利用宝宝洗完澡或睡醒觉的机会做。先为宝宝做完皮肤抚触，这时宝宝会感觉到很舒服，会主动要求动一动。妈妈或爸爸只要用手掌轻轻抵住宝宝的足底，他就会试图向前爬。

做爬行训练应注意什么

爬行训练的时间控制在每次1～2分钟，每天1～2次较为适宜。注意不要在宝宝吃饱奶或饥饿的时候做。经过爬行训练，宝宝颈部及背部的肌肉可以得到很好地锻炼，四肢也会越来越有力量，体质自然也会随之增强。

怎样教宝宝做迈步运动

宝宝在新生儿期就有向前迈步的先天条件反射。宝宝如果健康，情绪又很好时，就可以进行迈步运动的训练。

做迈步运动训练时，爸爸或妈妈托住宝宝的腋下，并用两个大拇指控制好宝宝的头，然后让宝宝光着小脚丫接触桌面等平整的物体，这时宝宝就会作出相应而协调的迈步动作。

做迈步运动训练时应注意什么

尽管宝宝的脚丫还不能平稳地踩在物体上，更不能迈出真正意义上的一步，但这种迈步训练对宝宝的发育和成长是非常有益的。所以，在进行训练时，妈妈或爸爸要表现得温柔一点，时间控制在每天3～4次，每次3分钟较为适宜。如果宝宝不配合，千万不要勉强，以免弄伤宝宝。

怎样刺激宝宝的手心

要刺激宝宝的手心，父母可以多给宝宝触摸一些不同质感的玩具或物体，如光滑的塑料玩具、软而易挤压的玩具、拿在手里会变形的玩具或表面坑坑洼洼的玩具等。让宝宝的手尽可能多地增加一些触觉的感受，这将会有利于下一步的握力训练。

在给宝宝洗澡的时候别忘洗宝宝的小手。把手指尖轻轻伸进宝宝的手掌心里，在小手心里轻轻地来回转动，边清洗边按摩，同时与宝宝说话："洗洗小手，摸摸小手，亲亲小手，哎哟哟，香喷喷！"这个月龄的宝宝最喜欢看妈妈的脸，最喜欢听妈妈的声音，宝宝会感觉安全和松弛。

妈妈还可以在喂奶的时候把宝宝搂在怀里，把手指伸进他的手心里，小手握大手指，轻轻地摸一摸，缓缓地摇一摇；轻轻抚摸、张开宝宝的拳头，让小手掌触摸妈妈的乳房和妈妈的脸；不停地同宝宝说话。吸吮妈妈的乳汁、感觉妈妈肌肤的温暖，宝宝会满足又舒服。

伸手抓转动的玩具有什么益处

宝宝伸手抓转动的玩具可以锻炼宝宝的上臂力量和小肌肉。

爸爸妈妈可以在宝宝小床上方挂一些可以转动的玩具，来吸引宝宝伸手去抓或拍打。还可以选择带有细棒或细圈的小玩具，放到宝宝小手中，过一会儿再把玩具拿出来，每天反复练习几次。这样能让宝宝感觉到手心的触觉刺激，对宝宝练习抓握和松手动作很有利。

同宝宝说悄悄话有什么益处

宝宝虽然不会说话，但可以通过运动与爸爸妈妈进行交流。当妈妈或爸爸与宝宝柔声说悄悄话时，宝宝会出现不同的面部表情和躯体动作，就像表演舞蹈一样，扬眉、伸脚、举臂，表情愉悦，动作优美、欢快。当妈妈或爸爸停止说话时，宝宝就会停止运动，两眼凝视着妈妈或爸爸；当再次说话时，宝宝又变得活跃起来，动作随之增多。

宝宝用躯体语言和爸爸妈妈说话，对大脑发育和心理发育有很大的帮助。当宝宝哭闹时，爸爸妈妈把他抱在怀里，用亲切的语言和宝宝说话，用疼爱的眼神和他对视，宝宝就会安静下来，而且还会对爸爸妈妈报以微笑，使父母更加疼爱宝宝。

父母不管是喂宝宝，还是换尿片，只要是在给宝宝做事情时，都要温柔的同宝宝说些话。比如，妈妈在喂奶时，可以说："宝宝饿了，现在妈妈要喂你！"宝宝哭的时候，妈妈可以轻声哄宝宝："宝宝不哭，妈妈就在身边。"并且观察宝宝的反应。

◉ 怎样用对视法锻炼宝宝的视觉能力

这个时期的宝宝具有活跃的视觉能力，他能够看到周围的东西，甚至能够记住复杂的图形，分辨不同人的脸形，喜欢看鲜艳动感的东西。

锻炼宝宝的视觉能力可以参考以下方法：

训练时妈妈可用一条薄纱布盖住宝宝的眼睛（注意时间不能太长），然后，妈妈把脸躲到一旁，一边跟宝宝说："妈妈在哪儿？"一边迅速将薄纱布从宝宝的眼睛上拿开，把脸凑近宝宝的脸说："妈妈在这儿呢！"

◉ 怎样用迷你手电筒法锻炼宝宝视力

可以用支迷你手电筒（有点光就行，光千万不能太强）来训练宝宝的视觉能力。先将迷你手电筒摆在宝宝视线的一侧，距宝宝的面孔约25～30厘米，在第一个月内，宝宝会对光线稍加凝视。

◉ 怎样用静态玩具法锻炼宝宝视力

当宝宝睡醒时，他会睁开眼睛到处看，这时可以为宝宝预备几幅挂图，最好是模拟妈妈脸的黑白挂图，也可以是条纹、波纹等图形。挂图要放在距宝宝眼睛20厘米处。由于新生儿对新奇的东西注视时间比较长，对熟悉的东西注视时间较短，所以每隔3～4天应换一幅图。

◉ 怎样用动态玩具法锻炼宝宝视力

让宝宝学习追视，宝宝喜欢左顾右盼，极少注意正前方的东西。这时爸爸或妈妈可以慢慢拿些玩具在宝宝眼前移动，宝宝的眼睛和追视玩具的距离以

15～20厘米为宜。训练追视玩具的时间不能过长，一般控制在每次1～2分钟，每天2～3次为宜，否则会引起宝宝的视觉疲劳。

爱心妈妈经验谈

宝宝出生后的第三天，我就开始用视力训练卡中的靶心和棋盘的黑白色对比图案，对宝宝的眼睛进行了视力追踪的训练，第七天开始用伊诗比蒂的6面彩图摇玲对宝宝的听力进行训练，20天后开始游泳训练，每天洗澡后还对宝宝进行抚触按摩等。小家伙也很积极努力地配合我。到了满月时，宝宝趴着时已经可以抬头了，眼睛很灵活，目光追随我的图片左看右看，听到声音也可以去找声源了。

◉ 怎样用音箱玩具法锻炼宝宝听觉能力

现代科学已经证明，胎儿在妈妈体内就具有听的能力，并能感受声音的强弱，音调的高低和分辨声音的类型。因此，新生儿不仅具有听力，还具有声音的定向能力，能够分辨发出声音的地方。所以，在新生儿期进行宝宝的听觉能力训练是切实可行的。

可供宝宝进行听觉能力训练的音响玩具品种很多，如各种音乐盒、摇铃、拨浪鼓、各种形状的吹塑捏响玩具以及能拉响的手风琴等。在宝宝醒时，爸爸或妈妈可在宝宝耳边轻轻摇动玩具，发出响声，引导宝宝转头寻找声源。进行听觉训练时，声音要柔和、动听，声音不要持续很长，否则宝宝会失去兴趣而不予配合。

◉ 怎样用音乐欣赏法锻炼宝宝听觉能力

在宝宝学会说话之前，优美健康的音乐能不失时机地为宝宝右脑的发育增加特殊的“营养”。

选择音乐的标准有3条：优美、轻柔、明快。中外古典音乐、现代轻音乐和描写儿童生活的音乐，都是训练宝宝听觉能力的好教材。最好每天固定一个时间，播放一首乐曲，每次5～10分钟左右为宜。播放时先将音量调到最小，然后逐渐增大音量，直到比正常说话的音量稍大点即可。

◉ 新生儿懂事吗

为使开发新生儿的智力工作卓有成效，首先就是要把新生儿当成懂事的大孩子。

当妈妈说话时，正在吃奶的宝宝会暂时停止吸吮，或减慢吸吮的速度。当爸爸逗宝宝时，他会报以喜悦的表情，甚至微笑。这是宝宝与爸爸妈妈建立感情的本领。宝宝对爸爸妈妈及周围亲人的抚摸、拥抱、亲吻，都有积极的反应。但当宝宝听到妈妈说话时，别人再和他说话，宝宝也不会理会其他人了。

怎样在对宝宝的护理中加强沟通

在对宝宝的护理中，爸爸妈妈无论做什么，都要边做边对宝宝讲，不但讲实际操作过程，还要讲你的感受和心得，语调轻缓，充满柔情。比如当宝宝哭了的时候，可以把宝宝抱起来，问他是不是饿了，是不是尿了，或者是哪里不舒服了，然后根据判断，一边喂奶、换尿布或者按摩，一边同宝宝讲你在为宝宝所做的事。就是在平常，也要夸赞宝宝真是妈妈爸爸的好孩子，或用拥抱、亲吻、抚摸、对视等动作不断表示出对你对宝宝的喜爱。

爱心妈妈经验谈

关于0～1月宝宝的裤子问题，我建议不穿。因为给未满月的宝宝穿裤子是一件很困难的事情。而宝宝又经常尿湿，老要换裤子。有条件的可以做几个像小睡袋的东西，就是和尚衣做长一点，像一个袍子，可以遮住宝宝的脚，下面再像信封一样封口。做这样的衣服别用扣子，都用布带系。不方便做的妈妈，最简单的办法就是用一条大一点的毛巾围在宝宝腰上，用布带系着，下面用布带收一下口。我儿子未满月就穿这种“衣服”。

逗宝宝笑有什么益处

当爸爸妈妈逗宝宝笑时，这种“逗”就是一种外界刺激，宝宝的笑便是他学习的条件反射。可以说宝宝越早出现被逗笑，就越是聪明的一种表现。所以，爸爸妈妈最好尽早逗宝宝笑，给宝宝创造模仿和学习的机会。

爸爸或妈妈逗宝宝笑时，可以在宝宝眼前晃动玩具，或者用快乐的语气逗宝宝笑。宝宝一般在出生10～20天左右就学会被逗笑。宝宝快乐时，眼、耳、口、鼻、舌等器官最为灵敏，接受能力也最好。

宝宝的睡眠姿势有什么讲究

新生宝宝大脑发育尚未成熟，容

易疲劳，睡眠可使大脑得到充分休息，有利于脑和全身的生长发育。但刚出生不久的宝宝还不能自己控制和调整睡眠姿势，因此需要妈妈帮助宝宝选择一个好的睡眠姿势。一般来讲，睡眠姿势可分为两种，即仰卧和俯卧，两种姿势各有利弊。

仰卧的睡觉姿势常被大多数爸爸妈妈所接受和喜欢，因为这种睡姿可以让宝宝的头自由转动，呼吸也比较顺畅。但仰卧有两个缺点，一是头颅容易变形，几个月后宝宝的头枕后部可能会睡得扁扁的，这与长期仰卧睡有一定的关系。二是当宝宝吐奶时容易呛到气管内。

俯卧睡是国外特别是欧美国家常常采取的姿势。他们认为俯卧时宝宝血氧分压比仰卧时高5～10毫米汞柱，这就是说俯卧时肺功能比仰卧时要好。另外，宝宝吐奶时不会呛到气管内，头颅也不会睡得变扁平。这种睡姿的缺点是因为宝宝还不能自己抬头，俯卧睡时容易把鼻口堵住，影响呼吸功能，引起窒息。

我们提倡侧卧姿势与仰卧姿势相结合，最好经常变换睡眠姿势，可避免头颅变形。

◎ 同宝宝一起睡时要注意什么

刚开始的几周到几个月，由于宝宝还小，不适合独睡，大多数妈妈夜间让宝宝睡在自己身边，这种近距离的亲近，不但会给妈妈和宝宝带来美妙的感觉，还可以减轻妈妈对宝宝健康状况的焦虑，而且夜间哺乳时的干扰也会小一些。

但是妈妈选择让宝宝同自己睡在一起的话，首先要看床够不够宽，如果床不够宽敞，就不要同宝宝同睡，因为这样宝宝可能会被挤着或者将宝宝挤到床下。如果床很宽敞，那么一定要给宝宝盖轻薄柔软的毯子和被单，不要给宝宝盖成人的被子，同时要确保你的被子和枕头不压在宝宝的头上。

此外，如果妈妈或爸爸吸烟、刚刚喝过酒或者特别疲惫，最好在和宝宝亲昵或哺喂之后，将宝宝放回他的小床上，暂时不要与宝宝睡在一起。

为什么要在婴儿期建立亲子关系

在宝宝1岁之前，父母就应该和宝宝建立起良好的亲子关系。这种关系的建立，不仅利于彼此感情的联系，对于日后管教孩子也是很有利的。

从心理方面来说，建立亲密的亲子关系，有如下种种方法，对宝宝的哭作出回应、哺乳宝宝、多抱着宝宝、与宝宝在一起等。这些都给宝宝传递一个信息：我对于父母来说很重要。这种亲密的关系给宝宝带来了安全感和舒适感，让宝宝和父母都产生了幸福感觉。

从生理上来说，母子之间的亲密关系给妈妈和宝宝双方的荷尔蒙都带来了有益的影响。宝宝体内有一种调节生理系统的荷尔蒙，名为“可的松”，是一种肾上腺皮质激素，能够调节盐类及水代谢，帮助宝宝对外界环境作出反应。要想作出有益的反应，都基于一个条件：“可的松”要在体内处于平衡状态。过低会使宝宝日后反应迟钝，过高会使宝宝日后容易心理紧张，甚至患上慢性焦虑症。而母婴之间无忧无虑的亲情恰巧能够维持“可的松”的平衡。

如何建立亲密的亲子关系

要和宝宝建立亲密的亲子关系，就要做到以下几点：

给宝宝回应：刚出生的宝宝不能说话，只会用哭声来表达自己的想法。当宝宝啼哭的时候，父母要做出的回应就是抱起宝宝安抚他。如果父母没有立即作出回应，宝宝可能会越哭越厉害，他感到很无助，而且宝宝与父母之间的关系也就开始疏远了。

给宝宝哺乳：妈妈通过观察宝宝吃奶时的情绪、需要等，渐渐有了直觉反应，知道宝宝到底要什么。这便在宝宝和父母之间形成了交流。哺乳还能促进宝宝长大后行为良好，善待自己，与别人相处融洽。

给宝宝怀抱：这样加深了彼此间的亲密性，从而使宝宝产生自信，继而转为良好的行为和更好的学习良机。

而且，当父母边抱着宝宝，边轻轻摇晃时，宝宝的大脑能够受到刺激，从而提高智力，宝宝将来的运动调试能力也会良好。

和宝宝在一起：和宝宝在一起又分为与宝宝一起睡觉和与宝宝一起游戏。

大部分宝宝都会害怕黑暗，所以会对黑夜产生恐惧。为了消除宝宝的不安感，父母夜晚最好与宝宝在一个房间睡觉，宝宝能够像白天一样自信，这样还能使彼此关系更加亲密。而且，实验证明，让宝宝睡在靠近父母的地方，宝宝心肺系统的压力比较小，身体各器官会工作得更有规律、更放松，发育得更好。而且虽然只是用了短暂的时间，但传递给宝宝的爱和安全感将会伴随宝宝一生。

父母和宝宝一起参与到游戏中来，为宝宝带来了莫大的快乐，还可以帮助妈妈了解每一个阶段宝宝的能力和相应的行为，这对于日后父母对宝宝的引导和教育也很有利，因为在游戏中宝宝听从父母的指挥，在日后也会好好听从父母、老师的引导和教育。应注意的是，父母要在欢笑中吸引宝宝的注意，同宝宝一起游戏，而要避免让宝宝产生抵触情绪。

1～2个月的宝宝

怎样为宝宝的体能发展创造机会

良好的体能发展不仅要有充足的营养作为保障，而且还要为宝宝创造运动的机会。过了满月之后，宝宝的手脚动作逐渐多了起来，这时就应使宝宝的手脚能够随时自由活动。

比如，如果总让宝宝躺着而不给他俯卧的机会，宝宝就很难尽早学会抬头和翻身。所以在日常护理中，要尽可能改变宝宝的姿势，为宝宝提供运动身体每一部分的机会。

为此，在这个月，父母要做到以下几点：给宝宝逐步建立起吃、玩、睡的生活规律；让宝宝每天俯卧片刻；悬吊鲜艳、能动的玩具，给宝宝看、触摸、抓握；给宝宝做婴儿操，帮助增加宝宝的腹肌收缩力；天气好时带宝宝到户外活动，呼吸新鲜空气，进行适当的日光浴和空气浴，增强宝宝的体质。

户外活动对宝宝有什么益处

户外新鲜的空气可以刺激和锻炼宝宝的肌肤，以增强宝宝的体能。这个月的宝宝颈部也有了一定的支撑力，而且喜欢看新鲜的东西，所以可以适当地抱到户外呼吸新鲜空气，让室外的空气刺激和锻炼宝宝的肌肤以增强宝宝的体能。

户外活动的时间，要以宝宝头部的直立情况而定。开始时每次2～3分钟，逐渐增加到0.5～1小时，每天可以安排1～2次。夏天可以安排在上午9点前和下午5点以后进行，冬季可以安排在上午10点以后到下午4点以前，最好固定时间以养成习惯。

怎样锻炼宝宝颈部的支撑力

锻炼宝宝的颈部支撑力，妈妈或爸爸可以手持色彩鲜艳的玩具，放在离宝宝眼睛30厘米左右的地方，慢慢地移到右边，再慢慢地移到左边，训练宝宝转头，最终目的是让宝宝完成转头180度。

宝宝颈部的支撑力和转头动作，是建立在第二个月的竖抱基础上的。当宝宝长到两个月时，就有让妈妈竖抱起来的愿望，但那时的宝宝骨骼发育较差，还不能较长时间地竖抱。

经过1个月的竖抱训练之后，宝宝颈部的支撑力增长了很多，已经可以把头支撑较长时间了。这个方法不仅锻炼了宝宝颈部的支撑力。而且也锻炼了宝宝颈部转动的灵活性。

◉ 怎样做婴儿体操

婴儿操分为屈腿运动、俯卧运动和扩胸运动。

屈腿运动：妈妈或其他操作者两手分别握住宝宝的两个脚腕，使宝宝两腿伸直，然后再两腿同时屈曲，使膝关节尽量靠近腹部。连续重复3次。

俯卧运动：俯卧不仅能锻炼颈肌、胸背部肌肉，还可增大肺活量，促进血液循环，有利于预防呼吸道疾病，并能扩大宝宝视野范围，从不同的角度观察到周围的景物，有利于智力的发育。

操作时，宝宝呈俯卧姿态，两手臂朝前，不要压在身下，妈妈或其他操作者站在宝宝前面，用玩具逗引宝宝使其自然抬头。为避免宝宝过分劳累，开始时每次只练半分钟，然后逐渐延长，每天做1次即可。

扩胸运动：首先让宝宝仰卧，妈妈或其他操作者握住宝宝的手腕，大拇指放在婴儿手心里，让婴儿握住，使宝宝的两臂左右分开，手心向上，然后两臂在胸前交叉，最后还原到开始姿势。连续做3次。

手指的活动对大脑发育有什么帮助

宝宝手指的活动可以促进大脑的发育。

宝宝到了这个时期清醒的时间长了，四肢的活动，特别是手的活动也明显地多了起来。有时会凝视自己紧紧握着的手，当注意到其他东西时，又会把手指松开。宝宝的手指不但能自己展开合拢，而且还能把手拿到胸前来玩或者吸吮手指。所以这个时期宝宝的衣服袖子要做得短一些，以免妨碍宝宝手部的活动。

手部的活动是下一步练习抓东西的基础，等到宝宝的手能自由张开和握住的时候，就可以给他一些容易握住的玩具玩了。

什么是手的被动抓握

宝宝手的被动握紧是爸爸或妈妈要给宝宝细圈的玩具，让宝宝握在手里。父母可以经常抚摸宝宝的手，帮助促进宝宝的抓握反射。也可以伸出手指让宝宝抓握。

手指的充分活动与大脑发育有关，通过手握东西的锻炼，可以促进宝宝手和眼的协调能力。

什么是手的主动抓握

手的主动握紧能促进宝宝感知觉的发育。

婴儿期的宝宝常用手抚摸、抓握他周围能拿到的东西，这是他用手认识周围世界的表现。婴儿在摆弄、抓握物品和玩具时，加强了触摸觉和视觉的联系，不仅可以促进大脑的发育，对于更有效地认识物体也大有益处。因此，父母要多注意宝宝抓握能力的发展。

随着婴儿的发育成长和抓握能力的逐渐增强，可依次做如下的锻炼：

1. 教宝宝做“抓挠”的游戏，单手做，双手做，左右手交替做。

2. 将奶瓶放在宝宝手中，让他玩耍，或有意识地让他做抓、扔塑料、布制的玩具活动。

3. 可将几种不同的玩具依次递给宝宝，引他主动抓拿。

4. 妈妈和宝宝一起做“抢玩具”的游戏。

5. 让宝宝半躺，握紧妈妈两手的拇指或食指，妈妈提宝宝，让他用劲坐起来，再慢慢让他躺下去。

宝宝玩手有什么好处

宝宝玩手可以促进手的灵活度和手眼协调能力。这个时期的宝宝，对自己的手有了浓厚的兴趣。喜欢看、玩、吮吸，父母不用阻止，也不必给宝宝带手套，因为这是宝宝心理发展的必然阶段，只要洗净他的小手即可。爸爸或妈妈可以在宝宝手上带一些小铃铛，让宝宝多玩手，多看手。

◉ 怎样与宝宝进行语言“交流”

与宝宝进行语言“交流”最好的办法就是对着宝宝说话，声音要轻柔，先试着对宝宝发单个韵母的音，如a（啊）、o（喔）、e（鹅）。逗宝宝笑，刺激宝宝发出声音。

宝宝过了满月之后，在高兴时会发出咿咿呀呀的声音，虽然这还不能算是说话，但却是开始说话的第一步。妈妈或爸爸应多和宝宝说话。虽然宝宝不懂每一个字的确切含义，更不能做出正确回应，但宝宝在听到你的声音时，就会安静下来，专注地看着你嘴唇的动作，有时还会兴奋地扭动身体。

与宝宝做这种有意识的语言“交流”，不仅会加强宝宝与妈妈之间亲密的感情联系，而且可以满足宝宝与他人交往，甚至身体接触的需求，为宝宝发展语言能力及社会交往行为奠定基础。

◉ 宝宝感官灵敏的训练方法有哪些

2个月时宝宝的头能自己抬起来，能够支持大约30秒钟。宝宝俯卧时，不仅眼睛已经能清楚地看到东西，追随活动着的物体，而且还可以目不转睛地注视眼前的玩具或爸爸妈妈的脸。爸爸妈妈应运用各种手段，如和宝宝说话、唱歌、给宝宝跳舞、拿玩具逗引宝宝、玩捉迷藏等方法，刺激和开发他的感官和智力。

为刺激宝宝的感官，在与宝宝嬉戏时，可以播放一曲欢快的、愉快的音乐。下列玩具比较适合这个月的宝宝玩耍：用手捏可发声的橡胶或塑料玩具或较轻的小型玩具；颜色鲜艳、声音悦耳、造型精美的既能看又能听的吊挂玩具，如拨浪鼓、摇铃、彩色气球、吹气娃娃及小动物、颜色鲜艳的充气玩具等；手感温柔、造型朴实、体积较大的毛绒玩具。

◉ 宝宝视觉的训练方法有哪些

宝宝在婴儿时期，就具有了红绿色觉、图像识别和追随移动物体，以及察觉新环境等能力了。为此，在宝宝成长到第二个月时，就要进行视觉的训练培养。在这一时期，宝宝的视觉训练培养要静动结合。

“静”的训练方法：妈妈抱起宝宝，观看墙上的画片，桌子上的鲜花，鲜艳洁净的苹果、梨、香蕉等摆件和食品。另外，妈妈对宝宝说话时，眼睛要注视着宝宝。这样，宝宝也会一直看着妈妈，这既是一种注视力的锻炼，也是母子之间无声的交流。

“动”的训练方法：妈妈可以拿

着玩具沿水平或上下方向慢慢移动，也可以前后转动，鼓励宝宝用视觉追踪移动的物体，或者抱着宝宝观看鱼缸里游动的鱼或窗外的景物。爸爸妈妈在和宝宝说话的时候，也要有意识地移动自己的头部，让宝宝追视父母的脸庞，使宝宝眼睛的灵活性随时得到锻炼。

◉ 宝宝听觉的训练方法有哪些

对于宝宝来说，听觉是智能里最基础的因素，当宝宝到了2个月的时候，很快就会对更多的事情感兴趣。许多宝宝都会注意到居家生活中诸如脚步声、开门声、水流声等。这些细微却生动的背景音效，能够给宝宝幼小的心灵留下印迹，从而发展听觉。爸爸妈妈可以制造一些适合宝宝听觉的声音。

方法1：妈妈可以用有声响的玩具在宝宝身旁摇动，也可以在宝宝面前轻歌曼舞，宝宝会随着声音追视发出响声的地方。

方法2：父母可以抓着宝宝的手一起摇动会出声响的玩具，也可以在宝宝手腕上绑上一副摇铃。这些方法在锻炼宝宝听觉的同时，还有助于宝宝注意声音来源，帮助宝宝认识周围的事物。

◉ 怎样做嗅觉的训练和培养

对婴儿时期的宝宝而言，最为敏感的气味是香味和酸味，所以父母可以让宝宝闻一闻醋瓶盖，宝宝一般会表现出不喜欢的样子。父母也可以在吃饭时，用筷子蘸菜汤，让宝宝尝一尝。

嗅觉能力是人一种最原始的感觉。宝宝在胎儿时期嗅觉器官就已成熟，宝宝出生后，他依靠成熟的嗅觉能力来辨别母亲的奶味，寻找母亲的乳头。宝宝无论多小，也总是面向着妈妈睡觉，这都是嗅觉起到的作用。在大多数环境下，宝宝都有机会练习嗅觉，如母乳味、母亲的香水味、家里的做饭味等。除非宝宝显得对异味特别过敏，否则这些都是锻炼宝宝嗅觉和认识环境的好机会。

常逗宝宝笑有什么益处

常逗宝宝笑可以锻炼宝宝的条件反射，同时也容易培养宝宝良好的性格。与上个月一样，这个月爸爸妈妈仍应多逗宝宝笑，可以留心观察平时宝宝被逗笑的原因，经常用这种方法逗宝宝笑。爸爸妈妈可以用带响声的玩具逗笑宝宝，也可以用语言逗笑宝宝。

洗澡有什么好处

宝宝天生就喜欢泡在水里。通过洗澡可以给宝宝清洁皮肤、促进新陈代谢、调节体温。洗澡对于宝宝来说不仅仅是对身体的帮助，还会通过洗澡时的按摩等动作，训练宝宝的触觉。

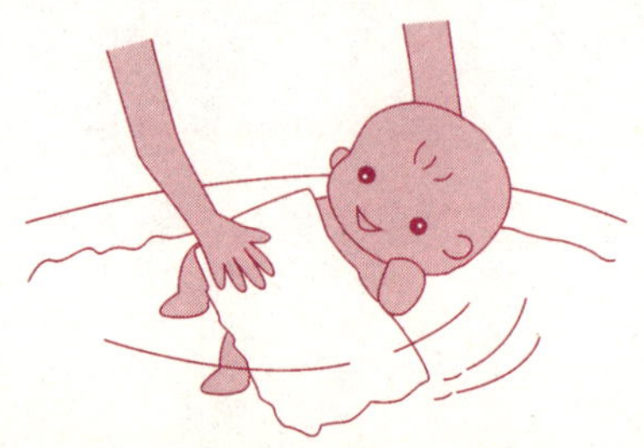

清洁皮肤：宝宝身体代谢旺盛，皮肤皱褶处如颈部、腋下、大腿根部等藏有许多污垢，勤洗澡可以帮助宝宝清除污垢，避免细菌侵入，保证皮肤健康。

促进新陈代谢：洗澡会对宝宝皮肤产生良性刺激，促进全身血液循环，从而有利于新陈代谢。

调节体温：水的导热能力比空气高30倍，对宝宝体温调节中枢的成熟有很大作用。宝宝皮肤与水全面接触，可改善皮肤的触觉能力和对温度、压力的感知能力，对提高宝宝的环境适应能力非常有益。

虽然洗澡对宝宝益处多多，但是，爸爸妈妈在给宝宝洗澡时，一定要把准备工作和善后工作做好了，以保证给宝宝洗一个健康舒适的澡。

爱心妈妈经验谈

脏兮兮的宝宝，谁都不喜欢。我家宝宝招人喜欢的一个原因就是干净。平时勤给宝宝洗澡（记得洗完澡要给他擦上润肤乳，宝宝皮肤才会好），勤换衣，宝宝整天这也摸，那也碰的，爬来爬去，衣服很容易变脏。妈妈可不能偷懒，勤给他换洗着，宝宝身体也觉得舒服。

需要培养有规律的生活习惯吗

宝宝的生活有了规律，就能食欲旺盛、按时吃奶，满足身体发育的营养需要；就能按时睡觉，睡着时睡得安稳、香甜，醒来后情绪饱满，玩得愉快。有规律的生活习惯不仅有利于宝宝的体格发育，而且还有利于宝宝的心理发育。

培养有规律的生活习惯，主要是利用宝宝的最初条件反射形成的。如到了喂奶时间，宝宝感受到了妈妈平素保持的喂奶姿势及语言，从而促进宝宝口腔和胃的蠕动，并分泌消化液，经过如此多次反复，就会建立起神经系统和消化系统的暂时联系。睡眠等其他活动也是如此，这种条件反射，不是一天两天形成的，需要爸爸妈妈的刻意安排和培养。

宝宝的睡眠时间有多少

这个月龄的宝宝每天的睡眠时间，虽然不像新生儿期那样睡的时间长，但睡眠依然是宝宝的主要任务。在这个时期，宝宝大约每天睡眠18～20个小时。一般来说，宝宝的睡眠有以下规律：白天喂奶后睡一段时间，大约要睡4～5次，每次1.5～2小时。夜间睡眠时间会相对延长一些，大约要睡10个小时。

怎样克服宝宝“睡倒觉”

所谓“睡倒觉”，就是有些宝宝每天总的睡眠时间不算少，但不符合正常的睡眠规律。有这种毛病的宝宝，白天睡得很沉，但一到晚上9～10点钟以后，就开始兴奋了，甚至一直要到凌晨2～3点钟，才开始再次入睡。刚刚满月的孩子还不会玩耍，对周围的事物也缺乏兴趣，而且视觉和听觉还比较弱，所以在觉醒时哭的时候多，往往使新手妈妈爸爸手足无措。

那么，如何纠正帮助宝宝克服“睡倒觉”的毛病呢？白天时，宝宝卧室的光线不要太暗，早晨或下午尽量不要让宝宝睡觉时间过长，要把宝宝叫醒多逗他玩一会儿。特别是到下午5～6点钟以后不要哄宝宝睡觉，到了晚上7～8点钟时，给宝宝洗个澡，喂1次奶之后，等宝宝疲倦了就会自然入睡。经过一段时间的调整，宝宝“睡倒觉”的毛病就会慢慢得到克服。

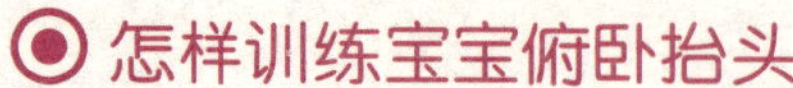

2～3个月的宝宝

◉ 怎样训练宝宝俯卧抬头

训练宝宝俯卧抬头，可在宝宝睡醒之后，喂奶前1小时进行比较适宜。

第一步：先让宝宝俯卧在床上，妈妈或爸爸拿着一些色彩鲜艳或有响声的玩具，在前面逗引宝宝，宝宝看到色彩鲜艳的玩具并听到响声，就会努力抬起头来。

第二步：宝宝的运动发育是连续性的，在宝宝能够俯卧抬头45度后，宝宝颈部肌肉的力量也在增强，双臂的力量也在增强，慢慢就可以高高地将头抬起，逐渐达到与床面呈90度角的程度。

第三步：等宝宝的头部稳定并能自如地向两侧张望时，就可以把玩具从宝宝的眼前慢慢移动，先移到右边，再慢慢地移到左边，让宝宝的头随着移动的玩具转。

◉ 训练宝宝俯卧抬头时应注意什么

俯卧抬头不仅锻炼了宝宝抬头的持久力，而且也锻炼了宝宝颈部转动的灵活性。但是爸爸妈妈要注意掌握宝宝俯卧抬头训练的时间，可以根据宝宝的能力安排，每次俯卧的时间要控制在2～3分钟之间，每天练习2～3次。以后可根据宝宝的实际情况，逐步增加训练的时间和次数。

◉ 怎样用转身法训练宝宝翻身

第一步：训练时，先让宝宝仰卧，然后妈妈或爸爸可分别站在宝宝两侧，用色彩鲜艳或有响声的玩具逗引宝宝，训练宝宝从仰卧翻至侧卧位。

第二步：如果宝宝自己翻身还有困难，也可以在宝宝平躺的情况下，妈妈用一只手撑着宝宝的肩膀，慢慢将他的肩膀抬高帮宝宝做翻身的动作。

第三步：在宝宝的身体转到一半时，就让宝宝恢复平躺的姿势。

◉ 怎样用摇晃法训练宝宝翻身

第一步：训练时，先让宝宝躺在摇床里或床垫上，然后妈妈或爸爸再摇晃摇床或床垫。

第二步：当宝宝被摇到半空身体倾斜时，为了保持身体平衡，自然会努力挺起胸，挺直腰，把身体往后仰。

◉ 怎样用转脚法训练宝宝翻身

第一步：转脚法必须建立在宝宝会以侧卧姿势睡眠的基础上。训练时，先让宝宝侧卧，在宝宝的左侧和右侧放一个色彩鲜艳或有响声的玩具或镜子，然后爸爸或妈妈抓住宝宝的脚踝，让右脚或左脚横越过左脚或右脚，并碰触到床面。

第二步：搬动宝宝脚的时候，动作一定要轻柔，并注意宝宝的身体是不是也跟着脚翻转。如果不跟着转，可以轻轻地在宝宝背后推一把。

第三步：如果宝宝的身体跟着脚翻转，就会自己翻过去，变成趴着的姿势。

◉ 怎样训练手的握力

到了第三个月时，对于一些发育较慢的宝宝，此时的手可能还不会自己张开，但妈妈可以有意识地把宝宝的小手放到自己的脸上摩擦，或用嘴吻宝宝的小手，这时候往往是宝宝最高兴、最快乐的时候，宝宝往往会乐此不疲地反复做这个动作。

有时妈妈也可以在宝宝的手里放一些小玩具，让宝宝自己触摸或者妈妈拿着宝宝的手去触摸一些物体，宝宝都会为触觉到不同质地的物体而感到兴奋。经过这样的触觉刺激，宝宝的手就会很快自己张开，并努力去抓身边的东西。这时，爸爸妈妈就可以进一步训练宝宝的握力了。

◉ 怎样用抓手指法训练宝宝的握力

第一步：在训练宝宝的握力时，妈妈可以把自己的大拇指或食指，放在

宝宝的手心里让宝宝自己抓握。

第二步：等感觉到有一定的握力后，再把手指从宝宝的手心向外拉，看宝宝是否还能去抓握。

怎样用拉线法训练宝宝握力

第三个月的宝宝可能还不会自己拉线，但可以买一些带拉线的玩具，最好是一拉线就会动或发出响声的玩具。开始训练的时候，妈妈可以把线放到宝宝手里帮宝宝拉，玩具的活动或响声会刺激宝宝的兴趣，经过多次训练宝宝就会自己玩耍了。需要提醒的是，拉线一定要柔软。

怎样用抓悬挂物法训练宝宝的握力

第一步：在宝宝小床的上方，低低地悬挂一些色彩鲜艳的小小软塑动物或其他东西，先晃动悬挂物引起宝宝的注意，然后拉着宝宝的手帮他抓，慢慢地逗引宝宝自己伸手去抓。

第二步：妈妈或爸爸用手把栓绳的玩具有意塞到宝宝手里，然后趁宝宝没有抓牢的时候，突然把玩具提起来，以此来刺激宝宝的兴趣。

怎样用抓球法训练宝宝的握力

第一步：训练的时候，先让宝宝趴着，然后把一个色彩鲜艳的球，从宝宝的手可以抓到的地方慢慢滚过。

第二步：刚开始球从一侧滚到另一侧时，宝宝会专心地看，经过几次重复之后，宝宝很快就会伸手去抓那个球。

怎样培养宝宝的发音和语言能力

有时宝宝哭个不停，哭泣时，可以轻轻抱起宝宝，用手指在他嘴上轻

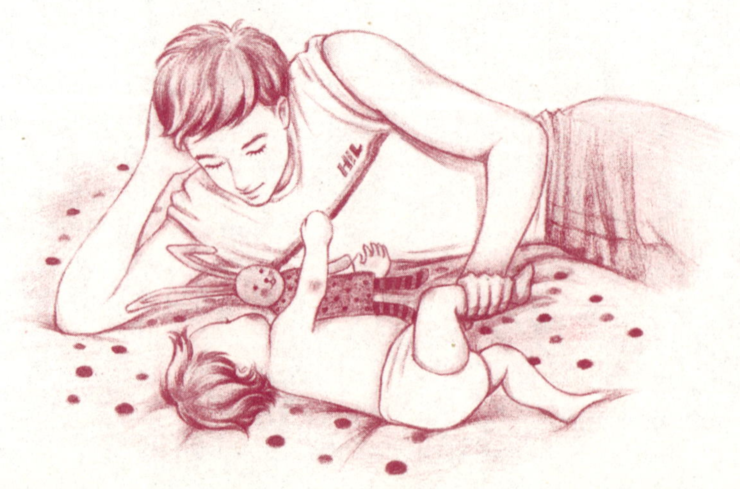

拍，让他发出“哇、哇、哇”的声音，也可以将宝宝的手放在妈妈或爸爸的嘴上，拍出“哇、哇、哇”的声音。

这些都可以作为宝宝发音的基本训练，使宝宝感受多种声音和语调，促进宝宝对语言的感知能力。此时，宝宝能发出较多的自发音，并能清晰地发出一些元音，爸爸妈妈可以利用这个机会培养宝宝的发音，在宝宝情绪愉快时多与宝宝说笑。

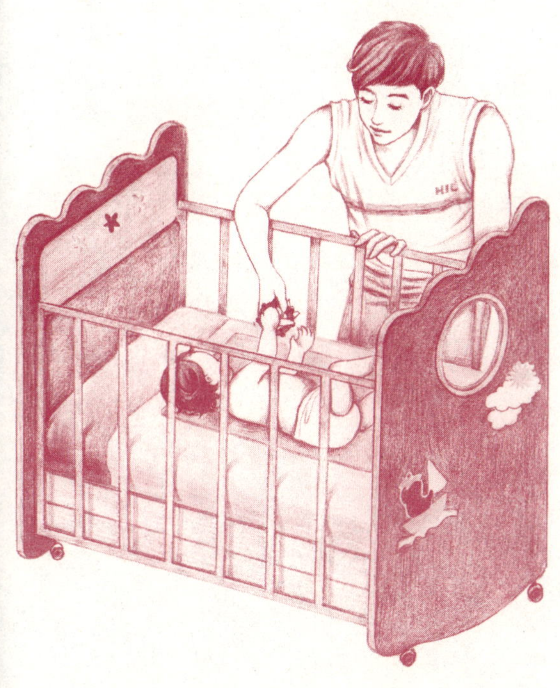

◉ 视线转移能力怎么训练

到了两三个月大的宝宝，爸爸妈妈要开始训练他的视线转移能力。要训练宝宝在注视目标消失之后用视线寻找新的目标。

第一步：爸爸妈妈可用2个玩具来逗引宝宝，让宝宝先注视1个玩具。

第二步：然后再拿出另1个玩具，训练宝宝的视线从一个物体转移到另一个物体。也可以在宝宝正集中注视某一玩具时，迅速移开玩具或将玩具转向另一边。

◉ 怎样培养宝宝的观察能力

这个月的宝宝能安静的注视彩电屏幕上的彩色图像片刻，可保持注意1～2分钟。这个时候爸爸或妈妈可以给宝宝描述一下电视的画面和颜色。或者可以多买一些色彩鲜艳的小玩具，一件一件的拿给宝宝看，并且告诉宝宝玩具的颜色和名字。为培养宝宝的观察力，爸爸妈妈可在风和日丽的天气里，抱着宝宝去郊外，看一看自然界里的山、水，听听树林里的鸟鸣声，让宝宝在看的过程中感知世界，这对宝宝的智力、心理发育具有重要意义。

◉ 怎样培养宝宝的音响感受能力

第三个月是宝宝大脑发育与智力发展的重要时期，因此，爸爸妈妈要尽量让宝宝多看、多听、多摸、多玩，不仅要多与宝宝进行语言交流，而且可以不失时机地录下宝宝的“咿呀”声并放给他听，或选择优美、轻柔、明快的乐曲放给宝宝听。

如果宝宝能自己制造一种声音，就会更加高兴，更会起劲地反复制造这种声音。所以可以发出响声的玩具总是受到宝宝的欢迎。感受自然界的各种声响，可给宝宝的大脑添加“营养”，同时也可促进宝宝的听觉和音乐才能的发展。

◉什么是快乐反应

宝宝对未知事物的好奇心是先天的，并且对美好的事物会作出快乐反应。在第三个月初时，宝宝会明显地对照顾他的人，尤其是爸爸妈妈表现出天生的快乐反应。

爸爸妈妈要因势利导，经常用亲切友善的语气和宝宝多说话，并伴以多种表情，使宝宝的情绪得到充分的激发。

◉怎样培养宝宝的快乐反应

父母可以给宝宝准备一面镜子，让宝宝通过镜子认识镜子中的“小伙伴”，对这个“小伙伴”的亲昵友爱的反应，也是对他人、对周围环境的信任感和安全感的体现。这种快乐反应就是宝宝与他人的最初交往，所以进行快乐反应的培养，让宝宝多与亲善他的人接触，这对培养宝宝社会的亲和性和对丰富视觉体验都有好处。

◉怎样培养宝宝的社会行为能力

在实际生活中，经常有这样的现象，那就是有的宝宝一见到生人就哭，更不用说让妈妈或爸爸以外的人抱了。之所以出现这种情况，很大原因就是宝宝在很小的时候缺乏社会行为能力的培养和训练。

宝宝出生后要从生物的人变为社会的人，首先就要学会与他人交往，这种最初的交往会影响宝宝成人后的社会交往。宝宝交往的第一个对象是妈妈，这也是宝宝与人交往的最根本的基础。再次就应该是爸爸了。现在基本上是独生子女，而且大都住的是楼房，别说是宝宝，就是成人与邻居的交往也不多。所以，爸爸妈妈要从长远着想，尽量为宝宝创造与他人交往的机会，多让宝宝去见生人，或者让邻居抱一抱；让宝宝对更多的人微笑、愿意与更多的人交往。但应该注意的是，不要带宝宝到人多的公共场所，以免感染疾病。

怎样让宝宝的生活有规律

有规律的生活有利于宝宝的神经、消化等系统的协调发育，有利于宝宝的身心健康发展。要使宝宝养成吃—玩—睡的生活习惯，可利用一些条件反射，帮助宝宝形成规律。为此，从第三个月开始，宝宝每天的作息时间，可以参考以下方案：

6:00～6:30 起床、换尿布、盥洗、喂奶

6:30～8:00 视听训练、游戏、做操

8:00～10:00 换尿布、洗澡、第一次睡眠

10:00～10:30 喂奶

10:30～12:00 室内活动或户外活动

12:00～14:00 第二次睡眠

14:00～14:30 喂奶和鱼肝油

14:30～16:00 活动

16:00～18:00 第三次睡眠

18:00～18:30 喂奶

18:30～20:00 活动

20:00～次日6:00 夜间睡眠(22:00时还需喂奶1次)

以上时间安排表，家长可根据自己宝宝的实际情况做相应调整。

怎样调整夜间喂奶的时间

对于三个月的宝宝来说，夜间大多还要吃奶，爸爸妈妈如果发现宝宝的体质很好，就可以设法引导宝宝断掉凌晨2点左右的那顿奶。因此，应将喂奶时间做一下调整，可以把晚上临睡前9～10点钟这顿奶，顺延到晚上11～12点。宝宝吃过这顿奶后，起码在4～5点以后才会醒来再吃奶。这样，爸爸妈妈基本上就可以安安稳稳地睡上4～5个钟头了，不会因为给宝宝半夜喂奶而影响休息了。

怎样养成有规律的睡眠习惯

随着宝宝的一天天长大和睡眠时间的逐渐减少，帮助宝宝养成有规律的睡眠习惯就显得十分重要。这种有规律的睡眠习惯，不但有利于宝宝的体格发育，而且还有利于宝宝神经系统和心理的发育。

所谓规律也不是千篇一律的，每个宝宝都有不同的睡眠习惯。爸爸妈妈应该在护理中找出适合自己宝宝的规律，在验证这个规律确实对宝宝的健康发育有利之后，就要按照这个规律坚持实行，不能任着宝宝的小性子说变就变。宝宝经过一段时间的适应，良好的睡眠习惯就形成了。

由于不同宝宝的个体差异较大，在白天，有的宝宝每天上午睡3个小时，下午睡两个半小时，而一些爱活动的宝宝，每天上午或下午只睡1次。有一夜醒2次的宝宝，也有只醒1次的宝宝，还有的宝宝睡得较沉，可能从头一天晚上9点一直睡到第二天早晨6点，甚至中途妈妈给他换尿布也不醒。

爱心妈妈经验谈

宝宝的生活作息，一定要有规律。给宝宝喂奶我都会定时定量，每两次喂奶间隔时间都很均匀；至于辅食呢，就在两次喂奶之间吃，一般都靠近喂奶前；睡眠时间要充足，早睡早起，差不多九点半睡觉，六点就醒了。午饭后会让宝宝睡1～2个小时的觉。宝宝睡眠充足了。身体自然很健康，精神头儿也很足，而且多睡觉，宝宝的个头儿长得也比同龄很多宝宝要高呢。

什么是安全感

0～1.5岁的宝宝处于信任和不信任的心理冲突期。当他哭、饿或者身体不舒适时，父母是否及时出现，是他对这个世界建立安全和信任感的基础。适度的安全感是幼儿心理健康发展的基础，也是幼儿人格完善的基础。安全感是心理健康的基础，有安全感的孩子往往比较自信，能够与他人建立正常的人际关系，能够信任他人，积极挖掘自身的潜能。

而缺乏安全感的孩子感受到的往往是被拒绝和孤独，因此对他人缺乏信任。他们常常以嫉妒、傲慢甚至仇恨和敌视的态度对待他人，也容易出现逃避、退缩或攻击性的行为，无法与他人建立良好的人际关系。缺乏安全感也是多种心理疾病的隐患之一。

怎样使宝宝建立安全感

要建立宝宝的安全感，爸爸妈妈一定要注意以下几点：

父母对培养宝宝安全感的重要性要有所认识。想要获得孩子的信任，帮助孩子建立安全感，爸爸妈妈只需在与宝宝相处时把自己的眼睛、耳朵及其他所有的感官都用在孩子身上，全神贯注地对待孩子，就可以敏感地捕捉到孩子发出的信息。

精神关照对宝宝很重要。宝宝哭的时候一定要哄，要去抱他。只有爸爸妈妈对宝宝的情绪反应做出积极的回应，而且这种慈爱的回应是经常和可靠的，婴儿就会觉得舒适与满足，进而会产生最初的安全感，会对周围的世界产生信任和期待。

不要总是制止孩子。这个时候的婴儿是通过嘴来认识世界的，婴儿把手指放在嘴里，通过啃咬来认识自己的身体，通过啃玩具，来感受玩具的材质。爸爸妈妈不要总是怕脏，频繁的阻止会使孩子产生畏惧和不安全感。

情感关爱要重质量。宝宝有没有安全感，不仅在于爸爸妈妈能抽出多少时间陪伴宝宝，更重要的是爸爸妈妈对宝宝的合理要求能否做出积极、正确的回应。爸爸妈妈只有多多关注宝宝，尽量去领会宝宝的示意，并回应，鼓励宝宝去探索，宝宝才会对自己感到满意，对周围环境感到安全。

安全感对孩子有哪些益处

安全感是学龄前儿童与人建立积极情感关系的保证。当儿童拥有安全感时，他就敢接近别人，与人交往，并体验到交往的乐趣，并刺激他探索的热情。有安全感的孩子会觉得父母是爱自己的，在自己需要帮助的时候，父母会及时出现，因此他会更加大胆地脱离父母的保护，去探索世界。

相对于缺乏安全感的孩子而言，有安全感的孩子随着年龄的增长，更愿意离开父母，不会占用父母很多的时间，更能养成独立精神。

3～4个月的宝宝

◉ 宝宝的体能训练要点是什么

到了3～4个月，宝宝的体能有了进一步的发展，训练时的主要目标是手部、腰部及腹部。训练内容侧重于手部精细运动能力训练，在训练宝宝抓握能力，提高宝宝的手部肌肉紧张和放松能力的同时，还可以利用有吸引力的玩具，协助宝宝独自完成够取、拍打和触摸等动作。同时，要增强大小肌肉运动能力训练，锻炼宝宝的脊柱及腰腹部的肌肉力量，比如采取给宝宝做翻身操等方式，帮助宝宝学习翻身的动作，为将来学坐做准备。

◉ 怎样做够取玩具训练

在进行够取玩具训练之前，应巩固宝宝的抓握能力。

先拿一个宝宝的手能抓住而且能带响的玩具，比如摇铃、拨浪鼓等，在宝宝的上方或两侧摇动，先使宝宝听到声音并看到玩具，然后再让宝宝去抓握。每日训练数次，每次数分钟。在能持续抓握5秒钟以上时，再进行够取玩具训练。

训练时，可用一条小绳系上一个宝宝能够够得着、抓得住而且对宝宝具有吸引力的玩具，先在宝宝面前晃动几次，引逗宝宝伸手去够取或把着他的手让他够取玩具，左右两手都要练习。这个训练的目的是锻炼宝宝手部肌肉紧张和放松能力。

◉ 怎样做蹬脚训练

蹬脚训练能锻炼宝宝腿部力量。具体方法是：先用一个能够一碰就响的玩具触动宝宝的脚底，引起宝宝的注意和刺激脚部的感觉。当宝宝的脚碰到玩具时，玩具的响声将会引起宝宝的兴趣，然后会主动蹬脚，可配合宝宝移动玩具的位置，让宝宝每次蹬脚都能碰到玩具，每次成功后可以亲吻或抱一抱的方式表示鼓励。

◉ 俯卧支撑训练有什么益处

俯卧支撑的训练是锻炼宝宝前臂支撑力量和抬头。

在巩固第二月、第三个月时进行的俯卧抬头训练基础上，当宝宝俯卧时头部能稳定地挺立达90度时，站在距宝宝1米左右的地方，手拿摇铃或一捏就响的玩具逗引宝宝，训练宝宝用前臂和胳膊肘，支撑起头部和上半身的体重，使宝宝的脸正视前方，胸部尽可能抬起，每日训练数次，每次数分钟。同时，还要用手抵住宝宝的足底，观察宝宝有没有向前爬动的意思，为将来练习爬行做准备。

◎ 怎样用背部刺激法训练宝宝翻身

到了这个月，宝宝可以开始练习翻身了。

训练时，可以先让宝宝仰卧在硬板床上，衣服不要穿得太厚，以免影响宝宝的动作。再把宝宝的左腿放在右腿上，以你的左手握宝宝的左手，让宝宝仰卧以你的右手指轻轻刺激宝宝的背部，使宝宝自己向右翻身，直至翻到侧卧位时为止。

◎ 怎样用玩具逗引法训练宝宝翻身

正式训练前与背部刺激法相同，不同的是不是刺激宝宝的背部，而是在宝宝的一侧放一个色彩鲜艳的玩具，逗引宝宝翻身去取。如果宝宝还不能自己翻身，也可以握住宝宝的另一侧手臂，轻轻地把宝宝的身体拉向玩具一侧并给予帮助。每次数分钟，逐渐达到自己会翻。

◎ 什么是翻身被动操

婴儿翻身被动操是在成人适当扶持下，让宝宝有部分主动动作，以促进宝宝翻身、坐、爬行、站立、行走等动作的发展。随着音乐的节奏做操，会使宝宝更加愉快。

在做翻身被动操时，先让宝宝仰卧在平整的床上，妈妈或爸爸一只手握住宝宝的前上臂，另一只手托住宝宝的背部。然后喊着口令“一、二、三、四，宝宝翻过来”，将宝宝从仰卧推向俯卧，再喊口令“二、二、三、四，宝宝翻过去”，将宝宝从俯卧推向仰卧。如此反复，每日数次。这样能发展和巩固宝宝的翻身动作，促进宝宝动作的灵活性。

怎样训练宝宝坐的能力

从第四个月起，可以每天和宝宝玩拉坐游戏。在训练时，先让宝宝仰卧在平整的床上，妈妈或爸爸握住宝宝的双手手腕，也可用双手夹住宝宝的腋下，面对着宝宝，边拉坐，边逗笑，边对话，使宝宝在快乐的气氛中，慢慢将宝宝从仰卧位拉到坐位，然后再慢慢让宝宝躺下去。

练习多次后，爸爸妈妈只需稍微用力帮助，宝宝就能借助爸爸妈妈的力量自己用力坐起来。然后，爸爸妈妈逐渐减少帮助的力量，进而只有姿势而不出力，慢慢地宝宝就会自己坐起来了。

进行拉坐训练的意义是什么

开始进行拉坐训练时，时间一般控制在每次5分钟左右，然后逐渐延长至15～20分钟。这个训练不仅有利于宝宝的脊柱开始形成第二个生理弯曲，即胸椎前突，对保持身体平衡有重要作用，而且还可以使宝宝接触到许多过去想够又够不到的东西，对感觉知觉的发育都有重要意义。

怎样教宝宝做拉坐被动操

教宝宝做拉坐被动操主要是为了活动宝宝颈部腹部和腰部的肌肉，促进宝宝动作的灵活性。

先让宝宝仰卧在平整的床上，双手握住宝宝的两臂拉向胸前，一边喊着口令“一、二，宝宝坐起来”，一边

轻轻拉着宝宝坐起来。再一边喊着口令“三、四，宝宝躺下去”，一边把宝宝轻轻放至仰卧，如果宝宝头部较软，也可一手托宝宝头部，一手握住宝宝双手。最后让宝宝的两臂下放还原即可。如此反复，每日数次。

◉ 够取玩具对宝宝有什么益处

够取玩具能锻炼宝宝手部的灵活能力，及手眼协调能力。爸爸妈妈在宝宝面前悬吊玩具，让宝宝伸手够取。宝宝碰到玩具时，玩具会晃动地移开，宝宝经过反复够取，终于可以两手抱住。

◉ 抓握玩具有什么益处

抓紧玩具的益处也是能够很好地锻炼宝宝手部的灵活能力及手眼的协调能力。

在出生后的第三个月，宝宝的抓握动作开始发展起来，手经常半张开，有时两只手能凑到一起玩，玩他自己的衣服，将其拉到脸上；宝宝也常用手去抓周围的东西，并试图将物体抓住，但对距离的判断不准确。此时，妈妈可将体积小、颜色鲜明的玩具，如小塑料球放在宝宝面前，引导他用手去抓握。妈妈还可以在宝宝面前的桌子或床上，摆上玩具，让宝宝自己去抓握。

◉ 怎样训练宝宝的语言能力

训练宝宝语言能力的首要一点，就是要创造良好的语言氛围，爸爸妈妈要养成与宝宝说话的习惯，让宝宝有自言自语或与爸爸妈妈咿咿呀呀“交谈”的机会。

起初，宝宝喉咙里的“咯咯”声或嘴里发出的“咿咿呀呀”声完全是无意识的，以后他会对元音做出更多的尝试。这时宝宝的词汇仅仅为简单单音节的或短或长的尖叫。随着月龄的增加，宝宝就可能发出拖长的单元音，或连续的两个音，如“啊咕”、“啊呜”等，并能逐渐模仿爸爸妈妈的口形发出声音。

在宝宝情绪好的时候，爸爸妈妈可用愉快的口气和表情，你一言我一语地和宝宝说话，逗引宝宝主动发声，逐渐诱导宝宝出声搭话，使宝宝学会怎样通过嗓子、舌头和嘴的合作发出声音。

◉ 什么是视线转移法

对于第四个月的宝宝来讲，让宝

宝把看、听、触、嗅、运动等感觉联系起来，利用身边的玩具或其他东西给他看、给他听，让他触摸、让他摇动。

要在过去几个月的视听训练基础上，爸爸妈妈用声音或动作吸引宝宝的视线，并让视线随之转移。或让宝宝的视线从妈妈转移到爸爸，或者在宝宝注视某个玩具时，慢慢把玩具移开，使宝宝的视线随之移动，也可以用滚动的球从桌子一侧滚到另一侧让宝宝追视。此外，还可以在窗前或利用户外锻炼的时机，让宝宝观察户外来往的行人或汽车等移动物体。

◉ 什么是声响感知法

声响感知法可以通过视觉、听觉与手部触觉之间的协调促进宝宝感知事物能力的发展。训练时，爸爸妈妈可用松紧带的一头，把色彩鲜艳的玩具吊在床栏上，把另一头拴在宝宝的任意一个手腕或脚踝上，然后爸爸妈妈触动松紧带使玩具发出响声。

开始时，宝宝会手脚一起动或使出全身的力气摇动松紧带使玩具发出响声，经过若干次训练之后，宝宝就能知道动哪一只手或哪一只脚，就能使玩具发出响声。当宝宝体验到动作的成功之后，就会高兴万分、信心百倍，逐渐学会自己弄响这些可爱的玩具。

但要注意的是，结束训练之后，一定要记住解开拴在宝宝手上或脚踝上的松紧带，以免松紧带长时间拴在手上或脚踝上妨碍血液循环。

爱心妈妈经验谈

等宝宝会转头的时候，我们把宝宝的房间重新做了布置。我们在天花板上挂满了色彩鲜艳的花朵并配有绿叶，还买了100只五颜六色的气球吹起来悬挂在房间的不同部位，避免宝宝躺着无聊。这样不仅可以欣赏到美丽的花朵，当有风吹来的时候，气球不停地飘荡，又锻炼了宝宝的视力追踪能力。悬挂的气球不仅锻炼了宝宝的拍打能力而且还锻炼了宝宝的抓捏的能力。

◉ 怎样训练宝宝对音乐的感受能力

从第四个月开始，宝宝已具有初步的音乐记忆力并对音乐有了初步的感受能力，能随着音乐摆动四肢，对不同的音乐表现出不同的情绪。

爸爸妈妈可以结合生活起居，让宝宝听一些轻松柔和、舒缓高雅的音乐，或者模仿小猫、小狗、小鸟的叫声，或让宝宝听大自然中风吹树叶、雨打芭蕉的声音，引起宝宝的兴趣和愉快情绪。爸爸妈妈也可以有步骤地让宝宝欣赏音乐或反复听某一乐曲，增强宝宝对音乐的记忆力和感受力。

训练音乐感受能力时应注意什么

爸爸妈妈要注意的是，对宝宝音乐感受能力的训练时间不能太长，每天可安排10～20分钟。如果时间太长，会引起宝宝的听觉疲劳，甚至使宝宝对音乐感到厌烦。此外还要注意不要选用噪音较大的音乐，一般选择民乐比较好。

宝宝有情绪反应吗

对婴儿期的宝宝，爸爸妈妈如果以为宝宝只会哭喊、睡觉和吃奶，别的什么也不懂的话，那就大错特错了。据心理学家对500多名宝宝进行观察后发现，宝宝出生后的最初情绪反应有两种：一种是愉快，即反映生理需要的满足；另一种就是因生理需要未获得满足或其他不适表现出来的不愉快，其中最主要的反应形式就是哭叫。

从第三个月开始，宝宝的情绪反映逐渐丰富，到了第四个月时，就开始有了欲望、喜悦、厌恶、愤怒、惊骇和烦闷6种情绪反应。随着月龄的增加，宝宝的情绪会逐渐复杂起来。其中，表现最突出的就是微笑。微笑即是宝宝身体处于舒适状态的生理反应，也是表示宝宝的一种心理需求。

从这个月开始，宝宝对爸爸妈妈情感的需要，甚至超过了饮食。如果宝宝不是饿得厉害的话，妈妈的乳头已经不是灵丹妙药了。如果爸爸妈妈对宝宝以哼唱歌曲等形式加以爱抚，宝宝或许会破涕为笑。所以，爸爸妈妈应时刻从环境、衣被、生活习惯、玩具、轻音乐等方面加以调节，以满足宝宝的需要。

游戏对宝宝有什么益处

这个时期的宝宝虽然小，但是已经具备了一定的学习能力。和宝宝一起做游戏可使宝宝获得爱抚、鼓励和安全感，同时能增进和爸爸妈妈之间的交流。

怎样和宝宝做声感游戏

比较适合这个月龄宝宝的游戏有很多种，不妨试着和宝宝做声感游戏。

爸爸或妈妈可以轻轻地把宝宝抱在怀里，或坐在宝宝床前，给宝宝讲故事、念儿歌，也可以给宝宝唱童谣。唱童谣时如果在宝宝的身上或手上轻轻地打着节拍，肯定会让宝宝更加快乐。

怎样和宝宝做动感游戏

爸爸或妈妈可以带上和蔼或高兴表情的面具，也可以选择有友好面孔的手指玩偶，运用身体或手指的动作，让面具或玩偶“活”起来，而且还可以配上歌曲或故事讲给宝宝听。

怎样和宝宝做智能游戏

智能游戏的种类很多，其中藏猫猫游戏就是宝宝比较喜欢的。游戏时，妈妈或爸爸先用布蒙住脸，就在宝宝看不到妈妈或爸爸的脸时，妈妈或爸爸突然把布拿开，当宝宝看到妈妈或爸爸的脸重新出现在眼前时会非常兴奋。藏猫猫游戏可以让宝宝知道寻找消失的东西。

宝宝睡眠有哪些规律

从第四个月开始，宝宝白天睡的时间比以前缩短了，而晚上睡得比较香，有的宝宝甚至一觉睡到天亮。一般每天总共需睡15～16小时。由于宝宝在睡眠时间上的差异较大，大部分的宝宝上午和下午各睡2个小时，然后晚上8点左右入睡，夜里只起夜1～2次。

每个宝宝都有自己的睡眠时间及睡眠方式，爸爸妈妈要尊重宝宝的睡眠规律而不应强求，要保证宝宝醒着的时候愉快地玩，睡眠时安心地睡。

如果宝宝白天睡得比较香的时候，妈妈不要硬把宝宝叫醒喂奶，否则会影响宝宝睡眠而使宝宝烦躁哭闹，同时也影响宝宝的食欲。如果宝宝在白天醒着的时间比较长，就应该在宝宝醒着的时候就多逗他玩，让他快乐，这样晚上宝宝才会睡得香，而且时间也比较长。晚上入睡前不要逗宝宝玩，以免因过度兴奋而影响睡眠。

怎样训练宝宝定时大便

宝宝刚出生时，大便次数比较多，而且难以掌握规律。等到了3～4个月时，每天的大便次数基本保持在1～2次，而且时间基本固定。所以，从第四个月开始，就可以按照宝宝的排便规律，培养他按时大便的习惯了。

训练宝宝养成定时大便的习惯时，要先摸清宝宝每天大约什么时间排便次数多。到了这个时间爸爸妈妈就要格外注意了，如果发现宝宝出现脸红、瞪眼、凝视等神态时，就应把宝宝抱到便盆前，并用“嗯、嗯”的发音使宝宝形成条件反射。久而久之，宝宝一到时间就会有便意了。

4～5个月的宝宝

怎样做大小肌肉运动能力的训练

给宝宝做大小肌肉运动能促进宝宝平衡感知觉的良好发展。尽管从第四个月就开始对宝宝进行大小肌肉运动能力的训练，但这种训练到了第五个月还应该继续，以使宝宝全身肌肉的运动能力逐渐加强。

做大小肌肉运动最好的方法就是直立训练：用双手支撑宝宝腋下，让宝宝站起，并扶着宝宝，让宝宝跳动，每天可重复练习几次。

怎样做翻身训练

翻身可以带动全身的肌肉进行活动，如果宝宝到了5个月的时候还不能很好地翻身，爸爸妈妈就应该加紧训练宝宝翻身。

给宝宝做翻身训练可以在床上、沙发上或在地上铺好毯子进行训练。先让宝宝仰卧在上面，妈妈再拿一个色彩鲜艳的，宝宝从来没有见过的新玩具逗他。当宝宝想抓玩具时，就将玩具向左侧或右侧移动。这时的宝宝要想抓到玩具，不仅头会随着玩具转，而且也会因伸手够玩具而带动上身和下身也跟着转。经过如此多次练习，宝宝的全身就自然而然地翻过来了。

怎样做匍行训练

5个月的宝宝趴着的时候，已经能神气十足地挺胸抬头，有时还会胸部离床，将上身的重量落在手上；有时甚至双腿也离开床铺，身体以腹部为支点在床上打转。

宝宝趴在床上时，妈妈或爸爸可以用手抵住宝宝的足底，并用色彩鲜艳的玩具在前面引逗，宝宝就会以足底为基点，用上肢和腹部的力量开始向前匍行。

如果妈妈或爸爸放开抵住宝宝足底的手，这时的宝宝如果越往前使劲，由于失去了足底的基点，在手部力量的作用下，身体反而越向后面匍行。如此反复练习，宝宝很快就会爬行了。

怎样做够取玩具

这个月的宝宝已经渐渐能够分清颜色，并会对色彩鲜明的物体表现出极大的兴趣了，爸爸妈妈可以试着让宝宝够取玩具。

爸爸妈妈或把玩具放在宝宝的旁边，宝宝就会伸手去抓，抓到后还可能把玩具放在嘴里，尝一尝玩具的味道，按照自己的方式自得其乐。

在此基础上，爸爸妈妈还可以让宝宝坐着，在离开宝宝一段距离的地方开动小汽车等会动的玩具。宝宝看到运动着的玩具时，一定会产生伸手去拿的欲望。此时的宝宝尽管爬行还有些困难，但面前玩具的诱惑促使宝宝往前探出身体，小手努力地够取，这样宝宝会在不知不觉的情况下完成爬行动作，学会爬行。

◉ 怎样做靠坐训练

将宝宝放在有扶手的沙发上或椅子上，让宝宝练习靠坐。如果宝宝自己靠坐有困难，妈妈或爸爸先用手扶住宝宝，等宝宝坐得比较稳了后再把手拿开。这样的靠坐练习，每日可连续数次，每次10分钟左右。

◉ 怎样做脚部训练

由于宝宝的下肢较短而且腿部柔软，所以一抬腿可到达脸部，有时甚至把大脚趾抱起来吸吮，这时爸爸妈妈可以让宝宝练习仰卧抬腿的动作。

在宝宝脚部的上方放些玩具让他踢。妈妈或爸爸也可以用两手扶着宝宝的腋下，让宝宝站在自己的大腿上，使宝宝保持直立的姿势，引逗宝宝双腿跳动，每日反复练习几次。此外，还可以多做有利于下肢活动的婴儿体操。

◉ 怎样做平衡游戏

到了第五个月时，宝宝的脖子稳固后可以进行这种平衡游戏。这个游戏可以训练宝宝的平衡感。

妈妈或爸爸扶住宝宝手肘及肩膀，

将卧躺的宝宝扶起来，一边哼唱“摇啊摇，摇到外婆桥……”的歌谣，一边把宝宝拉起来，这时宝宝的身体就会有悬空的感觉。

◎ 怎样做球类游戏

做滚球游戏时，可以让宝宝趴着，先让宝宝触摸一下有铃铛的球，然后把球放在宝宝的手边滚动。接着，再从稍远的地方将球滚向宝宝，甚至从宝宝身边滚过。滚动的球就会引导宝宝移动整个身体追寻球的去向。或者妈妈或爸爸先抓住宝宝的脚，让宝宝的脚被动踢球。

刚开始时，宝宝肯定不会踢，不是用脚从上面蹬踩球，就是用脚踝笨拙地碰球。等宝宝把球碰出去后，妈妈或爸爸再把球用手挡回来。当宝宝看到自己的脚把球碰出去然后又弹回来的时候，一定会表现出很兴奋的样子。经过这样多次练习，如果再把球放在宝宝的脚边时，宝宝就会自动踢球了。

爱心妈妈经验谈

要注重宝宝的身心锻炼。每天早上宝宝醒来时和晚上睡觉前，我都会给宝宝做半小时的健身操，活动一下他的小胳膊腿。平时没事逗宝宝爬爬，陪他滚着皮球玩玩，以帮助宝宝的骨骼发育。

◎ 怎样做手部肌肉训练

在肢体活动中，宝宝最先注意到的就是自己的手，从刚出生时的无意识抓握，到后来有意识的拿取，充分反映出宝宝智能体能的发育过程以及发育的程度。

在训练宝宝手部肌肉运动能力时，妈妈或爸爸可将宝宝抱成坐位，面前放一些色彩鲜艳的玩具，边告诉宝宝各种玩具的名称，边引导宝宝自己伸手去抓握。

刚开始训练时，玩具要放置在宝宝一伸手就可抓到的地方，如果宝宝已经能够比较容易地抓到后，再将玩具移到稍远的地方。

在此基础上还可以在宝宝左手或右手已经拿到一个玩具后，再向宝宝的同一只手递玩具，观察宝宝是将原来到手的玩具扔掉再拿另一个玩具，还是学会了将玩具传到另一只手上。然后试着将宝宝不喜欢的玩具递过去，让宝宝练习推开的动作，还可以将宝宝喜欢的玩具从他手中拿过来再扔到宝宝身边，让宝宝练习捡东西的动作。玩具的个头应从小到大。

◎ 呼名训练有什么作用

在进行语言能力训练前，首先要让宝宝听懂爸爸妈妈叫他的名字。有关胎教的实验研究表明，一组在妈妈妊娠的第七个月时，就为宝宝取好一个正式的名字，而且每次都用同一个名字呼唤腹中的宝宝，那么，这组的宝宝在孕期只要经过一个月左右的呼名训练，在出生3个月后，就会在听到爸爸妈妈喊自己的名字时而有回头的反应。而另一组由于没有经过呼名训练，或者所叫的名字不固定，大多数宝宝在5～7个月听到爸爸妈妈喊自己的名字时才会有回头的反应。

呼名训练对宝宝的语言能力训练大有好处，不仅可以使宝宝注意力集中，而且使宝宝对爸爸妈妈的发音有了记忆。

◉ 做呼名训练时应注意什么

要注意的是在叫宝宝的名字时，爸爸妈妈要注意对宝宝的称呼的一贯性。如果父母一会儿叫“宝宝”，一会儿叫宝宝名字，或者爸爸叫“宝宝”，妈妈叫宝宝名字，会让宝宝不确定哪个是自己的名字，而出现当被叫时，不能及时做出反应的情况。

◉ 怎样做模仿发音训练

模仿是最好的学习方式，对于第五个月宝宝的语言能力训练来说更是如此。语言能力训练的第一步是模仿发音。

做模仿发音训练时，爸爸妈妈要用愉快的口气与表情发出“ma-ma”、“ba-ba”等重复的音节，还要和宝宝保持面对面的训练，让宝宝注视爸爸或妈妈的口形，同时每发一个重复音节，就应该停顿一下，给宝宝一个反应和模仿的时间。对宝宝的模仿发音要遵循循序渐进的原则，不要急于求成。

◉ 教宝宝认识外界事物要注意什么

外面的世界是丰富多彩的，要帮助宝宝认识周围的事物，就需要倾注更多的时间和爱。过去的几个月，爸爸妈妈在和宝宝说话的时候，基本上是随机的，看到什么就说什么或者干什么就说什么，只是要吸引宝宝的注意力。而在宝宝到了第五个月的时候，就要有计划地教宝宝认识周围的日常事物了。

怎样做识物训练

一般来讲，宝宝最先学会指认的是在眼前变化的东西，如能发光的灯、音调高的电视机、或会动的机动玩具等东西。宝宝语言能力的发育规律是先听懂之后才能会说，所以指认物名是第五个月宝宝的训练重点。进行这种听到声音并与相应物品相联系的指认物名训练时，一定要有极大的耐心。训练时要让宝宝一件一件地认，一点一点地学，一次不要同时认好几件东西。只有经过逐件物品的反复温习，才能使宝宝记得牢，认得准。

在教宝宝认识周围的日常事物时，应该给宝宝准备一些色彩鲜艳、图幅较大的卡通画报，一边给宝宝看，一边讲画报上的卡通形象，如一只猫、一个香蕉等。经过多次练习后，宝宝对小狗、小猫、香蕉、灯、花、鸡等名字有了记忆之后，再教宝宝听到物名后用手指出来。经过宝宝的眼看、手摸、脑记，促进宝宝眼、手、脑的协调发展。

怎样做寻找玩具训练

第五个月的宝宝对周围环境的好奇心已越来越大，而且眼手协调能力也越来越强，这时就可以进行认知能力的训练。

由于宝宝对看得见的东西能准确抓到，尤其对新奇的东西更喜欢，爸爸妈妈就要抓住机会进行寻找玩具的训练。

训练时，妈妈或爸爸可将色彩鲜艳而带响的玩具，从宝宝的眼前扔到一边，宝宝听到玩具发出的声音，并看到

妈妈把他喜欢的玩具扔了，就会随声追寻。当宝宝追寻到玩具后，妈妈就要表现出惊喜的样子说“宝宝真棒”，并把玩具捡回来还给宝宝。

宝宝得到妈妈的表扬后，会更加积极地寻找玩具，准确度也会越来越高。经过多次训练之后，妈妈再用不会发出声响的绒毛玩具扔到更远的地方，锻炼宝宝的追寻能力。也可以把一只小铃铛，先在宝宝身体一侧摇响，然后当着宝宝的面把铃铛藏起来，但要露出一部分，让宝宝去找。

◉ 怎样做拆装玩具训练

对于刚5个月的宝宝来说，拆装玩具训练是有一定难度的。但是，这个游戏并不强求宝宝会拆会装，只是一种示范性的游戏。

妈妈或爸爸可将一只可以拼装的玩具放在宝宝面前，给宝宝玩一会儿。等宝宝对玩具的整体熟悉后，妈妈或爸爸再把玩具拆散，然后再装好。这样拆散、装好，再拆散、再装好，反复几次之后，让宝宝自己试着拼装。如果宝宝实在装不好，妈妈或爸爸就手把手地帮宝宝把玩具装好。

在进行以上训练时，最应注意的是拆开的每个玩具零件，都不能小于宝宝的拳头，以免不注意时被宝宝误吃而发生危险。

◉ 怎样做触摸感知训练

第五个月的宝宝头已竖得很稳，视野也更加扩大，对周围环境的事物开始表示出浓厚的兴趣。根据宝宝的这个发育特性，爸爸妈妈就可以对宝宝进行感知能力的训练了。

在训练前，细心的爸爸妈妈一定要注意观察宝宝平时最爱看什么，对什么东西最感兴趣，从中找出宝宝最喜欢的东西让宝宝触摸。比如木制的玩具、铁制的玩具或毛绒玩具等。在对上述各种玩具练习触摸手感的基础上，再找出平绒、粗棉布、劳动布、针织品等各种材质的织物，缝成一个个垫子，垫在宝宝身下。不仅让宝宝用小手摸来摸去，还要让宝宝的身体在上面蹭来蹭去，体会和感觉各种布料的不同质感。

◉ 怎样做视觉感知训练

对宝宝的视觉感知训练随时随地都可进行，在日常生活中，爸爸妈妈要经常把宝宝所看到的物体，尽量用语言来强调指出，以便使宝宝把能够听到的、看到的与感觉到、认识到的东西联系起来。

比如宝宝喜欢看灯，妈妈或爸爸就可把台灯拧亮又拧灭，逗引宝宝的视线落在台灯上，然后告诉宝宝说这叫“灯”。说“灯”字时口型要明显，发音要准确、清晰，使宝宝把声音和发亮

的物件联系起来，以后妈妈或爸爸再说到灯时，宝宝就会自己抬头看灯了。

◉ 怎样做听觉感知训练

在对宝宝进行听觉感知训练，声音要由弱到强，距离要由近到远，循序渐进地锻炼宝宝的感知听觉能力。

训练时，爸爸妈妈可以先拿一些可以发出响声的玩具，弄出响声让宝宝注意倾听。等宝宝有了反应之后，妈妈或爸爸从宝宝身边走到另一个房间或躲在宝宝卧室的窗帘后面，叫着宝宝的名字让宝宝寻找。如果宝宝找不到，妈妈或爸爸可以露出头来吸引宝宝，直到宝宝注意为止。

◉ 进行音乐记忆力训练的方法有哪些

第五个月的宝宝，对音乐已经具有初步的记忆力，不仅能够表现出明显的情绪，而且对音乐有了初步的感受能力，可以配合着音乐的节拍摆动四肢。这个月的宝宝特别喜欢节奏分明的儿歌，虽然他还不懂儿歌的意思，却喜欢儿歌那欢快的节奏和有韵律的声音。

在音乐记忆力训练中，最有效的方法就是让宝宝反复听一首儿歌。如果有条件的话，父母可以试试这个的方法：用画有相应形象的彩色图片或实物与儿歌配合，比如给宝宝放《小蝌蚪找妈妈》的音乐，并让宝宝看这些图片，爸

爸妈妈做相应的解说。这样就可以做到声、物、情融为一体，极大地调动宝宝的兴趣和愉快的情绪，使记忆力得到最大限度的强化。此外，还应给宝宝听一些模仿动物的叫声或生活中、大自然中的各种音响，以丰富宝宝的音乐范围。

◉ 怎样做“藏猫猫”游戏

从宝宝刚出生开始，到三四个月大的时候，就可以与他玩不同形式的“藏猫猫”游戏了。与婴儿一起玩“藏猫猫”游戏，既可以锻炼宝宝的认识能力，也可以锻炼宝宝的运动能力，同时也促进了亲子之间的感情。这种全家人都可以参与的游戏，让爸爸妈妈与宝宝都可以充分享受亲子游戏的乐趣。

4个月左右的“藏猫猫”游戏：妈妈用一条手绢蒙住自己的脸，然后问“妈妈哪儿去了”，在宝宝有些发愣时，妈妈拉去脸上的手绢，露出笑脸，同时说“妈妈在这呢”，孩子会非常开心地大笑，以后自己会拉动手绢使妈妈露出脸来。这种游戏使孩子学习寻找不见的东西。

◉ 照镜子对宝宝有哪些益处

宝宝三四个月时，就对和自己差不多大小的孩子很感兴趣，而且他还不能意识到镜子里的孩子就是自己，出于好奇他会用手去摸镜子里的孩子，或用手拍打；为吸引“对方”的注意，他还会模仿镜子里孩子的动作。这些动作可以提高孩子的运动能力，还能促进他的视觉、触觉、听觉的发育。

爸爸妈妈可以带着宝宝照镜子，让宝宝认识镜子里的自己。逗宝宝笑。

◉ 举高对宝宝有哪些益处

举高能增加宝宝的胆量，促进身心的发展。每当爸爸把宝宝举高再放低时，总会逗得宝宝哈哈大笑。而且宝宝在听说被举高时，身体也会配合做出向上的准备。

◉ 怎样教会宝宝分清昼夜

随着月龄的增长，宝宝睡觉的规律也逐渐发生了变化。爸爸妈妈从现在开始，就要帮助宝宝培养良好的睡眠习惯，避免将来宝宝长大以后在睡眠上出现问题。而在需要养成的睡眠习惯中，教会宝宝分辨昼夜是非常重要的。

与之前所说的一样，爸爸妈妈要教会宝宝分辨昼夜，让宝宝白天和晚上分别在不同的房间中睡觉，白天，宝宝的房间要保持正常的亮度和声响，晚上把灯关掉，保持房间里的安静，利用条件反射的原理，使宝宝懂得白天是玩耍的时间，而夜间才是睡觉的时间。随着宝宝的记忆力逐渐增强，他就会自己分辨昼夜，进而有规律地玩耍、睡觉。

◉ 宝宝白天的睡眠时间有什么差异

宝宝白天睡的时间长了，爸爸妈妈与宝宝交流的时间相应就少了，宝宝白天睡的时间短了，又怕影响宝宝的正常发育。那么，第五个月的宝宝白天到底应睡多长时间才合适呢？

一般来讲，5个月大的宝宝白天大概会有3～4次长达2小时的睡眠，也有的宝宝同样是一次睡2小时，但一天只睡2次。此外，还有的宝宝一白天要睡5～6次，每次大约只有20分钟。造成如此差异的原因，主要是因为不同宝宝的个体差异。无论宝宝睡眠的次数和每次睡眠时间的长短有多么不同，只要是一天睡眠时间的总和能够达到14～16小时就都属正常。当然，相对来说，宝宝一次睡的时间长一些比较好，有利于宝宝的身体发育。

◉ 要继续进行排便训练吗

宝宝的排便训练虽然从上个月就

开始了，但由于养成良好的排便习惯并不是一件容易的事，这个月仍然要对宝宝进行排便训练，但训练时排尿和排便必须区别开来。

排便时，有的宝宝由于大便干硬，需用劲儿才能排泄出来，因此在大便时，往往显出与平时不同的表情，当看到宝宝憋足力气时，妈妈就能预感到宝宝要大便了。而对于大便顺畅，排便时一点不费劲儿的宝宝，妈妈就难以把握时间了，有时闻到气味才发觉宝宝已经便了。如果爸爸妈妈能根据几个月的摸索算好时间，或看到宝宝有异常表情，又加上快到排便时间时，就要让宝宝坐便盆。也许有时宝宝能顺利配合，但多数情况是不能令人满意的。所以，爸爸妈妈在训练宝宝排便上一定要耐心细致、持之以恒，进行多次尝试。每天早上或晚上把一次大便，让宝宝形成条件反射，逐渐形成良好的排便习惯。

爱心妈妈经验谈

宝宝4个月前，我一直都坚持母乳喂养，因为母乳的营养最适合宝宝吸收，还含有很多抗体，能增强宝宝免疫力。现在宝宝9个月大了，前几天去医院做了检查，身体的各项指标都很正常，宝宝发育得非常良好。

◉ 宝宝尽早学会使用杯子有什么好处

5个月的宝宝，小手已经能抓握东西了，这个时候爸爸妈妈不妨试着让宝宝使用杯子，提早让宝宝使用杯子有如下好处：

一是让宝宝掌握一项技能，使宝宝学到除了乳头和奶瓶外，还有另一种吸取水分的途径。二是方便喂养，当妈妈不能喂乳，或是奶瓶不在手边时，也一样有办法喂食牛奶、果汁等液体。三是5个月的宝宝比较容易接受“新生事物”，当然也就容易接受杯子。如果等宝宝长大了再教他用杯子，宝宝的抗拒心理就大了，因为宝宝那时会感觉到，使用杯子代表他必须放弃已经习惯的奶瓶或乳头，要想使宝宝接受杯子，至少也要花上数周到数个月的时间才行。

5～6个月的宝宝

◉ 翻身训练对宝宝有哪些益处

这个月的宝宝可在上个月的基础上，继续进行由仰卧翻至侧卧，再由侧卧翻至俯卧的训练。这样做有助于宝宝肌肉关节的力量和协调能力的发展。

训练时可将具有吸引力的玩具，放在宝宝一侧伸手够不着的地方。宝宝为了够取玩具，如果即使伸手使劲也够不着时，必然会全身使劲，几次之后就自然而然地翻身成为俯卧姿势。

◉ 独坐训练对宝宝有哪些益处

这个月还要训练宝宝自己独坐的能力。开始时，爸爸或妈妈可以给予宝宝一定的支撑，或用手臂，或用被褥，然后逐渐撤去左右支撑让宝宝自己靠着坐。等宝宝自己能够坐稳后，再逐渐撤离靠背。

以上训练要经常进行，大多数宝宝到了第七个月时就能灵巧地翻滚和稳稳地独坐了。这个训练有助于宝宝肌肉关节的力量和协调能力的发展。

◉ 匍行训练对宝宝有哪些益处

匍行能促进宝宝的大脑发育。上个月训练宝宝匍行时，如果妈妈或爸爸的手离开宝宝的脚底，宝宝就会向后匍行。这个月继续训练时，仍可以用玩具

逗引宝宝练习匍行。所不同的是，爸爸或妈妈不要总是把手放在宝宝的脚底，而改成用手或毛巾提起腹部，使宝宝的身体重量落在手和膝上，以便训练宝宝向前匍行。

◎ 跳跃训练对宝宝有哪些益处

跳跃训练不仅可以使宝宝腿部的支撑力得到锻炼，同时还可培养宝宝动作和口令之间的协调能力。

进行跳跃训练时，可以继续上个月由妈妈或爸爸用双手扶着宝宝腋下，让宝宝练习跳跃动作的办法。这个月虽然还是妈妈或爸爸扶着宝宝的两侧腋下，但所不同的是让宝宝站立在床上或桌上。等宝宝的双脚一接触到床或桌面时，就把宝宝提起来，并要给宝宝喊着口令，让宝宝随着口令跳跃。

◎ 锻炼整体运动技能有哪些好处

整体运动技能的锻炼主要是协助宝宝发展坐、爬、走等运动机能。训练时，要让宝宝经常更换仰卧、俯卧、直立、躺平等姿势，并最大限度地为宝宝提供锻炼身体敏捷度的机会。妈妈或爸爸可以让宝宝站在自己膝上跳跃，或让宝宝握住自己的手指，让宝宝靠着摇篮边站着或倚靠着。

◎ 够取较小的物体对宝宝有什么好处

够取比较小的物体能锻炼宝宝的手部肌肉能力。

爸爸妈妈在对宝宝做训练时，所选择物体要逐渐从大到小，距离要逐渐从近到远。让宝宝努力够取小的物体，最好从满手抓逐步过渡到用拇指和食指捏取，以锻炼手指灵活性和手指肌肉的力量。同时，给宝宝一些能抓住的如小积木、小塑料玩具等小玩具之后，然后继续给宝宝手里递另外的玩具，训练宝宝放下一件玩具，再接过另一件玩具的能力。或者训练宝宝有意识地将玩具从一只手传到另一只手。

◎ 扔掉再拿对宝宝有什么好处

宝宝经常会有这样的举动：总是试图抓住大人手中的物品，得到之后就把它扔到地上。爸爸或妈妈捡起来之后，他又挥舞着小手企图拿过来，拿到手之后，再次扔到地板上，然后又期盼着爸爸或妈妈捡起来。有时妈妈会为宝宝的这种行为生气，不耐烦地抱走宝宝或者拿走物品，有的甚至抓起宝宝的小手打几下。力度虽然不大，但生气的表情完全写在脸上。

宝宝的这种看似荒谬、重复的做法，实际上正是符合婴儿身心发展规律的游戏，称为自发游戏。而爸爸妈妈对于婴儿自发游戏的干预，会在一定程度上影响宝宝的身心发展。宝宝的这种重复活动在一定程度上锻炼了抓握、找寻、手眼协调、沟通等能力，因此，这种婴儿游戏蕴藏着教育契机，应该受到大人的重视与配合，并加以顺势引导。给宝宝一些能抓住的如小积木、小塑料玩具等小玩具之后，然后继续给宝宝手里递另外的玩具，训练宝宝扔掉一件，再接过一件的能力。

◎ 玩具倒手对宝宝有什么好处

玩具倒手能训练宝宝手大小肌肉的运动能力。爸爸或妈妈连续给宝宝一只手里递玩具，示范宝宝将手里的玩具倒到另一个手里。练习几次后，宝宝就会有意识地将玩具从一只手传到另一只手。

◎ 怎样发展宝宝指头及拳头的机敏度

爸爸妈妈可以和宝宝所做的游戏相配合，比如刚开始只是妈妈或爸爸在表演并带领鼓掌，或者专门做些以拨弄手指为主的游戏。由于宝宝已经具备了基本的模仿能力，所以宝宝在游戏过程中就会不知不觉地学会鼓掌或一些简单的手指游戏。也可以利用一些简单的木板、塑胶块和布料做成积木或拼图，或者找几个柔软的洋娃娃及填充动物，利用这些玩偶增进宝宝手部的机敏度。

此外，还可以充分利用家里的其他物品，比如宝宝通常喜爱的报废电话、空的茶壶、各式各样的汤匙和纸杯等。让宝宝多玩弄各种物体，就可促使宝宝将来学会并熟练运用诸如自己喂食、刷牙、绑鞋带、扣扣子，以及用钥匙开门、绘画等较为复杂的基础技能。这个训练能加强宝宝手部的运动，发展宝宝指头和拳头的机敏度。

◎ 怎样做拍手儿歌游戏

妈妈用自己双手的手掌，有节奏地与宝宝的双手手掌互相轻轻拍击，同时随着拍击的动作念儿歌："你拍一，我拍一，妈妈和宝宝坐飞机。你拍二，我拍二……"儿歌内容可以随意编排。

这种传统游戏通过双手指尖的接触、分离以及与儿歌歌词的配合，不仅能进一步发展宝宝手部的精细动作，而且对宝宝的触觉神经发育和情感的发展都很有帮助。

怎样训练宝宝的语言能力

这个月的宝宝已经开始学会发出一些单音，并有了一定的认知能力。为了促进宝宝智能的全面发育，父母在训练宝宝的语言能力时，应和提高认知能力相结合。

在宝宝学会发出单音的基础上，爸爸妈妈可以教宝宝发各种简单的辅音，如ma－ma、妈妈、ba-ba、爸爸、gou－gou、狗狗、wa－wa、娃娃等。在让宝宝模仿发音的同时，还应指着妈妈、爸爸和玩具狗狗或娃娃让宝宝对号入座。

这种做法既可以使宝宝在这个月能够发出4～5个辅音，而且还能初步理解这些辅音的基本含义。

接下来就可以进行听音指认的游戏。让宝宝听到“妈妈”、“爸爸”这些词汇时，不但眼睛看着妈妈或爸爸，还要教宝宝用手分别指认。也可以让宝宝听到“狗狗”、“娃娃”时，让宝宝到玩具堆里把狗狗或娃娃挑出来。

户外的语言训练对宝宝有什么好处

当父母带宝宝到户外活动时，应尽可能地和宝宝多说话，在教宝宝识物的同时，可以帮助宝宝学说话。当看到花丛中的花，爸爸妈妈可以对宝宝说：“这是花，多漂亮啊。”见到小狗时，告诉宝宝：“宝宝你看，这是汪汪。”这样做能教宝宝识物，锻炼宝宝对新事物反应的敏感性，帮助宝宝学说话。

听觉的感官刺激对宝宝有什么好处

在增强宝宝的感官刺激中，听觉的感官刺激是最基本的，并且可以在日常生活中随时、随机进行。

每当打开电视机、开动吸尘器、往浴缸中放水、热水壶响了或门铃、电话响了时；当飞机从天空飞过、鸽子的哨音或消防车在窗外的街上疾驶经过时，都可以用亲切而清晰的声音告诉宝宝这是什么东西发出的声音，并同时将相应的物体指给宝宝看。这样做不仅会让宝宝对声音的反应更加敏锐，而且还因重复告诉他的那些东西的名称，而有助于宝宝认识和记忆更多的词汇。

当重复告诉宝宝那些东西的名称时，口形的变化还会刺激宝宝的模仿力，进而激发宝宝的发音和语言能力。

◉ 撕纸游戏对宝宝有什么好处

剪纸是我国优秀传统艺术之一，虽然这么小的宝宝还不会拿剪刀，但妈妈完全可以让宝宝撕纸玩。

游戏时，要选择那些色彩鲜艳、质地柔软且干净的纸让宝宝撕。开始时可以任意让宝宝撕，什么形状都无所谓，目的主要是锻炼宝宝手部肌肉的力量和手指的灵活性。玩过几次以后，妈妈可以把纸撕成三角形、圆形、方形，摆放在宝宝面前给他看，并告诉宝宝都是什么图形。

尽管宝宝此时还不能区分这些形状，但这个游戏既可以作为一种视觉的体验，又可以增强宝宝对简单图形的记忆储存。

◉ 怎样训练宝宝感官综合性和协调性

在增强宝宝的感官刺激中，还应注意宝宝各种感官的综合性和协调性。比如，最常见的捉迷藏游戏就是利于锻炼宝宝各感官的综合性和协调性。

游戏时，爸爸可以戴上动物面具（或头饰），一边念儿歌，一边模仿动物的动作给宝宝看。然后爸爸再躲到妈妈的身后发出某种动物叫声，比如猫的“喵喵”声和狗的“汪汪”声，逗引宝宝把头和身子转过来寻找爸爸。也可以是妈妈先拿一个能够发出声音的玩具，先敲响玩具让宝宝注意倾听，然后妈妈再躲到房间的另一边，边弄响玩具边呼唤宝宝的名字让宝宝寻找。

如果宝宝没有作出相应的反应，可以重复上述做法，直到宝宝有反应并找到妈妈和玩具为止。当然，这些游戏不一定要求每次宝宝都有兴趣，既要循序渐进，又要与其他游戏配合进行。

◉ 怎样教宝宝认识自己

用照片教宝宝认识自己，培养和训练宝宝的认知能力。不仅要让宝宝认识身边的事物，还要让他认识自己。

虽说宝宝刚刚6个月，但肯定照了不少相，这些照片就成了教宝宝认识自己的好教材。妈妈可以对着照片教宝宝认识他的整体形象，也可以教宝宝分别认识他的手、脚或其他部位。

用穿衣镜教宝宝认识自己，父母可以把宝宝抱在穿衣镜前，用手指着宝宝的脸，并反复地叫宝宝的名字，或者指着宝宝的五官以及头发、手、脚等部位让宝宝认识。宝宝通过镜子看到妈妈所指的部位，听到妈妈的声音，宝宝慢慢就会懂得头发、手、脚、眼睛、耳朵、鼻子和嘴等词汇的含义。再过几个月，就可以进一步和宝宝玩你说什么，宝宝自己指什么的游戏了。如你说嘴字时，宝宝就会很快把手指指向自己的嘴巴。

这样做不仅帮宝宝认识自己，对认知能力的培养有帮助，还对宝宝的视觉体验很有好处，使宝宝产生对他人、对周围环境的信任感和安全感。

◎ 怎样做“逗逗飞”游戏

“逗逗飞”这个游戏表情活泼、语调夸张，可以使宝宝充分获得神经末梢的感觉刺激，达到情绪愉悦的效果。

让宝宝仰卧或靠坐在妈妈怀中，妈妈把着宝宝的小手，一边将宝宝两手的食指指尖相对靠住，然后面向宝宝一字一字地念“逗，逗，飞——”、“逗，逗，飞——”，同时把宝宝两手的食指指尖分离。

◎ 为什么不要冷落了宝宝

6个月左右的宝宝已经有了比较复杂的情绪，高兴时眉开眼笑，甚至手舞足蹈；不高兴时大哭小闹。所以，爸爸妈妈千万不要认为这时的宝宝什么也不懂而冷落了宝宝。

第六个月的宝宝虽然不会说话，但已初步能够听懂爸爸妈妈的话。经常和宝宝说话，不仅让宝宝感到父母的关爱，而且为宝宝正式开口说话打下很好的基础，促进宝宝的早期智力开发。

总之，爸爸妈妈要牢记的是，任何时候都不要冷落宝宝，要让宝宝时刻得到爸爸妈妈的悉心照料，看到爸爸和

爱心妈妈经验谈

如果妈妈把宝宝搂在怀里，在讲故事时根据情节适时地亲吻、鼓励、表扬宝宝，他会非常热衷于读书。如何让宝宝在这种温馨的环境里爱上阅读，是考验妈妈讲故事的本事，也是最佳的亲子游戏。

妈妈愉快的音容笑貌，让宝宝在日常活动和游戏的快乐时光产生欢快的情绪，为宝宝的心理健康奠定基础。

◉ 为什么说宝宝与他人交往很重要

已经过了半周岁的宝宝还没有形成心理学上所谓的“害羞情结”，所以大多数宝宝的性格都很外向。这个月龄的宝宝喜欢接近熟悉的人，并能分出家里人和陌生人，但对爸爸妈妈之外的其他人，也会以微笑或张开胳膊等各种不同的方式表示友好。所以，爸爸妈妈要抓住这个大好时机，经常抱宝宝到邻居家去串门或到小区花园里去散步，让宝宝多接触其他人，尤其要多和其他小朋友玩，为宝宝提供与他人交往的环境，并利用与他人交往的时机教宝宝一些社交礼仪，如挥手道别、道谢等。

但是，也有一些宝宝怕生，见到生人时就会把脸扑入妈妈怀中，表现出害怕的情绪甚至哭闹。这部分宝宝也害怕去陌生的地方，害怕接触陌生的事物。对这样的宝宝，爸爸妈妈要刻意多带宝宝到外面去熟悉新的环境接触陌生人，逐步消除宝宝的恐惧心理。

◉ 怎样培养宝宝的爱心

婴幼儿期是人各种心理品质形成的关键时期，爱心的形成也是在婴幼儿时期。因此培养孩子的爱心，要从孩子很小的时候抓起。在婴儿时期，父母要经常爱抚孩子，对孩子微笑，让孩子感受到父母对他的爱，这是孩子萌生爱心的起点。随着孩子一天天长大，父母要把自己看做孩子的伙伴，陪孩子游戏、聊天、学习，让孩子感受到家庭的温暖，感受到被爱的幸福，为孩子奉献爱心打下基础。

爸爸妈妈要富有爱心。父母是孩子的镜子，孩子是父母的影子。只有富有爱心的父母，才能培养出富有爱心的孩子。孩子时时刻刻把父母作为自己的榜样，父母的一言一行都在潜移默化地影响着孩子，身教重于言教就是这个道理。因此，父母平时就要注意自己的言行举止，做到孝敬老人、关心孩子、关爱他人、乐于助人等，让孩子觉着父母是富有爱心的人，自己也要做一个富有爱心的人。

◎通过游戏和玩具培养宝宝的爱心

社会是由人组成的，人与人之间有爱心，社会才能和谐和进步，所以爸爸妈妈从小就要培养宝宝的爱心，这对宝宝长大以后形成社会亲和性具有重要意义。

用游戏和玩具培养宝宝的爱心：爸爸妈妈可以给宝宝买一些柔软的绒毛玩具，比如小熊、小狗、娃娃等，这特别适宜女宝宝。把玩具交给宝宝以后，爸爸妈妈应鼓励宝宝温柔地对待玩具，与玩具一块做游戏。

可以教宝宝怎样抱绒毛玩具，并做示范给宝宝看。这时的宝宝已经有了很强的模仿力，大人的示范一定会让宝宝学会彬彬有礼和善意待人的好品德。经过这样的游戏，宝宝很快就会“照顾”他的玩具了。

◎怎样用玩具法让宝宝展现力量

表现自己是人的本能，也是一种健康心理的具体体现。玩具法游戏就可以让宝宝开始懂得怎样表现自己，怎样体现自己的力量。

可以给宝宝找一些可以发出响声的玩具，如一捏就响的玩偶，按动玩具上的按钮就能制造一些“噪音”或弹出一个面孔的魔术玩具等。也可以让宝宝玩不倒翁，推倒了看它怎样站起来，站起来再把不倒翁推倒。还可以让宝宝堆砌积木，然后再把堆砌好的塑料积木打倒。这种自己动手之后能够产生声响效果或形象效果的玩具玩法，能使宝宝对自己的本领感到非常得意，既提高了宝宝的兴趣，也潜移默化地培养了宝宝的自信心。

◎怎样用形体游戏让宝宝展现力量

因为现在宝宝的上身已经非常有力，并且可以完全控制自己的头部，大多数的宝宝也已经能从俯卧姿势翻身到仰卧姿势了。这时可以试着和宝宝在地板上或床上玩一些翻身、扭头、起坐等形体游戏，让宝宝尽量展示自己的本领，既可以锻炼体能又可以达到展现自己力量的目的。在做这种形体游戏时，最重要的是注意安全，宝宝的体能不允许的或宝宝还没学会的动作坚决不做。

◎咀嚼、吞咽训练对宝宝有什么好处

一般来讲，当宝宝4个月大时，爸爸妈妈就要开始给宝宝有意识地添加少量半流质的辅食了。会吸吮是宝宝的本能，但出牙后要学会咬一小块食物，并嚼碎后吞咽下去，就需要后天的训练和培养了。

由于这时的宝宝还不会咀嚼和吞咽食物，所以当妈妈或爸爸用小勺给宝宝喂半固体食物时，几乎所有的宝宝都会用舌头将食物顶出或吐出来，甚至在吞咽时有哽噎现象。但只要经过一个阶段训练，宝宝就会逐步克服上面所说的现象，形成与吞咽的协同动作有关的条件反射。

在进行咀嚼、吞咽训练时，由于不同的宝宝有着不同的适应性的心理素质差异，所以有的宝宝只要经过数次试喂即可适应，而有的宝宝则需要1～2个月才能学会。所以，在让宝宝学习咀嚼和吞咽时，爸爸妈妈一定要有足够的耐心。

◎ 怎样锻炼宝宝独自玩耍的能力

宝宝逐渐长大，父母不仅要锻炼宝宝的身体，也不能忽视对宝宝精神上的训练。最好试着锻炼宝宝独自玩耍的能力，以免宝宝对父母的依赖性过强。在宝宝醒着的时候，情绪好的时候，在父母的视线范围内，可以把宝宝放在床上或地板上的垫子上，给宝宝摆上一些不会造成危险的玩具，让宝宝自己自由玩耍。

6～7个月的宝宝

◎ 训练宝宝爬行有什么益处

宝宝的爬行是婴儿期体能发育的一个重要过程。爬行的标准动作，首先是头颈仰起，然后利用双手支撑的力量使胸部抬高，最后由四肢支撑着体重向前爬行。由于宝宝在7个月时全身的肌肉还在逐步发育阶段，爬行的动作也不协调，所以大多是匍匐爬行，也就是利用腹部的力量进行身体的蠕动，在四肢不规则划动的作用下，身体往往不是向

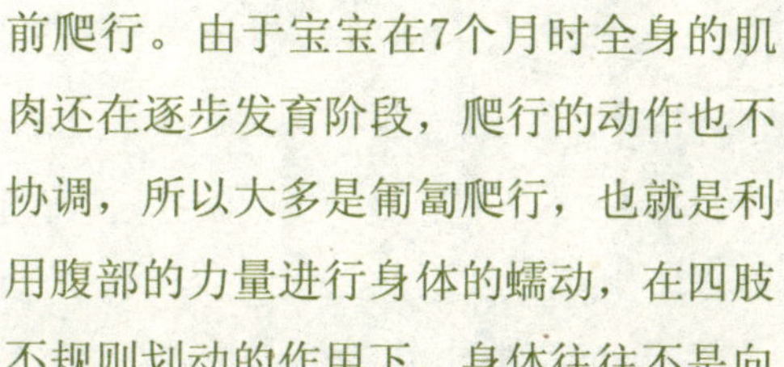

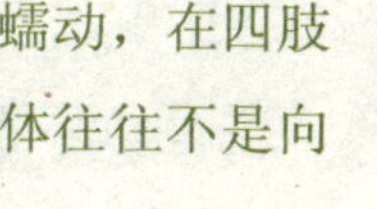

前进，而是向后退，或者在原地转动。但是，这个阶段过去之后，接下来就是标准的爬行动作了。

爬行是婴儿期比较剧烈的全身运动，爬行时能量消耗较大，这大大提高了宝宝的新陈代谢水平。所以爬行可使宝宝食欲旺盛，食量增加。宝宝吃得多，睡得香，身体也长得快和结实。

宝宝学会爬行以后，由于扩大了视野和接触范围，通过视觉、听觉和触觉等感官刺激大脑，可以促进宝宝的大脑发育，并使宝宝眼、手、脚的运动更加协调。因此，宝宝爬得越早、越多，对增进智力发展，提高智商水平越有积极意义，而且能增强宝宝小脑的平衡与反应联系。这种联系对宝宝日后学习语言和阅读也会起到良好的作用和影响。

◉ 怎样做爬行训练

爸爸妈妈准备适合爬行的场地，比如在一个较大的床或木地板上，铺上毯子或泡沫地板垫。

训练时，让宝宝俯卧在床上，爸爸妈妈可以联手对宝宝进行训练引导。妈妈在宝宝前面摆弄会叫或会响的玩具，以吸引宝宝的注意力。比如拿一个熊猫宝宝，边晃动，边亲切地叫着宝宝的名字说："聪聪，熊猫宝宝要和你做

游戏，快来拿啊！”爸爸则在宝宝身后用手推着宝宝的双脚掌，宝宝想要拿到熊猫宝宝，就会借助爸爸的力量向前用力移动身体。经过几次这样的训练之后，即使爸爸逐渐减少对宝宝的帮助，宝宝也会自己向前爬了。

还可以在宝宝趴着的时候，在离宝宝不远的前面摆放一个会动或者会响的玩具，当宝宝伸手快够到时，把玩具再向远处挪一点。

做这种训练时要注意的是，玩具与宝宝手的距离不能太远，要保持看上去伸手可得但又够不着的程度，只有这样才能起到刺激作用，勾起宝宝想要得到玩具的欲望，调动宝宝向前爬行的兴趣。

◉ 怎样训练宝宝连续翻滚

这个月，宝宝具有了连续翻滚的能力，父母可以借此机会给宝宝训练。把宝宝放在平铺好的大床上，让宝宝躺下，在离宝宝不远处用玩具吸引宝宝，让宝宝从平躺转为俯卧，再由俯卧转为仰卧，继续翻滚直至够取到玩具。

◉ 怎样做坐起和躺下的游戏

让宝宝仰卧，妈妈或爸爸握住宝宝的两只手腕，慢慢把宝宝从仰卧位拉起成坐位，然后再轻轻把宝宝放下恢复成仰卧位。如此来回反复做坐起和躺下的游戏，就可使宝宝的颈背肌和腹肌得到锻炼。

如果宝宝的手已经有很好的握力，妈妈或爸爸也可把大拇指放在宝宝的手心里，让宝宝紧握进行上述坐起和躺下的游戏。

用这种方法训练时要注意宝宝的握力是不是足以完成整个游戏，如果宝宝手部的握力不够，就需要妈妈或爸爸在宝宝身后进行必要的保护，以免宝宝半途松手而发生意外。

只有宝宝的颈背部和腹部肌肉的力量增强以后，宝宝才能尽快自己坐起来，并且不用任何依靠而坐稳。

◉ 怎样做“拉大锯”游戏

游戏时，妈妈和宝宝相对而坐，妈妈双手握住宝宝手腕，让其前俯后仰玩“拉大锯”的游戏，边拉妈妈边念：“拉大锯，扯大锯，姥姥家唱大戏，接你来，你就去，你陪姥姥看大戏。”这个儿歌游戏每天可玩1～2次，每次3～5分钟即可。

怎样做捡豆游戏

过了6个月以后，宝宝的小手动作明显地灵巧了，一般物体都能熟练地拿起，捡豆游戏就是建立在这种基础之上进行的。游戏前，妈妈找一个广口瓶，再找10多个爆米花之类比较好拿并可以吃的物品。

开始时，爸爸或妈妈可以先做个示范，一个一个地把爆米花之类捡起来，放进瓶里，然后再倒出来。如此反复，来回玩耍。在爸爸或妈妈示范动作的启发下，宝宝就会效仿着做，开始学习捏取这些爆米花之类的小物品。

这个游戏有个循序渐进的过程，开始时找些爆米花之类比较粗糙的东西，等宝宝比较熟练之后，再换一些如小糖豆等比较光滑难拿的东西。

经过这样逐步升级的训练，宝宝的小手指就会越来越有力，越来越灵活，而且会逐步由拇指与其他指头的抓握，逐渐发展为拇指与食指相对的准确捏取。

怎样做传递游戏

在做传递游戏之前，可以先做以下基础练习。在宝宝能够准确抓握的基础上，可给宝宝一些积木、套碗、套塔等玩具，先训练宝宝抓住一个再抓一个，或向宝宝同一只手上送两个玩具，让宝宝学会将一个玩具放下，再拿起另一个；进而学会把一只手上的玩具倒到另一只手上，然后再取第二个玩具。

当这些基础训练都能基本完成的时候，爸爸妈妈可以分别坐在宝宝的两侧，从妈妈开始或是从爸爸开始都行，拿一个玩具交到宝宝的一只手上，然后再教宝宝倒手后，交到妈妈或爸爸手里，直至宝宝完成所有动作。这样能训练宝宝手部力量和灵活性。

对击玩具有什么益处

对击玩具可以促进宝宝手、眼、耳、脑感知觉能力的协调发展。让宝宝两手各拿一块积木，互相对击，每当能敲出声响时，父母就要鼓掌鼓励宝宝。

怎样教宝宝理解词义

经过几个月的耳濡目染，大约有

50%～70%的宝宝都会自动叫出“妈妈”、“爸爸”等重复音节，尽管他们还不懂这是什么意思，但这足以给父母信心——宝宝学习语言的敏感期到了。

所以，妈妈和爸爸在感受宝宝主动叫“爸爸”、“妈妈”的幸福时，一定要抓住这个语言训练的大好时机，不仅要鼓励宝宝发音，而且要因势利导，教宝宝理解其“爸爸妈妈”的含义。当宝宝主动叫“爸爸”时，妈妈或爸爸要立刻凑到宝宝面前，一边学着宝宝“爸爸”的发音，一边指着爸爸给宝宝看，让宝宝能够对号入座。

尽管开始几次宝宝弄不懂“爸爸”的含义，时间一长，宝宝就会把“爸爸”的发音和面前的爸爸联系到一起了。等到爸爸走过来时，只要妈妈说“爸爸来了。”宝宝就会朝爸爸看。用同样的方法，当你说“妈妈”时，宝宝也会转向妈妈。

◉ 怎样教宝宝懂得“不”的意思

这个月，宝宝已经可以理解父母部分说话的内容。父母最好趁着这时，教宝宝懂得“不”的意义。比如对宝宝不能动的东西，要让宝宝不碰、远离。妈妈指着冒热气的杯子，对宝宝说：“太烫，不能碰！”然后拉着宝宝的手，轻轻碰一下杯子，赶紧离开。让宝宝知道这是烫的、危险的，要远离。

◉ 讲故事能促进宝宝的智力开发吗

给宝宝讲故事，是促进宝宝语言发展与智力开发的好办法。虽然这个月龄的宝宝可能还听不懂故事，但只要爸爸妈妈一有时间就声情并茂地讲故事给宝宝听，就能培养宝宝爱听故事的好习惯。

如果爸爸妈妈再多给宝宝买几本构图简单，色彩鲜艳的婴儿画报，一边用清晰、缓慢、准确、悠扬的语调给他讲故事，一边指点画册上的图像，还能培养起宝宝对图书的兴趣。

当然，也有一些宝宝，无论爸爸妈妈讲什么故事，他都提不起兴趣，甚至也不爱看那些画册，这时，爸爸妈妈也不要生气着急，过一段时间后再试试，可能宝宝就会喜欢听故事了。但注意在故事的选择上，要选择情节简单、有趣的。

◉ 宝宝的视觉发展应注意什么

宝宝到了第七个月之后，到室外的机会相应地多了起来，在进行室外锻炼的时候，完全可以与发展宝宝的视觉相结合。

尽管家里有色彩鲜艳的图片、五颜六色的塑料玩具、明亮的镜子、幽默滑稽的脸谱、各种造型的小动物等，但是这些静止的东西看久了就会使宝宝厌烦。而到了室外情况就完全不一样了。比如小区院内的花卉、树木、假山、流水，以及休闲的人们等，这些活动着的景物对于刚刚接触外界事物的宝宝来说，真可谓是丰富多彩，一定会激发出宝宝极大的兴趣，并可在发展视觉的同时感知广阔的外部世界。

◎ 怎样教宝宝认识自己的五官

由于这个月的宝宝已经具备了一些简单的思维能力，父母可以继续上个月的锻炼方法，教宝宝多认识自己。可以在镜子前让宝宝看自己的样子和举动，还可以用类似的方法，教宝宝指认自己的五官等。

到室外活动时，妈妈或爸爸可以先抱着宝宝在阳光下，把影子指给宝宝看，然后转过身对宝宝说："宝宝不见了。"让宝宝找自己的影子。当然，仅靠宝宝的智力水平还不能找到自己的影子，需要妈妈或爸爸再转个圈才能把影子转到宝宝面前。当妈妈说"宝宝又回来了"时，就会在宝宝欢快和惊奇的情绪中增进其智力的发育。

◎ 给宝宝听音乐有什么益处

随着现代儿童早期教育科学的普及，大部分的宝宝在未出生之前就接受过了音乐的熏陶，所以对于宝宝来说，音乐已经是比较熟悉的声音了。如果宝宝对音乐感兴趣，就可以从这个月开始给宝宝听音乐。对于这个月龄的宝宝来说，听那些世界名曲还为时过早，最好听一些旋律简单且重复较多的乐曲。如果宝宝喜欢听妈妈唱熟悉的曲调，妈妈就可以把几首歌录在磁带上，或者在宝宝安静的时候给他播放童谣听。

虽然现在的电视里有很多儿童频道和适合宝宝听的音乐，但最好还是不要让宝宝看。一方面，因为电视的辐射对宝宝的发育不利；另一方面，即使目前最新品牌和款式的高清液晶电视，播映时发出的光线对宝宝的视力有所影响。

◎ 怎样培养宝宝的观察力和判断力

观察力和判断力是一个人在社会生活中必须具备的基本素质。在宝宝长到

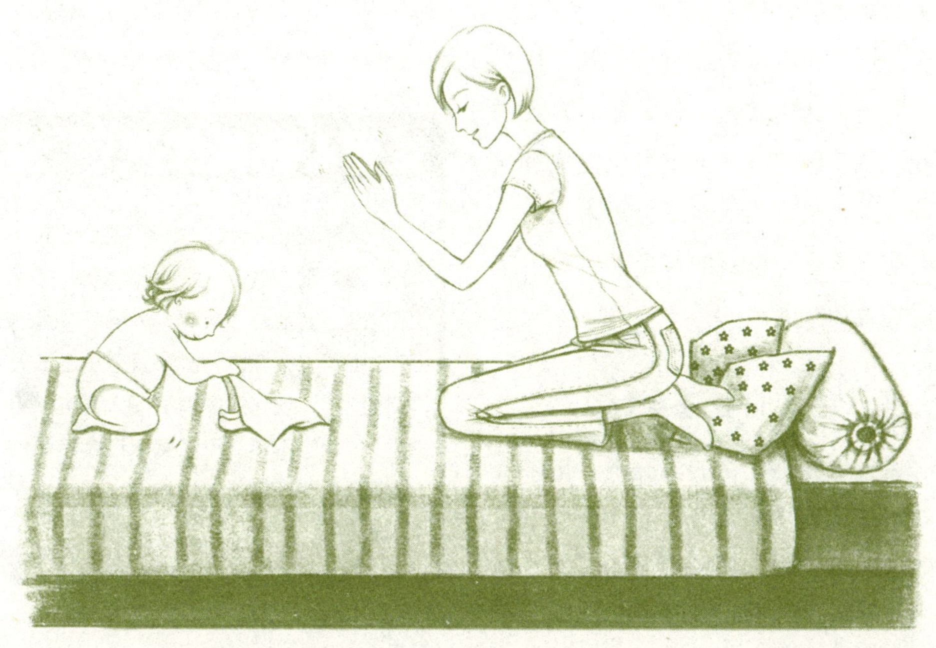

第七个月时，就可以利用游戏的方式，逐步培养宝宝的观察力和判断力了。

培养宝宝观察力和判断力的游戏有很多，比如要玩玩具时，可以让宝宝自己找。如果宝宝喜欢玩具娃娃，就可以和宝宝玩藏猫猫游戏：先用一块手帕盖在玩具娃娃上，要注意手帕不能太大，要将玩具娃娃露出一部分，然后再让宝宝把玩具娃娃找出来。

也可以把玩具娃娃和小汽车等几个玩具同时用手帕盖起来，手帕的边上分别露出小汽车的轮子和玩具娃娃的胳膊或腿，然后再让宝宝揭开手帕寻找到他所喜欢的玩具。或者妈妈说玩具的名称，让宝宝寻找，这样既可以锻炼宝宝自己找玩具的能力，也可以使宝宝将玩具和玩具的名称对应起来，达到增强宝宝认知能力的目的。

当然，也可以把这些玩具藏在枕头下、被子里让宝宝找，逐渐增加游戏的难度。最后还可以让宝宝自己把他喜欢的玩具盖起来，由妈妈或爸爸来找，以此调动宝宝参与游戏的兴趣，培养宝宝的观察力和判断力。

◉ 室外活动时要注意什么

在天气条件允许的情况下，把宝宝带到室外活动是非常必要的。这样不仅能够锻炼宝宝身体的抗病能力，而且悦耳的鸽哨声，盛开的鲜花，天上的蓝天白云，会让宝宝感到就像进入一个美妙的童话世界一般。

尽管这个月龄的宝宝已经能坐得很稳，但不要总让宝宝坐在婴儿车里，应选择一个比较安全的地方，再铺块毯子，把宝宝放到毯子上，让宝宝坐着或爬着玩。也可以让宝宝坐在允许进去的草坪上，看看天上的风筝，听听小鸟的鸣叫声，摸摸嫩绿的小草，感受一下大自然。

喜欢小伙伴是宝宝们的天性，如果住地附近有儿童活动场所，也可以把宝宝带到一个比较安全的地方观看。如果是比较激烈的球类运动时，最好不要观看，以防失去控制的球飞过来伤着宝宝。但无论采取什么方式，也不管到什么场所，对7个月大的宝宝来讲，每天室外活动的时间应控制在1.5～3小时为宜。

爱心妈妈经验谈

天气好的时候，抱着宝宝出去走走，晒太阳，进行一下户外活动，多见见世面。宝宝开了眼界，大脑会发育得快，胆子也会变大。我家宝宝总出去见不同的人，现在即使有很多人再也不犯怵，谁逗也不哭。见了熟人还会特热情地把自己的吃的分人家一点，很招大家的喜欢。

◎ 室内裸体空气浴有什么益处

当天气情况不允许带宝宝做室外活动时，也可以让宝宝在室内进行裸体空气浴。做室内裸体空气浴以前，应该先开窗20分钟，进行空气交流之后，等到室温升到20℃左右时，就可以把宝宝的衣服全部脱掉，把宝宝放在床上，或者在木质地板上铺上一块较厚的毯子，把宝宝放在上面。

活动的方法可以由宝宝的兴趣而定，如果宝宝原来一直坚持做婴儿体操，但到7个月时不爱做了，就不要勉强宝宝继续做，应改换成宝宝喜欢的游戏。只要能活动全身，任何活动都可以达到健身目的。

◎ 可以让宝宝感受室外大型儿童锻炼器械吗

尽管现在的一般家庭生活都比较宽裕，但几乎所有的家庭都不会有大型的儿童锻炼器械。所以，爸爸妈妈在带宝宝到室外活动的时候，看到其他小朋友荡秋千、玩滑梯或跷跷板等大型儿童锻炼器械，大部分的宝宝都会表现出异常的高兴情绪。这时，爸爸妈妈也可以适当地满足一下宝宝的好奇和兴趣，抱着宝宝一同荡荡秋千，滑滑滑梯或和爸爸妈妈压一压跷跷板。当然，让宝宝体验一下大型儿童锻炼器械时，最重要的是注意安全。爸爸妈妈一人抱宝宝滑滑梯、荡秋千或压跷跷板时，动作一定要慢，一定要有人在一旁保护，否则稍有不慎就会出危险。有意识地让宝宝体验大型儿童锻炼器械，可使宝宝更积极主动地参与身体的运动，并从中体验运动的乐趣。

◎ 为什么不要长时间让宝宝自己玩

这个时期的宝宝已经学会拿着喜欢的玩具自己玩了，特别是那些比较爱静的宝宝更是如此。宝宝长时间地玩玩具，虽然可以减轻爸爸妈妈的过分操劳，但长时间让宝宝自己玩也是不妥的。因为这样不仅会使宝宝养成内向孤独的性格，对宝宝将来性格的形成也会造成不必要的障碍，而且还影响了爸爸妈妈与宝宝之间的交流，对宝宝的情商发展也不利。所以，爸爸妈妈要适度地和宝宝一起玩，这样不仅有利于宝宝的全面发育，而且还会增强宝宝与爸爸妈妈之间的亲情。

可以让宝宝学习自己喝水吗

教宝宝学用小勺或用杯子喝水，不仅是宝宝生理上的需要，而且也是一种自理能力的培养。

吃饭时，有的宝宝可能来夺爸爸妈妈手中的勺子，这时爸爸妈妈完全可以放心地把勺子交给宝宝。尽管刚开始的时候宝宝分不清勺子的凸凹面，但这正是教宝宝学用勺子吃饭的大好时机。当然，宝宝不可能一下子便学会用勺子或用杯子等餐具，爸爸妈妈要有充分的耐心。可以先给宝宝玩些塑料杯子等，然后爸爸妈妈给宝宝做用杯子喝水的示范动作，之后在杯子里倒入牛奶，鼓励宝宝学着大人的样子喝。

训练时，也可以改换一下杯子的形状或颜色，或者变换一下杯子里的食物，如把奶水换成菜汤、果汁等。只要坚持训练，当宝宝快到1岁时就会自己用勺子和杯子了。

怎样培养宝宝自己穿衣的意识

在给宝宝穿鞋袜之前，可以先把小鞋子、小袜子放到宝宝手里，让宝宝玩一会儿，看宝宝能不能找对地方。如果宝宝知道是脚上穿的东西，就会笨拙地往脚上套。如果不知道也不要紧，在你正式给宝宝穿时，要一边穿一边告诉宝宝。经过几次训练宝宝就知道了。

即使宝宝还不会自己穿上，但只要爸爸妈妈要给他穿鞋袜时，宝宝就会在大人的指导下把小鞋子或小袜子拿过来。时间一久，宝宝就学会自己穿鞋和袜子。

宝宝的抓咬拍打都有哪些表现

宝宝在这个时期最常用的就是手和嘴，这是宝宝体验世界的工具。新鲜好奇的宝宝，尤其是在长牙之后、手会拍打之后，宝宝就更要尝试一下新感觉。在接触任何一个东西时，都会先用手抓抓，再放嘴里咬一咬，尝一尝。比如，宝宝在吃奶时，有时会咬妈妈的奶头；或者在妈妈喂宝宝饭时，宝宝会咬妈妈的手指。这些行为并没有攻击性，只是宝宝的交流。

父母不要批评孩子，只需要适当阻止宝宝的行为，教会宝宝正确使用自己的牙齿和手。可以通过咬食物，来试试自己的小牙齿是否“好用”，通过轻轻拍手、拍玩具来感觉小手拍击时的快乐。

抓咬拍打的原因是什么

对于宝宝的抓咬拍打，父母要了解到根源所在，才不至于盲目阻止。

宝宝想要表达。宝宝不会说话，无法表达情绪，有了情绪和感受时不会用语言表达，只能通过动作来表达和发泄。父母应该安抚宝宝的情绪，耐心地和宝宝说话，当宝宝点头或者安静时，父母好好哄宝宝就可以了。

口腔发育的影响。这个时侯的宝宝，口腔内牙齿、肌肉正处于不同程度的发育阶段，通过把东西放到嘴里咬，对于缓解口腔发育带来的不适有一定的缓解。

宝宝的东西被抢。宝宝在玩具、食物被抢时，有一种维护自己利益的本能。也有的情况是，其他小伙伴进入到自己的地盘，或者看到妈妈抱着其他小宝宝，会觉得专属于自己的东西被抢，于是出现拍打小伙伴的攻击性行为。

宝宝想展示自己的力量。随着宝宝的逐渐成长，牙齿萌出，手臂、腿脚有了力量，使宝宝想要试探这些身体发育带来的改变，展示自己的力量。

怎样面对和解决抓咬拍打

婴儿时期的宝宝有时会用手拍打别人的脸。虽然这是宝宝的一种接触人的尝试方式，但要及时制止他。父母要清楚、严肃地告诉宝宝这是不能做的，这样会使人受伤。

比如，在被宝宝打脸后，要让宝宝知道这样做带来的后果是什么，让他知道这样做是不对的。否则宝宝会形成表达内心挫败感的一种方式。父母可以用不高兴的表情和语调告诉宝宝：你怎么打妈妈呢？这很疼！并告诉宝宝：不如抱抱妈妈，这样不是比打妈妈更好吗？要让宝宝明白你的态度。同时，爸爸妈妈也要注意不要当宝宝正玩玩具时就把玩具取走，给宝宝留下玩具可以随意抢夺的印象。

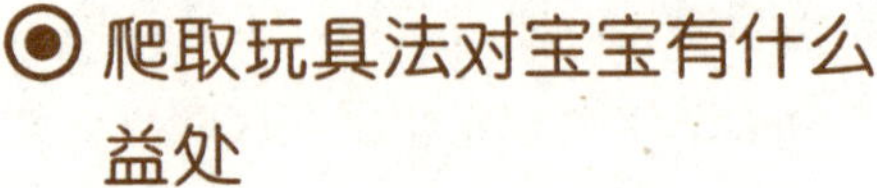

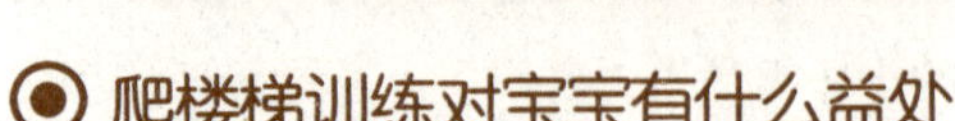

7～8个月的宝宝

爬取玩具法对宝宝有什么益处

爬行不仅可以使宝宝全身的肌肉得到运动，促进了宝宝运动机能的发育，而且还有利于宝宝大脑的发育，扩大宝宝认识和感知世界的范围，父母要在这时期帮助宝宝做些爬行训练。

训练时，妈妈先让宝宝俯卧在床上或铺着毯子的地板上，然后在宝宝前面放一个色彩鲜艳的玩具，诱引宝宝向前爬行。在宝宝跃跃欲试移动身体，想拿到玩具时，爸爸妈妈在旁边鼓励说：“宝宝快爬过来，妈妈和你玩玩具。”如果宝宝爬几步就累了而不想再爬，这时妈妈应一面鼓励，一面用手掌顶住宝宝的两个脚掌，用力向前交替推动，使宝宝的脚借着推力继续向前移动身体。

经过这样的反复训练，宝宝不仅可以尽快学会独立爬行，而且还有助于锻炼宝宝的顽强意志和性格。

爬楼梯训练对宝宝有什么益处

爬楼梯训练能发展宝宝眼、手、脚协调动作的能力，促进宝宝全身肌肉活动，并可以锻炼宝宝的意志。如果家中有多于3阶的楼梯，可以让宝宝练习爬上爬下。

在训练时，爸爸妈妈应一直守护在宝宝身边，绝不能让宝宝一个人进行这种训练。平时，务必在楼梯口加装安全门，并将安全门锁好。总之，爬行是比较难学的动作，爸爸妈妈必须耐心地训练宝宝才能突破这艰难的一关。

怎样锻炼宝宝腿部的力量

由于这个月的宝宝能够扶着栏杆站起来了，可以训练宝宝先扶着栏杆或

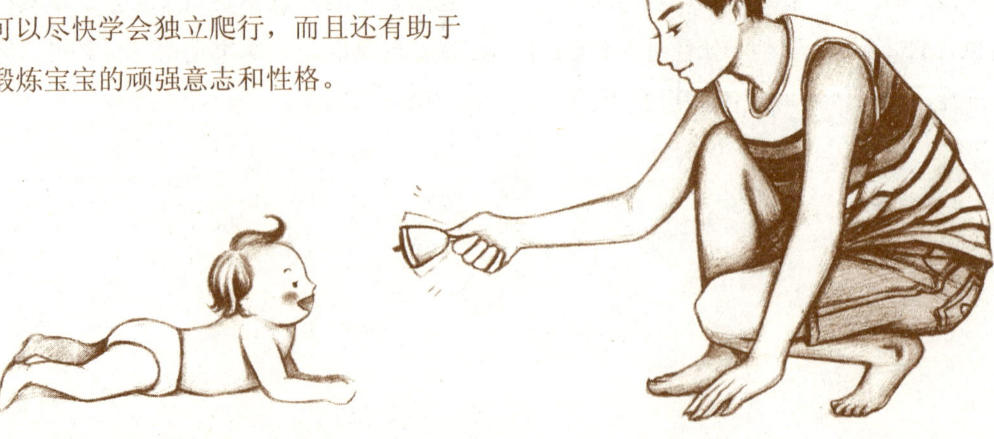

者家具站立，每天可以训练数次，但每次训练的时间不要过长，控制在5～10分钟为宜。同时，为了锻炼宝宝腿和膝盖的力量，妈妈可以把双手放在宝宝腋下，帮助宝宝站直且有节奏地蹦跳，常做这种运动可以尽快使宝宝站起来。只有当宝宝腿部的肌肉和骨骼系统逐渐强壮，才能让宝宝经常站立，直到逐渐站稳。

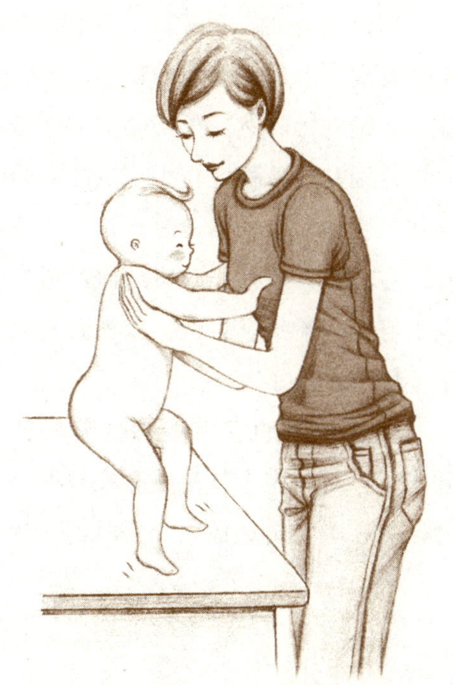

◉ 怎样让宝宝迈出艰难的第一步

要让宝宝迈出艰难的第一步，重要的有两步。

第一步，让宝宝学会被动移步。训练时，妈妈或爸爸站在床前，两手扶在宝宝的腋下，先让宝宝站稳，然后再教宝宝把一只脚提起并向前移步，另一脚随后跟上。在妈妈帮助下学习移步时，爸爸可在宝宝前面用玩具或其他东西吸引宝宝。学会向前移步后再学向左边或右边移步。

第二步，让宝宝学会主动迈步。当宝宝的被动移步训练顺利过关，已经学会一步、一步地向前移动脚步后，还要进行一段时间的巩固训练。巩固训练与被动移步的方法基本一样，即让宝宝站在地上，爸爸妈妈从宝宝背后用手扶在腋下，慢慢引导宝宝向前迈步。等到宝宝的双腿基本可以支撑身体的重量之后，爸爸妈妈就可面对宝宝站立，两手握住宝宝的前臂或手腕，帮助宝宝左右脚轮流向前迈步了。

◉ 怎样锻炼宝宝手部动作

锻炼宝宝的手部动作，能增强宝宝食指的能力。把宝宝的手洗干净，给宝宝一些切成小块的水果，或者小饼干，让宝宝用拇指、食指抓取，渐渐发展到用拇指和食指捏起来，每天训练数次。也可以给宝宝一些带按键的电话、用手拨动转盘的玩具等，让宝宝练习食指的灵巧。

◉ 怎样做手指游戏

为了继续训练宝宝手部的动作，让宝宝的手指反复活动，爸爸妈妈还可以与宝宝做手指游戏。爸爸妈妈先做示范动作，然后让宝宝模仿，体会“对不同物体做不同的动作”，比如把瓶盖扣到瓶子上，把纸盒打开等。

爸爸妈妈应经常清洗宝宝的玩具，以免细菌引起宝宝肠道疾病。一些带漆或其他有毒物质的玩具，不要给宝宝玩，尽量给宝宝挑选软、质地不同的玩具，使宝宝在抓握玩具时，得以体会到不同的手感，对宝宝的探索有帮助。

◉ 怎样让手指游戏更有趣

手指的运动总是无声的，所以需要爸爸妈妈有丰富的想象力和创造力，也需要爸爸妈妈唱儿歌来营造游戏的氛围。爸爸妈妈需要念儿歌或讲故事，儿歌可以是书上写的，也可以自己编，儿歌的意思和节奏最好与宝宝的手指运动有联系。其实，最好是对宝宝讲述各种关于手指的想象和比喻，这样的手指游戏才会有趣和有效。

◉ 怎样锻炼宝宝手眼协调性

随着手部动作的发展，宝宝的手眼协调能力也进一步得到提高。当宝宝拿到东西的时候，会翻来覆去地看看、摸摸、摇摇，表现出积极的感知倾向。这么大的宝宝，由于注意力只能集中在一只手上，往往用左手抓住一个物体时，右手中原有的物体就会被丢开。所以，要训练宝宝用双手同时分别拿东西。

训练开始时，可以让宝宝用两只手同时拿一个体积稍大的物体，比如皮球、布娃娃等，然后再帮助宝宝练习两只手分别拿住体积比较小一点的不同的物体，比如积木、摇铃等，让宝宝左看看，右看看，再往一起碰一碰，最好能发出好听的响声。很快宝宝就会用双手拿不同的东西了。

第八个月的宝宝能够扶着栏杆站起来了，可让宝宝扶站在有栏杆的小床边，并在宝宝脚边放一个玩具，引导宝

宝一只手扶栏杆，用另一只手弯下腰捡拾身边的玩具。经常进行拾物训练，还可使宝宝的手部动作与弯腰及直立身体相协调。

◉ 教宝宝进行发音训练的方法有哪些

宝宝的咿呀学语，标志着宝宝开始学习说话了，这时爸爸妈妈就应对宝宝进行发音训练。训练时可以参考以下方法：

爸爸妈妈应从这个月开始，将听力训练融于日常生活或游戏中，比如在给宝宝看画册讲故事时，爸爸妈妈可以一边讲故事，一边让宝宝指出画册上的图象，巧妙地将听力培养渗透其中，达到耳听、眼看、手动，同步接受“同一意义”的听觉信息。

通常宝宝喜欢模仿动物或汽车等叫声，爸爸妈妈可以先教宝宝模仿这些声音，如小狗的“汪汪”声、小猫的“喵喵”声和汽车的“笛笛”声等。如果宝宝发音准确，妈妈和爸爸就要及时表扬：“宝宝真聪明。”或者给予亲吻。

此外，为使宝宝发音自如，在日常生活中爸爸妈妈还要有意识地对宝宝进行口腔练习。如用嘴吹悬挂的气球、羽毛等，让宝宝模仿爸爸妈妈的口形发音等。

◉ 怎样教宝宝听懂命令

这个时期的宝宝，喜欢模仿成人说话，会发单音节的词，也能够懂得一些简单的命令，如问爸爸妈妈在哪儿时，宝宝知道用眼睛去寻找，甚至用手做出指的动作。如果妈妈说“宝宝把手伸给妈妈”，宝宝一般都会听懂，并会把小手伸给妈妈。有了这个基础之后，爸爸妈妈要经常面对面与宝宝说话。

爸爸妈妈在锻炼宝宝听懂命令时说话语速要慢，发音要准，并在宝宝模仿口形的同时，把手势动作和相应的词联系起来，如说“再见”时教宝宝挥挥手，说“欢迎”时教宝宝拍拍手等。

◉ 怎样教宝宝学会表达“要”

当宝宝要一种玩具或者食物时，父母可趁机教会宝宝表达这种“要”。比如，告诉宝宝，如果想要的时候，要伸手。父母可以拉着宝宝的手教，宝宝伸出手后，再把东西给宝宝。并教宝宝用拱手等方式表示“谢谢”。

在做这个训练时，也可以继续训练宝宝的理解能力。在生活中，多和宝宝说话，比如问宝宝：“宝宝吃蛋糕吗？”“宝宝玩电话吗？”教宝宝用摇头或者推开表示拒绝，用点头或者伸手表示接受。

怎样教宝宝认识身体部位

爸爸妈妈在教宝宝认识身体部位时，可以拿着宝宝手，指着娃娃的眼睛，告诉宝宝："这是眼睛。"再问宝宝："宝宝的眼睛在哪里？"帮宝宝指他的眼睛。以此方法教宝宝认识身体各部位。

什么是寻找玩具游戏

在宝宝看着的情况下，把宝宝面前的玩具用布盖住，看宝宝会不会过来掀开布把玩具拿出来。如果宝宝没有过来掀布，或者准备哭，可以把玩具从布中露出一部分让宝宝能看到，让宝宝自己把玩具拿出来。

怎样培养宝宝的模仿技能

模仿是人的一种天性，也是一种学习方法。爸爸妈妈要善于运用游戏来训练宝宝的模仿技能。做游戏时的模仿无时不在。比如爸爸妈妈先拿着有声响的玩具摇晃给宝宝看，宝宝听到声音之后，如果爸爸妈妈把玩具交到宝宝手里，宝宝就会模仿着摇出响声。再比如，爸爸妈妈教宝宝玩积木时，可先拿一块放在桌子上，再拿一块摞上去，然后递给宝宝一块，让宝宝模仿，用不了几次，宝宝就会模仿着往上摞了。

拉绳取物游戏怎么做

拉绳取物游戏的训练目标，是通过用手抓、拉等动作，训练宝宝的手、眼协调能力，并在游戏的成功失败中，培养和锻炼宝宝的判断能力。

可以把一个色彩鲜艳的塑料杯放在桌子上，然后把一条绳子穿过杯柄，并把绳子的两端都放在宝宝一伸手就能触摸到的地方。游戏开始时，大多数的宝宝都会凭借以往游戏的经验，用一只手拉这条绳一端，而不会用两只手同时拉动这条绳子的两端，这样做自然就得不到玩具。这时，可以握着宝宝的两手，同时拉绳子的两端，把塑料杯拉到宝宝跟前。然后，在杯子里放上一支鲜艳的塑料花或一个可以吸引宝宝的玩

具，让宝宝反复练习。如果宝宝用两只手拉绳子，把杯子拉到自己身边，就把杯子里的塑料花或玩具拿出给宝宝玩，并夸赞宝宝。

什么是告诫体验法

在宝宝的养育过程中，显见的、潜在的危险时刻都有可能发生，所以，仅靠爸爸妈妈的看护和防范是远远不够的。因此，从这个月开始要对宝宝进行规避危险的教育，提高宝宝辨识危险的能力。比如你在给宝宝热奶时，就可以告诉宝宝，牛奶很烫，不能碰，等晾凉了才能喝，当然，这时的宝宝肯定不明白“很烫”就“不能碰”的含义，大人不妨让宝宝稍微接触一下热杯子，让他体会什么是“烫”。宝宝有了这次直接的体验，就记住了“烫”。

什么是视听联想法

教宝宝辨识危险还可以采用视听联想法。比如，每当大人在宝宝面前使用剪子、刀子、针等锐利物品时，就要告诉宝宝，这个东西不是玩具，会扎破手的，只有爸爸妈妈才可以用。同时，大人还可以假装用手指去碰剪刀的尖端，然后喊一声：“哎唷！”迅速把手指缩回，并做出痛苦的表情。宝宝所听到的和看到的情景，就会很快联想到剪刀是个危险的东西了。采用这样的方法，多换几样危险的物品，慢慢地宝宝就会提高辨识危险的能力了。

怎样开阔宝宝的眼界

由于这个时期的宝宝睡眠时间相对减少，活动能力显著增强，对外界环境和事物也表现得越来越感兴趣。所以，爸爸妈妈要利用一切条件扩大宝宝的视野，开阔宝宝的眼界，使宝宝的视觉和听觉更加发达，进一步增进宝宝认知事物的能力。

户外活动时间可控制在每日2～3小时，在上午10点左右，下午的4点左右出去比较好。也可以在阳台上让宝宝观察周围事物，只要天气晴朗就应带宝宝出去玩。街上的行人、车辆，公园里的花草、树木，都会使宝宝感到好奇。还应尽量多地带宝宝到大自然中去，让自然界的各种动植物、景观，直接给宝宝以良好的感官刺激。

◎ 直接经验对宝宝有什么益处

通过亲身实践和亲身体验所得到的直接经验，与别人告知而得到的机械记忆的间接经验相比，直接经验更能记得牢，并内化成个人能力的一部分。对此，理论上所有的爸爸妈妈都会认可，但要落实到育儿实践当中，却有着不同的做法。

比如在两个家庭进行的“吃生饺子”试验，就是一个较为经典的范例。在第一个家庭，当什么都不懂的宝宝，抓起桌子上刚刚包好的生饺子要往嘴里送时，爸爸妈妈明明看到了，却没有丝毫要阻止他的意思，而是“眼睁睁”地看着宝宝把生饺子送进了嘴里，然后又看着宝宝把饺子吐出来。而另一个家庭的做法恰恰相反，在宝宝要拿刚刚包好的饺子时，爸爸妈妈马上给予制止，并告诉宝宝生饺子不能吃，等煮熟了才能吃。

这个试验结果表明，在第一个家庭，宝宝吃过一次甚至两次生饺子后，知道不好吃就不吃了。而第二个家庭，家长给宝宝说了多少次也难以制止。可见，直接经验往往会让宝宝记忆深刻。

能力的培养是依靠经验的累积，体验越早、经验越多、能力也越强。所以，应让宝宝尽早地通过亲身尝试来获得直接经验，发展和完善宝宝对事物的认知能力。如果当宝宝一遇到问题，爸爸妈妈就上前帮宝宝想办法，替宝宝解决，久而久之就会使宝宝缺乏自主性，养成依赖大人的习惯。

◎ 为什么不能扼杀宝宝的好奇心

在婴儿时期，宝宝的学习能力和兴趣是很强的，对什么事物都特别好奇，这种探索外界事物的好奇心就是最突出的行为表现。这个时期的宝宝总喜欢东摸摸、西摸摸、什么都往嘴里塞。再稍微大一点的时候，就开始撕坏东西，弄坏玩具。如果宝宝会说话了，肯定还会“为什么”、“为什么”地问个不停。

宝宝每次要探索的东西，都是宝宝当时最感兴趣的东西，每次“亲身尝试”，都会有所收获。即使遇到一些困难，宝宝不仅不会在意，而且还会自己想办法去克服。在这种好奇的探索过程中，宝宝的自信心和认知能力都会得到加强。如果宝宝事事都由大人代劳，或是大人对宝宝“不合规矩”的行为过分加以限制，一遇情况就过分施加保护，很难使宝宝获得成就感，自信心也无从建立。

所以，爸爸妈妈要鼓励宝宝的好奇心，为宝宝提供一个探索和认识世界的环境，只要加以适当的保护和引导，宝宝自己就能在好奇中获得经验，在探索中积累能力。

◉ 鼓励宝宝有什么益处

对任何人来说，成功的快乐都是一种巨大的情绪力量，对8个月的宝宝来说也是如此。

在游戏当中，如果宝宝能够按照要求做得很好，爸爸妈妈就要随时随地地鼓励宝宝，不但不要吝啬对宝宝的表扬和夸奖，而且还要运用丰富的表情、由衷的喝彩，甚至兴奋地拍手或竖起大拇指等动作，让宝宝在强烈的亲子气氛中，充分体验成功的快乐。宝宝获得的良好情绪可以不断地激活游戏的兴趣，进而促进宝宝形成自信的个性心理特征。

◉ 怎样在游戏中进行自理能力训练

这个月宝宝的神经系统发育逐渐完善，手脚动作逐渐协调，爸爸妈妈每天都应抽出一定时间和宝宝一起做游戏，这样不但能沟通与宝宝的感情，还可为培养宝宝生活自理能力奠定基础。

此时的宝宝已经基本能够表达自己的意愿，如：想吃饭就指奶瓶或饭碗，想戴帽子就指帽子，这时爸爸妈妈就应以身作则，把宝宝的日用品或玩具放在固定的地方，并因势利导，逐渐使宝宝养成不乱放东西的习惯。在做游戏时，妈妈可以为宝宝准备一个装玩具的箱子，玩游戏时让宝宝一件件把玩具从箱子里拿出来，玩完之后再把玩具递给宝宝，让宝宝试着把玩具一件件放回箱子里。

◉ 教宝宝拿勺子有什么益处

教宝宝拿勺子可以激发宝宝吃饭的积极性，对于宝宝自己吃饭是个很好的铺垫，而且能够锻炼宝宝手、眼、脑的协调能力。给宝宝吃饭时，妈妈拿一个勺子喂宝宝，也让宝宝自己拿着一个勺子，试着用。宝宝可能分不清勺子的正反面，因此总是盛不到饭，但父母最好不要阻止，让宝宝逐渐学会拿勺子。

怎样用勺子做游戏

勺子不只是宝宝吃饭的用具，还是用来玩各种游戏的好材料。用勺子做游戏，也是为宝宝日后用好勺子做准备。演奏“勺子乐器” 将几把勺子倒扣在桌上或地板上，再让孩子手里拿一把勺子逐个地去敲击倒扣着的勺子。还可以一边敲爸爸妈妈一边哼唱。边敲边唱，既锻炼了手腕力量，又培养了节奏感。

带宝宝到户外活动应注意什么

宝宝越来越大，到户外活动的机会越来越多，所以，爸爸妈妈带宝宝出去时，应时刻注意安全。

抱宝宝出门要留心马路上的汽车。宝宝会走之后，绝不能让宝宝一个人接近马路，等到了安全地带之后再让宝宝牵着大人的手走。

千万不能忽略了马路上的空气污染，特别是汽车排放的尾气，这种含铅的废气会影响宝宝的智力和生长发育。带宝宝到公园等公共游乐场所时，最好先检查一下在宝宝活动的区域，是否有碎玻璃之类的危险物品存在，并要注意游戏设施的安全性是否可靠。

宝宝活动场所的地面，应该是吸震效果的沙、木片、橡胶、草地等。此外，父母还要注意，绝不要让宝宝接近游泳池或任何蓄水的地方，不要让宝宝误吃任何的植物或其他东西，不要让宝宝独自在户外停留，即使是在婴儿车或汽车里入睡，爸爸妈妈也应在身旁守护。

8～9个月的宝宝

仰卧起坐训练有什么益处

仰卧起坐训练能增强宝宝腹部和背部的肌力。仰卧起坐适合爸爸妈妈与宝宝一起进行。训练时，让宝宝仰卧，爸爸妈妈拉着宝宝的双手，先让宝宝坐起，然后再拉着宝宝的手顺势让宝宝躺下，如此重复进行。

怎样做站立、坐下训练

由于宝宝从坐到站起，要比从站到坐下容易，所以在后面一两次的练习中，父母可帮助宝宝完成。让坐着的宝

宝，拉着爸爸妈妈的手站起来。站3～5分钟，再让宝宝扶爸爸妈妈的手慢慢坐下。反复练习2～3次。

怎样做弹跳站立训练

爸爸或妈妈坐下来之后，先从宝宝腋下将其抱起，让宝宝在妈妈或爸爸腿上弹跳，以促进宝宝腿部的伸展。之后，可将宝宝站在桌子或茶几前，再把宝宝喜爱的玩具放在上面，让宝宝站着玩玩具。

弹跳站立训练能锻炼宝宝腿部的耐力及稳定性。但要注意的是，桌子或茶几的高度最好要和宝宝的高度相适宜。

怎样做弯腰拾物训练

进行站立训练之后，可以进一步进行弯腰拾物训练。这个训练可以锻炼宝宝弯曲及直立的身体，促进宝宝的手眼协调能力。

训练时，可让宝宝扶着小床的栏杆，然后把一个玩具放在宝宝脚旁，引导宝宝弯下腰，并拾起脚旁的玩具。宝宝拾到玩具后妈妈或爸爸应加以称赞，亲吻一下宝宝，激发宝宝的兴趣再次进入训练。

怎样做轮流追逐的爬行游戏

好胜心是人的天性。爸爸妈妈可以充分利用这个天性和宝宝做轮流追逐游戏。

游戏时，先让宝宝在前面爬，然后妈妈假装抓宝宝，并在后面说：“快抓住你了，快爬！”然后再换成爸爸在前面爬，然后让宝宝追爸爸，并用话语激发宝宝说：“宝宝，快来抓爸爸！”

并有意慢慢爬好让宝宝抓住爸爸。等宝宝抓住爸爸之后，要给予表扬和爱抚。

◉ 怎样做爬行比赛游戏

爬行比赛游戏不仅可以锻炼宝宝的体力，而且还能激发宝宝的好胜心，对将来竞争心理的培养打下基础。

游戏时，可以在毯子的一头放一个宝宝喜爱的玩具，然后妈妈或爸爸和宝宝同时从毯子的另一头开始爬，看谁先拿到玩具。

做这个游戏时，爸爸妈妈可以互相配合，一个人与宝宝比赛，另一个人当拉拉队和裁判。

◉ 怎样做军训游戏

爸爸妈妈在和宝宝做爬行游戏时，可以仿照军训的科目设置各种有趣的爬行游戏。

妈妈或爸爸趴在毯子上，让宝宝从妈妈或爸爸的肚皮底下爬过去的“钻山洞”游戏；妈妈或爸爸躺在毯子上，让宝宝把妈妈或爸爸的身体当做障碍物，做“突破封锁线”游戏。

◉ 可以用学步车练习迈步吗

宝宝学会扶站后，就要开始学习迈步了，这时学步车就成了宝宝练习迈步、锻炼双下肢肌肉力量的好工具。一般情况下，在宝宝到了9个月左右时，

学会独坐及扶站后，就可尝试使用学步车了。

学步车上面有一个圆形框架，宝宝站立时正好使双臂支在上面，与爸爸妈妈扶着宝宝双腋学步的效果相类似。学步车下面有几个活动自如的小轮子，中间有一个用带子吊成的小座椅，宝宝跨在座椅上，随时可坐下来休息，站立时也不妨碍迈步。所以，使用学步车不

爱心妈妈经验谈

我家宝宝早已能从各种姿式转为坐姿，并且爬得相当迅速，想到哪里就到哪里。这个阶段小家伙自己都试着独站了，我又给他准备了拉线的飞机等小玩具，训练他从抽屉里取物，指认镜中自己的五官，试着让他坐使盆，可是小家伙总是给坐翻。

仅可以减轻爸爸妈妈的不少负担，而且可使宝宝自由随意地活动，能扩大宝宝的视野和活动范围，并能促进宝宝对外界事物认识能力的发展。

◉ 宝宝被（互）动操怎么做

从这个月开始，爸爸妈妈可以有规律地让宝宝做被（互）动体操，经常做可以促进宝宝运动能力的发展。被（互）动操共有十节，每节的动作要领如下：

第一节：消除肌肉和关节僵硬状态的准备运动。先让宝宝自然放松仰卧，爸爸妈妈握住宝宝的手腕。然后从手腕向上到肩膀按摩4下；从足踝到大腿部按摩4下；爸爸或妈妈双手呈环形，由里向外，由上向下，从胸部按摩到腹部。

第二节：活动肩关节、肘关节、上臂及胸部肌肉的上肢运动。先让宝宝仰卧，妈妈或爸爸双手将拇指放在宝宝的掌心，并轻握宝宝的双腕，把宝宝的两臂放于体侧。然后做以下动作：动作1，两臂胸前交叉；动作2，两臂分别向外上方环绕。动作3，两臂胸前交叉；动作4，还原。

第三节：活动腰肌、腹肌及脊椎运动。先让宝宝仰卧，然后妈妈或爸爸用左手按住宝宝的两脚踝部，右手托住宝宝的腰部。然后做以下动作：动作1，托起宝宝的腰部，使宝宝的头和脚不离开桌面，身体呈桥形；动作2，还原。

第四节：活动髋、膝关节，下肢肌肉的下肢运动。先让宝宝仰卧，双腿伸直，妈妈或爸爸双手握住宝宝的两脚踝部。为促进宝宝下肢运动的协调性，做以下动作：动作1，将宝宝的左腿屈曲至腹部。动作2，左腿向外侧环绕。动作3，左腿屈曲至腹部。动作4，左腿下放还原。

第五节：活动腰部肌肉及脊椎的提腿运动。先让宝宝俯卧，妈妈或爸爸用双手握住宝宝的两脚脚腕，然后做以下动作：动作1，提起宝宝两脚与桌面呈45度。动作2，继续提腿使宝宝腹部离开桌面。动作3，放下两腿同动作一。动作4，还原。

第六节：活动踝关节的踝部运动。先让宝宝仰卧，妈妈或爸爸用左手握住宝宝脚踝部，右手握住宝宝的脚前掌，然后做以下动作：按照“一、二、三、四”的口令，以左踝关节为轴，向外旋转4次。按照“二、二、三、四”的口令，以左踝关节为轴，向内旋转4次。

第七节：活动腰背部肌肉及腰椎的拾物运动。妈妈或爸爸先蹲下或坐下，让宝宝背靠妈妈或爸爸的胸部站立，再用右手扶住宝宝的腹部，左手按住宝宝的双膝，最后在宝宝的脚前30厘米左右放一玩具。然后做以下动作：按照“一、二、三、四”的口令，让宝宝弯腰拾脚前的玩具。按照“二、二、三、四”的口令，辅助宝宝拿到玩具后站起来。

注：做操时妈妈或爸爸可以配合“一、二、三、四，弯下腰”和“二、二、三、四，站起来”的口令，这节可以促进宝宝的注意力、观察力以及手眼协调能力的发展。

第八节：锻炼下肢肌肉的站和走的运动。先让宝宝呈仰卧位，妈妈或爸爸的双手分别握住宝宝的两个上臂。然后做以下动作：按照“一、二、三、四”的口令，把宝宝拉成坐位。按照“二、二、三、四”的口令，把宝宝拉成站位。按照“三、二、三、四”的口令，拉宝宝向前走。按照“四、二、三、四”的口令，拉宝宝向前走。

注：做操时妈妈或爸爸可以配合“一、二、三、四，坐起来”、“二、二、三、四，站起来”、“三、二、三、四，向前走”和“四、二、三、四，向前走”的口令。

第九节：训练腿部肌肉的跳跃运动。让宝宝面向妈妈或爸爸，妈妈或爸爸用双手托住宝宝的腋下。然后做以下动作：动作1，将宝宝托起离开桌面。动作2，将宝宝放下还原。

注：做操时妈妈或爸爸可以配合“跳、跳、跳”的口令。这节可以增进宝宝与他人的交往，培养宝宝积极向上的良好情绪。

第十节：可使自主神经系统恢复平静的放松运动。先让宝宝仰卧，妈妈或爸爸双手将拇指放在宝宝的掌心，并轻握宝宝的双腕，把宝宝的两臂放于体侧。然后做以下动作：按照“一、二、三、四”的口令，先帮宝宝把左臂上举45度。然后还原。再帮宝宝的右臂上举45度。然后还原。按照“二、二、三、四”的口令，帮宝宝把左腿上举与桌面成45度。然后还原。再帮宝宝把右腿上举与桌面成45度。然后还原。

注：在教宝宝做这套被（互）动操时，动作不要拘泥于体操的形式，最好根据宝宝的身体状况随意进行，如果宝宝不想做也不要勉强。

◉ 放下手中的东西对宝宝有什么益处

放下手中的东西能使宝宝的手由握紧到松开，受意志的支配，促进手、眼、脑的协调性。

在与宝宝玩玩具时，先把一个玩具放下，示范宝宝，让宝宝也放下手中的玩具。可以用反复的语言来提示宝宝：“宝宝，把积木放到这边。”

◉ 怎样做投东西练习

这个时期的宝宝手臂经过锻炼有

了一定的力量，爸爸妈妈可以试着给宝宝做一些投东西的练习。准备一个小纸箱，或者小筐等容器，让宝宝把小玩具放到这些容器里，可以让宝宝反复练习。

滚动圆柱对宝宝有什么好处

教宝宝滚动圆柱能灵活宝宝的双手，并建立宝宝对圆柱体可以滚动的知识。准备大塑料饮料瓶或其他圆柱形的筒，放到宝宝面前，让宝宝用手推着筒向前滚动。但在宝宝滚动圆柱时，一定要注意宝宝的脚踩到圆柱而摔伤。

怎样做语言游戏

这个月的宝宝已经能够发出简单的单音或双音，并且也有了较强的模仿能力，为了使宝宝尽快学会发音和说话，爸爸妈妈要经常和宝宝做语言游戏。

爸爸妈妈在和宝宝做游戏时，可以有意地离开宝宝的视线，离开时爸爸一边往外走，一边说："再见。"这时，妈妈首先自己向爸爸挥手，并说"再见"，同时，也要拿起宝宝的手，让宝宝也招手和爸爸说"再见"。

由于这个月的宝宝还发不出"再见"这两个不同的发音，这时妈妈可以一边教宝宝挥手，一边教宝宝说"Bye—Bye"，这样，宝宝就会模仿着说"再见"了。然后，妈妈可以领一个邻居宝宝来和自己的宝宝玩。当邻居宝宝进来时，妈妈就教宝宝拍拍手，并教宝宝说"欢迎，欢迎"。

怎样做语言和动作相配合的游戏

先当着宝宝的面，用纸把一个宝宝喜爱的娃娃玩具包起来，然后把纸包交给宝宝对他说："宝宝，娃娃不见了。"宝宝看不见自己喜爱的娃娃，一定会翻弄纸包。在宝宝翻弄纸包时，对宝宝说："娃娃，快找娃娃。"当宝宝把纸撕破找到娃娃之后，再用另一张纸把娃娃包好，但不交给宝宝，而是自己慢慢打开纸包，把娃娃拿出来。多次重复这一动作，给宝宝看，并不断地强化"娃娃"的概念。通过这个游戏，不仅要让宝宝学会不撕破纸就能取出娃娃，而且使宝宝初步学会“娃娃”的发音。这样把语言和动作配合起来，就能进一步训练宝宝手的活动能力和理解语言的能力。

◉ 宝宝能记住玩具的名称吗

这个时候的宝宝只要爸爸妈妈多对他进行锻炼，是能认识玩具的。可以和宝宝面对面坐着，把所有的玩具都放在身旁。一边把玩具一样一样拿给宝宝，一边一样一样地告诉宝宝玩具的名称，如果宝宝一时搞不清也不要紧，只要对某个玩具的名称重复次数多了，宝宝自然就记住了。这时，就可以反过来训练宝宝，由妈妈或爸爸说玩具的名称，然后让宝宝来拿相应的玩具。做游戏不仅训练宝宝听懂语言的能力，而且还能进一步提高宝宝的认知能力。

但做这个游戏时，要注意不能性急，教会一个词或一种动作后再教另一种，一般训练学习一种动作约需1～2周，并且以后还需经常做才能稳定巩固。

◉ 怎样培养宝宝的模仿能力

模仿是一种观察别人并付诸实践的行为，模仿能够促进宝宝的智力发展。在日常生活中，要充分利用一切机会，让宝宝模仿爸爸妈妈以及其他家人的行为，并要有意引导宝宝能跟着做。

比如当宝宝叫妈妈的时候，妈妈就要在口头答应的同时，并对宝宝说：“宝宝，看着妈妈。”然后开始上下有节奏地点头，看宝宝是否也在轻轻地点头。只要宝宝稍微动了一点，妈妈就把点头的幅度增大一些，让宝宝模仿。之后，妈妈叫声“宝宝”后仍可利用上述办法教宝宝模仿点头动作。因为宝宝在这个阶段只会用头部进行大致的模仿，等过一段时间后，再教宝宝用手、嘴等其他身体部位进行模仿。比如，在给宝宝洗手洗脸时，可以利用宝宝的模仿心理，让宝宝按照爸爸妈妈的口令行事，教宝宝学习擦手动作等。

◉ 宝宝可以看图认物了吗

由于汉字与图画相似，所以宝宝一般都是先会认字，再会认数字，父母在刚开始教宝宝认图时，可以先在3～4天内认一个图、一个物品，当宝宝记住后，再教下一个。爸爸妈妈在教宝宝认图之前先要准备带有各种物品的儿童图书、卡片等。教宝宝认识动物、人物、玩具、生活物品、蔬菜、水果等。还可以用图上带字的卡片，教宝宝大概知道，字可以表示图。事实上，幼儿识字是将字当做图来辨识的。

◉ 给宝宝听欢快的音乐有什么益处

到了这一时期，宝宝的听力和视力都已相当发达，对音乐已经有了自己的感觉，并能对所听到的欢快的音乐做出很感兴趣的表情，有时还能随着节奏手舞足蹈或随着音乐有节奏地摇晃自己的身体。所以，爸爸妈妈在这一时期，最好能为宝宝准备一些玩具乐器，比如能够击打的小木琴、一捏就唱的娃娃，提高宝宝对音乐的兴趣。同时，还要尽可能多地播放适合宝宝听的音乐，也可以在爸爸妈妈的指导下，跟着音乐的节奏做婴儿体操。

◉ 怎样在游戏中让宝宝感知生活常识

这个月的宝宝常常喜欢把手中的东西往地上扔。爸爸妈妈可以借机教宝宝感知一些简单的生活常识。

游戏一：在地毯上放一块木板，然后拿一辆玩具汽车让宝宝在上面推动。再把玩具汽车放到地毯上让宝宝推动。这种在不同的表面上推动玩具汽车的体验重复几次之后，宝宝就会发现，在木板上推动玩具汽车很容易，在地毯上推动玩具汽车就比较费力，于是宝宝就可能放弃在地毯上推玩具汽车了。

游戏二：在给宝宝洗澡时，同时准备一个木制的小船和一辆铁质的玩具

小汽车，先让宝宝把小船放到浴盆的水面上，小船会漂浮在水面上，而将小汽车放到浴盆的水面上时，小汽车就会沉到水底，反复几次，宝宝就会放弃小汽车而专玩小船了。

爱心妈妈经验谈

我自制了能装球的小盒子，里面放些糖果和小球，让宝宝将球放到盒子里再取出来。刚开始小家伙只取盒子里的糖果，不取球。这一时期，家里的各个地方包括家具、电器和墙上都被我贴满了图片，有事没事时就经常教宝宝认图片和常用物品，小家伙觉得很新鲜也很好玩儿，每次都很认真地学。后来小区里的广告牌、报纸栏都成了我们常去学习的好地方。

◎ 怎样训练宝宝识别不同的态度

现在的独生子女教育中，比较突出的问题就是过分溺爱和娇惯，所以要让自己的宝宝从小就能识别爸爸妈妈的不同表情。这样既可以提高宝宝对事物的观察和判断能力，而且也可以让宝宝领会爸爸妈妈的情绪和表情，明白什么该做什么不该做，借以增强宝宝的自我约束能力。

当宝宝使劲摔玩具或要撕坏一本完好书时，爸爸妈妈就可以板起脸来用“严厉”和“不高兴”等面部表情来阻止宝宝的这种行为，并一边皱起眉头盯着宝宝看，一边发出“嗯”声音，然后观察宝宝是否领会了爸爸妈妈的情绪而停止行动。如果宝宝没有领会，爸爸妈妈就应该把玩具拿过来放到自己身后，或者把书从宝宝手中拿过来。当宝宝向爸爸妈妈要玩具或书，而妈妈或爸爸不给宝宝时，爸爸妈妈再重复做上述表情，宝宝慢慢就领会了。

◎ 鼓励宝宝的小成就有什么益处

9个月的宝宝已能听懂妈妈和爸爸常说的赞扬话，并且喜欢得到表扬。在宝宝为家人表演某个动作或游戏做得好时，如果听到爸爸妈妈的喝彩称赞，宝宝就会表现出兴奋的样子，并会重复原来的语言和动作，这就是宝宝初次体验成功和欢乐的一种外在表现。所以，当宝宝取得每一个小小的成就时，爸爸妈妈都要随时给予鼓励，以求不断地激活宝宝的探索兴趣和动机，维持最优的大脑活动状态和智力发展，对于宝宝成长来说，还有利于宝宝形成从事智慧活动的最佳心理背景。

怎样让宝宝接近生人

爸爸妈妈抱着宝宝，靠近宝宝平时不多见的邻居等生人，生人给宝宝玩具或者食物，消除宝宝认生的不安感。然后生人试着抱宝宝。这样就能起到锻炼宝宝逐渐接近生人和新事物的效果。

宝宝可以坐便盆大小便吗

爸爸妈妈要在家中固定位置摆放便盆，培养宝宝大小便时坐便盆的习惯。让宝宝坐便盆是培养宝宝良好的大小便习惯的方法之一。但必须在以前训练宝宝大小便习惯的基础上，才能对8～9个月的婴儿进行定时坐便盆大小便。良好的排便习惯，不仅能减少成人的许多麻烦，而且也有利于婴儿的健康。

宝宝正在玩耍时出现发呆、停止玩耍、扭动两腿、不安躁动时，应及时让他坐便盆。开始时，父母应扶住婴儿坐在便盆上大小便，可以告诉宝宝，坐在便盆上大便（小便）了。

开始坐便盆时，每次2～3分钟，逐步增加到5～10分钟，时间不能过久，如未解出大便，可过一会儿，起来活动一下，再坐便盆。因为坐便盆时间过长，会形成脱肛。切记不可坐在便盆上给婴儿吃糖果、玩玩具、喂饭等，更不能将便盆代替椅子，让婴儿长久地坐在上面，这样不利于大便习惯的培养，对身体健康也没有好处。冬天坐便盆时，可在便盆上套上布套子，以免便盆太凉的刺激引起大小便抑制。便盆最好放在容易看到的较明亮地方，便于寻找，不会因为黑暗，引起婴儿惧怕坐便盆。

怎样让宝宝配合穿衣

妈妈在给宝宝穿衣服时，可以和宝宝说话，如“伸手、抬胳膊”等，让宝宝配合。如果宝宝还不能听懂妈妈的意思，妈妈可以一边帮助宝宝做动作，一边把这些话说出来，并时常给予表扬，宝宝渐渐就会主动做这些动作，配合穿衣。妈妈还可以在给宝宝穿衣服时哼哼：“我们先穿上衣，左胳膊进去！右胳膊进去！好，我们再穿上小裤子……好了，该穿袜子了！我们穿上袜子，穿上袜子，穿上袜子！我们快快穿好袜子……”宝宝最终会在妈妈的哼唱声中明白穿衣服的顺序。

为什么说不要忽视孩子的情感

有的爸爸妈妈认为不能宠坏孩子，于是对宝宝的一些需求和情感选择置之不理。这的确起到了不骄纵孩子的目的，但并不是理智的做法。

宝宝表达出需求和情感，爸爸妈妈漠不关心，这会让孩子认为他的感情对于爸爸妈妈来说不重要。既然外部世界对他的需求和情感不敏感，不关心，那么孩子便不再表达出这些情感，而是把这些情感封闭在心里，埋藏在心里。孩子逐渐变得不再打开心扉，不会表达自己，与父母之间的距离也逐渐疏远起来，甚至自己也不去理会自己的想法，不去想清楚。逐渐地孩子表面很乖、听话、懂事，内心却是消极、压抑而愤怒的。还有些孩子在表达情感得不到回应时，没有选择沉默，而是哭闹、怒气冲冲，这也会让孩子变成父母很难管教、不听话的孩子。

◎怎样帮助孩子把情感表达出来

孩子因为年岁小，很多时候都不能控制情绪，只能被情绪控制，出现发脾气、骂人等现象。父母不要以为这只是小孩子脾气，而是首先要搞清楚孩子出现这些情绪的原因，对症下药，也可以在日后出现这种情况时避免。比如说，孩子出现不高兴的情绪，是否是因为父母对孩子的一个问题有所忽略，或者受到父母的误会。父母要耐心地蹲下来，看着宝宝，询问宝宝情况，如“是不是因为……”等。

与弄清宝宝情绪波动、清除隐患同样重要的是，在孩子出现发脾气、不满、愤怒等坏情绪时，父母要帮助孩子找到恰当的发泄途径，给孩子一个释放情感的空间，讲道理在这时是没有用的。等孩子发火后，要告诉他选择适当的途径来发泄自己的情绪。比如告诉孩子，可以让孩子把这些需要发泄出来的精力用到户外活动上，让他到户外去大声喊叫，或者跺脚也可以，也可以让孩子对生气的对象说“我很生你的气”来表明态度。总之，父母要通过因势利导的方法，让处于坏情绪中的孩子放松、安静下来。

◎ 为什么说养育情感丰富的孩子很重要

婴儿时期的宝宝，爸爸妈妈在生活上悉心照料的同时，也要关注宝宝的情感，让宝宝在心理上获得满足，这对于日后孩子的情感表达、与爸爸妈妈之间的关系和谐是很重要的。比如刚出生的婴儿不会说话，只能用各种不同的声音、目光、微笑来表达他愉快、生气等感情。饿了、困了、尿布湿了，宝宝都只能用哭声来表示。

2个月时，当父母逗宝宝笑时，宝宝能够发出喉音来回应；再大一点时，当宝宝情绪好时，会发出“啊”、“噢”等声音，有时还会笑出声。但当宝宝冷了、饿了、不舒服时，就会哭闹。总之母亲要耐心并细心地观察宝宝的声音特点，来判断宝宝的需求和情感表达，然后给予及时的回应。

在婴儿时期，宝宝表达出自己的需求时，爸爸妈妈及时给予回应，那么宝宝长大后就会很顺畅地表达出自己的情感。比如在宝宝还是婴儿的时候，每当因为饿、不舒服等啼哭时，爸爸妈妈的及时回应，会让宝宝觉得他的情感表达出来是有回应的，会有一种安全感。

9～10个月的宝宝

◉ 怎样增加爬行训练的难度

这个月宝宝的爬行技能已经很好了，为了进一步提高宝宝的体质，在进行爬行训练时，妈妈或爸爸就要给宝宝增加训练难度了。

如果是在家里，可以用棉被或桌子等做成一定的坡度让宝宝上下爬行。爸爸妈妈也可以和宝宝做爬行追逐游戏，以刺激宝宝的兴趣，提高宝宝的爬行速度。

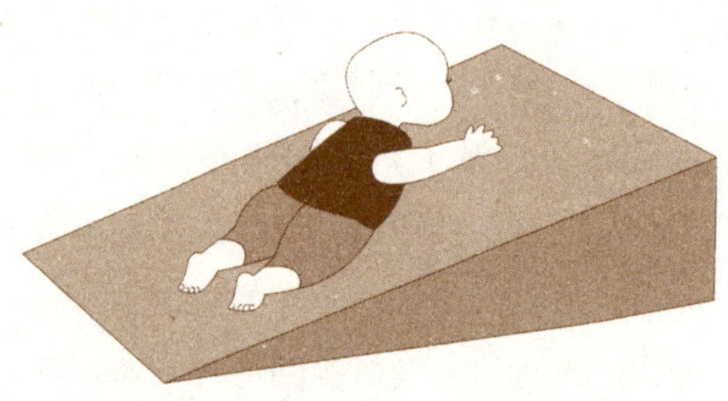

◉ 怎样训练宝宝学会独自站立

10个月的宝宝虽然主要的运动仍然是爬，但身体较好的宝宝已经有了要独自站立的要求，爸爸妈妈鼓励和满足宝宝的这个要求，但要注意方式方法。不要怕宝宝摔着，也不要急于求成而失去训练的耐心。

训练宝宝独自站立时，可以先让宝宝两条小腿分开，后背部和小屁股贴着墙，脚跟稍离开墙壁一点。爸爸妈妈可以用玩具引逗宝宝，宝宝就会因张开小手或想迈动脚步而身体晃动，以此锻炼宝宝腿部的力量和身体的平衡能力。爸爸妈妈也可以扶住宝宝的腋下帮助宝宝站稳，然后再轻轻地松开手，让宝宝尝试一下独站的感觉。妈妈或爸爸还可以先扶住宝宝的腋下训练宝宝从蹲位站起来，再蹲下再站起来。逐渐发展成拉住宝宝一只手，使宝宝借助妈妈或爸爸的扶持锻炼腿部的力量。

经过这样的训练，如果让宝宝扶着栏杆站立，宝宝常常会稍稍松手，以显示一下自己站立的能力，有时甚至能站得很稳，这时最好不要去阻止，而要及时给予鼓励和表扬。

◉ 怎样做踢球游戏

踢球游戏既能促进宝宝腿部骨骼和肌肉的发育，又能为宝宝独自站立和抬腿走路打下基础。

可以把一个皮球悬挂在宝宝面前，让宝宝靠着栏杆站立，鼓励宝宝用脚去踢皮球，皮球悬起的高度应让宝宝轻轻一抬脚就可踢到。等踢得熟练之后，再把球放在地上，扶着宝宝让他踢。如果宝宝踢得很好、很准或很有力，要给予表扬和鼓励。

怎样做站起、坐下训练

爸爸妈妈要多鼓励宝宝自由活动，能尝试站起和坐下的活动。还是和上个月站起、坐下训练内容一样，爸爸妈妈鼓励宝宝从坐着发展到灵活站起，宝宝坐着时能够俯卧再拉着东西站起身。

训练宝宝学走的方法有哪些

这个时期的宝宝已经学会独坐和爬行，而且已经有了要行走的欲望，训练宝宝学会走路也是这个时期的主要任务之一。可以利用一些玩具和家里的其他东西训练宝宝学习行走，这样不仅有利于宝宝的动作发育，还有利于宝宝的智力开发。

什么是扶走法

爸爸妈妈可以在家里设置一个小栏杆，让宝宝扶着栏杆站立后，爸爸妈妈在不同的位置用宝宝感兴趣的玩具逗引宝宝，鼓励宝宝扶着栏杆迈步。等宝宝走得比较稳了，再引导宝宝一只手扶床沿向前直走。也可以让宝宝双手扶着床沿站好，妈妈以同样的办法引导宝宝迈步。爸爸站在床的另一头叫宝宝，说：“宝宝，过来，找妈妈。”让宝宝扶床沿向前走。

推纸箱可以学走路吗

推纸箱不仅是宝宝的一个很好的学走路的方法，而且还能锻炼宝宝腿部的力量。可以找一个比较坚固的纸箱，让宝宝在收拾干净的房间里推着纸箱走。随着宝宝的进步，可以逐渐往纸箱中装东西，逐渐增加纸箱的重量，锻炼宝宝腿部的力量。经过一个阶段的纸箱训练，就可以让宝宝推带轱辘的椅子和学步车了。

在训练时，要随时跟随着宝宝。纸箱不用的时候，不要放在宝宝可以接触的地方，以免因宝宝在大人不注意的时候爬到箱子上而发生危险。

可以用木棒引导宝宝走路吗

爸爸妈妈也可为宝宝准备一根小木棒，妈妈或爸爸的双手分别拿着小木棒的两头，让宝宝的双手抓住木棒的中间部位，妈妈或爸爸一步步后退着，引导宝宝向前走。

训练时，也可以不拿小木棒，而由妈妈或爸爸双手分别握住宝宝的手，边退边引导宝宝向前走。因为此时宝宝腿部的肌肉很容易疲劳，以上训练每次时间不能太长，每天可以多练习几次，每次时间控制在5～6分钟较为适宜。对于那些体重过重或站起来比较困难的宝宝，现阶段不要勉强做这项训练。

◉ 放进、拿出训练对宝宝有什么益处

把东西放进、拿出能促进手、眼、脑的协调发展，增强认知能力。妈妈或爸爸一边把玩具一件件放进箱子里，一边说“放进去”，再一件件拿出，说“拿出来”，让宝宝模仿。可以让宝宝把其中的一件玩具挑出来，如说：“宝宝把那个小青蛙拿出来给妈妈。”每天做1～2次。

◉ 开合杯子盖对宝宝有什么益处

开合杯子盖能锻炼宝宝手的灵活性和协调性。拿出一个有盖子、开合容易的塑料杯子，在宝宝面前打开盖子、合上盖子，让宝宝模仿做，鼓励宝宝用拇指和食指掀起杯子盖，再合上。当宝宝做成功时称赞他。为了避免宝宝摔坏

杯子，最好选择塑料杯。

◉ 怎样做击球游戏

击球游戏既能促进宝宝手部骨骼和肌肉的发育，又能增强宝宝的观察力和判断力。在做击球游戏时，可以让宝宝坐在床上或干净的地板上，在宝宝前面放一个皮球，先用小木棍轻轻地击球给宝宝看，然后把皮球再拿回宝宝面前，把小木棒交给宝宝，一边说“宝宝，把球打出去”，一边指导宝宝击球。如果宝宝不知道怎样做，可手把手地教宝宝，当宝宝学会了之后，可以也拿一个小木棒，和宝宝对击。

这个月宝宝的手部活动技能逐步熟练有力，全身的肌肉也有了一定的发育，在训练宝宝手部技能时，要与全身运动相配合，以便使宝宝的体能水平均衡发展。这些室内球类游戏能使宝宝手部运动和全身运动相配合。

◉ 怎样训练宝宝的会话能力

这一阶段是宝宝模仿能力最强的时期，宝宝“咿咿呀呀”的语调开始和成人说话的语调比较相似了，爸爸妈妈要充分利用这段时间，用与宝宝生活联系最密切的简短词语训练宝宝的会话能力。比如教宝宝说“饭”、“果”、“狗”、“娃”等词。

◉ 怎样用玩具训练宝宝认识事物

这个月宝宝对事物的感知能力逐步增强，这时可以运用玩具来训练宝宝认识外界事物。这个月的宝宝一般都比较喜欢色彩鲜艳、形象生动逼真的玩具，特别是对各种小动物、娃娃、小汽车等能够发出响声的形象玩具更是爱不释手。

在运用这些形象玩具让宝宝认识事物时，爸爸妈妈要告诉宝宝每个形象玩具的名称，最好能模仿这些玩具的叫声，如一边模仿小狗的叫声“汪汪”，一边告诉宝宝这个玩具叫做“狗”，而且吐字要清晰、标准。同时，还可教宝宝分别认识这些玩具的相关组成部分，如小狗的眼睛、鼻子、嘴巴和耳朵，小汽车的轱辘等。

此外，还可教宝宝给玩具娃娃喂饭、穿脱衣服，培养宝宝的生活自理能力和爱心。通过这些形象玩具，可使宝宝既看到形象，又听到模仿的声音。宝宝不仅学会认识身边的部分人和物，而且还增进了与爸爸和妈妈之间的语言交流能力，这些都有利于宝宝智力的开发。

◉ 怎样用图片画册训练宝宝认识事物

这个月的宝宝喜欢看各种色彩鲜

明、形象逼真的图片画册，可以利用图片画册来帮助宝宝认识事物。

在运用图片画册训练宝宝认识事物能力时，要选择那些形象逼真、描述准确、色彩鲜艳、图画单一、画面清晰的识图卡片或画册教宝宝指认。也可以在宝宝房间的墙上悬挂一些图片，让宝宝随时指认。教宝宝指认时，要注意告诉宝宝图像的准确名称，千万不要说别名或待用名词。比如教宝宝认识小猫时，应说“这是小猫”，千万不要告诉宝宝这是“猫咪”，以免宝宝误认为猫的名字就是“猫咪”。这些图像要在宝宝熟悉后再更换，使宝宝加深印象和记忆。

◎ 怎样培养宝宝对画画的兴趣

这是宝宝模仿能力最强的时期，可以培养宝宝对绘画的兴趣和能力。开始学习绘画时，蜡笔更利于宝宝抓握和使用。

爸爸妈妈可以给宝宝放好纸和笔，让宝宝任意乱涂乱画。爸爸妈妈还可以在纸上画一个简单的图形，教宝宝照着画。宝宝画成什么样子都没有关系，关键是激发宝宝绘画的兴趣，发挥宝宝的“天赋”。

在刚开始时，可以先训练宝宝正确拿笔。尽管宝宝并不能掌握很准确的握笔姿势，但从小对宝宝进行这样正规的训练还是很有必要的。

◎ 怎样培养宝宝对音乐的兴趣

同画画一样，父母可以训练宝宝对音乐的感觉。先放一首宝宝喜欢的音乐，扶宝宝站稳后，渐渐松开手，让宝宝随音乐左右摆动身体。这时，爸爸或妈妈可以在一旁，随着音乐的节拍拍手，配合宝宝，营造欢乐的气氛。如果宝宝不知道左右摇摆身体，可以让宝宝坐下来，抓着宝宝的胳膊随音乐节拍左右摆动。

◎ 怎样培养宝宝模仿的兴趣

这个阶段宝宝的模仿能力很强，所以对模仿有着很大的兴趣。在模仿中，宝宝对动物的叫声特别感兴趣，这时，应多让宝宝看一些有关动物的图书，或者到动物园看动物并听听动物的叫声。特别是现在养宠物的家庭很多，在节假日外出时可以让宝宝接近一下宠物狗等动物，但一定要注意安全。还可以和宝宝一起模仿各种动物的叫声。一旦宝宝学会模仿多种动物的叫声，就会受到鼓励去模仿其他的声音。训练宝宝的模仿能力时，妈妈或爸爸还可以在宝宝面前弹钢琴、弹吉他或摆弄其他乐器，引导宝宝也进行类似的尝试。虽然宝宝只是象征性地动一动而已，但通过倾听不同的声音，可以提高宝宝的听力，对促进宝宝语言的发展有很大好处。

◉ 怎样培养宝宝对空间的兴趣

这个阶段的宝宝对空间也特别感兴趣，喜欢爬到沙发或椅子后面。当带宝宝到公园或附近的操场上去的时候，可以把四周的事物指给宝宝看，也能帮助宝宝形成空间感，刺激宝宝的视觉感官。

此外，在洗澡时，可以在盆里装满水，用不同的勺子、杯子和其他容器教宝宝把它们盛满水然后再倒掉。这种盛满又倒掉的游戏既能训练宝宝建立起空间感觉，又能锻炼宝宝手眼协调能力。

◉ 宝宝可以自己用杯子喝水吗

爸爸妈妈要继续鼓励宝宝自己用杯子喝水，宝宝可以由喝水时洒漏水，渐渐发展到不洒不漏。为宝宝准备一个带握手器的奶瓶杯，这个阶段的宝宝已经具备了一定的抓握能力，却还停留在吮吸阶段，还不会“喝”，要让他从吮吸转向喝，首先要训练他将杯子递送到嘴边的准确度。

宝宝在继续学习自己用杯子喝水时，不需要为了鼓励宝宝而给他有味道的水；不要为了方便而继续使用奶瓶；购买两边带有握把的学习杯，让宝宝练习使用双手。

◉ 穿、脱衣服时应注意什么

给宝宝穿衣服时，继续鼓励宝宝配合，比如在穿袖子时，宝宝知道伸胳膊，穿短裤时，妈妈把裤腿卷起来撑好，宝宝知道伸腿进去。

给宝宝脱衣服时，宝宝也能配合妈妈顺利完成各种动作。

10～11个月的宝宝

怎样做爬行训练

在给宝宝训练时，爸爸妈妈在宝宝前方呼唤宝宝的名字，或用宝宝喜爱的玩具，引逗宝宝爬过去取玩具，促进宝宝向前爬行，并要有一定的速度；或者在中途设置一些容易克服的障碍，如放一个枕头等。每天1～2次，每次5～10分钟。

怎样做站立训练

爸爸妈妈在为宝宝训练时，可以先让宝宝双手扶着床栏杆或桌子站立，以后逐渐撤去作为依靠的栏杆等物体。当宝宝双手扶着栏杆或桌子站得较稳后，可以继续训练宝宝一只手扶着栏杆或桌子站立，再增加难度，让宝宝一手扶站，另一只手弯腰去取脚边的玩具。在平时，爸爸或妈妈也可以把一些宝宝最喜欢的玩具，举到宝宝够不到的位置，鼓励宝宝自己站起来伸手去拿。

怎样做行走训练

训练时，可以拉着宝宝的双手训练向前迈步，也可让宝宝扶着床栏杆，沿着栏杆走。当宝宝自己能走几步之后，再给宝宝增加难度，在宝宝的前方放一个他喜欢的玩具，并用语言鼓励和引导宝宝向前迈步去取，如果宝宝可以

拿到，要及时夸奖宝宝。

在给宝宝做行走训练时，要在比较安全的地方进行，如地毯上，两头都要有人保护，不要因开始的不安全给宝宝造成恶性刺激，使宝宝不敢迈步。

◉ 怎样做跳摇摆舞训练

游戏时，先让宝宝坐在床上，放一段宝宝最爱听的、节奏明快的儿童音乐，用手扶着宝宝的两只胳膊，协助宝宝左右摇身摆动。多次重复后，逐渐让宝宝自己随着音乐左右摆动。只要宝宝能独自站立20秒以上，就可做这个游戏，但在游戏时要时刻监护着宝宝，要让宝宝既能随着音乐的节奏左右摇晃，又不至于跌倒。这个游戏可以训练宝宝的大动作能力和平衡能力，培养宝宝对音乐的节奏感。

◉ 怎样做踢球训练

如果宝宝已经能扶着父母的手或者床栏、沙发等站稳，就可以试着做下面的踢球运动了。宝宝做踢球训练能锻炼大脑的平衡能力，促进眼、脚、脑的协调发展。宝宝扶着东西站好后，在宝宝脚前面大约3～5厘米处，放一个球给宝宝踢。

进入11个月的宝宝，太多数都已经自己能够站立了，但有个别宝宝仍然还不会自己站立起来。这不排除宝宝个体之间的差异，对仍不会自己站立起来的宝宝，爸爸妈妈要从主、客观上进行一下原因分析，一般不外乎以下几方面的因素。

体重的因素：过于肥胖的宝宝由于身体笨重，行动费劲，不容易站起来；但如果宝宝四肢强壮、协调性很好，即使体重超标也可以站得很好。

锻炼的因素：一个成天被妈妈放在推车里、躺椅或游戏围栏中的宝宝，缺乏锻炼机会，双腿无力而不能站立。

家具的因素：周围的家具如果很不牢靠，宝宝的鞋袜太滑溜，都有可能对宝宝学习站立产生障碍。

◉ 解决宝宝不能站立的办法有哪些

针对还不能站立的宝宝，爸爸妈妈可以采取以下解决办法：对过胖的宝宝，爸爸妈妈要适当地控制宝宝的饭量，这既是为宝宝的现在着想，也是为宝宝的将来着想。缺少锻炼的宝宝，妈妈只要给他一些自由的发展空间，很快就会发现，宝宝同样站立得很好。把家具固定好，为了鼓励宝宝，在稍高的家具上摆上宝宝心爱的玩具，诱使宝宝直起身子去拿。另外，也可以常常扶着宝宝站在爸爸的大腿上，这对建立宝宝的信心大有益处。

从发育角度看，一般宝宝会站立起

来的平均年龄是9个月大，大多数在12个月以前都能完成这个过程。如果宝宝在1岁时还不能站立起来，爸爸妈妈就应该带宝宝去医院检查了。

◉ 怎样做生活中的手部锻炼

在这个月里，虽然宝宝手部的动作已经很熟练了，但在日常活动中，爸爸妈妈仍然要从各方面训练宝宝用手的能力。让宝宝拿勺子在碗中搅拌，用勺吃饭，用手挖抠东西。还可以模仿爸爸妈妈的动作，打开或盖上盒盖、瓶盖，按电灯开关，用笔画线条，用手翻书等。

在宝宝能够自己拿起物品，并能有意识地将物品放下之后，可以继续训练宝宝把拿在手中的物品投入到一些小的容器中。比如将糖球等较小的东西拾起来放进小瓶中，把木块搭起来或者把积木块放到一个小盒子里等，还可以在一块硬纸壳或三合板上挖一个比皮球大的洞，然后让宝宝把皮球或其他东西往洞里投。

◉ 怎样做搭积木训练

爸爸妈妈在给宝宝做积木游戏时，先拿两块积木，让宝宝把一块积木摞在另一块积木上，再给宝宝一个乒乓球，让宝宝把乒乓球再摞在第二块积木上。无论怎么放，结果都是乒乓球从积木上掉下来。这时，再给宝宝一块小积木，宝宝一摞就摞上去了。成功给宝宝带来喜悦，同时也使宝宝对不同物体的不同性质有了初步的认识。尽管宝宝还不清楚物体的几何形状，但这样的直接体验对将来的学习具有重要意义。这样还能训练宝宝的观察力和手部小肌肉动作的灵活性，锻炼宝宝对手部动作的控制能力，并理解物体与物体之间的关系。

◉ 怎样做物体滚动训练

游戏时，爸爸妈妈先给宝宝一根小棒和一个皮球，并先做示范，用小棒敲打皮球让之滚动。然后把小木棒交给宝宝，让宝宝模仿动作，也用小木棒敲打皮球，让皮球滚动。等宝宝把这个动作练熟了，妈妈或爸爸再把皮球拿走，另外找一个易拉罐代替皮球，让宝宝用同一根小木棒敲打易拉罐。让宝宝知道，如果敲击的是易拉罐的侧面，易拉罐就会像皮球一样滚动，如果敲击的是易拉罐的端面，易拉罐就不会滚动。用小木棒敲击易拉罐的哪个部位才会让易拉罐滚动呢，妈妈或爸爸不要急于教宝宝做，而要观察宝宝，必要时可给予启发，从而锻炼宝宝的思维能力。这个游戏还可以训练宝宝的判断力和手部小肌肉动作的灵活性，增强宝宝手部肌肉的控制力，使宝宝初步懂得圆的东西可以滚动，理解物体与物体之间的关系。

◉ 吹喇叭对宝宝有什么益处

这个月的宝宝对用嘴吸东西很拿手，却不会把空气往外吹。如果妈妈给宝宝一个喇叭，让宝宝试着去吹，经过一段时间后，宝宝自然能掌握吹的技巧。当宝宝“呼!呼”地吹时还可以帮助宝宝练习发声。爸爸妈妈应该注意的是，只能给宝宝嘴管短，而且不会插到喉咙里的喇叭，以免发生危险。

◉ 锻炼语言能力的方法有哪些

给宝宝进行语言能力锻炼的方法有：用指认锻炼语言能力、用回应锻炼语言能力、用倾听锻炼语言能力。

用指认锻炼语言能力：当爸爸妈妈带宝宝外出时，要随时告诉宝宝所看到的一切。比如，眼前的小猫、小狗、树木、花朵、汽车等。平时也不要放弃指认的机会，比如谁是爸爸、妈妈。特别是宝宝自己，爸爸妈妈常常叫他的名字，并对各个器官加以指认，以培养宝宝对自我的一个基本认知。

用回应锻炼语言能力：爸爸妈妈假装要宝宝帮忙找东西时，可以说“球，在哪里?”让宝宝有充分的时间去琢磨爸爸或妈妈说的话。如果宝宝用手指出球的所在地方，爸爸妈妈就应给予奖励或夸奖。

用倾听锻炼语言能力：这个月的宝宝还不会说话，当爸爸或妈妈问宝宝一个问题时，等宝宝有了反应之后，即使只是一个笑容或是兴奋的身体语言，甚至是含混不清的话语，即使一个字都听不懂，爸爸或妈妈也该侧耳倾听，并且给予适时回应。那些宝宝自己创造出来的字或词汇，已经隐藏在这些模糊不清的呢喃之中。所以，妈妈或爸爸必须通过细心的倾听，并试着将宝宝的声音与某种相关联的物体连接在一起，去理解宝宝。

◉ 怎样增强宝宝语言领悟力

增强宝宝的语言领悟力可以在妈妈想对宝宝说“宝宝，把那个玩具拿给妈妈”这句话时，就把这句话变成两句容易理解和执行的话。妈妈先对宝宝说：“宝宝，拿起那个玩具。”宝宝会很容易听懂并准确执行指令。宝宝照办后，妈妈再说：“宝宝，把玩具给妈妈。”宝宝同样很容易听懂并准确执行指令。这样经过两次注解，宝宝就会有双倍的领悟，也能轻易地体会到成功完成指令的喜悦。

这个年龄的宝宝，大部分都只能够了解简单的词语，所以要把成人的语言转换为宝宝的语言，宝宝就比较好接受和理解。宝宝在这个时候很少能正确发音，很多名词也许宝宝在几年之内都无法说得很好。如果宝宝发音不准，要及时纠正，但不用像学校里的老师那样严格地纠正，可以换个比较温和的方式，并给宝宝讲清楚。不要笑话表达不清楚的宝宝，以免伤及宝宝的自尊，以致不愿或不敢再说话了。

◉ 为什么要和宝宝一同看书

在爸爸妈妈看书的时候，不少宝宝也喜欢模仿，这对宝宝以后喜欢学习很有好处。爸爸妈妈可以暂时放下自己的书陪着宝宝看图书，给宝宝讲图书中的故事，并让宝宝帮着翻书。这样做会增添宝宝对图书的兴趣，对他的触角发展很有好处。但给宝宝看的图画书开本应稍大一些，图书不仅要内容简短易懂，而且插图形象要生动可爱，色彩也要鲜艳。

◉ 看图画书指认有哪些技巧

在给宝宝看图画书的时候，可以把每页上的动物或人物名称告诉宝宝，每次都按同一顺序读，可以让宝宝来翻页。翻到每一页时，可以问宝宝图画书里面的动物或人物叫什么?这段时期宝宝就是在不断地看与摸中增加知识的。可以利用图画书让他重复认识各种东西。

爱心妈妈经验谈

给孩子的图画书都是十分有趣的，大人在给宝宝念书的时候自己肯定也能体会到很多乐趣。但最好的还是大人事先把书看几遍，熟悉了书的情节后快乐地读给孩子听。这里可能要注意读书的语言，一定要用宝宝容易懂的表述，有时妈妈们也可以自己发挥。比如讲“鸭妈妈带着她的孩子们小心翼翼地游过河”时就可以适当发挥：“鸭妈妈‘嘎嘎’地招呼孩子们，要小心翼翼地过河哟”。

◉ 怎样培养宝宝的数量化意识

对这个月的宝宝来说，还需要好长一段时间才能数数，但为了给宝宝一个初步的数字概念，平时可以在一些叙述句中强调一些基本的数字概念。比如在给宝宝吃饼干时，可以一边递给宝宝1块饼干，一边对宝宝说："给宝宝1块饼干。"或"再给宝宝1块。"此外，在进行体能训练时，也可以尽量把计数的动作融入其中。比如，教宝宝做仰卧起坐时，可以从1数到10；或者把饼干片加到宝宝的麦片当中时，念着："一片、两片……"让宝宝听。经过这样的训练之后，若要宝宝区别一个以及一个以上的数字，就不会那么困难了。

◉ 怎样培养宝宝的大小意识

与培养宝宝的数量化意识相类似的是培养宝宝对大和小的认识。把一块大的饼干和小的饼干放在宝宝面前，指着大的告诉宝宝："这是大的。"然后指着小的告诉宝宝："这是小的。"然后让宝宝自己指，对宝宝说："把大的给我。"在以后可以和宝宝玩堆积木游戏，对宝宝说："大的放在下面，小的放在上面，渐渐地，宝宝会有大小的意识。"

◉ 怎样教宝宝认识颜色

爸爸妈妈教宝宝认识颜色可以随时进行。比如说"宝宝看，那气球是红色的，和你的衣服一样。"或者"那辆汽车是绿色的，和宝宝的婴儿车是一种颜色。"但是这种概念性地表述未必能达到理想效果。

教宝宝辨认颜色的具体步骤有：

第一步，取一件宝宝喜爱的有色玩具，如红色积木，反复告诉宝宝："这块积木是红色的。"然后问宝宝："红色的呢?"如果宝宝能很快地从几种不同的玩具中指出这块红色积木，就要及时称赞宝宝。

第二步，再拿出另一个红色的玩具，如红色瓶盖。告诉宝宝："这也是红色的。"当宝宝表示疑惑时，再拿一块红布与红积木及瓶盖放在一起，另一边放一块白布和一块黄色积木，告诉宝宝："这边都是红的，那边都不是红的。"（不能说那边是白色的、黄色的）。把宝宝的注意力集中到颜色上。

第三步，把上述物品放在一起，要求宝宝："把红的指给妈妈。"看宝宝能否把红的都挑出来。如果只挑出其中的一种，可以提示宝宝："还有红的呢！"并给一定暗示（如用手指），让宝宝把红的都找出来。

◉ 盖盖子游戏对宝宝有什么益处

做这个游戏时，妈妈准备一只杯子和大、中小3只盖子，其中只有1个盖子是正好盖在杯子上的。先教宝宝盖杯子的动作，然后把3只盖子都给宝宝，看宝宝用哪个盖子能把杯子盖好。宝宝在反复盖上取下之后，当最终选中那个合适的盖子时，妈妈要给予表扬。如果宝宝实在不能确定时，妈妈要给予适当的提示和引导。这个游戏可以让宝宝掌握物体之间的最简单的联系，以发展宝宝的初级思维活动。

◉ 怎样教宝宝认识热与冷的概念

这个月龄的宝宝已经有了一定的认知能力，但是对事物的认知概念还是含混不清的，在宝宝的头脑中还没有形成牢固的记忆和联想。因此，运用对比法可以强化宝宝对某些事物的概念和性质的意识，以及相关概念之间的关系。妈妈在给宝宝喂奶时，可以有意让宝宝去碰触较热的奶瓶，再让宝宝试试去摸刚从冰箱里拿出来的饮料瓶，几次之后，宝宝就能在对比强烈的直接体验中强化对热与冷概念的认知水平。

◉ 怎样教宝宝理解里外、上下、大小的概念

妈妈可以给宝宝准备一个较大的玩具箱，让宝宝把玩具装到箱子里去，然后再一件一件拿出来。通过自己的动作和结果的对比，理解里面和外面的概念。妈妈可以拿一块积木放到桌子上，然后再放到地板上，或者和宝宝一同玩跷跷板，一面告诉宝宝上与下的概念，以便让宝宝体会一上一下的感觉。妈妈抱着宝宝站在镜子前面，让宝宝看到镜子里的妈妈和宝宝。然后告诉宝宝："妈妈大，宝宝小。"这些训练还不能够让宝宝完全理解这些概念，但起码能够增强这方面的意识，为将来更加清晰地辨识这些概念打下基础。

◉ 怎样做移纸取物游戏

做这个游戏时，妈妈抱着宝宝坐在桌边，桌上放一个色彩鲜艳的玩具，让宝宝先玩一会儿，然后，妈妈用一张透明的纸或塑料袋，放在玩具上面将玩具挡住，使宝宝看得见但拿不了。宝宝伸出去的手只能碰到纸。这时妈妈开始教宝宝将纸向左或右移开，然后拿到玩具。

妈妈还可以把球、哗啦棒、积木、娃娃、画册等放在桌子上，让宝宝坐在中间。当宝宝伸手要拿某个玩具时，妈妈就挡住宝宝的眼睛，把玩具换个地方，再让宝宝去拿这个玩具。

这个游戏能让宝宝在寻找物体的基础上，训练宝宝解决问题的能力及对方位的初步记忆力。但要注意的是，玩过几天后，要换一件玩具再接着玩，以增加宝宝的兴趣。

◉ 怎样感受大自然

在带宝宝到室外活动时，无论是在户外散步还是去郊游，不仅要让宝宝

锻炼身体，还要引导宝宝感受大自然，观察自然界里的所有事物。如天上的飞鸟、流淌的小河、盛开的鲜花、可爱的小动物等。还可以带宝宝捡拾各种各样的石子、树叶、松果等玩。在宝宝面前，爸爸妈妈用野花野草编制一个花草帽，还可以制作一个小风车，小宝宝头戴花帽，手拿风车，格外生动。

◉ 怎样教宝宝随音乐或儿歌做动作

教宝宝随音乐或儿歌做动作还和前面一个月一样，这个月父母还是可以找节奏明快的音乐、押韵的儿歌。让宝宝一边听，一边点头、拍手，或者摆动身体。

音乐和宝宝的动作有紧密的联系。许多研究材料证明，宝宝对音乐最先感知的是力度和节奏，也最先形成有关它们的概念，随后再去感知旋律的高低，最后是曲式。在生活实践中，宝宝听音乐乐曲的能力要比唱准音高、旋律、打出节奏的能力发展得早。在音乐伴奏下让宝宝用动作来表现音乐内容是发展宝宝音乐能力的重要途径。最初要教宝宝听着音乐合拍地做动作，爸爸妈妈要鼓励宝宝主动地用动作反映音乐。一般这个月龄的宝宝就会随音乐节拍晃动身体或手臂，特别是听到节奏非常鲜明的音乐时，宝宝更会手舞足蹈起来。

◉ 与小伙伴玩耍对宝宝有什么益处

这个月龄的宝宝已经有一定的活

动能力，对周围世界有了更广泛的兴趣，有与人交往的社会需求和强烈的好奇心。因此，爸爸妈妈每天也应当抽出一定时间和宝宝一起做游戏，进行情感交流，也可以创造让宝宝和小伙伴一起玩耍的机会。让宝宝和同龄小伙伴在父母的监护下一起玩耍，一起练习站立、走路。这个训练的目的是让宝宝处于愉快的情绪中，况且宝宝与小伙伴在相互的模仿中，学步的速度也会加快。

◉ 怎样鼓励宝宝进行探索

在宝宝爬行时，在确保安全的前提下，可有意把几样玩具放到床下、墙角或桌子底下，以此激发宝宝的探索精神。当宝宝找到这些玩具时，探索的兴致就会更高。还可以给宝宝准备一个纸箱子，里面装上积木、摇铃、布制小动物、小球、玩具汽车以及画册等，让宝宝从中找到自己喜欢的东西。要注意的是，所有东西不要小于宝宝的拳头，以免宝宝吞进肚里发生危险。

宝宝在摆弄这些小玩意的时候，不仅可以逐渐熟悉各种物体的特性，同时也锻炼了手的精细动作能力，对将来的学习和工作都大有益处。

◉ 怎样培养宝宝的亲和力和爱心

现在的宝宝大多数是独生子女，很难有机会和其他孩子相接触，为了培养宝宝对他人的亲和力和爱心，爸爸妈妈可以参考以下办法：

办法1：爸爸妈妈带宝宝到外面活动时，可有意识地让宝宝看比宝宝大一点的哥哥、姐姐玩耍的情景，宝宝一定

会很感兴趣地看。对宝宝来说，这种观看的乐趣也是一种积极的感受。

办法2：对宝宝来说，把自己的玩具或其他东西交给别人，就好像东西被抢一般，实在办不到。这时，爸爸妈妈可以先向其他小朋友要玩具或东西给宝宝，然后再让宝宝拿玩具或其他东西给其他小朋友。经过训练，宝宝会知道其他小朋友接到他的东西会很高兴，而交出来的玩具或其他东西还会回到自己手中。

办法3：一开始，妈妈先当着宝宝的面。爱抚布娃娃等类的玩具，然后说“宝宝，你也抱抱”，宝宝就会模仿妈妈的动作。经过训练，宝宝就知道疼爱别人，培养宝宝关爱别人的柔情。

◎ 固定宝宝的用餐座位有什么好处

到了11个月，宝宝就该自己吃东西了。对于爸爸妈妈来说，宝宝什么时候该会什么本事，这既是一个顺其自然的过程，又是一个学习和锻炼的过程。这个过程，就像父母要学会做好一件事那样，也得花点时间练一样。

喂养时不仅要让宝宝定时进餐，以使消化系统有节律地工作，而且进餐时要有固定的座位，训练宝宝进食自理的能力。

◎ 怎样教宝宝学会用勺子

11个月以前的宝宝有的即使会抓小勺，也必须得爸爸妈妈喂饭才行，因为这个时期的宝宝还不能有意识地抓小勺吃饭，宝宝的这些吃饭动作，很大程度上是一种模仿和本能。对于能笨拙地用小勺的宝宝，妈妈就要更进一步训练宝宝自己吃东西了。

有些不会用小勺的宝宝，往往在妈妈喂饭时，会去夺妈妈手里的小勺，这是宝宝在表示想自己吃饭的愿望。这时妈妈就可以因势利导，给宝宝手里塞一把，自己手里拿一把，先不必急着教宝宝怎样抓小勺，让宝宝先自己随心所欲地抓握一下，找找感觉，让宝宝拿着小勺边吃边“玩”，宝宝学习用小勺就是从这时开始的。使用了一会儿，宝宝感觉到想把食物舀起来送进嘴里不容易的，也许试试就不耐烦了，不把小勺往嘴里送，而在饭里瞎搅。这时，妈妈可以把饭端开，而不要去夺宝宝手里的小勺，以免宝宝失去信心。这样一直坚持下去，每次喂饭都这么练习，不久，妈妈就会发现宝宝有了长足的进步，也就初步奠定了独立吃饭的基础。

11个月～1岁的宝宝

怎样训练宝宝站稳

宝宝经过几个月的“爬行热身”，到1岁的时候可以开始面对“站立”的挑战了。训练宝宝站稳可以采取以下方法：

方法1：在训练宝宝走路的时候，爸爸或妈妈要先让宝宝靠在床或者其他家具上，然后取一个宝宝喜爱的玩具给宝宝，当宝宝伸手来拿的时候，就把玩具拿得远一点，使宝宝不得不离开靠着的家具来取父母递过来的玩具。

方法2：让宝宝拿一些较大的、单手拿不住的玩具，比如递给皮球、气球等，宝宝想要拿住，拿不住就必须双手来拿，这时宝宝就会暂时把手离开扶着的东西来接玩具。这个方法不仅锻炼了宝宝的平衡能力，也为宝宝将来迈出人生第一步打上了坚实的基础。

怎样让宝宝迈出人生第一步

训练宝宝迈步走是建立在前几个月“摸爬滚打”的基础之上的。宝宝经过一段时间的站立训练后，腿部的支撑力有了很大的增长，已经可以支撑身体很长时间了。既然宝宝能站起来了，就要努力学会迈出人生的第一步。

让宝宝迈出人生第一步的方法：

第1步：爸爸或妈妈首先要保证周围的设施安全，以免宝宝学走路时发生意外，即使是在宝宝摔倒的情况下也不会受伤。

第2步：父母可以拉着宝宝的小手让宝宝向前迈步或者是让宝宝扶着墙或栏杆往前走。当小宝贝开始尝试着第一次迈步时，父母要先退后一步，伸开双手鼓励宝宝走过来。如果宝宝步履踉跄，父母就要抢迎一下，防止宝宝第一次尝试就摔倒，从而产生恐惧心理。

第3步：当宝宝迈出第一步以后，父母可以再离宝宝远一点，鼓励宝宝接着往下走，如此重复多次。

◎怎样训练宝宝的投掷技术

这个时期的宝宝，已经开始对投掷东西产生了浓厚的兴趣。投掷活动是一件娱乐和健身二者兼得的事情，做父母的如果让小宝宝每天如此锻炼几个小时的话，那么宝宝一定会更健康、更强壮的。当然，如果是在户外练习的话，那就更好了。

在户外活动时，如果让宝宝进行投掷训练，需要爸爸或妈妈在旁边看护才行。如果宝宝站着投却投不好，就让宝宝一只手扶着墙或者是坐着，另一只手进行投掷。如果孩子是个左撇子，那也没有关系，继续让孩子用左手就可以了。切忌不要强迫孩子非用右手不可，否则不仅影响孩子的情绪，更达不到健身的目的了。

◎怎样做放球入瓶游戏

放球入瓶游戏，可以测定宝宝手眼协调能力。具体方法有：

第1步，父母准备1个瓶口直径为2.5厘米的小瓶，直径为2厘米的小球3～5个，示范把小球放入瓶内。

第2步，让宝宝自己拿1个小球，试着放入瓶内。开始的时候父母可以拿着瓶子帮助宝宝把球投入瓶内，使他有信心再试。等孩子懂得用食指和拇指拿稳小球，到瓶口把手指松开后，让宝宝自己用左手扶着瓶子，右手拿小球放入瓶中。父母替宝宝数数“放1个”、“放2个”、“放3个”，鼓励宝宝放入小球。

在做游戏时，爸爸或妈妈要注意，不能拿直径小于2厘米的球让宝宝练习投瓶，因为太小的东西会被宝宝吞掉而发生危险。宝宝要看准瓶口，在瓶口上方准确放手，才能将球入瓶。在训练的时候，瓶子要固定在桌子上，爸爸或妈妈不要急着拿着瓶子去帮助宝宝，这样对宝宝的成长不利。

◎用蜡笔画画对宝宝有什么益处

把旧报纸铺在桌上，拿一张大的纸放在桌子中间，让宝宝用左手扶着纸，用右手的大拇指和食指捏住笔，用中指托着笔，然后握着宝宝的小手在纸上画。宝宝看到纸上用笔画出来的线条，会十分兴奋。大人的手渐渐松开，让宝宝自己去画。一旦宝宝能在大纸上画出一条长线，哪怕只有一个小点，宝宝都会很高兴。不久宝宝会很喜欢这个“玩具”。用蜡笔画画，可以测试宝宝握笔的能力。鼓励宝宝多练习，用多种方法画写，使双手配合良好，手腕活动灵活，为宝宝以后学画画和写字打下基础。

怎样做配大小瓶盖或盒盖法

可以拿出几个漂亮的空瓶子或空盒子，把盖打开，让宝宝试着把盖盖上或拧上。宝宝很喜欢玩各种瓶子和盒子，有螺旋拧上的、有拔开的、还有边上有个小键按开的。宝宝会试着按大小和式样将盖子先盖上然后拧上。让宝宝学会按大小和样式将盖子盖好，然后拧上。这是宝宝最喜欢玩、又不必花钱买玩具的游戏。有时两个瓶子差不多大小，但瓶口不同，盖的大小也不同。宝宝会试来试去，有时用手指导眼，有时眼去指导手，配瓶子和盒子盖的游戏也是手眼协调性的练习。

怎样教宝宝剥开纸包

让宝宝练习自己剥开小饼干的包装袋，妈妈可以先示范，让宝宝看到小包装上的小缺口，在有小缺口的地方动手撕开。见到糖果后在一侧反方向地拧糖纸，打开就可以吃到糖果。因为自己打开小包装就可以吃到食物，宝宝会很积极地学习这种本领。这个训练能进一步练习宝宝手眼协调，并且锻炼宝宝的观察能力和判断能力。

当宝宝打不开包装袋时，不要急着帮孩子打开包装。在选择包装纸时，要选择容易打开的类型，不然宝宝会因为无法打开包装，而失去兴趣。

怎样引导宝宝发字音

1岁的宝宝对说话的注意力日益增加。能够对简单的语言要求作出反应。这时虽然宝宝说话较少，但能用单词表达自己的愿望和要求，并开始用语言与人交流。已能模仿和说出一些词语，所发出的一定的“音”开始有一定的具体意义，是这个阶段宝宝语言发音的特点。为了促进宝宝语言发育，可结合具体事物训练宝宝发音。一般来说12个月的宝宝可以说出“爸爸、妈妈、阿姨、帽帽、拿、抱”等一些简单的词。

宝宝这个时候能有意识地叫“爸爸”、“妈妈”以后，爸爸妈妈还要引导宝宝有意识地发出一个字音，来表示一个特定的动作或意思，如说“走”、“坐”、“拿”、“要”、“吃”等来表达自己的愿望。与成人能进行简单的语言对话，叫他能答应，说出来给予表扬。

◉ 宝宝可以自己刷牙吗

牙齿的健康关系着宝宝的一生，因此养成刷牙的习惯是最基本的一条。这个时期的宝宝，已经有很强的模仿能力，无论爸爸妈妈干什么，小小的他都会模仿。所以，每当刷牙的时候，爸爸妈妈都要尽量让宝宝看到自己刷牙的样子，并且告诉宝宝刷牙的好处。尽管此时的宝宝不可能明白这些话的含义，但起码可以知道这是在刷牙，并且这是每天都需要做的事情。这样一来，经过长时间的观察和模仿，宝宝就会主动要求刷牙了。

可能刚开始的时候，需要爸爸妈妈给予一定的帮助，宝宝刷牙的时候，需要在旁边看住，防止宝宝因为动作不熟练而刺着喉咙。

◉ 怎样做拆宝塔游戏

这个游戏可以锻炼宝宝手和眼的协调性，还能让宝宝感到自己的力量和创造性。游戏和过去玩过的摞积木游戏有些区别，就是用积木块垒成宝塔后再让宝宝把它推倒。如果宝宝不愿意，爸爸妈妈就帮宝宝推倒，然后看宝宝是否会跟着做。最后鼓励宝宝自己再把宝塔垒起来。大多数1岁的宝宝都能不靠大人的帮助垒起3～5块积木块。

快1岁大的宝宝最富有想象力和创造力，家里的玩具，如玩具房子、玩具动物、布娃娃、小汽车，以及父母的鞋子、帽子，甚至是勺子、筷子等，几乎都能神奇地转换成宝宝心中所想的游戏道具。虽然这类自发的游戏有助于宝宝各种能力的协调发展，但爸爸妈妈还应有计划、有目的地和宝宝做一些比较规范的游戏，以使宝宝的想象力和创造力得到健康发展。

◉ 经常逗笑对宝宝有什么好处

1岁的宝宝已经有了自我意识能力，能对父母的动作有所反应。这个时候，如果父母能有意识地去训练宝宝，那么对宝宝的成长是很有裨益的，爸爸妈妈在宝宝面前走过时，轻轻地抚摩或亲吻孩子的鼻子或脸蛋，并笑着对他说“宝宝笑一个”，也可用语言或带响的玩具逗引孩子，或轻轻挠他的肚皮，引起他挥手蹬脚，甚至咿咿呀呀发声，或发出“咯咯”笑声。注意观察哪一种动作最容易引起宝宝发笑，从而可以经常

有意地重复这种动作，使宝宝高兴而大声地笑。这种条件反射是有益的学习，可以逐渐扩展，使宝宝对多种动作都大声快乐地笑。宝宝的笑声会成为家庭快乐的源泉，经常快乐的孩子招人爱，也能合群，具有良好的性格基础。

◉ 怎样培养宝宝和小伙伴一起玩

满1岁的宝宝正是吸收性思维和各种感知觉发展的敏感期，这个时期的宝宝开始喜欢和周围的同龄人一同玩耍，说明宝宝开始具有了交往的能力。宝宝和同龄小伙伴玩时，父母可以让每个人手里拿着同样的玩具，在互相看得见处各玩各的玩具，如果玩具不同就会互相抢夺，互相看得见就会引起模仿。而且在小伙伴旁边还会引起表情和动作及表示意义的声音呼应，使孩子感受有伴侣的快乐。

◉ 做电话游戏对宝宝有什么益处

电话是现代人际交往的重要工具之一，宝宝在家里常常看到爸爸妈妈打电话，于是在好奇心的驱使下，就产生模仿爸爸妈妈打电话的愿望。爸爸妈妈应该满足宝宝的这一愿望，为宝宝准备一个玩具电话，宝宝在拿起电话机，学着爸爸妈妈的样子，对着电话听筒自言自语，这也是宝宝与他人交流沟通的开始。

为了鼓励和培养宝宝与他人的交流和沟通，爸爸妈妈可以和宝宝做打电话的游戏，用玩具电话和宝宝进行交流，不仅可以增强宝宝与他人交流和沟通的兴趣，也会使宝宝的社会性得到培养。

◉ 需要控制宝宝的进餐时间吗

对可以吃饭的宝宝来说，养成良好的饮食习惯是非常重要的，也是一件很不容易的事。在这一点上，爸爸妈妈起着至关重要的作用。

生活中人们常常发现这样的现象，有的宝宝很乖很听话，在短时间内就把饭吃完了，妈妈用不着费多大的劲；而有的宝宝就不同了，活泼好动，边吃边玩，要妈妈端着饭碗在后面追着，才能把这顿饭吃完。对这样的宝宝，作为妈妈一定很犯愁吧。对不好好吃饭的宝宝，爸爸妈妈首先要确定宝宝是否有身体方面的不适。

如果确定没有什么不适之后，就要采取点措施和办法了。比如，要把吃饭的时间定好，宝宝不想吃，或不好好吃时，妈妈要断然收起饭菜和玩具，让宝宝明白，吃饭和游戏必须分开进行。给宝宝进餐的时间不要拖得太长，一般控制在20分钟就可以了，使宝宝从小养成一个良好的饮食习惯，这对将来是大有好处的。

◉ 怎样让宝宝养成独立睡觉的习惯

对于1岁的宝宝来说，能够自己入睡是最理想的。那么该如何让孩子养成一个人睡觉的习惯呢？以下方法或许可以达到这个目的。

首先，为宝宝营造一个有助于睡眠的氛围，比如将卧室的光线调暗，如果宝宝偏爱小夜灯的话，可以安上一盏。室内的温度要适中，不要太冷或太热。同时，家里要保持相对的安静，声响以不影响宝宝睡眠为度。此外，要让宝宝知道，爸爸妈妈就在宝宝房间外，以使宝宝安心入睡。

其次，在宝宝每晚睡觉之前，要遵循同样的规矩，做每一件事，比如妈妈要在宝宝清醒时换上新的尿布，盖好被子，或者可以在睡前和宝宝来一些拥抱，放一段摇篮曲之类，但这些都要在宝宝入睡前进行。如果在计划让宝宝正式断奶之前的两星期开始，就进行这么一套程序和规矩，一定会收到理想效果的。

爱心妈妈经验谈

宝宝1岁时已完全能独自行走、上楼梯，会说“爸爸、妈妈、拿、奶、打”等简单的字词。我在训练宝宝自己用勺吃饭、培养良好的生活习惯时发现，宝宝是个难养型的宝宝，没有规律可循，过一段时间总会打破自己已形成的规律。没办法，我只好耐心地继续引导他。

第四章 1～3岁宝宝的早教

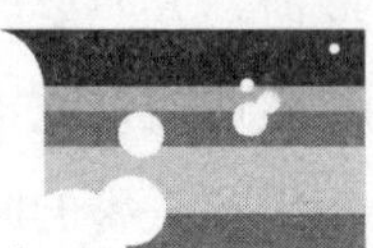

1岁1个月～1岁3个月的宝宝

◉ 怎样做爬台阶练习

这个时期，宝宝已能独立行走，就要使眼、脑、脚以及全身动作协调起来。为了锻炼宝宝的眼、脑和脚的协调性，父母除节假日带宝宝进行室外活动，让宝宝在大自然中尽情活动之外，平时可以扶宝宝多做爬楼梯的运动。让宝宝进行爬楼梯训练，既可增强宝宝腿部的力量，为今后的跑跳打下基础，又可训练宝宝大脑和腿、脚部运动的协调性。

在滑梯上，让宝宝上滑梯的台阶，再从滑梯上滑下来。或者在上楼的时候，让宝宝上几个台阶。训练时，妈妈或爸爸可把宝宝喜欢的玩具放到楼梯的台阶上，引起宝宝拿玩具的欲望，或者妈妈站在楼梯上，向宝宝拍手，并喊宝宝的名字，爸爸扶着宝宝慢慢爬上楼梯。如果宝宝跨脚很费力，身体难以保持平衡，妈妈或爸爸可以用手扶着宝宝的腋下，帮助宝宝两脚交替迈上楼梯，以后再逐渐减少帮助的力量，让宝宝用自己的力量上楼梯。

爬楼梯训练可以先从2～3个台阶开始练习，然后逐渐增多，宝宝每登上一阶，妈妈或爸爸就应鼓励宝宝，使宝宝逐渐增强力量和勇气，最终自己扶着栏杆爬上去。

◉ 怎样做搭积木游戏

宝宝的手指虽然已经很灵活了，但还需继续训练，因为随着宝宝手指灵活性的进一步提高，可以促进宝宝的大脑发育，其中搭积木就是这个时期最好的游戏，能够培养宝宝手、眼、脑的协调能力和对空间的认识。

让宝宝搭积木过程中父母可以辅助宝宝把歪扭的积木扶正，并鼓励宝宝，让宝宝自己把积木逐渐搭高、搭稳。

◉ 怎样做倒豆子、捡豆子游戏

让宝宝经常拿小物体是刺激大脑最好的办法，还可以锻炼手指小肌肉的

灵活性。

准备两个广口瓶子，一个里面装上几粒豆子，让宝宝把豆子倒到空瓶子里。可以用手辅助宝宝完成。再准备一个小盘子，把豆子倒在小盘子里，让宝宝把豆子捡到瓶子里去。父母可以再多准备一个盘子和瓶子，和宝宝比赛。

◉ 怎样做套彩环游戏

让宝宝玩套彩环游戏，把彩色的圆环一个一个地套到垂直的塑料柱上，当宝宝玩熟练后，父母还可以让宝宝根据彩环的颜色或大小套到塑料柱上，或者一边套一边数数“1个、2个……”。

这个游戏可以锻炼宝宝的手眼协调能力，数数时还能锻炼宝宝的数数能力。

◉ 怎样为宝宝创造说话的语言环境

语言是在与人交往和接触中产生和发展的。所以宝宝语言能力的好坏，在很大程度上取决于宝宝所处的环境，及父母对宝宝在语言能力方面的培养方式。

宝宝刚出生时，虽然发音器官是完整的，但是却只能通过“哭”来表达情感，因为语言的表达不仅需要宝宝身体的发育成熟，还需要父母所创造的外部环境条件。宝宝在开口说话之前，要听到、看到父母的声音和说话时的表情，才能学会。因此，父母常和宝宝交流，通过反复的语言训练，宝宝能够逐渐懂得话的意思，进而可以说出有表情达意的话，而不再仅是“啊，哦，呜”的呢喃声。

◉ 怎样为宝宝创造说话的机会

宝宝学会说话的早晚，并不在于智力差异，而在于父母的引导和训练。这时的宝宝已经能听懂父母说的话了，父母就要多给宝宝创造说话的机会，训练宝宝模仿发音，一个字一个字耐心地教给宝宝。还应该多和宝宝聊天、给宝宝读书等，鼓励宝宝多听、多说、多练。

◉ 怎样让宝宝把话说出来

宝宝在这一时期说话仍然限于个别简单的词，在宝宝提要求时，还是只会用动作来表示。父母在这时要促使孩子把想要的说出来，而不要宝宝刚以动作表情示意，就立即满足他，比如要耐心地让宝宝说出“是”、“要”、“不”等，等宝宝说出来后，再满足宝宝的要求。

怎样给宝宝下达“小命令”

生活中，父母可以给宝宝下达一些“小命令”，比如“把板凳拿过来”、“把小熊拿给妹妹玩一会儿”，当宝宝做到后，表扬宝宝，鼓励宝宝。

常给宝宝讲故事有什么益处

1岁左右是宝宝语言、听力发展的关键时期，让宝宝看图书听故事，对宝宝的语言和听力很有帮助，也可以增强宝宝创造想象中的世界的能力。

常听故事能够帮助宝宝早点学会说话，会说的句子也会较长。所以这一时期，父母要注意经常给宝宝讲故事，可以拿着图册一边让宝宝看，一边讲。这一时期的宝宝，还不适合听太复杂的故事，一般以一个故事有3个图画为宜，否则宝宝不能明白。

怎样让宝宝认识形状

选择带有圆形、方形、三角形等图案、并可以把图案拿出的拼版，让宝宝试着在拿出这些图案后，再放回拼板里。父母在一旁要一边给宝宝拿图形，一边教他认形状。

怎样让宝宝认识大小和多少

把大小两样东西放到一起，如差异明显的苹果，告诉宝宝哪个是大的，哪个是小的。让宝宝把大的递给妈妈，小的留给自己。

认识多少时，把东西分成多、少两堆。告诉宝宝哪边是多的，哪边是少的，如果宝宝愿意继续学习，就和宝宝一起数数，多的有多少个，少的有多少个。

怎样让宝宝分辨表情

父母有意在宝宝面前做出高兴和生气等表情，让宝宝分辨。比如当宝宝给妈妈拿了小板凳，妈妈要露出高兴的表情，让宝宝知道他做的这个事情是可以让妈妈高兴的。同时，在宝宝做了错事的时候，妈妈要露出生气的表情，同时告诉宝宝："妈妈生气了！"让宝宝知道他做的这个事情是会让妈妈生气的，以后不可以再做。

◉ 宝宝独自玩耍有什么益处

给宝宝准备好场地和玩具等，让宝宝在家长视力范围内独自玩耍。如果宝宝一边玩一边和父母说话，父母要认真和宝宝对答，不要敷衍、不耐烦。

◉ 怎样训练宝宝自己坐盆大小便

满1岁的宝宝可以独立行走，并能听懂爸爸妈妈的话了，从此父母就可以训练宝宝自己坐盆大小便了。训练宝宝自己坐盆大小便的时间，最好选择在温暖的季节，以免宝宝的小屁股接触冰冷的便盆时产生抵触情绪。

一般来讲，1岁以后的宝宝每天小便约10次左右。爸爸妈妈首先应掌握宝宝排尿的规律、表情及相关的动作等，发现后立即让宝宝坐便盆。逐渐训练宝宝排尿前向爸爸妈妈作出表示。如果宝宝每次便前主动表示，爸爸妈妈要及时给予鼓励和表扬。

1岁以后，宝宝的大便次数一般为每天1～2次，有的宝宝两天1次，只要宝宝大便很规律，形状也正常，爸爸妈妈就不必过于担心。大部分的宝宝会在早上醒来后大便，大便前宝宝往往有异常表情，如面色发红、使劲、打颤、发呆等。只要爸爸妈妈注意观察，就可以逐步掌握宝宝大便的规律。让宝宝坐盆大便的时间不宜过长，一般以不超过5分钟为宜。

开始训练宝宝坐盆大小便时，爸爸妈妈可以在宝宝旁边给予帮助，随着宝宝的逐渐长大和活动能力的增强，以后宝宝就会自己主动坐盆大小便了。便盆在用后要及时清洗和消毒。

◉ 宝宝的睡眠时间有哪些特点

大多数的宝宝满1岁以后，每天睡眠14～15个小时，就可保证身心健康的需要。在具体时间的分配上，一般白天睡1～2次，每次大约2～2.5个小时，夜间再睡10个小时左右。

◉ 宝宝为什么发脾气

几乎所有的宝宝在1～2岁阶段里都会发脾气，这是源于宝宝正常的成长和性情。父母不用认为因为自己没有教育好宝宝而感到苦恼，只要采取一些正确的处理方法，就可以轻松应对宝宝的发脾气。

当宝宝要做一件事，但却没有能力，也因此被父母阻止，甚至吓唬他的时候，宝宝会发脾气，大声叫嚷或者跺脚打滚。遇到这种情况，父母不要着急，要弄清楚宝宝为什么发脾气。

宝宝不会其他表达方式。这时的宝宝语言能力还不好，只能说少数的词，但是宝宝已经有了各种感受。面对挫败的时候，宝宝不会表达，只能用行动来表达——发脾气。

宝宝的思维还不合逻辑。这个阶段的宝宝还没有能力知道自己的行为会带来什么后果。比如，看见父母用刀给他削水果，他也想拿刀玩玩。他还想把方形的塞子塞到圆形的孔里，总之想要尝试任何可能。遇到这种情况时，父母怕宝宝受伤害、或者破坏东西，自然会加以阻止。但是宝宝还无法理解父母的“苦心”，他只知道，他要做的事情做不成，他达不到自己的目的，实现不了自己的意愿，他只有把强烈的情感，以发脾气的方式发泄出来，这都是因为宝宝的思维还不合逻辑。

父母要注意的是，这个年龄段的宝宝一般都会想做什么就去做什么，但是宝宝本身的智力还不能跟得上，而且宝宝的运动能力也达不到。但是，宝宝的这种想做什么就做什么的行为，在一定程度上对培养宝宝的坚强性格是有好处的，对宝宝日后征服各种新环境也很有帮助。在这种性格培养的过程中，发脾气自然就是不可避免的，也可以称得上是好性格产生的代价和副产品。

宝宝在学步期的挫折。宝宝出现发脾气的1～2岁这一阶段，正好是学步期。学习走路对于宝宝来说，是一个复杂的大工程。在学习中，宝宝难免有害怕、摔倒后的委屈等挫败感，而当这种挫败感来的时候，宝宝自然会情绪激动，大叫大嚷地发脾气。这个时候，父母不要忽视宝宝的情感，要注意到宝宝发脾气了，说明宝宝需要帮助。父母应伸出手来帮助宝宝，安慰宝宝，帮助宝宝摆脱困境，同时增添了父母在宝宝心中的信任感。一个好的处理方式就能把这次发脾气转换成增进彼此亲密关系的好机会。

◉ 如何防止宝宝发脾气

找到宝宝发脾气的导火索。父母找到宝宝发脾气的导火索，可以在日后减少甚至防止宝宝发脾气的情况。宝宝发脾气一定是有原因的，是因为饿了、累了、厌烦了、还是病了？或者受到强烈的刺激？有的时候周围太多吵闹，使宝宝情绪烦躁；或者旅途中，宝宝在爸爸背着的三角吊带中时间太长了，不舒服；又比如父母一整个下午都在陪朋友玩，忽略了宝宝。这些原因都会导致宝宝大发脾气，父母把这些原因想到后，在下次就可以注意避免。比如下次再有客人来，父母让宝宝参与进来，可能就会避免宝宝发脾气。

驱散引起烦躁的因素。试着驱散导致宝宝烦躁的因素，使宝宝处于一个和谐、安全的环境中，在一定程度上就可以避免宝宝发脾气。比如，不带宝宝去人流过多的地方，贴心照顾宝宝，避

免宝宝出现饥饿、口渴、尿湿等情况。

注意宝宝发脾气的征兆。在宝宝发脾气的暴风雨来临之前，一般都是有征兆的。这些征兆往往出现在身体语言上，比如宝宝在玩着玩着，开始嘟嘟囔囔，表情不愉快。这时父母要及时回应宝宝，哄一哄，就有可能避免“暴风雨”的来临。

明确地讲道理。宝宝在发脾气的时候，是非理性的，父母给宝宝讲道理是没用的。但是在平时可以多给宝宝一些明确、具体的教导话语，比如父母可以对宝宝说“客人来的时候，妈妈要陪客人，你要有礼貌，自己玩会儿玩具，妈妈过一会儿就来陪你”，这要比直接对宝宝说“不能发脾气，这样很不好”有用得多。

多表扬宝宝的好行为。生活中，父母多表扬宝宝的好行为，在一定程度上可以减少甚至避免宝宝出现不良行为。当宝宝做了一件不错的事情，比如宝宝在家里开开心心地和奶奶待了一个下午，自己看画册、玩玩具，非常乖。父母就可以告诉宝宝，这样不吵不闹很好，宝宝开心妈妈也开心。多向宝宝灌输这种愉快相处的好处，渐渐减少宝宝发脾气的次数。

多给宝宝关爱。常在父母身边的宝宝、对父母有需求又能及时得到回应的宝宝，一般都会很快乐。因为内心的平和，使得他的行为也很乖巧，不经常发脾气，能够缓和自己的情绪，而不是强烈地表现出情绪。同样，因为父母能够了解孩子的需求，能够做出更多适合宝宝需求的行为，也减少了宝宝发脾气的机会。

所以父母应该多给宝宝关爱，满怀亲情地养育自己的宝宝，与宝宝建立亲密的亲子关系，即使在宝宝发脾气的时候也能够轻松自如地应对。

◉ 为什么不能满足宝宝的无理要求

遇到宝宝发脾气时，要想法弄清原因，不要急于满足宝宝的无理要求。一般父母都会在宝宝发脾气的时候，为了让他尽快安静下来，不得不答应宝宝的无理要求。但这样会让宝宝认为发脾气是可以达到目的的。比如，在超市里，宝宝因为想买糖而大吵大闹，如果父母轻易满足了宝宝，他在下次还会使用这个招数。父母可以在进超市之前告诉他“我们去超市是去买生活用品的，我不会给你买糖吃，你吵闹也没有用。”在私下场合里，如果宝宝吵闹，父母可以任凭宝宝自己折腾，宝宝累了自然就会停下来。在公共场合里，父母最好提前给宝宝讲好不许吵闹，如果吵闹起来，就尽快带宝宝离开现场，或者选择用其他方式来转移宝宝的注意力。

◉ 帮宝宝表达想法，对安抚他的情绪有什么帮助

把宝宝发脾气时的想法替他说出来，会帮助宝宝安定情绪。父母是宝宝最亲近和熟悉的人，也最清楚宝宝在想什么。当宝宝发脾气的时候，父母一般能发现宝宝发脾气的原因，这时可以替宝宝心里的想法说出来，往往就会让宝宝平静下来。比如，当周围环境很吵闹，宝宝有点厌烦，情绪不稳定而大发脾气时，父母可以对宝宝说："这里太吵了是不是？实在是挺烦的，不如咱们去找个安静的地方吧。"宝宝就会安静下来，乖乖地跟父母走开。或者，当妈妈在炒菜，但宝宝想要妈妈抱而着急的时候，妈妈可以对宝宝说："等待真不好，妈妈如果能抱抱宝宝就好了，可是这样的话妈妈就不能给宝宝做好吃的了。"又比如，宝宝因为吃糖而不高兴时，父母可以对宝宝说："妈妈不让你吃糖，所以你很生气，但是吃糖过多对牙齿不好。"在稳定宝宝情绪的同时，还能让宝宝知道，用语言来表达情感是最好的方式。

◉ 父母的情绪对宝宝有什么影响

当爱发脾气的宝宝遇到同样爱发脾气的父母时，可能会产生很严重的冲突。父母要了解孩子哪些行为常常让自己很生气，那就尽量避免或者改正孩子的这种行为。父母也要尽量稳定自己的情绪，不要因为宝宝发脾气而生气，因为这只是宝宝在成长过程中性情的正常体现。

1岁4个月～1岁半的宝宝

怎样做下楼梯训练

训练时，由于宝宝掌握不好身体的平衡，爸爸妈妈可以先拉着宝宝的手，站在上面让宝宝体会高和低的感觉。训练一段时间后，等宝宝不害怕了就可鼓励宝宝自己扶着栏杆下楼梯，爸爸妈妈要注意在旁边保护宝宝。如果宝宝不敢自己扶着栏杆往下走，妈妈或爸爸可扶着宝宝练习，等宝宝能够掌握台阶的高低之后，再放手让宝宝自己练习。

下楼梯一般比较危险，训练时爸爸妈妈一定要确保宝宝的安全。到了最后一级台阶时，爸爸或妈妈也可以双手拉着宝宝，让宝宝双脚一起跳下来。

球类玩具对宝宝的发育有哪些益处

对于1岁以后的宝宝来说，球类是最好的玩具。爸爸妈妈可以和宝宝相互扔球、捡球、接球、滚球、踢球等。

捡球。爸爸或妈妈先将球放在宝宝前面，再将球滚出去，让宝宝边追边捡。之后逐渐拉长滚球的距离，让宝宝去捡。

滚球。让宝宝蹲下将球滚出去，再起身捡回，也可以和妈妈或爸爸相互滚球。为了训练宝宝手眼的协调性，还可以让宝宝把球滚过用积木或小凳搭成的门洞。

扔球。让宝宝自己把球扔出去再捡回来，练习跑、捡、弯腰等手脚及全身动作，训练时可逐渐加长距离。

踢球。可以把较大的充气塑料球放在宝宝脚前，让宝宝把球踢出去，逐渐做边走边踢的动作，使宝宝提高下肢动作的灵活性和稳定性。

这些活动可以促进宝宝的走、跑、扔、投掷、弯腰捡拾等基本动作的发展，使宝宝上、下肢肌肉得到很好地锻炼，动作更加灵活协调。

怎样做被子摇摇船游戏

做这个游戏时，爸爸妈妈要准备一条毛巾毯或薄被子，让宝宝仰卧在毛巾毯或薄被子中，爸爸妈妈各抓住一头的两角，慢慢左右摇晃，摆动的幅度与速度要逐步增加。还可用薄被横卷宝宝身体，妈妈推宝宝身体来回滚动几下，再拉住被子头让宝宝侧滚出来。反复进行，宝宝会感到愉快。在做这项游戏时，如果宝宝感到不舒服，就应立即停止，不要勉强，等宝宝逐渐适应了再继续进行。

这个游戏可以训练宝宝身体的平衡能力，培养宝宝的注意力勇敢精神。

◉ 怎样做平衡木或滑梯游戏

公园和游乐场一般都有小平衡木、小滑梯和适合宝宝玩耍的攀登架等设备，爸爸妈妈在带宝宝到这些场所玩耍时，可以让宝宝利用这些设施玩耍。在利用这些平衡木和滑梯等进行平衡动作练习时，需要爸爸妈妈加以帮助和保护，并注意减缓冲击力。在宝宝旁边扶持的同时要多加鼓励，逐渐放开手让宝宝自己玩。

这样的游戏可以训练宝宝身体的平衡能力，可以培养宝宝注意力，还可培养勇敢精神。如果与其他同伴一起玩耍，还可培养宝宝遵守先后次序等行为规则。

◉ 怎样做步行运动

1. 地板上放上12～18厘米长的绳子或木棒，让宝宝从上面跳过来、跳过去。

2. 放6块木板在地板上，摆成一排，每块间隔8～10厘米，让宝宝依次从上面踩过。

3. 把长1.5米、宽20～25厘米的厚板子放成一头高20～25厘米斜坡，让宝宝从板子上走过去。

4. 让宝宝在长2米、宽25厘米、高15厘米的平衡木上两手平举走过。

◉ 怎样做全身运动体操

1. 把绳子拉到齐宝宝腰部的高度，在绳子前面摆上玩具，让宝宝弯腰过绳，用双手拿起玩具，再高举过头。然后再把玩具放回原处，以锻炼背、腹

部的肌肉。

2. 让宝宝坐在椅子上面，两手拿着旗子，妈妈喊“举旗子”、“把旗子藏在身后”、“再把旗子举起来，在头上面摇动”等口令，让宝宝按照口令做相应动作，以锻炼背腹肌和屈伸臀部。

3. 把椅子排成一排，爸爸妈妈和宝宝坐在上面，做传球游戏。

4. 让宝宝拿着圆环，做“下蹲”和“起立”的屈伸运动。

5. 让宝宝用拳头打吊在网兜中晃动的球。

◎ 怎样教宝宝学跑步

父母可以让宝宝在游戏中学跑步，比如让宝宝用肥皂水吹泡泡，父母示范。当泡泡飞出来后，让宝宝跑着追。在宝宝跑的时候，父母还可以和宝宝强调“跑”、“飞”、“追”这些词，让宝宝了解这些词的真正意义。父母也可以让宝宝拉拖拉玩具，宝宝在快乐中从快走逐渐慢慢学会跑。父母拉着宝宝的一只手带着宝宝跑步，也可以和宝宝一同跑，然后站在宝宝面前，让他跑过来。

父母要注意的是，这时期的宝宝跑步时还不会减速停下，父母要帮助宝宝停下来，也可以喊口令，让宝宝先快后慢，逐渐学会自己停止。

◎ 穿绳玩具对宝宝有什么好处

穿绳玩具包括木珠和塑料珠、塑料管、木线轴和花片等。妈妈或爸爸可先给宝宝做示范，然后再教宝宝把散落的珠子穿到绳子上。穿到绳子上后，父母可以和宝宝牵着绳子两端来回抡两下。

玩穿绳玩具可以锻炼宝宝手部小肌肉动作和手指的灵活性、准确性，抡绳子还会激发宝宝对这种因果关系的注意和思考。

◎ 怎样教宝宝搭积木

让宝宝搭积木，可以从搭两块开始，然后逐步增加。在开始时，一般宝宝可搭3～4块，到1岁半时，宝宝就可用积木搭成简单形象，如火车、桥等。

搭积木可以锻炼宝宝手部小肌肉动作和手指的灵活性、准确性，培养宝宝的注意力和观察力。

◉ 怎样做把小球放进杯中的游戏

父母给宝宝做示范，用拇指和食指拿住小球，把小球拿到杯子上方，然后说“松开”，把小球投进杯子里。让宝宝也用拇指和食指拿住球，放进杯子里，做到后称赞宝宝。让宝宝继续再放4～5个，以此锻炼宝宝手、眼、脑的协调能力。

◉ 怎样教宝宝认名字

宝宝现在已经认得家里的每一个人了，现在父母可以告诉宝宝这些家人的名字，让宝宝记住并学说。教的时候要先教会宝宝说一个人的名字再教另一个，然后再让宝宝区分这些名字。比如父母说“把这个饼干给×××”，看宝宝能否做对，做对了鼓励宝宝。

◉ 怎样教宝宝表达想法

宝宝已经会用个别的词来表达自己的想法，如“喝”表示“喝水”，“不”表示“不要”。在这个基础上，可以教宝宝用两个字以上的词来表达想法，如爸爸问宝宝“妈妈去哪儿了？”教宝宝说“上街”、“上街买菜”等。

◉ 怎样教儿歌押韵的最后一个字

父母给宝宝念三字童谣或儿歌，宝宝在旁边随着童谣或儿歌做点头、拍手、摆动身体等动作，父母念时故意空出最后一个字，让宝宝说出来。比如父母说“小白兔，白又——”让宝宝说出“白”。

◉ 如何引导宝宝多说话，多发声

平时引导宝宝多说话，多发声，可以说一些声音的词，比如拍手时的“啪啪”声，打雷时候的“隆隆”声等，丰富孩子听声模仿能力，提高听与动作的协调统合能力。

◉ 怎样教宝宝看照片认亲人

父母给宝宝看照片，让宝宝认识上面不常在家中出现的亲人，比如在远方工作的小姨或者当兵的叔叔。当宝宝日后见到亲人后，不致有陌生感。如果没有这样的情况，可以让宝宝通过电视认识一些人物角色，如孙悟空、唐僧等。

◉ 怎样教宝宝认物品或动物

通过图册让宝宝认识物品，并说出各种物品的名称，告诉宝宝物品的简单用途，以及之间的联系。同时，还可以让宝宝认识自己的杯子、帽子、衣服、毛巾等生活用品。接下来可以进一步认识妈妈的高跟鞋，爸爸的钱包等。还可以拿动物图片让宝宝一个一个地认识，同时把动物的特征告诉宝宝，方便记忆。天气好时可带宝宝去动物园看各种动物，加深他的印象。

◉ 怎样和宝宝比赛画长线

和宝宝在户外土地上玩，找两根长棍，父母拿一根，宝宝拿一根。父母在地上画长线做示范，让宝宝也画，可以比赛看谁画得长。宝宝在开始的时候会画得不直，经过和父母比赛的反复练习，就会渐渐画直、画长了。

◉ 怎样教宝宝和父母做游戏

爸爸让宝宝骑到肩上，拉好宝宝的双手后，对宝宝说："小乘客坐好了，飞机要起飞了。"然后带着宝宝走几步再转几圈，对宝宝说："飞机已经到达，请乘客下来。"让宝宝下来。也可以让宝宝扮商店售货员，把一些玩具等物品"卖"给爸爸妈妈。训练宝宝与父母的合作能力。

◉ 和伙伴一起玩对宝宝有什么好处

现在的宝宝一般都是独生子女，父母在这一时期要鼓励宝宝多和同龄小伙伴一起玩耍。或者拿着积木等玩具，带宝宝到邻居小伙伴家，让宝宝和小伙伴一起搭积木、盖房子。或者在小区里，让宝宝和其他小伙伴一起玩玩具、做游戏等。训练宝宝与同伴的交往能力，同时也能使宝宝感受到有玩伴的快乐。

◉ 怎样教宝宝学会分享

平时，父母要多给宝宝灌输分享的意识。比如，给宝宝讲故事里小动物分享果实的时候，告诉宝宝，小动物这样做是值得称赞的，让宝宝知道食物、玩具应该大家一起分享。在宝宝情绪好的时候，父母可以给宝宝2块饼干，告诉宝宝给小伙伴1块，自己1块。或者当外婆给了宝宝2小块水果的时候，要告诉宝宝，给外婆也吃一块。

◉ 怎样培养宝宝爱劳动的好习惯

由于宝宝在这一阶段非常爱动，对什么都好奇，喜欢模仿。所以，爸爸妈妈要因势利导，在宝宝力所能及的范围内，让宝宝参与做一些简单的家务活，充当爸爸妈妈的小帮手，从小培养宝宝爱劳动的好习惯。比如，可以让宝宝帮妈妈拿肥皂，把自己脏了的衣物拿来让妈妈清洗；在叠衣服时，让宝宝帮忙叠一叠小手帕、袜子等，或者给爸爸递报纸等。

◉ 怎样教宝宝用勺吃饭、用杯喝水

现在，宝宝自己用勺子吃饭时已经可以吃半顿了，剩余的要靠父母来喂。有的父母觉得让宝宝自己吃饭会把饭弄得到处都是，时间拖得长，因而坚持喂宝宝。其实父母应相信宝宝，让宝宝自己用勺子吃饭，这不仅能够锻炼宝宝手部灵活能力，对宝宝的自理能力也是一个很好的锻炼。这时宝宝基本也都可以自己用杯子喝水了，很少出现洒漏，父母可以继续鼓励宝宝自己喝水。

1岁7个月～1岁9个月的宝宝

◉ 怎样教宝宝自己上楼梯

在这个月里，父母可以继续让宝宝练习上楼梯。要先让宝宝从稍矮一些的楼梯练起。上楼梯的时候，让宝宝自己扶着栏杆上，逐渐不再扶人。

◉ 怎样教宝宝学跳、退走

让宝宝学着两脚一起跳起来，学着往后退着走。比如妈妈走向宝宝，让宝宝退着走，或妈妈在宝宝身后，接应宝宝后退走。后退走时，宝宝手、脚、身体都在维护着身体平衡，从而宝宝的平衡能力得以锻炼。

◉ 怎样教宝宝抛球

爸爸或妈妈其中一人站在宝宝的对面，或两人站在宝宝两边，让宝宝把球抛过来。

◉ 怎样教宝宝跑

爸爸妈妈和宝宝玩捉迷藏等可以追逐的游戏，锻炼宝宝跑步，并在游戏里训练宝宝的跑和停，教宝宝在跑的时候放心地向前跑，以此避免因为头重脚轻或速度快而摔倒。再逐渐教宝宝学会在跑步停下之前先减慢速度，再慢慢停下来站稳。

◉ 户外锻炼身体对宝宝有什么益处

户外活动时，可以让宝宝玩水、玩沙子，如居民小区有滑梯、跷跷板等设施的，也可以让宝宝玩，使宝宝能从小体验各种不同的感受，并认识周围的自然景物，还可以让宝宝学着骑三轮童车，培养宝宝的动作协调能力、平衡能力及独立生活能力。

还要注意的是，有些父母喜欢带孩子逛马路，殊不知，马路上人多车多，宝宝缺乏安全意识，又喜欢奔跑，这样很容易发生危险。而且，这个年龄段的宝宝身高与汽车尾气排放的高度相近，容易使宝宝吸入铅及一氧化碳，对宝宝的健康十分不利。

◉ 怎样锻炼宝宝的精细技巧能力

这个时期，穿珠子仍是一个锻炼宝宝精细技巧能力的游戏。准备一条塑料绳，让宝宝穿算盘珠、大眼的扣子、曲别针等东西。宝宝可以一边穿一边数数，也可以按照颜色、大小顺序穿，像之前的训练一样。

◉ 怎样做投球入瓶游戏

继续上一阶段的投球入瓶游戏，父母先做示范，用食指和拇指拿住小球，拿到瓶口上面时松手，把球投进瓶中，让宝宝照着做。等宝宝做熟练后，可以给宝宝计时，看宝宝每分钟能投进几个，锻炼宝宝手、眼的稳和准。

◉ 怎样抓住宝宝语言训练的契机

宝宝对说话产生的积极性，是发展宝宝语言能力的契机。爸爸妈妈应抓住这个契机，将语言练习穿插到日常生活和游戏中。比如，早上给宝宝穿衣时就可以教宝宝几个词或一两句话，边穿衣服边练习，或在和宝宝逛动物园时，告诉宝宝一些动物的名称，有什么样的特征，结合具体动物给宝宝留下较深的、具体的印象。

有时宝宝自己玩玩具时还会自言自语、叽哩咕噜地说个不停，爸爸妈妈却不知所云，这是一种非交流性质的语言，宝宝原本也没打算说给谁听。这时，父母可以不打断宝宝，让宝宝自得其乐，也可以和宝宝对话交流。但要注意的是，爸爸妈妈所说的话，一定要围绕宝宝感兴趣的话题。

生活中处处有语言，处处存在发展语言能力的机会，父母在教宝宝说话时，应结合宝宝的兴趣和情绪，让宝宝在学习语言中享受到乐趣，自然、主动地学习，而不是刻意地、枯燥地学习，否则宝宝会失去兴趣与热情，不给予配合。此外，在教宝宝说话时一定要有耐心，不要随便批评宝宝，在宝宝遇到困难挫折时父母要耐心给予帮助，当宝宝取得进步时应及时鼓励。在愉快的情绪下，潜能会得到很好的发挥。

与宝宝进行对话时，应尽量用规范的语言。对于宝宝的“儿语”应逐渐予以纠正；对宝宝的错误发音更不要加以模仿和嘲笑，而应及时纠正。这样既使宝宝说话的积极性得到很好地发挥，也会让宝宝逐渐养成大胆说话的好习惯。

◉ 怎样教宝宝分辨声音

当看电视或者在生活中教宝宝分辨各种声音，如鼓声、汽车声、火车声、风声、雨声、雷声、动物叫声等，并教宝宝学会说“下雨”、“刮风”、“敲鼓”等词。

◉ 怎样教宝宝背诵儿歌最后一句

常给宝宝念儿歌，能锻炼宝宝的语言能力，比如让宝宝逐渐完整背过最后一句，如妈妈说：“天上星”，让宝宝接说“亮晶晶”等，在念的时候，让宝宝按照节拍配合动作，增添背诵儿歌的兴趣。

◉ 怎样给宝宝讲画册

爸爸妈妈可以选择一些画面简洁、形象逼真、色彩鲜艳的图片或画片，根据图片或画片上的画面和形象给宝宝讲故事，可以先反复给宝宝讲一页，然后再继续，鼓励宝宝记住这一页的关键短句，如“小狗叫”、“小鸟飞”等，以丰富宝宝的语言，这样可以使宝宝获得简单的情节和知识，学习更多的词汇，接受健康的品德教育。

◉ 怎样教宝宝认识生活物品

宝宝对新鲜的东西都很有兴趣，父母可以搞一个家庭博览，让宝宝认识家中的生活物品及其用处。比如父母在领宝宝看家中的物品时，随时问宝宝一些问题，如“肥皂是干什么用的”、“毛巾有什么用”等。宝宝回答不上来时，要告诉宝宝它们的用途。在使用的过程中让宝宝看着，记住，还要告诉宝宝，哪些东西不能碰不能玩，比如“刀不能动，会划伤手，流血”、“钥匙不能玩，丢了就进不了家了”等。

◉ 积木建筑游戏对宝宝有什么益处

积木是宝宝非常喜欢的玩具，刚开始时爸爸妈妈可以用积木搭一些简单的造型给宝宝看，宝宝感兴趣之后，启发宝宝自己动手搭积木。可以把积木搭高或搭长，搭高楼或火车，也可以把积木摆成小椅、小桌等形状。整个游戏过程可以发展宝宝手部的精细动作，促进宝宝的想象力，了解积木的形状、颜色，搭成物体的名称、用途和简单结构等，丰富宝宝的创造力。

◉ 随意涂画游戏对宝宝有什么益处

爸爸妈妈给宝宝准备好笔和纸，不必教宝宝画什么或怎么画，而是让宝宝随意涂画，并要让宝宝画得尽兴，以开发宝宝的想象力和创造力。以此发展宝宝手部的精细动作、想象力和创造力。

◉ 翻书找画怎么做

由于经常给宝宝看画册，宝宝对其中的内容已经有了印象，因此，妈妈可以合上画册，让宝宝找其中一页。如问宝宝“小鸡吃米在哪一页”，让宝宝自己翻到那一页。开始时可以帮助宝宝一起回忆，教给宝宝从前往后翻书，逐渐训练宝宝自己独立翻页找画面。

◉ 怎样鼓励宝宝模仿

父母要多鼓励宝宝模仿，比如和宝宝一起玩玩具的时候，让宝宝模仿父母的投球入瓶、用绳穿珠子等动作。

随着宝宝语言能力、理解能力以及模仿声音能力的逐渐增强，爸爸妈妈可以教宝宝模仿父母说话来锻炼语言能力。也可以让宝宝开始模仿着一起唱，但要妈妈或爸爸教宝宝一句一句地唱。从简单的儿歌童谣唱起，慢慢要求宝宝发音准确和吐字清楚，并启发宝宝展开想象，边听音乐，边进行动作模仿。比如随着歌曲的内容模仿开火车、摇小船或者小鸟飞翔等。

◉ 怎样做配对训练

准备图片让宝宝进行配对训练，主要是锻炼宝宝分类的意识，如兔子配兔子，小狗配小狗，或者是难度高一点的，如找出完全相同的两幅图，以此锻炼宝宝的观察能力。

◉ 怎样做音乐训练

随着宝宝的成长，爸爸妈妈可以准备各种活泼、欢快、抒情、柔和的乐曲或歌曲和宝宝一起欣赏，同时以自己的情绪感染宝宝，使宝宝逐步感受乐曲或歌曲的美妙，做出相应的情感反应，并用表情或简单的动作表达出来。

可以购买一些小乐器，如铃鼓、电子琴、口琴，也可以自制沙球、响板等，让宝宝摸摸、敲敲、吹吹，发出各种声音，激发宝宝的兴趣，让宝宝感知节奏及音高。爸爸妈妈可以教宝宝唱他所熟悉的儿歌，或者教他做简单的音乐游戏。

总之，爸爸妈妈要因地制宜，为宝宝创设良好的家庭音乐环境，注意激发宝宝对音乐的兴趣，不失时机地进行音乐启蒙，以使宝宝的智力得到健康全面的发展。

◉ 怎样对宝宝进行早期音乐启蒙教育

从宝宝出生到2岁，这期间属于感知运动阶段。在这一阶段，宝宝建立的所有认识基础，是日后感知觉发展和智力发展的起点。开发这一阶段的智力，将使宝宝终身受益。特别是在1～2岁，宝宝会对某些有趣的音乐特别喜欢，如电视或广告中的某些音乐片段可能会使宝宝着迷，如果宝宝接触到吉他、电子琴或其他乐器，就更会感到非常神奇和快乐。音乐是开启人类智慧宝库的钥匙，适时对宝宝进行早期音乐启蒙教育，将对宝宝的智力发展起到独特的作用。那么，应该怎样给宝宝进行早期音乐启蒙教育呢？以下方法或许能给爸爸妈妈一些启发：

爸爸妈妈可以选择一些旋律优美、节奏鲜明、情趣活泼的中外优秀儿童作品，在日常活动中经常让宝宝听。在悠扬的音乐声中，宝宝不仅能体验音乐的美感，而且音调的高低、音符的强弱、节奏的快慢，能够帮助发展宝宝的听觉能力，丰富宝宝的想象力，并能陶冶宝宝的情操，培养美好的心灵。

◉ 怎样给这时期的宝宝下达命令

生活中，父母应继续给宝宝下达小命令，让宝宝自己做一些比较简单的事。比如，在爸爸回家后，让宝宝拿拖鞋；吃饭之前，让宝宝去搬小板凳；让宝宝拿来报纸，或者其他东西。宝宝做完后，表扬宝宝。

怎样引导宝宝与其他小伙伴交往

有关科学家从对小猴子进行的隔离试验结果发现，但在早期生活中没有同伴交往经验的小猴子，在交往能力和智力发展方面，都落后于另一组有同伴交往经验的小猴子。更何况人是具有社会属性的，如果从小宝宝很少与其他小朋友交往，一起做游戏，那么他的性格、情商、智力，对集体甚至以后对社会的适应能力都会受到影响。从小让宝宝与其他小伙伴们友好交往，不仅会对宝宝的成长有必要，而且也是宝宝成长中的自然需要。彼此年龄相仿的孩子非常容易接触，见面时会非常高兴地相互微笑，或拉拉手，摸摸对方。有时小伙伴们在一块儿虽是各玩各的，但他们的感受却是与大人在一起是完全不同的。

有研究表明，有小伙伴在场时，宝宝能用同样一个玩具玩出更多的玩法，玩的时间也更长。此外，如果几个小伙伴在一块时，往往会玩得兴高采烈，乐趣无穷，就是看蚂蚁搬家也有极大的童趣。

宝宝和小伙伴们在一起玩时，有时免不了会发生矛盾，比如最常见的争抢玩具等。对这个年龄的宝宝来说，这都是很正常的。因为这个年龄的宝宝还没有形成“你的”和“我的”概念，最好的办法就是让宝宝和小伙伴们每人都有玩具，并逐渐让他懂得彼此交换玩具玩。宝宝在与其他小伙伴游戏玩闹中，每个人身上的长处和不足的地方会逐渐暴露出来，这也便于早期的引导和纠正。

如果宝宝行为太激烈，爸爸妈妈应及时制止，并让宝宝适当地与稍大一些的孩子一起玩，让宝宝知道收敛自己，这些都是宝宝学会成功交往的开端。另外，宝宝和其他小伙伴之间从小建立起的友谊，也是一笔无形的财富，这种财富是爸爸妈妈以及长辈的关心和爱护所无法替代的。

怎样培养宝宝的生活自理能力

1岁半之后，宝宝的生活自理能力确实有了较大的发展。多数宝宝自己能脱外衣，有的还能试着穿衣服；到2岁时，大多数宝宝都能自己吃饭了，也会自己洗手了，还能用毛巾把手擦干；多数宝宝已经能在白天完全控制大小便，在夏天穿衣服少时，还能自己解开裤子坐便盆。

怎样进行排便训练

让宝宝知道在大小便前应该去找便盆，然后脱裤子。要告诉宝宝在这之前要学会控制大小便。在宝宝便前，妈妈最好对宝宝说“嘘嘘”，或者说“宝宝来尿尿了”，大便前说“嗯嗯”等，让宝宝建立定时排便的意识。当宝宝自己也会说“嘘嘘”时，父母要表扬宝宝。

要注意的是，如果父母一让宝宝大小便，宝宝就反抗的话，就很难进行排便训练，父母也不用勉强，可以过几天以后再训练宝宝小便。

宝宝为什么说“不”

宝宝过了1岁半，开始出现不听话的现象，就连以往老实听话的宝宝，现在也逐渐开始变得任性，经常说“不”、“不要”。父母常为此感到很头疼，不知道该如何去应对。这是幼儿发展的必经阶段，被称为宝宝的反抗期。宝宝为什么总说“不”呢？

独立愿望越来越强。过了1岁半以后，宝宝进入情感发展阶段，心理已经逐渐成熟，知道自己是一个单独存在的人，有着自己的身体和性格、感情，能走能说，能做一些自己的小事情。于是开始有了越来越强的独立愿望，想要摆脱父母的束缚，总有独立做出选择的冲动。于是，当宝宝看到父母做了一件事，也想模仿尝试自己做一下，如果被父母制止，他会说“不”。这种“不听话的现象”正是宝宝认识到了自我，开始萌芽独立性、生理心理发展正常的重要表现。

宝宝在试探后果。这时期里，宝宝表现出了与过去不同的特征，总喜欢与父母作对，表现得比较叛逆。比如

当妈妈说“宝宝来洗澡”，宝宝会说“不”。其实很多时候，宝宝并不是真的不想去做这件事，也并不是故意和父母作对，他只是想知道说“不”之后会有怎样的结果，想知道父母会在什么地方任由他自己行动，他应该在什么地方自己尝试。这其实代表着宝宝对世界、对周围的环境有了进一步的认识和看法，他想尝试了解自己的智慧和能力达到了什么程度，他还想知道自己能做什么，不能做什么。

宝宝的语言功能不完善。父母对宝宝提一些要求，宝宝非但会拒绝，有时还会从父母身边跑开，不理睬父母，不要父母搂抱。这种行为到了宝宝2岁的时候会更加突出，这常让父母感觉宝宝在故意和他们唱反调。其实这并不是宝宝对父母言行的单纯否定或是不在意，而是在一定程度上表明宝宝的语言能力不成熟的缘故，宝宝无法完全理解父母的用意，因此也就不能完全执行父母的要求。当宝宝拒绝父母的要求时，宝宝不会用言语来表达，只会说“不要”和“自己做”，很难将自己的想法传达给父母，而被误以为是在“反抗”、“任性”。这都是因为宝宝没有足够的语言可以表达自己的感情和需要，而只能简单地用“不”来回应父母。等宝宝再长大一些，随着记忆力的增加和思维能力的增强，宝宝可以通过倾听和使用语言来学习更多的东西，更好地控制自己的情绪和行为，就又会变成“乖宝宝”了。

说“不”对宝宝很重要吗

宝宝说“不”是在坚持自己的主张。当父母对宝宝下一些禁令，说“你别动那个东西”、“你别再玩水了”时，宝宝会说“不”。宝宝说“不”，会让父母感到很生气，但也正是这个让人生气的“不”，对宝宝的成长和个性的建立却有着很重要的作用。

仔细观察，就可以发现宝宝说“不”意味着宝宝在守卫自己的空间。宝宝有的时候并没有蛮不讲理地抵抗，只是在坚持自己的主张。例如，宝宝想自己用筷子吃饭、自己穿衣服穿鞋、想要自己洗碗等，都是坚持自己的主张，但宝宝还不会完全用语言表达出来。

此外，宝宝学会说“不”，可以帮助宝宝在长大后遇到该拒绝的事情时，能够更妥善地表明自己的态度。

如何对待说“不”的宝宝

宝宝这个时期的反抗表现，是宝宝自我发展的必经阶段，父母需要做的是调整好心态，正确疏导宝宝的反抗心理，帮宝宝度过这个反抗期。

调整心态。孩子总是说“不”，在父母看来，给事情的顺利进行增添了难度。而且，一向听话的宝宝，如今总是说“不”，难免让父母有些挫败感。有的父母不知道该怎么应对宝宝的“不”，会选择用生气、喊叫、打骂的方式来压制宝宝，这样产生的结果往往让宝宝更加叛逆，更加不停地说“不”。因此，父母在听到宝宝对自己说“不”后，不能发火，应该用正常的心态来面对。

一方面要觉得这代表着宝宝的正常成长，宝宝这样做只是因为他到了这个必经的时期，宝宝开始产生自主意识，表达个人的需求，同时想要了解周围的环境，建立自己的好恶观念。

父母要调整好自己，寻找到可以和宝宝相处的新方法。注意观察宝宝，了解宝宝，再根据宝宝的特点把宝宝情绪稳定住，用好的心态、温和的态度和语言来对待宝宝，尊重宝宝。转移宝宝的注意力，不打击宝宝的积极性，但要让他清楚有些事是不能做的。如果宝宝确实毫无原因地产生抵抗行为，父母也要尽量控制自己的情绪，调整好心态。

正确引导宝宝。虽然很多父母知道这是宝宝正常的成长阶段，但遇到宝宝不听话时，还是不知所措。如果父母没有处理好，对孩子的成长会产生不利的影响。宝宝现在可以通过动作、语言来表示反抗，抵制自己不喜欢的东西。父母同时不应忽略的是，宝宝毕竟只是不足2岁的小孩子，不知道行为的后果，也无法预见可能发生的危险。所以父母除了要保护好宝宝的安全外，还要多引导宝宝，教他考虑他人的感受，让宝宝懂得有事情要和父母说。父母发现宝宝做出一些可能会产生危险后果的行为时，比如自己往马路边上走，应立即制止，然后再向宝宝讲清道理，让他了解自己这种行为的后果，如告诉他：“妈妈不让你往马路上跑，是因为这里车很多，很危险，如果被撞到，就会非常疼。”

父母要注意的是，易怒、情绪低落是宝宝不可避免的一种状态，但如果宝宝长时间处于这种状态就属于不正常的现象了。因此，当父母发现宝宝在成长的过程中的确发生严重的情绪问题时，最好的方法是及时寻求医生和专业人士的帮助，千万不能听之任之。

给宝宝选择的机会。父母尊重宝宝的意愿，是正确引导宝宝成长的第一步。父母要明白的是，即将2岁的宝宝特别需要父母的情感支持。父母最好不要一味地对宝宝下达“不准干什么”和“必须干什么”的口令，而应多给他一些选择的机会。比如当父母让宝宝吃水果，如果给宝宝苹果，宝宝一把推开，说“不”，父母可以耐心问宝宝：“那你要吃什么呢？”然后把家里的其他水果摆在桌子上，让宝宝自己选择。还可以和宝宝做一些“交换”，比如带宝宝去医院打疫苗的时候，宝宝不愿意，父母可以对宝宝说：“我们答应你打完针买小熊给你，你也应该答应我们去医院啊。”这样给宝宝尊重的同时，也让宝宝学会尊重别人。

适当让步。父母还要学会适当让步，比如宝宝该睡觉了，可他还想看电视，父母可对他说：再给你10分钟时间，等表的指针到“5”时咱们就睡觉，行吗？”完全没有必要马上关掉电视，让宝宝说出“不”来。如果宝宝所坚持的主张并没有超出安全范围，父母就应尽量放手让宝宝自己动手尝试各种事物，没必要强加干涉。让宝宝实现这些主张，不仅可以满足宝宝这一时期心理上的需求，还可以提高宝宝各个方面的能力，对于宝宝日后“自我”意识的建立非常重要。

帮助宝宝度过反抗期。这一时期里，父母要耐心帮助宝宝顺利度过反抗期。比如在孩子疲惫和饥饿等情绪不好的时候，就不要教他学习新东西或做事情，让宝宝休息或者吃些喜欢的零食，缓解一下紧张的情绪。在宝宝生病出现坏情绪时，父母要多宽容多理解。同时，在生活中要注意，告诉宝宝“去做什么”，而尽量避免说“不要做什么”，比如可以对宝宝说“拿稳水杯”，而不要说“不要把杯子摔了！”

1岁10个月～2岁的宝宝

怎样教宝宝走“S”线

用粉笔在地上画“S”形线，让宝宝踩着线从这头走到那头，要一直踩着线走。让宝宝反复走几遍，走成功后父母要表扬宝宝。这样可以锻炼腿部的协调性，促进左右脑的健康发展。

怎样教宝宝双脚跳

父母和宝宝面对面站立，拉住宝宝双手，父母先双脚跳一下，示范给宝宝，然后和宝宝一起跳。逐渐放开宝宝一只手，让宝宝跳，等熟练后，可以放开宝宝双手，让宝宝自己扶着东西跳。渐渐地，可发展到宝宝自己跳，反复练习，以此锻炼宝宝的脑平衡系统的协调发展。

怎样教宝宝爬高

把板凳放在床前或是沙发前，然后让宝宝踩着板凳，上身趴在床上或者沙发上，父母帮宝宝把一条腿抬起来放到床上或沙发上面，再帮助宝宝爬上去。练习几次后，宝宝就可以自己爬上去了。

宝宝学会爬高后，父母要注意让宝宝避开危险，比如不要把热水壶或者玻璃杯等危险品放在宝宝可能够到的地方。

怎样教宝宝跑

这一时期继续给宝宝做跑步训练，父母可以像上一时期一样，把球踢远，然后让宝宝跑去把球捡回来。可以反复练习。

怎样教宝宝平衡走

在地面上摆几块砖，砖与砖之间相隔一定距离，让宝宝踩着砖一步一步走过来，父母可以在一旁扶着宝宝，逐渐发展到宝宝自己走，以此锻炼宝宝的平衡能力。

怎样教宝宝展翅飞翔

在户外宽敞的地方，父母和宝宝一起张开双臂学鸟飞，可以一边摆动双臂一边小跑、跳动。这样上下肢同时活动，能够锻炼四肢的灵活和协调能力。

运动性玩具对宝宝有哪些好处

这一时期，带宝宝玩滑滑梯、转椅、攀登架、秋千、多球床等大型运动性玩具，宝宝都会很有兴趣。而且这些玩具能够锻炼宝宝的骨骼和肌肉，发展身体的平衡能力和灵活性，促进身体各器官及其机能的发育，还能促进大脑和小脑之间的有机联系，帮助脑部发育。

怎样做穿珠子游戏

在这个时期继续给宝宝做穿珠子练习。准备一条塑料绳，让宝宝穿算盘珠、大眼的扣子、曲别针等东西，像之前的训练一样。这次训练宝宝穿上珠子后，把绳子提起来，让珠子自然滑到绳底。反复练习后，可以加快宝宝穿珠子的速度，提高准确性。以此锻炼宝宝手、眼、脑的协调能力，培养耐心和毅力。

怎样教宝宝开关门

宝宝在父母的帮助下，拧门把手，拉开门，或者推开门，打开柜门。如果宝宝有兴趣，父母还可以教宝宝把钥匙插进锁眼，练习转开门锁。但要注意安全，不要让门缝夹伤宝宝的手。

怎样教倒水

让宝宝拿两只塑料小碗，一只小碗里装满水，让宝宝把水从一只碗里倒入另一只空碗里，如此反复倒来倒去。还可以让宝宝拿着小碗、小瓶等在水盆里玩，观看什么情况下小碗沉底，什么情况下漂浮在水面上。

沙土游戏对宝宝有什么好处

让宝宝从小玩玩沙子，捏捏胶泥，是一种很有启发性的游戏，对宝宝的智力发展有很多益处。宝宝到了1岁半以后，爸爸妈妈可以给宝宝准备挖沙子和土的小铁铲、小铁桶和筛子等。让宝宝

用小铲子把沙土装到小铁桶里，还可以用小碗盛满沙土再扣过来做馒头。如果有装载挖出土的玩具翻斗车那就更好了，宝宝可以用沙土堆成各种造型，把土分装在小铁桶或者玩具翻斗车里。

沙土游戏可以发展宝宝手部的精细动作、想象力和创造力，促进皮肤触觉发展。当然，爸爸妈妈在教宝宝玩沙子或捏胶泥时，不仅要选择干净无污染的沙子和胶泥，而且游戏结束后一定要让宝宝洗手。

怎样提高宝宝的语言能力

说姓名。之前教宝宝说出一些家人姓名，宝宝只是能记住，还不会说出来，这一时期要训练宝宝把姓名说出来。

鼓励宝宝说“我”。鼓励宝宝学会说“我”，比如对于宝宝自己的东西，让宝宝说“我的杯子”、“我的小熊”、“我的衣服”，取代“宝宝的杯子”、“宝宝的小熊”、“宝宝的衣服”等。当有人问宝宝“你几岁了”的时候，教宝宝学会用“我”做回答，说“我2岁了”，让宝宝明白“你”和“我”的意义。说对了表扬宝宝，培养宝宝的自我意识。

学说形容词。让宝宝学说形容词，比如用形容词形容家人，如“爸爸高”、“妈妈好”、“宝宝乖”、“奶奶胖”等，从而丰富宝宝的词汇量。

背诵儿歌。之前宝宝已经能够背下儿歌中的一句了，现在可以教宝宝背诵整首，父母多给宝宝念，可以让宝宝边听边做动作，增加背诵兴趣的同时也易于宝宝学会。也可以让宝宝和大人一起背，在提醒下逐渐学会。当宝宝背过一首后，就会愿意继续学背下一首了。

同娃娃讲话。鼓励宝宝试着同布娃娃讲话，如宝宝在玩娃娃的时候，可以学着父母的口气说“哦，宝宝不哭，乖”、“宝宝睡吧”等话语，与娃娃交流。

背诵数字1～5。宝宝之前在上楼梯或搬板凳时已经会跟着口令说“一、二、三”了，这一时期可以继续教宝宝学会数到五，教宝宝念“一、二、三、四、五”，但宝宝现在还只是能够背诵，并不会点数。

怎样提高宝宝的认知能力

辨颜色。这一时期继续教宝宝认

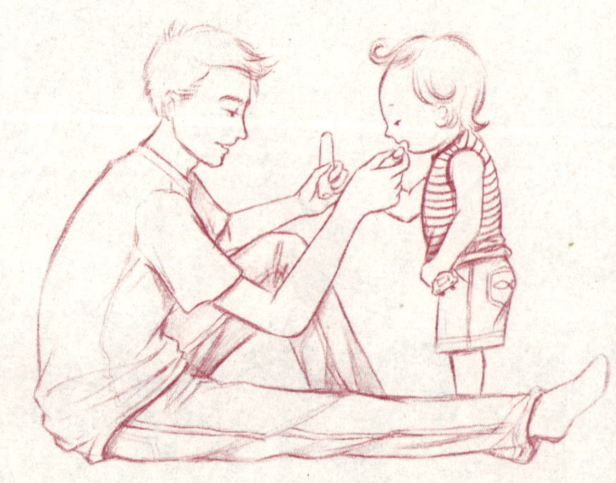

识颜色，宝宝在之前可能已经认识了红色、黄色、黑色和白色，再拿出有这些颜色的玩具或其他物品教宝宝识记。

认识1和2。让宝宝学会用两个手指来表示2，问宝宝几岁时，教宝宝竖起两个手指说“我两岁了”。同样的方法，让宝宝知道用两个手指来表示要两块饼干、两块糖果。学会后，父母趁机教宝宝连着1、2一起说，并学会数。

认识图形。给宝宝看图片，认识球形、方形等，反复练习，再从实物中让宝宝学会辨认。比如指着物体告诉宝宝“皮球是圆的，大盒子是方形的”等。

画线。在宝宝学会辨认图形后，教宝宝画直线和竖线。父母可以手把手地教宝宝画。

摆位置。父母先在纸上画上一个脸的轮廓，把画有眼睛、鼻子、耳朵、嘴巴等五官的纸片给宝宝，让宝宝自己摆到脸轮廓的正确位置上，父母可在一边协助宝宝摆放，最后把画好的身躯、四肢、手脚也摆放好。

认识自然现象。生活中，父母多锻炼宝宝的观察力和记忆力，多对宝宝讲一些自然现象。比如早晨可以指着太阳对宝宝说“太阳出来啦”，晚上指着月亮对宝宝说“月亮和星星出来啦”，刮风、下雨或者打雷的时候，还可以对宝宝解释这些现象。

怎样做布袋游戏

先准备1个小布袋和各类水果，如香蕉、橘子、苹果、葡萄等，另外再准备一些各类小玩具，如手枪、汽车、兔、帽子、手套等。拿着装满各类物品的小布袋，让宝宝伸手到袋子里摸，摸完告诉爸爸妈妈是什么，但不许偷看。当宝宝能够多次将物品说对后，爸爸妈妈再让宝宝把掏出来的这些物品归类，如香蕉、苹果、梨是水果类，手帕、袜子为日用品类，毛绒小兔、小车属玩具类等。做这个游戏时，所选物品的外形应有较大的区别，以利于宝宝辨别。

为提高宝宝的兴趣，爸爸妈妈可以不断丰富“口袋”里的“内容”，或者与宝宝互换位置，让宝宝提问，要求爸爸妈妈来摸。这个游戏可以训练宝宝

爱心妈妈经验谈

我从来不会刻意或者强迫让孩子去学习什么东西，而是买些玩具给他，让他自己发挥想象。遇到不懂或者感到好奇的东西时，他会主动来询问我们。比如我买了一些有各种颜色的拼图给宝宝，让他自己先熟悉一下。当宝宝感到好奇，产生了兴趣的时候，宝宝就会拉着我的手，想要我教他怎么摆弄这些拼图。这时我就告诉宝宝该怎么连接拼图，并区分它们的颜色。宝宝一教就会了。宝宝觉得既好玩又有趣，我也感到轻松。

触觉，增强宝宝辨别能力。

怎样做纸盒游戏

在纸盒里面放入同样颜色的塑料杯、球、积木块等东西。把纸盒放在宝宝面前，让宝宝依次把每件东西拿出来，并说出是什么东西，如果宝宝不知道或说不清楚，爸爸妈妈要教宝宝辨认。这个游戏不仅能很好地增加宝宝的词汇量，并能让宝宝认识和区别颜色。经过多次练习之后，妈妈或爸爸可以尝试加入其他颜色的纸盒和物品，然后教宝宝把相同颜色的物品归到同样颜色的纸盒里。这个游戏可以训练宝宝触觉，增强宝宝辨别能力。

怎样做分水果游戏

妈妈先把几个苹果和几个梨混合放在一起，教宝宝把苹果和梨分开，然后再让宝宝把苹果放在篮子里，把梨放在盘子里。如果宝宝对苹果和梨一时难以分清，可改用苹果和橘子等比较容易区分的水果。

通过几次训练，逐步过渡到找几张猫的画片和几张兔子的画片，让宝宝依照上面的方法把它们区分开来。这个游戏可使宝宝进一步理解事物的特性和互相之间的关系，可以训练宝宝的触觉，增强宝宝的辨别能力。

怎样做图片归类游戏

爸爸妈妈可以找几张相同的明信片，教宝宝认识明信片中的人物或物品，如小船、熊猫、猴子、小女孩的明信片，然后将图片打乱，让宝宝来分类。比如把有小船的明信片或者照片分别放到一起。做这个游戏时，妈妈或爸爸要尽可能地提示和引导宝宝，比如对宝宝说“看这张图里的小船”，“哪张图片还有小船呢”等等。宝宝区分对了，应及时对其给予表扬和鼓励。这个游戏可以增强宝宝辨别能力，提高宝宝的语言能力和长期记忆能力。

怎样培养宝宝的想象力

父母要从丰富宝宝的生活入手，继续培养宝宝的想象力。妈妈和爸爸可以通过讲故事、讲童话、描述图片内容、绘图、表演、游戏来发展宝宝的想象力，让宝宝在生活中得到更多的体验和更多的经验来丰富想象力。比如给宝宝一套模型餐具，让宝宝学习妈妈或爸爸的样子，给玩具宝宝安排一日的饮食。或者让宝宝自己当妈妈或爸爸，学着妈妈或爸爸的样子，哄玩具宝宝睡觉，喂玩具宝宝吃饭，给玩具宝宝讲故事，和玩具宝宝做游戏等。在想象性游戏中既发展了宝宝的想象力，也锻炼了宝宝的语言能力，同时也能让宝宝体会人与人之间交往的一些情感。

总之，妈妈和爸爸要创造条件，启发引导宝宝进行想象，并在想象中培养宝宝的语言能力。随着宝宝生活经验的积累和语言水平的提高，到了3岁以后想象力就会有较快的发展。

◉ 怎样培养宝宝的同情心和协作精神

因高楼阻隔，宝宝缺少与其他人的交流机会，父母可将小朋友请到家里一起玩，或组织在几家之间轮流玩。

方法：准备玩具或者场地，鼓励宝宝和伙伴一起玩耍。这一时期的宝宝在和伙伴一起玩耍的过程中，会相互模仿。还可以让宝宝们在一起玩“过家家”的游戏，比如可以照顾娃娃睡觉、吃饭，假装娃娃生病了，喂娃娃吃药，送她去医院等。宝宝生病的时候就要去医院，难免会因为害怕而出现各种不配合的现象。让宝宝做这种照顾生病娃娃的游戏，在一定程度上可以帮助宝宝克服害怕打针、吃药的心理，帮助宝宝知道有病就要去医院的道理，学做坚强的宝宝。比如宝宝照顾娃娃的时候，会安慰娃娃、关心娃娃，给娃娃假装打针、吃药、试体温的时候，可以安慰娃娃说“打针不疼，不要哭，不哭才是好宝宝”等。这可以培养同情心和协作精神。

◉ 怎样教宝宝打招呼

在生活中，父母要教会宝宝称呼各种年龄段的人，比如：爷爷、奶奶、叔叔、阿姨、哥哥、姐姐等。在遇到别人的时候，教宝宝问好，分开的时候说“再见”，接受别人的东西要说“谢谢”。还要告诉宝宝，要对别人友好地微笑。

◉ 怎样教宝宝自己吃饭

吃饭时让宝宝和父母在一张桌子上，并让宝宝自己用勺子吃饭，从减少喂宝宝的时间，逐渐发展到宝宝自己将碗里的饭全部吃掉，同时应表扬宝宝吃饭不剩、不洒。

◉ 怎样教宝宝自己脱衣、戴帽

给宝宝脱衣服时，上衣只需要解开扣子，再让宝宝自己脱下来；裤子需要父母帮忙拉到膝盖，再让宝宝自己脱下。以后，父母就可以教宝宝，脱裤子时要先拉到膝盖，再脱下来。这样每天睡觉前都让宝宝自己脱衣服，养成好习惯。还可以在出门的时候，让宝宝练习自己把帽子戴上，父母帮助扶正。

◉ 帮助宝宝克服尿床的方法有哪些

由于这个时期的宝宝神经系统发育还不完善，在熟睡时不能察觉到体内发生的信号，所以会经常发生夜间尿床的现象。这是每个宝宝必然经过的一个生理发育阶段，要想让宝宝一次也不尿是不可能的。但是宝宝尿床并非不可避免，只要方法得当，尿床的毛病一定会得到改正。

首先，妈妈和爸爸要尽量避免可能使宝宝夜间尿床的因素，比如晚餐不能太稀，入睡前半小时不要让宝宝喝水，上床前要让宝宝排净大小便。其次，妈妈或爸爸要掌握好宝宝夜间排尿的规律（一般宝宝隔3小时左右需排一次尿），并定时叫醒宝宝排尿。夜间排尿时，一定要让宝宝在清醒后再坐盆，因为不少5岁以上的宝宝还尿床的原因之一，就是由于小时候夜间在朦胧状态下排尿造成的。

克服宝宝尿床要有一个过程，只要妈妈和爸爸有耐心而且方法得当，经过一段时间宝宝就不会尿床了。即使偶尔把被褥尿湿了，也不要责备宝宝，以免伤害宝宝的自尊心，造成心理紧张，反而使尿床现象转化为尿床病症。

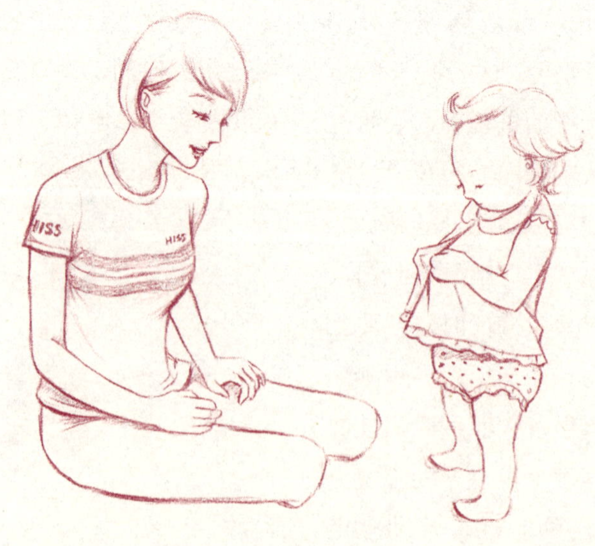

◉ 宝宝独立性的表现有哪些

宝宝即将满两岁了，在这一时期想要自己做事，与上一时期的“说不”都体现了宝宝的独立性意识日益凸显：

为自己服务。宝宝自己做事都是从身边的小事开始，最基本的就是为自己服务，如自己吃饭、自己喝水、自己穿脱衣服等。健康的自我服务意识与能力的养成，是孩子独立人格的基础，也是成长的前提。宝宝逐渐学会了用勺、用筷子，在吃饭的时候可以自己吃；宝宝自己喝水，从双手握杯，举到嘴边用力吸，逐渐到可以取下杯盖直接喝，再渐渐发展到从饮水机上直接接水喝。日后在宝宝上了幼儿园，去厕所的时候，老师没有时间来给每个宝宝脱衣服，系扣子。这些事情也需要宝宝自己来做到，而宝宝也很有兴趣来做。

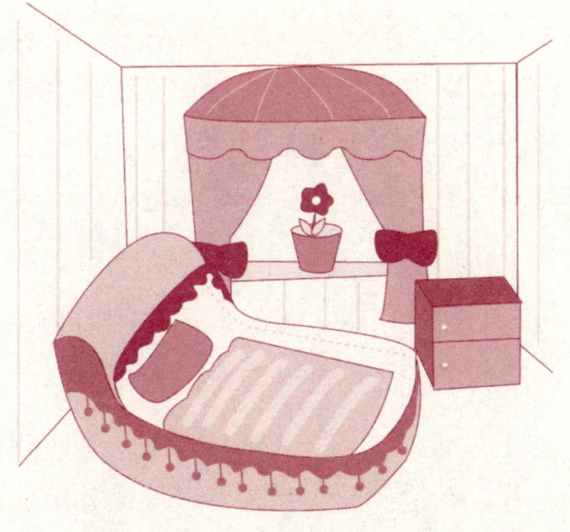

独自睡觉。宝宝希望自己做事，但一般都不愿意自己在床上睡觉，但提前让宝宝自己睡，能帮孩子更好地形成独立意识。不管是白天还是晚上，父母应尽量让宝宝自己睡。通过给宝宝讲故事、做游戏，让宝宝明白，父母让他自己睡的目的是让他成为一个独立坚强的“好宝宝”。在刚开始宝宝不情愿的情况下，妈妈可以逐渐培养宝宝，比如让宝宝先自己躺一会，告诉他妈妈一会就来，然后妈妈过一会儿再到宝宝身边。还用这个方法暂时离开宝宝，反复几次，时间一点点延长，这样就可以让宝宝逐渐养成独自睡觉的习惯。

这些独立的表现在宝宝成长中是正常的现象，父母应利用这个机会来培养、促进宝宝的独立性和责任感。

◉ 正确培养宝宝自己做事

给宝宝理智的爱。有些父母溺爱宝宝，舍不得让宝宝做这个做那个。爱是对的，但也要有理智。父母应该放下那种过分的溺爱，给孩子创造一些机会，放手让孩子尝试生活。因为只有让宝宝离开父母的翅膀，早点培养宝宝独立能力，让宝宝学会自己照顾自己，才更利于宝宝日后的成长。在安全的范围里，让宝宝做一些力所能及的事情，教给宝宝方法，让宝宝练习，宝宝会逐渐学会。比如让宝宝把地板上的果皮垃圾放到垃圾桶里，玩水的时候自己试着洗一洗小袜子。洗不干净也没有关系。

许多父母对宝宝的过分照顾，使宝宝失去了自己做事的机会，逐渐养成衣来伸手、饭来张口的坏习惯。这对宝宝日后的成长是很不利的，宝宝会认为别人为自己做什么都是应该的，不懂得体谅和关心他人。因此，父母不要过多地干涉宝宝的活动，而是应该尊重宝宝希望“自己做事”的意愿。只要是宝宝自己能做到的，都让宝宝来尝试。

不要认为宝宝在帮倒忙。宝宝毕竟还不满2岁，独立生活能力很差，但是几乎每个宝宝都是希望自己动手做事的，这也正是宝宝锻炼的机会。当宝宝刚会走路的时候，就已经有了帮父母做事的意愿，再逐渐大一点，宝宝会非常愿意帮父母拿东西、跑跑腿。以后，当宝宝3岁的时候，这种自立愿望就会更加强烈了，什么事情都想去干。但是宝宝因为年龄小，能力有限，动作发展还处于不协调、不精确的状态，总会把事情搞得很麻烦。比如让宝宝自己吃饭，宝宝就会把饭弄得满身都是，让宝宝去拿来一块蛋糕，宝宝却常常不小心把它掉在地上。这时父母也不要认为宝宝在帮倒忙，而责怪或制止宝宝自己做事，因为批评会挫伤宝宝自己做事的积极性。应鼓励他们试一试，适当地帮助他们，并且教会他们如何做得更好，学会一些必要的技巧，这对宝宝的独立意识影响是非常重要的。

创造宝宝做事的机会。独立生活能力是人生存与发展的基本能力，不是天生的，要从小加以培养。尝试是宝宝学着独立的第一步，也是宝宝走向自立的第一步。父母在生活中给宝宝创造自己做事的机会，给他充分的时间让他来完成，无疑是明智的做法。比如给宝宝下一些小命令，让宝宝搬板凳、拿拖鞋、拿扇子、拿水果等，在宝宝摔倒的时候不要马上把他扶起，而是让宝宝自己站起来。

在引导宝宝做事时，父母和老师一定要注意用语。最好用商量的口吻、鼓励的语言，来激发宝宝的积极情绪。

鼓励宝宝持之以恒。好的习惯和能力，不是一天两天就可以形成并出现效果的。当宝宝自己做事的热情有所减退的时候，父母也一定要耐心地鼓励宝宝继续做、持之以恒。也可以陪着宝宝一起做，在有利于宝宝坚持的同时，也使宝宝体验与父母合作的良好感觉。

爱心妈妈经验谈

现在的父母都想让宝宝赢在起跑线上，我也是不能例外的一员。但我觉得早教不是单一指早期智力开发，而是希望孩子从小能养成良好的品质习惯。一些坏习惯一旦形成，到了3岁以后想改掉就难了。

◎ 宝宝自己做事的好处有哪些

提高独立生活能力。2～3岁是培养宝宝独立自主的关键期，在这时期培养宝宝的自理能力，是提高一个人独立生活能力的关键。让宝宝做好自己的事情，不仅对培养宝宝的自理能力、独立意识有帮助，还有助于培养宝宝的责任感，使宝宝逐渐意识到要对自己的生活和行为负责。

体验自尊自信。自己做事，可以让宝宝产生特殊的快乐与满足感，体验其中的自尊自信。自尊、自信是激励宝宝日后主动学习的内在动力。不要忽视这些生活小事对宝宝目前与长远发展的巨大教育价值。用小勺吃饭、用杯子喝水、穿脱衣服、把玩具放回原处等简单的小事，父母最好不要替宝宝包揽，如果给宝宝自己学习的空间与支持，会让宝宝刚刚萌发的自我意识得到保护和加强。在宝宝做事的过程中，父母要常鼓励宝宝，让他知道“我能行”，关心宝宝对正在做的事情所表现的态度、技能等方面的新变化，让宝宝体验自尊，增强自信。

帮助宝宝动作技能更协调。吃饭、穿衣，洗脸、整理玩具，都是宝宝探索世界的一部分。2岁宝宝有了一定的听说能力，能基本上明白父母的话了，手的抓握及小手指的配合能力也比较强了，手眼基本能够互相协调起来，已经具备了独立做事的能力。让宝宝动手做这些事，能进一步增进肌肉发展和动作协调，也能提高宝宝独立处理问题的能力。

培养宝宝的责任感。父母应用正确的方法引导宝宝自己的事情自己做，当宝宝做成一件事情时，伴随而来的是自信与成就感。有了自信，宝宝的学习愿望也就会更强，效果也会更好。鼓励宝宝自己做事，还能从小培养宝宝的责任感，并能帮宝宝尽快适应幼儿园的生活。

适度的挫折让宝宝更坚强。生活中，谁都要经受挫折。父母当然也不可能永远为孩子遮风挡雨，孩子需要接受和经历挫折与失败，才会逐渐适应社会，成长自己。

在宝宝目前的生活中，每一个尝试过程，每一个细节，都能给宝宝带来平凡而真实的体验。也许仅仅是一次将鞋穿反、衣服扣子系错位、被水烫疼、把碗打破，但这些小挫折可以成为下次成功的经验，同时让宝宝懂得做事要不气馁、永不放弃，通过努力体验到成功的喜悦。这时候，父母对宝宝的引导和鼓励尤为重要。

2岁1个月～2岁3个月的宝宝

◉怎样提高宝宝的大动作能力

为锻炼宝宝腿部肌肉的力量和动作的协调性，可以进行以下训练：

迈高训练：在离地板或地面20～30厘米处，支一个横杆或拉一根绳子，让宝宝迈过去，然后可逐步提高到30～35厘米。也可让宝宝上下约20厘米高的台子，然后逐渐把高度增加到25～30厘米。

跳远训练：爸爸与宝宝面对面站好，拉住宝宝的双手，让宝宝向前跳，反复练习。熟练后，让宝宝自己跳远，可以同时练习让宝宝从台阶上跳下来时站稳的能力。

跑、停训练：当宝宝可以跑得很熟练的时候，训练宝宝的跑和停。给宝宝喊口令“跑步，好，一、二、三停”，反复练习。宝宝跑的时候，父母在宝宝的前方或左右，在宝宝没有停稳的时候可以扶住宝宝，以免摔倒。训练宝宝的平衡能力。

踢球训练：用凳子等东西搭出一个球门，父母先做示范，把球踢到球门里，让宝宝也来试一试，踢进去后表扬宝宝。

◉怎样提高宝宝的精细动作能力

穿珠子游戏：示范给宝宝一些精细动作，如用绳穿珠子，按上衣服的按扣再解开，画直线、竖线、曲线，训练手、眼、脑协调能力。

智力拼图游戏：智力拼图是较为复杂的匹配图形的游戏，需要宝宝把一块某种形状的拼板挑出来，放到板上相应的位置，拼成一定的图案。做这个游戏要先易后难，即先为宝宝准备拼板少的图形让宝宝拼图。因为宝宝在努力找出合适的每块拼图时，需要一定的观察能力。而在把合适的拼块放到相应位置的过程中，宝宝会得到很大的满足感。这个游戏既可以训练宝宝辨认相似形状的能力，还可以让宝宝看到事物是怎样彼此契合的。同时，一些带字母、数字的模板还可为将来辨别字母、数字的形状做好准备。

套叠玩具：玩套叠玩具，按大小顺序安装，父母可以先示范给宝宝，教会宝宝要按顺序套叠。宝宝可以通过这个游戏，学会大小的顺序、数的顺序，建立和提高空间的感知能力，训练注意力集中。

教宝宝说完整句很重要吗

应抓住宝宝语言发展的有利时机，教宝宝学习用完整的语句讲话，以提高口语表达能力，并促进宝宝对事物间关系的理解及思维能力的发展。要把宝宝的简短的、成分不全、意思不明确的电报句扩展成完整的简单句，把颠倒的语序正确排列。比如，当宝宝说“妈妈，睡觉”，父母应教他说，“妈妈，我要睡觉”；“看报纸，爸爸”应改为“爸爸在看报纸”。这样的练习应该结合生活的实际场景，随时随地练习，如“这是大楼”、“那是红绿灯”、“小朋友在学习”、“小兔子爱吃萝卜”等。

此外，爸爸妈妈还要在生活中以身作则，自己说话应发音准确，说完整的、词序正确的句子。因为语言是表达心灵的，爸爸妈妈可以用绘图本的童话、连环画等，一边刺激宝宝的好奇心，一边教宝宝正确地说话。教说话时，不要只让宝宝听，还要不断地给宝宝创造说话的机会，使宝宝想和爸爸妈妈说话，让宝宝学会怎样表达自己的感情。

怎样教宝宝记住家人的称呼

教宝宝记住爷爷、奶奶、爸爸、妈妈、阿姨、叔叔等称谓，再做一些练习。比如，拿着爷爷的帽子问宝宝“这是谁的”，让宝宝回答。同时继续练习上一时期的“说我”，鼓励宝宝用“我”来表达。

背儿歌有什么益处

继续教宝宝念儿歌、背儿歌。儿歌可以选择简单又上口的，如每句3个字，一共4句的，反复练习。还可以选择一些简单的英语歌让宝宝听。提高宝宝语言能力，增强韵律感和记忆力。

怎样做电话对讲游戏

爸爸妈妈可利用玩具电话来训练宝宝说话的技巧。游戏时，妈妈与宝宝之间可以隔一块板子，就像在隔壁房间里打电话一样。

“喂！请问是宝宝的家吗？”

“请问爸爸在不在？”

“他去哪里了？你是谁啊？”

“你跟谁在家呀？”

“你妈妈叫什么名字？”

游戏时可从比较容易回答的问题开始，慢慢过渡到比较复杂的对话。比如“宝宝知道家里的电话号码吗”、“阿姨要去宝宝家，宝宝希望阿姨带苹果还是蛋糕给你呢”等。这个游戏可以帮助宝宝学习说话的技巧，使宝宝通过思考增加判断能力、对事物的理解能力和表达能力。

怎样提高宝宝的认知能力

认识性别：在生活中，告诉宝宝“妈妈是女的”、“爸爸是男的”、“奶奶是女的”、“爷爷是男的”，问宝宝“你是男孩还是女孩”，教宝宝说“我是男孩（女孩）”。可以指着画册问宝宝“谁是哥哥”、“谁是姐姐”等问题，让宝宝学会辨认性别。

学会数数：把大小、质地不同的各种小东西拿到一起，比如积木、瓶盖等小玩具。让宝宝通过看、摸、玩，逐渐认识物品的大小和数量。能够学会点数，一边数着一边拨动物品，逐渐学会点数1～3，并教宝宝在游戏中学会说“给我一个积木”、“给我两个积木”。

认识长短和高矮：准备一支长铅笔和一支短铅笔，让宝宝学会分辨长和短。等宝宝学会后再拿其他的长短不同的物品让宝宝练习比较。还可以和父母比个子，让宝宝知道高、矮的概念，拿厚度相差大的两本书让宝宝认识薄厚。

认识前后和上下：把玩具小熊摆在妈妈身体前面，再把玩具小狗摆到妈妈身体后面，告诉宝宝“小熊在前面，小狗在后面”，让宝宝明白前后的意思。再拿一些物品分别放到桌子上面、下面，让宝宝明白上和下，并可以分辨。

学汉字对宝宝大脑思维有什么益处

学汉字可以开发宝宝的大脑思维。由于汉字具有独特的结构造型，而且有丰富的形象信息，所以学习汉字是开发宝宝大脑，锻炼思维的最佳方法之一，这种方法比学习语言更能激发大脑形成高级系统性思维的能力。

宝宝学习识字、阅读要比说话容易一些。因为这个年龄的宝宝有很强的模仿识别能力，他认识一个字并没有从字的结构含义去认，而是将汉字作为一个图形，从整体来识记，这样他就可以不太费劲地记住很多汉字。所以，妈妈和爸爸应把学习汉字列为宝宝早期教育的重要内容，并在生活和游戏中随时随地教宝宝认识汉字。宝宝认识几个汉字之后，常会随时随地找出自己所认识的字，并将找字作为一种乐趣。宝宝可在书报上找，也可在街上的广告、路标、店牌以及电视节目中找，这种找字的游戏不仅能起到复习巩固记忆的作用，而且可以提高宝宝的识字兴趣。

◎ 学习汉字要注意什么

学习汉字要听、说、读、写同时进行。教认字的目的不是教宝宝记住一个个汉字符号，而是让宝宝理解符号代表的意义. 例如，在教“苹果”一词时可让宝宝一边看着苹果图案，一边读“苹果”两个字，使宝宝把字和它所代表的意义联系起来。因此，正确的汉字教法应该是听、说、读、写同时进行，而且要让宝宝把一个字多看几遍，并且记熟。如果宝宝对认字产生了兴趣，就

会积极主动读字词，妈妈和爸爸再把文字及其所表达的实物一块给宝宝看，但不能急于求成。

怎样克服宝宝的占有欲

宝宝在1岁以前，基本上以个体活动为主，还不具备主体意识和对物品的占有意识。当宝宝长到2岁时，由于自我意识的发展，已经意识到自己的存在，头脑中有了“我的”、“我自己的”概念，但对“你的”和“他的”概念还比较模糊。对这一阶段的宝宝来说，所接触到的喜欢的东西，认为都应该是自己的。所以，有些宝宝到邻居或亲友家做客时，看到桌上有糖果，往往不打招呼伸手就抓，理所当然地占为己有，而当别人向他要东西时，宝宝就会用小手紧紧抓住不肯轻易放手。如果硬拿走，宝宝有时还会哭闹不止。

这种占有欲是宝宝成长过程中的一种正常心理状态，是自我意识发展的结果，一般要到3岁以后会逐步好转。因此，对于宝宝的占有欲，妈妈和爸爸要给予正确的引导。

如果宝宝只是偶尔抢夺其他小朋友的糖果或玩具，父母不要大惊小怪，更不要斥责。如果宝宝经常抢夺其他小朋友的东西，妈妈和爸爸可以让宝宝跟较大的小朋友交往，因为较大的小朋友懂得保护自己的东西，会制止宝宝的抢夺行为，从而克服宝宝的占有欲。

如果宝宝不愿意把自己的玩具让给别的小朋友玩，妈妈和爸爸也不要强迫，可用引导的方法让宝宝把玩具拿出来与小朋友一起玩，让宝宝体会与其他小伙伴有一起玩的快乐。

如果采取强制的办法，不仅不能使宝宝学会“礼让”，还会使宝宝感到妈妈和爸爸要抢自己的东西，反而促使宝宝产生更强烈的占有欲。

怎样教宝宝识别不同的职业称呼

教宝宝识别不同的职业称呼，既能提高认知能力，也能培养公共意识。妈妈和爸爸带宝宝外出时，常会遇到许多不同职业的人，如乘公共汽车时可以认识售票员和司机；到医院看病时可以认识医生和护士；到超市购物时可以认识售货员和经理；到餐馆用餐时可以认识服务员或者炊事员；在郊区活动时还可以认识种地的农民；在工地上可以认识建筑工人；早晨在马路上可以认识清扫道路的清洁工等等。

每当遇到相关的人时，妈妈和爸爸都要随时给宝宝介绍不同的职业名称，以及他们所做的工作和作用，使宝宝学会尊敬不同职业的人，和各种人积极配合。如不随地扔东西，以免清洁工阿姨辛苦；看病时不哭，这样医生才能把病诊断清楚并治好等等。

怎样提高宝宝的生活自理能力

学会独立进餐。宝宝现在已经有了一定的独立能力，也喜欢试着自己做事情，为了培养宝宝的独立性，父母现在仍要锻炼宝宝的独立进餐能力。饭前让宝宝把手洗干净，吃饭的时候耐心帮宝宝学会使用餐具，父母可以给宝宝添饭、夹菜，但最好不要喂，而是鼓励宝宝自己吃。可以说一些类似“真好吃，多吃饭可以长高个子”的话来鼓励宝宝，使宝宝快乐进餐。

吃饭时最好不要使宝宝养成边吃边玩、边吃边看电视的习惯，给宝宝的食物每次量少一些，多盛几次。饭和菜最好分开盛放，让宝宝一口饭、一口菜地吃。

学穿鞋袜。鼓励宝宝自己穿鞋袜。穿鞋袜时，宝宝只能套到脚上，不会提起后跟，特别是穿鞋时由于分不清左右会穿错脚。父母应在一旁帮助提醒，但不要完全代替宝宝来做。

怎样教宝宝认识性别差异

宝宝到了2岁半，已经对性别之间的差异有所察觉，能够分辨“男孩”和“女孩”了。宝宝注意到男孩和女孩的生殖器不一样，“尿尿”方式也不一样；通常女孩穿裙子，头发比较长，而男孩常穿短裤，头发短；男孩和女孩的爱好也有差别，男孩喜欢玩小汽车、变形金刚、手枪，女孩喜欢布娃娃、过家家。

这一时期，父母应该让宝宝了解人有“男”“女”的性别差异，同时认识自己的性别。还应让宝宝为自己的性别感到满意，这对于宝宝长大成人后有健康的性别认同是有帮助的。让宝宝认识到两种性别虽然不同，但都是同样平等、同样有价值的。无论是男是女都会面临公平的机会，公平的对待。还应让宝宝知道，世界正是因为有了这两个性别的人类，才会多姿多彩。比如从爸爸妈妈对待宝宝的方式，让宝宝知道男性和女性都能与宝宝建立起亲密的关系。

父母在给宝宝讲解性别知识的时候，要确保科学正确，而不应觉得宝宝年龄还小，在宝宝问起的时候，就给宝宝胡编乱造、蒙混过关。父母在这个时期的正确对待，对于日后宝宝进入青春期是有积极影响的，不至于孩子到了青春期出现性困惑，以及对性抱有过度神秘感。

认真对待孩子的性好奇。好奇心是学习的动机。宝宝在不完全认识性别的时候，会对性有好奇、求知欲以及模仿心理。健康的性心理培养应该从这时开始，每个父母都应该用科学的性知识和教育方法，来帮助宝宝的性心理健康发展。

父母应该懂得，孩子对性的好奇和探索是正常的、自然的，应该正确对待，同时科学地讲解性知识。利用孩子的性好奇，因势利导地进行性教育。比如当父母发现宝宝对有关性问题有了困惑或者兴趣时，可以平静地问问宝宝在玩什么、看到了什么，让孩子说出自己的想法和疑问，了解清楚孩子对性的知识情况后，再给予正确的疏导。

如果反过来，越是瞒着孩子，越是把孩子蒙在鼓里，往往越会给“性”蒙上神秘感，激发孩子更强烈的好奇心。而如果用严厉的惩罚去压抑孩子的性好奇，就会让孩子认为性是罪恶的，从而出现内疚感。

怎样为宝宝树立性别榜样

父母在宝宝面前应愉快地相处，要通过互相尊重，互相赞美，互相爱护，表现出喜欢他们各自的性别及在生活中扮演的角色，来向宝宝传达这种男女协调的感觉。让宝宝知道，爸爸和妈妈一样关心宝宝、爱护宝宝，宝宝的爱是一样多的。而父母之间的相互照顾和爱意，也会影响宝宝对性别的观点。

父母要注意尽量不在家里争吵，更不能动手打架，以免给宝宝传达一种不良印象：男人应贬低女人，或者女人应凌驾于男人之上。或者当有男孩之间打架的时候，父母不要对宝宝说：“男孩都是这样。”这对宝宝长大后的待人接物也会产生不好的影响。

父母还要注意满足孩子的性心理。对于这一时期的宝宝来说，爱抚宝宝，就可以满足宝宝的性心理。当宝宝从出生后，“性”的影子也如期而至，婴儿期的宝宝受到抚摸后就有了快乐的感觉。抚摸宝宝的脸、肌肤，抱他在怀里，会让宝宝感到身体是令人快乐的。孩子也能够得到一种信息：抚摸是人们之间表达爱意的一种方式。宝宝常会表现出想和父母肌肤接触的性方面的心理需求，也被称为“皮肤饥渴”。对于这一时期的宝宝，父母可以通过搂抱、亲吻的方式，来满足宝宝的性心理。这样可以增进母子感情、满足孩子性心理需求，也能让宝宝拥有更多的安全感。

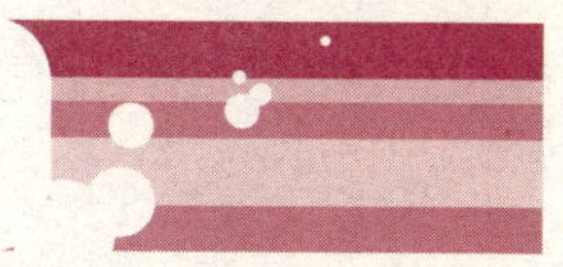

2岁4个月～2岁半的宝宝

◉ 怎样提高宝宝的大动作能力

用脚尖走路。在地上画“S”形曲线，让宝宝用脚尖在线上从这一头走到另一头，宝宝做得很好的时候，父母要表扬宝宝。

走“平衡木”。继续上一时期，在地板上摆几块砖，再铺上15厘米宽的木板，做成平衡木，让宝宝在上面从一端走到另一端。父母可以在旁边手扶保护宝宝，反复练习，直到宝宝可以自如行走。

做简单体操。在给宝宝听儿歌的时候，让宝宝配合手臂和双腿的动作，比如两臂向上举，或是叉腰，原地跳两下等。父母可以在旁边做示范。

◉ 宝宝的坐姿不对有什么危害

2～3岁的宝宝骨骼较软、弹性大、可塑性强，受压迫后容易弯曲变形。如果坐的姿势不正确，比如身体长时间侧向一侧坐，或者坐的时候没有直起腰来，轻则引起筋骨损伤，重则引起脊柱变形。

鉴于上述原因，妈妈和爸爸就不要让宝宝坐太长时间，这个时期的宝宝，连续坐的时间以不超过30分钟为宜，并应保持正确的坐姿。正确的坐姿是：身体端正、腰部挺直、两腿并拢、两眼平视前方、两臂自然下垂放在腿上。当然，对宝宝来说，不可能也不会做得这么规范，但妈妈和爸爸要尽量让宝宝坐的时候保证身体端正。可采取动静结合的方法，让宝宝坐一会儿，玩一会儿，这样可消除或减轻肌肉疲劳，促进骨骼和肌肉的发育，防止胸部和脊柱畸形。

◉ 怎样提高宝宝的精细动作能力

用小碗倒米、倒水。给宝宝两个塑料小碗，一个小碗里盛半碗米或者豆，让宝宝把米或豆倒进另一个碗里，反复练习，直到不洒为止。也可以用小碗盛水倒水。

套叠游戏。给宝宝玩套叠游戏，如套筒。让宝宝按照大小的顺序套上6～8层的套筒，并且摆好。分辨大小顺序，促进手的动作协调能力。

练习用筷子。这时父母可以给宝宝准备小一些的筷子和玩具餐碗来练习。父母先拿筷子示范给宝宝，让宝宝用拇指、食指和中指来掌握一根筷子，用拇指、中指和无名指来控制第二根。用筷子夹起带壳花生等容易夹的物品来做练习。以此锻炼手的灵活性，刺激脑的运动中枢，有助于宝宝智力发展。

橡皮泥游戏。给宝宝橡皮泥，让宝宝捏着玩，柔软的橡皮泥物美价廉，用手指挤来挤去很有趣。如果宝宝再发挥想象力，可以把橡皮泥捏成各种东西，或是把橡皮泥做成扁平的形状，再用小刀在上面刻出各种花纹，或者印上宝宝的手印。这个游戏可以促进宝宝手的灵活协调能力，有助于想象力和创造力的发展。

怎样提高宝宝的语言能力

练习看图说话。拿着画册，让宝宝把画册上面的故事或者物品、用途讲出来。父母可以先讲，逐渐让宝宝模仿出来，每天练习2～3次。也可以问宝宝问题，让宝宝描述。比如，父母问："这个小牛在干什么呢"，宝宝说："小牛在吃草"。

学念故事书。拿一本宝宝熟悉的童话故事书，爸爸妈妈先从中选择一行，轻松、标准地念给宝宝听，然后让宝宝学着念。不要在意宝宝是否真正了解故事的内容，只要宝宝有想阅读的兴趣就已经达到目的了。刚开始宝宝当然无法很顺利地念出来，也许发音也不正确，甚至说话结巴，无法将上下句连贯起来。这时，妈妈和爸爸非但不要责备宝宝，还要以点头和微笑的方式鼓励和夸赞宝宝。如果每天能抽点时间做此游戏，宝宝渐渐地就会了解故事的内容，并且养成喜爱读书的习惯。

描述故事书。可以从宝宝熟悉的故事书中，找一些较突出的卡通人物剪下来给宝宝看，让宝宝说出这些卡通人物是什么角色，叫什么名字或者在做什么，也可以将几张卡通图片剪下，撒落在桌上，让宝宝按照顺序排列后，编出故事。还可以将其中一张拿开，只让宝宝看其他的几张，联想出空白位置的卡片应该是什么内容。这可以培养宝宝喜欢阅读的习惯，提高宝宝的构思能力，鼓励宝宝勇于表达自己的意见。

在如何为宝宝选择图书方面，父母需要注意的是，这个年龄的宝宝主要是从感观上了解事物，因此在选择图书时，一定要选择那些画面较大、色彩艳丽、形象生动、动作逼真、活泼可爱、印刷精良、装帧牢固的图书，而且最好是以动物形象为主，情节简单易懂，叙述语言生动好记的短童话，以及简单上口的儿歌配画图书，这样的图书既有利于宝宝学习，又容易引起宝宝的兴趣。

怎样教宝宝学习背数、点数和写数

背数就是从一往大念，达到背诵的效果，但不一定要求宝宝明白数字的概念；点数是从一开始，往后念，同时可用手指计数。背数是点数的前提和基础，在背数与点数的基础上，宝宝才能进一步真正识数。一般宝宝在2～3岁时，可背数1～10，点数1～4。

宝宝背数不像念儿歌或诗那般押韵，但还是有些技巧的，比如，“一二三，三二一，一二三四

五六七，七六五四三二一”以及“一二三四五，上山打老虎”，“一二三四五六七，宝宝不要太着急”，“一二三四五六七八九，宝宝练习好辛苦”等。如果宝宝能背数1～10，就会很容易地背到20。而点数就比较困难一点了，宝宝常常嘴数得快，但手跟不上，而且会随意乱点，所以妈妈和爸爸一定要有耐心，可先让宝宝练习按数取东西，如对宝宝说“给妈妈1个、2个、3个”等，当宝宝拿正确时应及时表扬。此外，吃饭时摆碗筷，分水果时，或者在穿珠子、搭积木时，也可让宝宝练习点数。点数要慢，要等手拿到东西后，再数下一个数。宝宝的点数能力也是存在个体差异的，个别手巧的宝宝能点到10或12，但手慢的宝宝才能点数到3，只要通过慢慢练习，一般宝宝到3岁时能点数到5以上。

宝宝学习数字知识还包括写数字。学写数字应从简单的开始，如“0”、“1”，也可通过比较把相似的放在一起来学写，如1和7，3和5。一般学写数字，应从写1和7丌始，然后再学写4，这三个数字的笔画以直线为主，易写易认。等这三个数字学得差不多了，然后学写2和3，并用相似的方法告诉宝宝，“2”像个浮在水面的鸭子，“3”则像个耳朵。0和8、9和6可放在一起学。最后再学写5。妈妈和爸爸在教宝宝写数字时要有耐心，要反复纠正，如一开始宝宝总会在写8时，写成两个0上下相接，经过反复纠正后，宝宝才会在写时转弯。

以上办法只供大家参考，爸爸妈妈在教宝宝学写数字的时候，应就具体的方式、方法进行即兴的创造，会更有利于宝宝学习。

◉ 去动物园对宝宝有什么好处

宝宝最早接触和认识的大自然一般都是书本上的，如看图片中的植物、动物等。随着宝宝年龄的增长，爸爸妈妈可以带宝宝到外面去更广泛地接触、观察和认识大自然，比如去动物园认识动物。

观察可从宝宝身边的环境中开始，观察宝宝感兴趣的事物，如蚂蚁、花朵、小猫、小鱼、刮风、下雨等。在观察中，妈妈和爸爸要结合实物给宝宝讲一讲基本的、简单的知识，如事物名称及明显的特征等。例如花和树叶不同，花的颜色漂亮，有香味，吸引蝴蝶和蜜蜂采蜜，同时可以传授花粉。绿色的叶子，是制造食物的地方；树根从地下吸到水分，通过树干树枝送到花和叶子上，叶子造好的食物，也由树干分送各部，或者储存在根和根茎上。植物不会跑，它们有根、茎、叶，自己制造食物，不但供自己用，也可以供给动物和人类用。宝宝吃的粮食是就植物的种子，蔬菜和水果都是植物，有了植物人类才能生存等。

让宝宝知道，鱼在水里游，鸟儿在天上飞，老虎就要在陆地上跑等。此外，爸爸妈妈还可以通过不同动物的比较来增长宝宝的相关知识。比如让宝宝观察会飞的鸟类，告诉宝宝鸟都有翅膀，候鸟会在冬天飞到南方过冬，夏天飞回北方。鸟类有两条腿，也能站在地上走动。而鱼类就没有腿，腿变成鳍可以在水中游泳。鱼只能在水中才能生存，离开水很快就会死亡。

大自然充满无穷的乐趣，教给人们不尽的知识。宝宝在观察自然界中的山水树木、花草鸟虫以及风雨云雪中，会不断地增加知识，而且在观察中宝宝的注意力、观察力，以及分析、概括、判断和想象等能力都会得到提高。大自然丰富多彩的生命和现象，带给宝宝美的熏陶和享受。

爱心妈妈经验谈

自从带宝宝去了动物园后，我就发现宝宝很喜欢动物，宝宝回到家不停地向爷爷奶奶模仿动物们的动作和声音，许多都是我们没有教过，他自己想象出来的。比如宝宝模仿猴子，宝宝就自己抓痒痒；模仿鸟，宝宝就学唧唧喳喳的声音；模仿老虎，宝宝就表现出很害怕的样子，然后大吼一声；模仿狮子，宝宝就做出很凶猛的样子，然后就乱跑。以前家里就有很多动物卡片，但是我觉得那些卡片并不形象。所以建议父母有空带宝宝去动物园认识动物，对宝宝认知能力的发展很有好处。

◎让宝宝愉快学音乐的方法是什么

让宝宝学音乐，并不代表一定得接受专业的音乐训练。有关专家认为，过早地对宝宝进行正规的音乐训练，对年幼的宝宝并不合适，而且也没必要。为让宝宝愉快学习音乐，可以参考以下方法：

爸爸妈妈要从培养宝宝对音乐的感觉开始，为宝宝创造一个良好的音乐环境，选购一些适合宝宝玩的音乐玩具，如小口琴、小钢琴等儿童乐器。这都是对宝宝进行音乐教育的早期教材。

爸爸妈妈要让宝宝随时都能听到优美的音乐，特别是让宝宝广泛地接触和音乐有关的元素，如在游戏中，可以让宝宝了解声音的大小、快慢、长短，甚至是音色和音质的变化，这类学习对幼儿来说就足够了。学习音乐不一定要学习某种乐器。对此，专家建议不要将乐器当作学习音乐的唯一途径。对于3岁左右的宝宝来说，学乐器的确没有太大的必要。

◉ 怎样教宝宝说文明用语

人是群居动物，在任何一个团体里，如果不讲礼貌，便无法享受到生活的乐趣，也不可能拥有良好的人际关系。

如何教育宝宝成为有礼貌而且受欢迎的人，是爸爸妈妈不可推卸的责任。在教宝宝学习礼貌待人时，要注意从细节上入手，自早晨起床开始，一直到晚上睡觉，会有很多礼仪体现在生活中。例如，在每天早上起床时，训练宝宝对爸爸妈妈说“早晨好”，当爸爸妈妈上班出门时让宝宝说“爸爸（妈妈）再见”，有客人来访时，主动说“您好”、“再见”等都是宝宝必须学会的礼貌用语。父母还要告诉宝宝在一些情况下说“请”、“谢谢”，多让宝宝练习，使他在潜移默化中学会礼貌待人。

◉ 怎样培养宝宝与他人交往的习惯

宝宝到了2～3岁时，由于语言和动作发育都日趋成熟，认识范围逐步扩大，好奇心和求知欲都很强，已经有了与其他小朋友交往的愿望。但是，在现实生活中，有的爸爸妈妈怕自己的宝宝吃亏受气，或者怕宝宝出去玩影响学习，于是就整天把宝宝关在家中认字、写字、数数等，不让宝宝出去与小朋友们玩，这种做法会造成宝宝心理上的孤独和不安，甚至使宝宝渐渐形成孤僻古怪的内向性格，从而影响心理的健康发育。爸爸妈妈应该有意识地让宝宝和小朋友一起玩，培养宝宝乐于与他人交往的习惯。

宝宝和其他小朋友一起玩，可以互相学习，互相模仿，从中获得各种知识和技能，并可以学会解决困难和问题的方法，促进认知能力的发展。同时，通过愉快的情感共鸣可培养宝宝的友谊感、同情感，增加小朋友之间的相互理解和信任。小朋友们在一起玩时，难免发生口角甚至打架，这时爸爸妈妈不能为自己的宝宝护短，而要根据实际情况向宝宝讲清道理，引导宝宝自己去解决矛盾并恢复友谊，使宝宝逐步懂得一些初步的行为准则，掌握一些简单的是非观念，从而使宝宝在与其他小朋友的交往中，逐渐学会理解别人，认识自己，培养独立解决问题的能力，为将来的社会交往打下基础。

怎样提高宝宝的生活自理能力

学习洗漱。生活中锻炼宝宝用香皂洗手，并且用毛巾擦干；教宝宝洗脸、洗脚。先告诉宝宝洗漱时应该准备好的东西，如脸盆、毛巾等，帮助宝宝准备好，告诉宝宝洗漱的顺序，洗完后告诉宝宝把物品放回原处。

学习便后擦屁股。锻炼宝宝大便前自己解开裤子并蹲下，便后学习自己用纸擦屁股。在开始学习的时候，父母在一旁指导宝宝，让宝宝拿一张纸教他从前往后擦，如果擦不干净，再给宝宝一张纸。做好后，父母要及时表扬宝宝。

怎么才能让宝宝不再胆怯怕生

有的宝宝虽然长得虎头虎脑，在家里天不怕地不怕，但一有陌生人来访，或是跟着爸爸妈妈出去时，常常会紧紧地拽着爸爸妈妈的手，躲在身后不敢见人，更别说和陌生人打招呼了。就是有其他小朋友要和他玩，宝宝也扭扭捏捏，不如意时还可能哭闹不止。这是怎么回事呢？

一般来讲，宝宝刚出生的时候并不会胆怯怕生，对谁都会微笑，也很乐意被周围的叔叔阿姨抱着玩。但是到了6个月左右的时候，宝宝就开始惧怕陌生人了。随着年龄的逐渐增长，宝宝的识别能力越来越强，能够区分熟人与陌生人，或能够分辨熟悉的环境和新环境，在碰到陌生人或者新环境时就可能

会哭闹，而且这种情况一般要持续很长一段时间。到了2岁以后，这种胆怯怕生的生理现象就会有所改变，宝宝逐渐喜欢与别人交往，特别是同年龄的小朋友。如果宝宝到了2岁以后还胆怯怕生，甚至比小的时候更加严重，那就要从爸爸妈妈这方面寻找原因了。

2岁以后的宝宝之所以仍然胆怯怕生，主要原因有3个：一是宝宝小时候没有得到充分的爱，或者爸爸妈妈经常吵吵闹闹不和睦，使宝宝缺乏安全感，从而怕生胆怯。二是宝宝绝大多数时间都是跟最熟悉的爸爸妈妈在一起，爸爸妈妈很少给宝宝提供与陌生人，特别是其他小朋友交往的机会。三是宝宝可能长期和保姆或者爷爷奶奶住在一起，爸爸妈妈很少有时间照顾宝宝。

如果属于第一种情况，爸爸妈妈就应该求同存异，互相体谅，互相理解，为宝宝创造温馨的生活环境，逐渐帮助宝宝克服胆怯怕生。如果是第二种情况，爸爸妈妈就要给宝宝提供与小朋友一起玩的机会，经常邀请同事带小朋友来家做客，在游戏中引导宝宝懂得如何去和其他小朋友友好合作。或者经常让宝宝去接触陌生人，逐渐锻炼他对新环境和陌生人的适应能力。尽管宝宝刚开始见到陌生的小朋友时仍然会不理不睬，但时间一长，宝宝很快就会和那些小朋友玩熟了。另外，妈妈和爸爸还要鼓励宝宝在陌生环境中控制自己的情绪，如果宝宝确实害怕时，千万不要嘲笑宝宝胆小、没用，而要及时给予微笑、抚摸或拥抱，保护宝宝的自尊心，培养宝宝的自信和勇气。如果属于第三种情况，爸爸妈妈就要多和宝宝在一起，培养亲子关系。

爱心妈妈经验谈

我和我老公性格都很直率，如果对对方有什么地方不满，就会说出来，并时时提醒对方要当一位好父母，在日常生活中要用礼貌用语，以便孩子模仿，并说好生气不超过两三分钟。因为保持家庭温馨和睦，才能培养出性格开朗的孩子。

◎ 想象力对宝宝的意义是什么

宝宝的想象力最早在2岁的时候就可以表现出来了。在这一时期里宝宝开始用很多的时间来想象、幻想，并沉浸其中，体验愉悦。比如宝宝喂布娃娃吃饭，用小凳子当作小汽车，喜欢把没有的东西想象成有的，把同样的东西在不同的场合让它发挥不同的作用。比如把没有生命的布娃娃当成有生命的宝宝，玩过家家时，假装玩具小火炉真的可以煮饭。

到了三四岁后，随着宝宝语言能

力的发展、经验的丰富和活动的复杂化，宝宝的想象力将迅速发展，成为自由的、无意的联想，而且在想象中带有一定的情节和情景。

宝宝有了丰富的幻想，并不理会这些虚幻和现实究竟有什么区别。但宝宝沉浸在虚幻的世界中，可以帮助他了解真实的世界。比如宝宝在虚幻的世界中扮演各种角色，宝宝可以是布娃娃的爸爸或者妈妈，可以是医生、是病人、司机、售票员、老师，甚至假装成动物，宝宝也可以是童话中的公主或者王子。宝宝在扮演这些角色的时候，开始有了模仿、了解和体验。

怎样提高宝宝的想象力

宝宝会在一定刺激物的影响下不由自主地想象出某种事物，因此父母可以给宝宝一些丰富、生动、形象的刺激，比如在宝宝给布娃娃看病的时候，

父母可以给宝宝一支针管，对宝宝说："是不是要给宝宝打一针，这样病就好得快了？"刺激宝宝来做进一步的想象。同时，可以让宝宝在大的范围里接触认识更多的事物，形成丰富的想象。父母要注意保护宝宝的好奇心，鼓励宝宝对新事物进行观察和认识。

鼓励宝宝编故事、讲故事，也会丰富宝宝的想象力，因为想象的发展与思维、言语的关系很密切。语言能激发宝宝广泛的联想，宝宝给爸爸妈妈讲故事的过程其实就是再创造性想象的过程。

2岁7个月～2岁9个月的宝宝

◉ 怎样提高宝宝的大动作能力

走、跑、跳的练习。宝宝过了2岁半之后，可练习用脚尖或脚后跟走路。可以让宝宝在宽20厘米、长2～2.5米、高30～35厘米的斜坡上走，还可以和宝宝玩追人游戏，和宝宝一起相互追逐、躲闪，练习自如地走、跑、跳以及长距离走路，锻炼宝宝身体的协调性能，增强体质和耐力。

走平衡木的练习。这一时期的宝宝可以在花园或是安全的人行道"马路牙子"上练习了。父母先拉着宝宝的手走，逐渐放开宝宝的手，让宝宝自己走。

爬攀登架的练习。鼓励宝宝爬攀登架，也能提高宝宝的大动作能力，但父母要在宝宝身边给予保护。

骑三轮童车的练习。让宝宝练习骑三轮童车，父母可以在前面用小绳拉着童车，或是在后面轻推，帮助宝宝用力，使宝宝逐渐学会独立骑着童车向前。

◉ 怎样让宝宝走路的姿势正确

走路的姿势对于每个人来说，都是很重要的一部分，走路姿势正确，不仅给人以美感，而且有利于身心健康。

尤其是对于这个时期的宝宝来说，训练走路的正确姿势更是尤为重要。正确的走路姿势有利于宝宝肺活量的正常发挥，有利于宝宝骨骼的生长发育，而且能够减少因走路而带来的疲劳感。那么，怎样的走路姿势才算是正确的呢？

正确的走路姿势是上身自然挺直、抬头挺胸、目视前方、双手自然下垂、手指并拢并自然弯曲、两臂以肩关节为轴心前后自然摆动、上下肢协调、两腿脚尖向前交替前进。

2～3岁的宝宝虽然已经会走路，但走路时仍常常出现头重脚轻、动作不协调、速度不均匀的问题。这是因为这个阶段的宝宝脚部力量仍较差，为了保持身体平衡，常以身体重心前移来带动位置的移动，宝宝往往以类似跑的动作代替走。因此，在这个阶段，宝宝非常需要爸爸妈妈的帮助和指导，并提供练习的机会。爸爸妈妈可以采用音乐伴奏、拍手等，有节奏地让宝宝做快走、慢走的练习；如果爸爸妈妈的走姿正确而且好看，就可以让宝宝和爸爸妈妈一块走，这样既可提高宝宝练习走路的兴趣，也不会使宝宝感到疲劳和乏味，同时也训练宝宝走路的协调性和稳定性。

怎样提高宝宝的精细动作能力

按形状撕软纸。选择带有针孔扎出一定形状的纸，如圆形、三角形、正方形、长方形，让宝宝沿针孔撕纸。

拼图。让宝宝拼分割成4～6块的图。以锻炼宝宝手的敏捷力以及从局部推及整体的思维能力。

怎样提高宝宝的语言能力

练习表达。生活中，父母要和宝宝多说话，常问宝宝一些问题，鼓励宝宝多表达。比如问宝宝“妈妈叫什么名字”、“妈妈去哪儿了”、“妈妈是做什么的”等，鼓励宝宝表达出来。

听词模仿动作。父母说出一些词，让宝宝模仿词的动作，比如“开汽车”、“唱歌”、“大声笑”等，也可以父母来做动作，让宝宝说词语。

说反义词。让宝宝说出反义词，父母先做示范。如父母说“多”，让宝说“少”；父母说“高”，让宝宝说“低”；父母说“大”，让宝宝说“小”。在说的过程中，如果宝宝说不上来，父母就说出答案，解释给宝宝听。

粘卡片游戏。爸爸妈妈可以把宝宝所学的词语制成卡片，再在墙上贴两行胶布，在爸爸妈妈念卡片上的词语时，让宝宝把相应的词语卡片粘在胶布上。

拼字游戏。在事先做好的卡片中间贴上一个完整的图案，这个图案应该是能够用两个字组成的词语说明的，然后把与图案相对应的两个字的词语写在图案上，比如图案贴的是一个苹果，就在苹果图案上写上“苹果”两个字。整个卡片做好后，从两个字中间剪开，并把这样的几个剪开的卡片混在一起，让宝宝把能拼成一幅图案的两半部分找出来，重新拼贴在一块，使宝宝通过拼凑图案，学会和记住相关词语。

找颜色游戏。爸爸妈妈可以准备一个布板，分别写上各种颜色的词语，然后把各种颜色的布条交给宝宝。爸爸妈妈说出一种颜色后，让宝宝把这个颜色的布条贴在相应的词语上。比如，爸爸妈妈说“这是红色的”，宝宝如果能把红色的布条贴到写有“红色”的词语上，就应给予宝宝奖赏。

指实物游戏。宝宝最喜欢画有动物、植物、水果等实物形状的画册，爸爸妈妈先把图画书一张一张地翻开，让宝宝看着图画，爸爸妈妈领着宝宝读出各种实物的名字。过一段时间后，爸爸妈妈说出图画中的单词，让宝宝用手指找到相应的图画。

钓单词游戏。爸爸妈妈用彩纸做成各种鱼的形状，在鱼嘴的位置上固定一个曲别针，然后在彩纸上写上宝宝学过的单词。再把钓鱼线缠在木筷子上，用胶布把磁铁粘在鱼线的末端。一切准备就绪后，爸爸妈妈说出单词，让宝宝钓起写着单词的鱼形图案。每当宝宝学会一个新单词，就再做一张鱼形卡片，把新学的单词卡片混在原来的卡片中反复让宝宝钓，以达到巩固学习效果的作用。

画板学词游戏。先准备一个画有动物或其他图像的画板，也可以把现成画册上剪下来的图像贴在一个自制的画板上。然后用较大的彩纸盖在图像上面，并把与图像相符的单词写在彩纸上。爸爸妈妈每教宝宝读完一个单词，便掀开彩纸，和后面的实物图像对照一下，以使宝宝加深对实物的理解，从而有效地记住这个已经基本理解了的单词。

◉ 怎样提高宝宝的认知能力

学习背数和数数。像之前一样，教宝宝口头背数，按照顺序背1～10，反复练习，背熟后再往后进行，学11～20，并教宝宝学会数数，用食指数实物，1个、2个、3个……

辨认左右方向。教宝宝认识左右，先从辨认左手和右手开始，告诉宝宝哪个是左手，哪个是右手，等宝宝记住后，再问宝宝问题，如“饼干在哪个手里”等，反复练习。接下来教宝宝认识左眼睛、右眼睛、左耳朵、右耳朵等。以培养宝宝的分辨能力。

认识物品的名称和用途。教宝宝学会分清事物的属性，可以采用口头分类的方法，父母说物名，宝宝说用途。也可以由宝宝说物名，父母说用途。互相问答，范围可以无限扩展。在这个基础上，还可以进一步教宝宝进行快速分辨。具体做法是，爸爸妈妈口头说出几种东西的名称，宝宝分辨这几种东西是不是一类东西，并把不属于一类的挑出来。比如爸爸妈妈说香蕉、苹果、桃子、桌子、梨的名称，宝宝挑出其中哪一种东西不是水果。又如，在蔬菜当中，挑出哪一种不必煮就可以吃：茄子、冬瓜、黄瓜、扁豆、洋葱，看宝宝能否分辨出来。这样可以提高宝宝对外界事物的认知能力和辨别能力，进一步提高物品分

类的知识，同时还有助于提高宝宝的归纳分析和应变能力，并可以使宝宝养成在学习中集中注意力的习惯。

继续练习分类。学习分类时，可以用图片或实物试分，那些过去曾用过的认物图片都可以用来学习分类。把这些图片分别制成卡片，然后让宝宝将卡片按吃、穿、用、玩及其他类别分放在几个盒子里，爸爸妈妈逐个盒子检查有无放错地方的卡片，帮宝宝纠正并进一步认清物品的用途，从而分清类别。

◎ 怎样让宝宝明白事情的对错

生活中教宝宝知道事情的对错之分，比如当宝宝有了和伙伴争抢、打人、咬人的行为时，父母要在眼神、表情、言语、动作手势上表现出严肃，要批评宝宝，并制止这种行为。相反，遇到宝宝做了好事时，要同样在眼神、表情、言语、动作手势上表现出欣慰，要表扬宝宝。从小让宝宝明白什么事情是不好的、是不能做的、是不被允许的，什么事情是好的、是鼓励去做的。

◎ 怎样让宝宝睡好午觉

这个年龄的宝宝活泼好动，生长发育也非常迅速。为了宝宝的身心健康，爸爸妈妈必须保证宝宝有充足的睡眠。除了夜间的睡眠外，给宝宝安排好午觉也是非常必要的。午睡正好是白天的间隙时间，既可以消除上午的疲劳，又能养精蓄锐，保证下午精力充沛。可以这样说，午睡是保证宝宝神经发育和身体健康的一个重要习惯。

在睡眠过程中，由于氧和能量的消耗最少，而生长激素分泌旺盛，可以促进宝宝的生长发育。如果宝宝睡眠不足，就会使宝宝精神不振、食欲不好而影响正常的生长发育。为安排好宝宝的午睡，最重要的是养成宝宝良好的生活规律，父母最好让宝宝每天按时起床，按时吃饭，午饭后不做剧烈运动，以免午睡时因兴奋过度而不易入睡。同时，午睡时间不要过长，一般以2～3小时为宜。

爱心妈妈经验谈

玩具和学习用品用完之后，我都是让宝宝用小盒子把它们分门别类地装起来。这样做可以使宝宝养成良好的习惯，东西从哪里拿的应放回哪里去。以后在生活中，我就不用总是辛苦地跟在宝宝屁股后面收拾东西。包括以后上学，我也要教宝宝把书本、衣服等自己整理。现在看来，这样的培养很有必要。

2岁10个月～3岁的宝宝

怎样提高宝宝的大动作能力

滚球练习。在宝宝前面1～2米远处放两把椅子，椅子之间间隔为40厘米，然后让宝宝在地板上滚球，让球从椅子中间滚过去。

抛球练习。在离宝宝1～1.5米处放一个高40～50厘米的小筐，让宝宝往里面抛球。也可以在地上画一个圆圈或放一个脸盆，让宝宝站在1米远的地方把沙袋扔到圆圈或脸盆里。训练时要引导宝宝右手、左手轮流着抛。可以锻炼上臂的力量和手眼协调能力。

投球练习。在离宝宝1～2米处，挂一个高度与宝宝眼睛大概齐平的球网，让宝宝向网里投球。锻炼上臂肌肉，及手眼和全身动作的协调性。训练时，爸爸妈妈可以与宝宝一起玩，看谁做得更好，以增加宝宝的兴趣。

踢球游戏。爸爸妈妈可以与宝宝面对面地踢球，一个人踢过来，一个人再踢过去。天气好的时候，也可以到户外去踢。以此锻炼宝宝腿部肌肉的力量和动作的协调性。

怎样做变高变矮游戏

这是一个训练宝宝下蹲的游戏。游戏时，爸爸或妈妈先向宝宝发出“变矮了”的口令，让宝宝立刻蹲下。然后妈妈或爸爸再向宝宝发出“长高了”的口令，让宝宝立刻站起来。为增加游戏的难度，提高宝宝的应变能力，还可以在宝宝执行“长高了”的口令站着的时候，再喊一次“长高了”的口令，看宝宝是不是能够站着不动。或是连着喊几声“长高了”的口令以后，忽然来一次“变矮了”，从而训练宝宝的应变能力。

做这个游戏时，还可以让宝宝发口令，爸爸或妈妈做动作，不但可以减少宝宝的疲劳，同时也可增加宝宝做游戏的兴趣。

◉ 怎样做过桥找妈妈游戏

先在地上用粉笔画两条平行线，或者平行放两条绳子。宽40厘米，长1米，假设这是河上的一座小桥，然后让宝宝走到河对岸去找妈妈。游戏时告诉宝宝要双脚更替着向前走，不能踩着两边的线，不然就会掉到河里。

◉ 宝宝可以学游泳吗

游泳是一项综合性锻炼活动，又是一项全身性的体格锻炼运动。这个年龄的宝宝，身体素质已经得到进一步提高，可以从现在开始学习游泳了。

游泳开始前应做一些准备活动，如让宝宝伸伸胳膊、踢踢腿、弯弯腰，如身上有汗应把汗擦干后再下水。宝宝初学游泳时，最好在室内。如果是在室外游泳，气温不应低于26℃，水温不应低于24℃。无论是在什么地方游泳，开始时游泳时间应控制在3～5分钟，以后视宝宝的反应可逐渐延长到15分钟左右。

宝宝初学游泳应有个循序渐进的过程。在游泳前要给宝宝做好热身，防止腿抽筋。刚下水时不能一下子全部浸泡在水里，应让身体有一个适应过程，先把头部和胸部浸湿，再逐渐浸入全身。如宝宝不会游泳也要让宝宝用手摩擦全身。如宝宝的外耳道进水，应用干棉球吸干。如宝宝感到寒冷或打战时应该立即出水，并用干毛巾擦干全身至皮肤有轻微热感，最好再做一些轻柔活动，使身体产生热量来取暖。另外，宝宝学游泳时要有爸爸妈妈的严密监护和指导。要注意宝宝学习游泳不应在空腹或刚进餐后进行。

◉ 怎样提高宝宝的精细动作能力

解衣扣、开合拉链。解开（扣上）纽扣或是拉开（拉上）拉链，需要幅度很小而又准确的手指运动，父母要让宝宝在每天穿衣服和脱衣服时都尝试去做，一般宝宝也乐于尝试去做这样的事情，可以锻炼宝宝手指活动的精确程度和灵活性，培养良好的自理习惯。

折纸游戏。父母做示范，拿正方形的纸对折成三角形，鼓励宝宝照做。

捡豆粒。把少量的黄豆、花生豆、大白芸豆等混装在盘子里，让宝宝挑拣出来。

◉ 怎样提高宝宝的语言能力

讲述见闻。生活中，可以以问答的形式鼓励宝宝讲述自己的见闻和感受。如果宝宝白天去了奶奶家，回来后父母可以问宝宝“白天在奶奶家都做什么了”等问题；如果奶奶带宝宝去了动物园，回来后父母可以问宝宝“见到了哪些动物”等问题。让宝宝把见到的讲出来。

背诵古诗和儿歌。鼓励宝宝背古诗和儿歌，古诗要先从背诵五言绝句开始。这个阶段的宝宝一般可以背诵2～4首古诗和4首儿歌。

看图说话练习。无论学习什么语言，都要有一个良好的语言环境。对于这个年龄的宝宝来说，即使是学习自己的母语，也需要最佳的语言环境。一般来讲，这个年龄的宝宝总是对自己感兴趣的图画书爱不释手，并且三番五次地缠着爸爸妈妈讲书中的故事。爸爸妈妈应该抓住这个时机，尽可能地用形象生动的拟声语言给宝宝讲书中的故事，讲述中还要不时地提出一些相关的问题让宝宝回答。如果是喜欢表达的宝宝，还可能在妈妈或爸爸讲故事时插话，爸爸妈妈应停下来回应宝宝的插话，鼓励宝宝说话的勇气和自信，提高宝宝的语言表达能力。爸爸妈妈在与宝宝看画册时，应重点给宝宝读出那些描述画面的句子，特别是那些宝宝看过的画册，如果爸爸妈妈反复读给宝宝听，不仅能增加记忆，而且使宝宝对画面内容有一个更加整体和系统的认识。爸爸妈妈可以让宝宝复述那些描述画面的句子，或者让宝宝凭着记忆讲述那些句子，并要求宝宝尽可能用书中出现的句子讲述。为了提高宝宝的兴趣，也可以以画册为剧本，爸爸妈妈与宝宝一同扮演画册中的各种角色，通过表演使宝宝加深对故事内容的理解，进一步提高宝宝的语言表达能力。

怎样教宝宝画方形、写汉字

汉字是典型的方块字，由于这个年龄的宝宝已经会画正方形了，爸爸妈妈完全可以在此基础上教宝宝写汉字。宝宝学写汉字时，应先学写容易的、笔画少的，如一、二、三、十、上、下、中、人、天、土、工、王等汉字。

游戏是宝宝最喜欢的活动，爸爸妈妈可以把学写汉字融合到游戏之中，和宝宝做变字的游戏。这种游戏可以使宝宝举一反三，学会许多字形相仿的汉字。比如学写汉字“一”时，再加一横成二，再加一横又成三。人字加一划变大，再加一横又成天。又如先画一个小方形叫口，在当中加一划成日，在上边加一撇成白，在上面加一横成百。爸爸妈妈一边加笔划一边讲，然后再让宝宝自己加笔划，使宝宝在变字游戏中学会边认、边读、边写汉字。相似的汉字放在一起学习会便于分辨，边认、边读、边写也会使宝宝记得更牢。

什么方法可以增强宝宝的抽象思维能力

随着宝宝词汇的增加，爸爸妈妈可以教宝宝学习一些反义词。由于这个年龄宝宝的思维方式还是以形象思维为主，通过学习反义词，更利于宝宝的分辨和记忆能力发展，进而学会抽象思维。

也正是由于宝宝还没有形成抽象思维的概念，所以在教宝宝反义词时，父母应先从那些具体的，能通过实物比较的反义词入手，好让宝宝看得见，摸得着。比如以下常见的反义词：大与小、高与低、胖与瘦、快与慢、上与下、左与右和里与外等。父母在教宝宝的过程中，还要与实物的比较结合起来，比如学习“多与少”时，就可把许多纽扣与1个纽扣相比。学习“高与矮”或“大与小”时，也可用动物园或图片中的大象与小乌龟相比。学习“左与右”时，如果宝宝是用右手拿勺吃饭，左手扶碗，就可以通过拿勺、扶碗这两个具体的动作来区分左右，帮助宝宝记忆。应注意的是，教“左与右”时爸爸妈妈要与宝宝站在一边，不能面对面，否则宝宝很难理解左边和右边的确切概念。

◎ 为什么说3岁左右是宝宝个性形成的关键时期

俗话说："三岁看大，七岁看老。"这句话的意思是说，一个人的个性特点，在3岁左右就已经奠定了基础；一个人将来是否有作为，7岁时就可以看个大概。这句话的科学性还有待商榷，但也足以说明一点，那就是2～3岁这个时期是为宝宝个性形成奠定基础的关键时期。

宝宝在3岁以前，个性特征就较为明显地表现出来了。有的宝宝有着强烈的探索环境的兴趣，而有的则对外部环境毫无兴趣；有的宝宝什么都要爸爸妈妈代劳，而有的宝宝什么都要求自己来，甚至东西掉在地上，即使爸爸妈妈帮助拾起来，宝宝也要重新丢到地上，然后自己再拾起来。有的宝宝与小朋友玩耍时总是喜欢指挥其他小朋友，而有的宝宝则愿意听任指挥。宝宝的这些最初形成的个性萌芽，虽说还没有定型，但很容易沿着最初的倾向发展下去。因此，爸爸妈妈要抓住3岁前这个关键时期，对宝宝个性上的优点有意识地进行培养，对个性中的缺陷和弱点进行有意识地矫正，促使宝宝形成良好的个性。

◎ 怎样让宝宝学会爱

现在大多数宝宝都是独生子女，由于没有弟弟或妹妹分享爸爸妈妈的爱，而让宝宝学会爱是家长必须认真对待的事情，因为这对于宝宝一生的成长是非常重要的。宝宝到了2～3岁时，就应该让他知道爱是必须与他人分享的道理。比如，生活中父母关爱老人，善待邻居，关注贫困少年，这些都为宝宝树立了爱的标杆，渐渐地宝宝学会了与人分享爱。爱的本身包括两个方面，那就是"爱"与"被爱"。学会了爱与被爱之后，宝宝在接受爸爸妈妈的爱的同时，也会回报自己对父母的爱。

◎ 宝宝过度依恋妈妈有什么坏处

宝宝对妈妈的依赖是分阶段的。当宝宝到了2岁时，宝宝仍可以把妈妈当做"安全的港湾"。但是，如果宝宝到了3岁以后，除了妈妈之外，还是不愿或拒绝与其他人亲近，那就属于过度依恋妈妈了。

3岁以后的宝宝应具备一定的自理能力，如果宝宝这时还对妈妈过多依恋，最主要的原因应是妈妈对宝宝的过度溺爱和保护造成的。尤其是从新生儿时期开始，如果妈妈对其他人照顾宝宝都不放心，时时事事都要亲自做，并与宝宝保持时刻形影相随，从而使宝宝很少有机会和爸爸以及其他亲人亲密接触，这样一来，宝宝肯定就只会认妈妈了。

如果男宝宝对妈妈的过度依恋在3岁之后没有得到及时的纠正，就会使宝宝因缺少和爸爸等男性在一起的接触机会，从而过多地养成温柔、娇弱、细腻等女性的性格特征，这不仅会影响宝宝独立生活意识的形成和发展，而且还会妨碍宝宝个性的全面发展，甚至会形成性别观念的错位。

◉ 怎样纠正宝宝对妈妈过度依恋

要想尽快纠正宝宝对妈妈的过度依恋，可以参考以下方法：

让爸爸参与育儿。宝宝对妈妈的过度依恋的原因，主要是由于妈妈过分溺爱，剥夺了爸爸以及其他亲人照顾宝宝的权利和时间，所以要改变宝宝过度依恋妈妈的最好办法，就是相对减少妈妈照顾宝宝的时间，而让爸爸或其他亲人尽可能地照顾宝宝，特别是让爸爸积极参与育儿。平时，爸爸要尽可能地和宝宝在一起做一些比较“惊险”、“刺激”的游戏，让宝宝感受到与爸爸一起做游戏的乐趣。对男宝宝来说，他会感到这比和妈妈一起做游戏更有趣。

送宝宝去幼儿园。宝宝3岁已经可以入幼儿园了。对于那些对妈妈过度依恋的宝宝，可以借助幼儿园的集体生活冲淡宝宝对妈妈的依恋，通过与其他小朋友的共同生活，宝宝会感到另一种乐趣。如果条件不允许，也可以尽量带宝宝接触更多的人，鼓励和引导宝宝和其

他小朋友一起玩。在改变宝宝对妈妈过度依恋时，妈妈的决心很重要，绝不能因为宝宝的哭闹而放弃。

为什么说3岁之前是宝宝分房独睡的最佳时期

3岁左右正是宝宝独立意识的萌发和迅速发展的时期，同时也是宝宝分房独睡的最佳时期。在适当的时机安排宝宝分房独睡，有利于培养宝宝心理上的独立意识，而这种独立意识不仅可以促进宝宝自理能力的培养，而且对培养宝宝的社会适应能力有很大好处。

调查发现，有些宝宝已经八九岁了，还要和妈妈一起睡，尽管妈妈想尽办法仍难以“撵”走宝宝。之所以出现这种情况，主要原因是没有抓住3岁左右这个最佳时机。宝宝很小的时候，都会依恋爸爸妈妈，但到了四五岁时，就会出现男孩恋母或女孩恋父的生理现象，而且这个时期的恋父、恋母情结与过去那种单纯的依恋有所不同，不仅表现得更加依恋，而且还具有了排他性的成分。因此，如果不让宝宝在3岁之前分房独睡，等到了四五岁之后再分就比较困难了，而且年龄越大越难。所以，让宝宝分房独睡不要超过3岁。

让宝宝分房独睡要有一个循序渐进的过程。可以采取先分床，再分房的方式，让宝宝慢慢适应。必要时也可以给宝宝一个能够抱着的绒毛玩具，也可以给宝宝讲故事或轻轻地拍拍宝宝进行帮助睡眠，使宝宝在有安全感之后安静入睡。由于这个年龄的宝宝已经能够听懂很多话，爸爸妈妈可以给宝宝讲明道理，让宝宝明白分房独睡不是爸爸妈妈不爱他了，而是宝宝长大的标志。同时可以把宝宝的房间布置成一个快乐的儿童天地，比如在墙上挂上五颜六色的图案，或者把宝宝最喜欢的玩具挂在床边等，让宝宝对自己的房间充满新鲜感。如果最初分房独睡之后，宝宝还哭闹不止，爸爸妈妈也不要因为心软而妥协，只要持之以恒，分房独睡的好习惯就能坚持下来。

宝宝可以自己刷牙了吗

2～3岁的宝宝在学会漱口的基础上，还应逐步培养其刷牙的兴趣。如果刷牙方法不正确，不仅达不到清洁牙齿的目的，还可造成牙龈萎缩、牙槽骨吸收和牙颈部楔状缺损等病变。由于这个年龄的宝宝手的动作协调能力较差，可以教宝宝先将牙刷在牙面上做前后小移动，逐步加快成为小震颤，再过渡为在牙面上划小圈，从简单到复杂，一个牙一个牙地刷，按照顺序，不要跳跃，不要遗漏。刷牙时不要使用拉锯式横刷法，以免损伤牙齿、牙龈，而且刷牙的效果也不佳，长期下去还会造成牙齿近龈部位的楔形缺损，并对冷热酸甜刺激过敏。

宝宝掌握了刷牙的基本要领之后，妈妈最好教会宝宝“三三三”刷牙法，即饭后3分钟、每次刷3分钟、每天刷3次。因为口腔内的细菌分解食物残渣中的糖产酸来腐蚀牙齿的整个过程是在饭后3分钟开始的；要刷净每颗牙的牙面，大致需要3分钟的时间；仅早晨刷1次牙是不够的，有条件的最好每次饭后都刷牙。为了提高宝宝的刷牙水平，爸爸妈妈应该每天督促宝宝，使宝宝从小养成早晚刷牙、饭后漱口，睡前不吃东西的良好口腔卫生习惯。

此外，爸爸妈妈还应注意宝宝的营养和膳食平衡基础，给宝宝吃些粗糙、含纤维多的食物，以增加咀嚼运动和唾液分泌，提高牙面的自洁能力。要注意宝宝在3岁之前刷牙不需要用牙膏，到了4岁以后才开始用。

◉ 父母该如何对待宝宝拿别人东西

弄清楚促使宝宝“偷”东西的原因。有的时候，宝宝只是单纯想得到一件东西才会“偷”，有的时候宝宝会因为好奇、愤怒，或者是想引起家人的注意。父母要首先弄清楚促使宝宝“偷”东西的原因，然后对症下药，正确引导宝宝。

制止宝宝的行为。即使拿小伙伴

一个小玩具，或者拿超市的一粒糖这样一件微不足道的小事，父母也应该制止宝宝，让宝宝明白他的做法是不对的。因为只有在小问题上认真对待、学会诚实，才能帮助宝宝在以后成长中的大问题上明辨是非。

正确引导宝宝。虽然宝宝只是3岁的孩子，还不能理解大道理，但父母应该让宝宝逐渐学会尊重别人的权利和财物，引导宝宝远离诱惑，并让宝宝学会控制自己的欲望。在宝宝想占有别人东西的时候，首先纠正宝宝的想法，告诉宝宝这是不对的。

接着教宝宝懂得所有权的概念，让宝宝了解要通过劳动来获取自己想要的东西。虽然不满3岁的宝宝还没有所有权的概念，但父母仍然要反复告诉宝宝什么是“我的”，什么是“你的”。在宝宝与小伙伴争抢玩具的时候，要让宝宝知道，要想玩不属于自己的玩具，不能去抢夺，而要请求小伙伴借给自己玩。当发现宝宝偷拿了小伙伴的玩具后，可以告诉他说：“这个玩具是强强的，你想玩吗？那要和强强商量一下，不能自己拿过来玩。”或者用换位的方法对宝宝说：“如果强强没有告诉你就把你的玩具拿走了，你愿意吗？”观察宝宝，引导宝宝自己送还玩具。父母要对宝宝知道知错的行为加以赞赏。

父母在生活中，对宝宝的一些诚实行为进行表扬，可以帮助宝宝树立有错误要及时纠正的意识。

第五章 3～6岁宝宝的早教

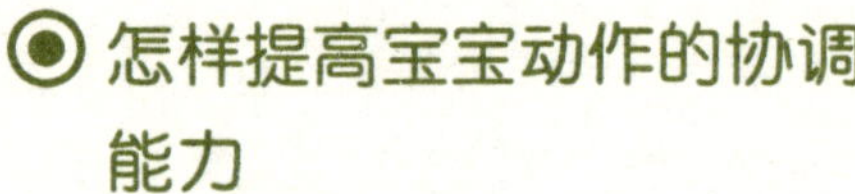

3～4岁的宝宝

◎ 怎样提高宝宝动作的协调能力

3～4岁的宝宝已基本掌握了走、跑、跳、爬、攀登等动作，躯干及四肢的肌群发育很好。父母可以利用各种玩具，促进宝宝动作发育更加协调稳定，同时还可以锻炼宝宝的语言能力和认识能力，使宝宝神经系统的发育趋于完善。

可利用小推车、手拉车或其他拖拉玩具，锻炼宝宝走、跑、倒退走、转弯等能力。为了使宝宝练跑的兴趣更高，还可以准备一些小风车、小彩旗、小动物头饰等，宝宝跑时，这些小物件招展飞舞，既好看，又助兴；可利用气球、吹塑球、软垫或沙坑，锻炼宝宝的跳跃能力。利用攀登架、滑梯、爬行垫、钻圈、钻筒和拱形门等大型玩具设施，让宝宝练习钻爬和攀登。利用大小皮球、沙袋、塑料制的小型手榴弹、纸或塑料的飞镖、火箭、降落伞等玩具，让宝宝练习投掷。还可以用转摇马、跷跷板、平衡木、秋千等锻炼宝宝的平衡能力。

除了为宝宝选择一些促进其动作发育的玩具外，还应从发展宝宝的感官、语言能力及知识范围方面，给宝宝选择各种形象玩具，比如形态逼真、富于美感的洋娃娃及用品；大小不同、神态各异的动物玩具；可以操纵和发出模拟声音的交通玩具；各种积木、积塑等建筑结构玩具；沙、水、泥等天然玩具；各种简单的平面拼画、图片、画册、串珠、套管、牌类、配对接龙和钓鱼玩具等。

音乐和娱乐玩具的感染力和趣味性极强，容易引起宝宝的兴趣。各种音乐和敲打玩具有铃铛、小鼓、小钢琴、电子琴、手风琴以及能发出悦耳声音的八音盒等。娱乐玩具一般造型滑稽、动作夸张诙谐，如“猴子爬竿”、“小熊打鼓”、“小鸭背蛋”，以及不同服饰和年龄的木偶人及形态各异的木偶动物。

总之，有针对性地选择上述玩具，能够发展和开发宝宝的动作、语言、注意、记忆、观察及想象能力，可以促进宝宝的全面发展。

◉ 怎样使宝宝的思维能力得到发展

3～4岁的宝宝，对马路上来来往往的各种车辆充满了兴趣，如果父母带着宝宝乘坐汽车和地铁等，宝宝就会高兴无比，并由此会更加喜欢玩各种交通玩具。

交通玩具种类很多，海上的交通玩具有轮船、小汽艇、小帆船等。陆地上的有卡车、轿车、小汽车、摩托车、火车、拖拉机等。空中的有飞机、火箭等。通过玩各种交通玩具，宝宝可以认识各种交通工具的名称，了解其特征和用途，对培养宝宝的观察力、思维能力、创造能力、模仿能力，以及扩大知识面都大有好处。

在玩这些交通玩具的过程中，有时候，宝宝不用妈妈或爸爸教，自己就开始模仿了，比如，模拟汽车司机转动方向盘的动作；嘴里发出“笛笛”的叫声，模仿汽车喇叭响；边跑边两只胳膊张开，模仿飞机在天空中飞行等，既培养了宝宝观察和模仿的能力，又对宝宝的体能进行了锻炼，真是一举两得。

交通玩具大多为机动、电动或电子遥控的，让宝宝从小接触具有科技含量的玩具，还可以使宝宝展开想象的翅膀，对其中的奥秘，充满了好奇和向往，这对培养宝宝从小爱科学，长大后学科学、用科学奠定一定的基础。

交通玩具玩法很多，4岁左右的宝宝，已经不满足于玩定型的交通玩具，而喜欢用大型积木搭简单的“汽车”，或者用家中的小椅子、小板凳搭成小“汽车”，然后自己坐在驾驶室里，模仿方向盘的转动，嘴里发出“笛笛”的声音。也可以几个宝宝一起玩“汽车送货”的游戏，在“车上”放些水果、蔬菜，做着开车的动作，把汽车开到幼儿

园。还可以玩交通游戏，一个宝宝站在小凳子上模仿警察叔叔指挥交通，红灯亮时，所有车子停住，绿灯亮时，其他宝宝把车子开过去。

通过玩这些游戏，宝宝不但熟悉了各种交通工具的名称、外形、性能和用途，而且还了解了一些基本的交通规则。玩交通玩具前，父母要告诉宝宝玩法，或给宝宝做操纵玩具的示范，重要的步骤要手把手地教给宝宝，以免宝宝操作不当而损坏玩具。

◎ 游戏对宝宝有什么益处

人人都有这种体验，在玩游戏的时候，是心情最愉快、最开朗、最活跃的时候，对大人如此，对宝宝更是如此。因此，有人说“游戏是儿童的伴侣”。

3～4岁的宝宝应该属于游戏。游戏不仅可以使宝宝心情愉快，还有利于其智力和语言的发展。游戏要求宝宝动脑筋，在游戏过程中，宝宝不仅获得了各种知识和技能，而且促进了观察、记忆、注意和独立思考的能力。

这个年龄的宝宝比较喜欢做各种球类、跳绳和捉迷藏游戏，以及一些智力游戏，如棋类、积木和数学游戏等。这个年龄的宝宝模仿能力很强，也很喜欢做角色游戏，在游戏中扮演某一角色，模仿大人的生活和动作，如“过家家”游戏，“当大夫”游戏等。

父母在可能的情况下，应和宝宝一起做游戏，并且充当游戏中的某一角色，这样可以观察宝宝在游戏中玩什么，怎么玩，遇到什么问题，他会怎样处理，必要时可以指导宝宝做游戏，丰富游戏的内容，启发宝宝创造性地玩，让宝宝在游戏、玩耍的过程中得到全面发展。

◎ 怎样教宝宝学英语

对宝宝进行早期英语教育，目的并不是要把宝宝培养成“英语博士”，而是为了让宝宝在潜意识中对英语有个基本的认识，以便在以后的学习中，能够轻松自如地学习英语。

大部分英语幼儿园招收年满3岁的宝宝，按照年龄编成大班、中班、小班。只要父母愿意，宝宝年满3岁时就可以送他去英语幼儿园学习。如果父母有一定的英语水平，也可以自己教。

英语学习的意义在于给宝宝创造一个能够学习英语的良好环境，同时可用“拼音字符”刺激大脑的发育。父母可以采用游戏式的方法，教宝宝用英语说出身体各器官的名字，然后让宝宝根据听到的英语单词，找出相应的器官，或者拼凑英语卡片等，通过简单的游戏使宝宝在娱乐玩耍的过程中轻松学英语。因此，早期英语教育的核心，就是培养宝宝学习英语的兴趣。

◉ 怎样增强宝宝的自信心

如果父母对宝宝做的一些事能够给予适度的表扬，有利于宝宝自信心的建立。比如，宝宝用小剪子，剪了一只小鸭子，父母就要及时地进行表扬："宝宝剪得真棒，手真巧。"如果宝宝学会使用筷子了，父母也应该及时地给予表扬和鼓励。

心理学家的研究结果表明，表扬对宝宝有着巨大的影响。把宝宝分成两组，对其中一组经常给予表扬，而对另一组采取无视的态度。训练一段时间后，再把两组宝宝作比较，结果发现，经常受表扬的一组，在语言表达能力和智能方面都要高于另一组宝宝，而且受表扬的宝宝性格会更加开朗活泼。但是，对宝宝的表扬也要讲究一点原则。

1. 针对事情及时表扬。很多情况下，人们会说宝宝长得漂亮可爱，只对宝宝的外表、长相进行表扬。如果宝宝总是听到这种形式的表扬容易变得傲慢。真正意义上的表扬应该是，在宝宝自己做好一件事时进行及时表扬。表扬时，真实生动的话语最能使宝宝感到自豪、骄傲。因此不能只把表扬当作一个形式，马马虎虎地称赞一两句，应具体地说出宝宝哪些地方做得很好。例如，只对宝宝说"做得很好’，就不如说"宝宝，今天把玩具摆放得很整齐，值得表扬"。宝宝把事情做好后，及时给予表扬，就能使宝宝真正体会到成功的喜悦。有时爸爸妈妈的一个表情一个动作，也会给宝宝很大的鼓励。比如，注视着宝宝，握住宝宝的手，通过肌肤之亲，让宝宝体会到自己的行动令父母多么高兴。

2. 表扬形式要多样。有的父母是通过金钱或物质来嘉许宝宝，那么奖励的东西必然越来越多，才能达到效果。一旦宝宝习惯了这种物质表扬，就会养成没有奖励就不做事的坏毛病。为了使表扬产生一定的效果，表扬的形式也要有所变化。与直接的物质奖励相比，收集漂亮的图案，以礼物的形式送给宝宝，可收到更好的效果。如果想进行直接的物质奖励，可适当给宝宝一颗糖果或一块巧克力。

◎ 怎样对待任性的宝宝

这个年龄的宝宝有时候任性起来，真叫父母头疼，对宝宝讲道理吧，又听不进去话。其实，宝宝的任性并非是坏事，应该一分为二地看待，关键就要看父母怎样教育和对待了。因此，父母对待任性的宝宝不能方法简单和过于急躁，应该采取因势利导的方法解决问题。

一般来说，大多数任性的宝宝，自我意识强，好胜心强，并有一定程度的韧性。父母要善于利用宝宝的积极因素，加以诱导，扬其所长，避其所短。比如，有的宝宝喜欢拆卸玩具或家中的一些用具，尽管父母曾经批评，也制止不住他拆东西的欲望。对于这样的宝宝，父母首先要了解宝宝为什么要拆东西？其实这也正是宝宝头脑中“为什么”的疑问，正是这个疑问和强烈探究的欲望，使宝宝不考虑什么后果就动手拆卸起来。

这时，如果父母为宝宝提供一些可以拆装的玩具，或与宝宝一起拆装玩具，并在拆装玩具的过程中，讲解玩具的构造和一些简单的原理，进行一定的科学知识教育，既能满足宝宝的好奇心，又能避免宝宝干出一些令人不愉快的破坏性行为。

在教育过程中，父母还要把宝宝当作一个独立的人来看待，切不可因为宝宝年龄小而忽略他的感情。因为自尊心和尊严在宝宝心灵中是敏感的，父母在对宝宝进行教育时，要尽力保护它，不要当着许多人的面批评和讽刺挖苦宝宝。当宝宝感受到父母是尊重和信任他时，任性的缺点就会慢慢改掉。相反，如果父母忽略了这一点，那么宝宝的任性不但不会改掉，反而会变本加厉，甚至还会产生与父母之间的感情危机。

另外，教育任性的宝宝时，父母要循循善诱，不能急于求成。应该告诉宝宝，有什么事要和父母讲，大哭大闹是没有用的。在宝宝任性耍脾气时，不要跟宝宝硬顶，如果硬顶，只能使宝宝越任性。最好的办法是不理睬，等宝宝的那股劲儿过去后，再慢慢地讲清道理，这时候宝宝就比较容易接受了。

◎ 怎样看待宝宝的竞争意识

宝宝从3岁左右，也就是有了强烈的独立意识之后，就开始不断地跟别人比较：是第一名还是最后一名，是赢还是输，每个游戏都成了一较高下的比赛。尤其在幼儿园的门口，总能听到宝宝们叽叽喳喳地对他们的父母邀功请赏：“妈妈！今天我跑步得了第一名”、“今天老师夸奖我的被子叠得最整齐”、“爸爸，今天在班上我的积木堆得最高”等。

科学家的研究结果证实：3～4岁的时候，宝宝的竞争意识就日益强大起来，不断地和他人参照，不断地更改“参照系数”、评判标准，不断地用比较来评价别人和自己。宝宝的竞争有时显得赤裸裸的，甚至有点“残酷”，但是这个年纪的竞争是本能的，也是不可或缺的。宝宝在竞争中受益匪浅：学会评价自己和别人的能力；学会与他人相处；学会面对压力；学会自信；学会承受失败和享受成功；学会自我展现等。

宝宝的竞争标准是奇特的，与成人世界的竞争并不相同：他们会比赛绕着椅子转圈跑而不头晕；看谁最快把一个冰块含化了；比谁在手腕上画的手表更漂亮；看谁溅起的泥浆更多等，这些比赛在大人眼里虽然毫无含金量，甚至有点“无聊”，但却是宝宝成长中必不可少的“课程”。

儿童心理学家认为，大约在4岁的时候，宝宝能够根据自己的经验进行自我评价，这种评价的依据就是竞争。对于宝宝来说，大大小小的事情，包括游戏、吃喝拉撒，只有成或败、赢或输、领先或者落后的结果。大多数的宝宝都有一种什么都要比一比、试一试的愿望，并为结果或沾沾自喜，或沮丧。竞争中的“常胜将军”往往会积累自信，而“败军之将”则渐渐变得不够自信。

对于后者，父母要给予一定的鼓励和引导，告诉宝宝“你虽然在幼儿园跑得慢，但是你的手工做得特别漂亮”，这样就会使宝宝心理变得平衡起来。事实证明，无论是大人或者宝宝，如果心理不平衡就会缺乏自信和勇气；同样，自信和勇气又来源于较量和竞争，这是一个显而易见的评判标准。

作为父母，应当注意宝宝的兴趣变化，根据“先天配备”增加“软件”支持。宝宝的厌倦和好奇心一样旺盛，所以也不能信马由缰，一旦确定了宝宝的长处，要给予一定的强度和压力，让宝宝学会持之以恒，在特长的培育中，宝宝可以确立自信。如果禁止宝宝与他人比较，只会影响宝宝的自我发展。

只要竞争的动力来自宝宝自身，父母就可听之任之。不论父母是出于虚荣心还是过分保护心理，禁止自己的宝宝与别人竞争，都不利于宝宝的成长。缺乏斗志的宝宝会面临很多的问题，有的甚至会用拒绝和逃避来对待挑战与责任，因为宝宝没有学会相信自己。

4～5岁的宝宝

怎样训练宝宝的跳跃能力

让宝宝扮演小白兔可以训练宝宝的跳跃能力。大多数的宝宝，都喜欢蹦蹦跳跳活泼可爱的小白兔，父母可以因势利导，让宝宝模仿小白兔蹦跳的样子，训练宝宝的跳跃能力。

妈妈可以一起参加，宝宝扮演“小白兔”，妈妈扮演“兔妈妈”，游戏开始。“兔妈妈”说：“今天天气多好啊！小白兔到外边来做游戏吧！”“兔宝宝”与“兔妈妈”一起念儿歌：“小白兔，白又白，两只耳朵竖起来，三瓣嘴要张开，爱吃萝卜和芹菜”。“兔妈妈”和“兔宝宝”随着节奏，向小河边的草地上，双脚并拢跳来跳去。“兔妈妈”说：“小河那边种了许多青菜，我们去给青菜浇水吧”。“兔妈妈”带“兔宝宝”跳过小河去浇水。

还可以让宝宝作“小白兔采蘑菇”的游戏活动。将蘑菇散放在地上，妈妈规定出时间，如果宝宝在规定的时间以内采完蘑菇，就给予表扬和奖励。游戏活动开始，妈妈放着音乐，宝宝扮的小白兔提着小篮子，双脚并拢，蹦跳着采蘑菇。宝宝采，妈妈数，直到把场地上的蘑菇全部采完。让宝宝数数采了几个，然后妈妈计算用了多长时间，最后宣布宝宝的成绩。通过这种活动，宝宝既增长了知识，丰富了生活，又锻炼了体能。

为何说翻跟头、倒立对宝宝都不好

这个年龄的宝宝生性好动，特别是男宝宝，除了喜欢跑、跳、攀登外，还喜欢翻跟头，做倒立动作。有的父母觉得宝宝本领大，喜欢经常让宝宝翻跟头、倒立。其实这样对宝宝的健康是不利的。

此阶段的宝宝正处于生长发育阶段，身体内各器官和组织尚未发育成熟，生理机能较弱，经不起这种爆发性的、用力过大的、憋气的、长时间的剧烈运动，这样会使宝宝疲劳，心脏负担加重，影响骨骼的生长发育。同时宝宝颈部肌肉薄弱，四肢力量不足，一旦失去平衡或保护措施不到位，便会引起颈部扭伤或颈椎半脱臼，后果是严重的。另外，宝宝倒立时，会使颅内压升高，继之眼睛内视网膜动脉压力升高，可以造成一时性的视线范围缺损，严重者可致眼睑出血。虽然宝宝眼压调节能力较强，但经常倒立或每次倒立时间过长，超过眼压的调节能力，会带来一系列不良后果。父母应告诉宝宝翻跟头、倒立可能带来的后果，以防宝宝在没人的地方做，那样会更加危险。

◎ 怎样训练宝宝辨别词音和词义

父母要训练宝宝辨别音同义不同，音节相同、声调不同的词，并训练宝宝正确理解其含义，具体做法是：

父母先准备有关图片，放到宝宝面前。

父母说出一句话，其中包含两个音同义不同的字（词）。比如："河边有个盒子"、"书架上放着一把梳子"、"老师抱着许多报纸"。

让宝宝听后举图片，或回答：这句话中有没有声音相同的两个字？如果有，是哪两个字？它们的意思一样吗？如有可能，也请宝宝说一句含有该两字的句子。

让宝宝跟着父母读一个音节的四声，然后，父母发出其中的一个声调，宝宝说出一个相应的词。

父母依次说出某音节的四声，宝宝说出相应的四个词，再说出包括这些词的四句话。比如，妈妈—麻烦—马车—骂人不对、突然—图画—土地—兔子等。这种用实物对比参照的训练方法，能够使宝宝留下较深的记忆，同时也便于宝宝对词义、词音的深刻理解。训练时还可以举一反三，从这些相关的词里面又分解出更多的词句来，使宝宝在不知不觉中掌握更多的知识。

◎ 怎样开发宝宝的思维能力

如果父母对棋类感兴趣，不妨也教教宝宝，因为棋类属于智力开发玩具，包括动物棋、军棋、象棋、跳棋、五子棋以及"看谁走得快"之类的自制棋等。

4～5岁的宝宝观察力、注意力、思维能力有了进一步发展，完全可以在父母的指导下学习下棋。教宝宝学习下棋时，父母应介绍各种棋的名称、玩法和遵守的规则。然后先教简单的棋类，宝宝学会一种棋后，再教另一种较复杂的棋。

教的时候，父母和宝宝一起下棋，一边下棋，一边指导宝宝，边玩边教，启发和鼓励并举。像如何走捷径，如何为自己搭桥，如何分析棋路等。讲解知己知彼、方能取胜的道理，逐步让宝宝感兴趣，不断提高棋艺。

父母教宝宝下棋时，不但要教他怎样下，还要教宝宝必须遵守一定的规则，这样可增强宝宝的自我控制能力和自我约束能力。下棋有胜有负，要训练和培养宝宝胜不骄、败不馁的精神，正确对待成功与失败。还应该让宝宝懂得，下棋只是互相学习，共同提高棋艺，不能赢了就高兴，输了就生气，以培养宝宝宽厚大度的心理素质。

◎ 父母行为对宝宝性格有什么影响

如何培养一个身心健康的宝宝，是父母关心的问题，而父母又是影响宝宝成长的最重要的人。可以说，父母的行为无时无刻不在影响着宝宝，所以有“父母是孩子第一任老师”之说。所谓父母行为，是父母在抚养宝宝的过程中，所表现出来的相对稳定的行为方式，可分为支持行为和不支持行为。支持行为是在教养宝宝和亲子互动中对宝宝做出的积极行为，如尊重、安慰和鼓励宝宝，用言语表达积极情感，对宝宝讲解各种知识等。不支持行为是在教养宝宝和亲子互动中对宝宝做出的消极行为，如严厉惩罚、打骂、拒绝宝宝的要求等。调查显示，有支持行为的父母，宝宝的积极行为就很强；有不支持行为的父母，宝宝的积极行为就很弱。因此说，父母的行为对宝宝的心理健康有很大的影响。那么应该怎样做才能成为一个合格的父母呢？

父母与宝宝具有血缘和亲情关系，这种关系最细腻、最能感化人、也最平凡和伟大。父母的情感支持行为，可以减轻宝宝的社交退缩、违纪、攻击性行为和强迫性行为。父母要尊重宝宝，经常安慰和鼓励宝宝，以言行表达对宝宝的爱，使宝宝感受到温暖和爱，这样宝宝才能够逐渐矫正自己的行为问题，提高良好行为的能力。要想成为一名具备科学养育观念的父母，应学习一些心理学知识，因为只有了解宝宝的心理需求，才能有的放矢地给予宝宝无私的关怀和帮助。

爱心妈妈经验谈

孩子后天的性格主要是受所处的环境和监护人的影响。他并不完全是一张白纸，而是一张只有大概背景的图画。他有先天的性格，而后天如何去勾画，就要看各位家长的悉心教导了。

宝宝的模仿能力特别强，比如，我有的时候发牢骚说点脏话“奶奶熊”，结果，他在旁边听一次，晚上马上在哭闹的时候，说出来“奶奶熊”。所以以后我和老公在他面前一直注意不说脏话。

◉ 宝宝最需培养哪些性格

有这样一句话，性格决定命运。虽然这不算什么至理名言，但性格确实会在一个人的漫长生活旅程中起着巨大的作用。为使宝宝将来能够很好地适应社会，从小培养宝宝的性格很重要，因此，爸爸妈妈要注重对宝宝以下几方面的培养。

自信心。自信心对一个人来说太重要了，它可以使看似办不成、办不了的事变为现实。一个人只有相信自己有能力去迎接各种挑战，才有可能战胜它。作为父母要鼓励宝宝建立自信心，对宝宝多一些鼓励和表扬，少一些批评和指责。

热情。人如果缺乏热情，即使是做一件小事也不容易成功。热情又是相辅相成的，你对别人热情帮助，别人也会用同样的热情回报你。热情又是一种积极的心态，既能激励你，也能感染别人。

富有同情心。有同情心的人是善良的人，人都愿意与善良的人打交道。如果父母经常关心人，那么自然会在宝宝幼小的心灵中播下同情的种子。

希望。这种性格能使人在黑暗中看到光明，敢于迎接挑战和承受挫折。要培养宝宝对生活充满希望，父母要保持乐观的处世态度，对生活中的压力不气馁、不妥协，有一种坚定的信念。

◉ 怎样对待宝宝的错误

这个时期的宝宝正是顽皮捣蛋的时候，有时候难免捅点小漏子；也正是对事物充满好奇的时候，有的时候就难免做了不该做的事情；已初步有了自己的主见和自尊，有的时候难免表现出固执和自负。因此，在宝宝犯了错误，父母批评宝宝时，如果能巧妙地运用下面这些方法，宝宝就比较容易接受了。

只谈眼前，不翻旧账。宝宝以前做错的事已经挨过批评了，应该“结案”了，不要老是记着宝宝以前做得不好的地方，让宝宝觉得永远无法翻身。宝宝正处在学习做人的时期，动辄翻老账很容易伤宝宝的心，由此也会带来一些负面影响，比如，宝宝会采取“破罐子破摔”的办法来“回敬”父母。

不能只注意宝宝的错处。任何人

都既有缺点，也有优点，宝宝也是。批评宝宝时，应先对宝宝做的好的方面给予肯定，然后再指出他做的不对的地方。要让宝宝知道，父母并不是光把眼睛盯着宝宝的错处，宝宝做的好的地方，父母也同样看得见。这样，宝宝在以后做任何事情的时候，就会多用脑子想一想，争取把事情做好，得到父母的表扬。

增加身体接触。批评宝宝时，可以搂着宝宝的肩膀说话，或拉着宝宝的手给他讲道理。对于听不得一句重话的宝宝，会非常排斥所有指责的话。所以当父母需要责备宝宝时，应该用眼睛正视宝宝，一边说着批评宝宝的话，一边要用身体语言传导亲情，这样就能够达到恩威并用的效果，使宝宝能够心悦诚服地接受批评。

批评后表达对宝宝感情依旧。批评过后，父母不要一直板着脸对宝宝说话，或不理睬宝宝。如果本来打算和宝宝一起出去玩儿，不能以宝宝今天做错事为理由不带宝宝出去，也不要取消原本答应宝宝的事情。要让宝宝知道，做错事就应该受到批评，但父母不会因为做了错事就不爱宝宝了。如果父母因为宝宝做错了事，而不能及时恢复到以前对宝宝的样子，会使宝宝背上沉重的思想包袱，成天处于惶恐状态，唯恐再做错事情，这样对宝宝的成长极为不利。

◉ 宝宝顶嘴怎么办

对于大多数父母来说，不希望宝宝与自己顶嘴，不说别的，自己的“颜面”就下不来；再者，自己所说的话都是为宝宝好，为什么宝宝不但听不进去，还要顶嘴？其实，父母的这些想法都是从自己的角度出发，如果换一个角度或站在中间位置考虑这个问题，或许就能弄明白宝宝为什么顶嘴了。

大多数宝宝和父母顶嘴，并不是针对父母本身，而是针对一件事情，在辩解的过程中宝宝有时候不知不觉嗓门高了，情绪起来了，表情变了，因此父母就难以接受了。如果父母能够耐心冷静地倾听宝宝所说的话，是能够理解宝宝的心情和意思的。俗话说：“话不说不透，道理不讲不明”。宝宝与父母之间的顶嘴远远胜过一场精彩的辩论赛，有利于培养宝宝敢说敢做的性格。因此，父母不但要允许宝宝顶嘴，而且还要引导宝宝顶嘴。为了能够达到预期的效果，父母还要有如下的思想准备：

注意选题。引导宝宝顶嘴，父母首先要注意选题。如果父母觉得这一话题有价值，能够让宝宝在这次争辩中，利用所学的知识及对客观世界的了解，与父母辩上几个回合，那就不要犹豫，大胆地引导宝宝与自己争论。

做好充分准备。引导宝宝顶嘴，父母要做好充分准备。应该做好一定的知识储备，决不能主题不明，语无伦次。其次，父母还要注意自己的形象，不急不躁，表情平淡，适时地提高嗓门，在关键的论点上“据理力争”，同时也要给宝宝一定的余地。

把握节奏。引导宝宝顶嘴，还要把握节奏。在宝宝顶嘴的过程中，父母不能急于反驳，要给宝宝充分的思考时间，让宝宝在理清对方观点的同时，有充足的时间去发散思维，组织语言。

适可而止。引导宝宝顶嘴，要适可而止，及时地告一段落，最好以总结性的语言结束顶嘴。此时，要先让宝宝发表看法，总结自己的观点，然后和宝宝进一步沟通交流，既要充分肯定宝宝的观点，也要指出宝宝的不足和缺点。

其实，允许宝宝顶嘴，不但不会影响父母在宝宝心目中的形象，反而能增进彼此之间的感情。随着年龄的增长，宝宝他会更加理解和尊重父母。

5～6岁的宝宝

◉ 宝宝体能训练的原则是什么

循序渐进的原则。利用自然因素对宝宝进行体格锻炼，比如跑步、跳远捉迷藏等活动，要根据宝宝的生理特点，循序渐进，逐步提高各种因素对宝宝身体的刺激强度，逐步延长锻炼时间。锻炼的方式，应由简单到复杂，这样才能使宝宝身体的各种器官，逐渐对锻炼产生良好适应。

持之以恒的原则。宝宝经过持续的锻炼，在大脑皮层建立起有关的联系，当周围环境发生变化时，就能灵活准确地调节有关的器官，使之迅速做出相应的反应，保持机体与外界环境的平衡。比如宝宝到了一个新的地方、新的环境，与刚认识的小朋友玩捉迷藏的游戏。尽管宝宝对一切都不熟悉，但宝宝根据自己以前持续不断地锻炼所积累的经验，很快就能适应环境，掌握要领，从而使自己能很快地融入新的集体和环境中去。这样经过反复的练习，大脑皮层上有关的联系就变成了巩固而复杂的条件反射，从而达到增强体质，减少疾病的目的。

除了要持之以恒地给宝宝进行体能锻炼，还要结合年龄，注意个体差异的原则。对健康状况不同的宝宝，所选择锻炼的方法、时间、强度应有所区别。如对体质比较弱的宝宝，体格锻炼应较健康宝宝缓慢，时间要短并要随时仔细观察，及时调整运动量。

有准备和整理活动的原则。宝宝锻炼前，要做适当的准备活动，运动量逐渐增加，使心血管系统有足够时间提高其活动水平，同时消除肌肉、关节的僵硬状态，以减少外伤的发生。宝宝锻炼后，要做的整理活动可使神经系统由紧张恢复到安静，以防止“运动性休克”的发生。比如宝宝刚跑完步，不能马上坐下来休息，而是应该让宝宝先慢跑，然后再慢走，直至气息逐渐平缓下来为止。

营养及合理生活制度作保证的原则。体格锻炼会增加热能的消耗，因此，宝宝在体格锻炼时，应适当增加各种营养素，特别是多吃一些含热量高的食物。锻炼的内容要多样化，锻炼强度要符合年龄特点，不要做强度大、复杂的运动；锻炼的时间要有所控制，否则会造成各生理功能的不协调，达不到锻炼的目的。

◎怎样培养宝宝的学习能力

5～6岁宝宝学习的能力逐渐提高，学习的内容也逐渐丰富起来。在家里，父母要因势利导，教宝宝识字、唱歌和计算等。这时的宝宝已经能够学会根据学习的目的来支配自己的活动，也能够注意听父母的话，并努力去掌握各种知识和技能。能够有计划地做作业，如完成妈妈留下的计算作业、绘制记忆画等等。对自己的学习能力也能做出一定的评估。这些学习和活动，让宝宝能够更好地掌握各种知识和技能，提高学习能力，为将来进入小学从事正规学习做好准备。由于宝宝即将进入学校，面对着的是陌生的环境和陌生的人，一切都靠自己去表达、去交流、去面对，因此，父母要着重在语言的表达能力上对宝宝多下点功夫，多进行这方面的培训。具体训练方法从以下几个方面进行：

创造让宝宝说话的机会。即使已经明白宝宝的所思、所想、所要做或还没有做的事情和想法时，也要让宝宝明确、主动地说出来。在宝宝表述或表达的过程中，妈妈要耐心、仔细地倾听，如果宝宝说的不对，或表述的意思不清时，不要急于打断宝宝的话，以免挫伤宝宝的情绪。对于宝宝出色的表述，应给予表扬和肯定，对不足之处，也要耐心地予以纠正。

不要喧宾夺主。妈妈教宝宝时，

不要用唠叨的语言形式出现，而是要用清晰、明了、准确、生动的话语表达和表述事情，使宝宝有一个很深的印象，便于宝宝记忆和学习。另外，还要给宝宝多说的机会，让宝宝复述妈妈说过的话和讲过的故事等，训练宝宝的语言表述力、记忆力、思维能力和概括力。

创造丰富、适合的语言环境。在宝宝面前使用的语言，都应是短小而简洁的短语，内容丰富多彩，如“这是一个苹果，红色的苹果，那是一个气球，黄色的气球”。训练时，注意实物与动作的统一，便于宝宝理解和模仿。

“逼迫”宝宝说话。父母要在不引起宝宝逆反的前提下，尽量“逼迫”宝宝说话，如果宝宝不开口说话，则不满足宝宝的要求，或假装表现出不理解宝宝的意思，以使宝宝用语言表达自己的意愿和要求。

◎ 教养宝宝要体现“神”、“形”并重是什么意思

所谓“形”是表面的，是能够让别人看得到的；而“神”，是内心的东西，虽然别人不能直接看到，但可以通过一言一行让别人感觉得到。也可以说“形”是内在的“神”的外在反映。比如握手，就有许多人不会。怎么样和别人握手体现着一个人的修养。眼睛是心灵的窗子，眼神也构成彼此之间的交流，有时候一个眼神胜过很多话。此外，衣冠不整也是对别人的不敬等。

如果等宝宝长大了还没有意识到这一点，在和别人交往中就会出问题，所以，父母需要在日常生活中慢慢地教会宝宝。

◎ 怎样培养宝宝敬、诚、勤、知耻四种品质

一个人要走进社会，和人交往，最重要的就是具有敬、诚、勤、知耻四种品质，这是中华民族传统精神的具体表现，为使民族精神发扬光大，父母要从小培养宝宝这四种品质。

敬就是尊敬，具体地说就是要学会尊敬父母、尊敬老师、尊敬与之交往的任何人。世界上的任何人都喜欢别人尊敬自己，但前提应该是必须先学会尊敬别人。如果父母把自己的宝宝宠惯成了一个“小皇帝”，宝宝就不懂得尊敬别人，这会对宝宝将来，蕴藏很大的潜在危险。因为现在很多宝宝的心理承受能力很差，一旦到了一个新的环境，如

果没人像原来那样宠着他，他就会受不了；如果再受一点刺激，就可能选择过激或逃避的方法。

诚就是诚信，不能欺骗。在人际交往中最讲究的就是诚信，如果一个人失去诚信，在社会上就会孤立无援，最终将一事无成。

勤就是勤劳。如果一个人很勤奋，很快就会得到别人的尊重，人们都愿意接触，觉得跟他在一起很愉快。勤快的宝宝小时候会受到父母的欢迎，长大以后会受到老师的欢迎，将来工作了也会受到领导和同事们的欢迎。

知耻就是知道耻辱。中国古代有句话，叫做“五刑不如一耻。”意思是说五种刑罚都不如不知耻辱。父母在教育宝宝的时候，一定要让宝宝从小就知道什么事情可以做，什么事情不可以做。比如讲“说谎可耻”，要让宝宝知道说谎是坏事情，不能做，要学会“踏踏实实做事，堂堂正正做人”。

◎怎样培养宝宝健康优雅的气质

健康优雅的气质能给人一种舒适、亲切、随和的感觉，从而使人在社交场合中受到欢迎，增加成功的概率，所以要从宝宝小时候开始精心培养。培养宝宝健康优雅的气质要做到以下几点：

健康优雅的气质的根本是内在的，不仅要有丰富知识，而且还要有聪明的智慧。所以，父母要从小鼓励宝宝多学知识，开阔宝宝的视野，丰富宝宝的社会经验，锻炼宝宝思维的敏捷性、灵活性和创造性。这些都会使宝宝的言谈举止中透出智慧与大方，对培养宝宝健康优雅的气质十分有益。

健康优雅的气质还体现在良好的语言、行为和生活习惯上。由于模仿是宝宝的天性，父母的一言一行都会给宝宝带来深远的影响，在这方面，父母特别要注意给宝宝做出表率。父母应该在严格要求自己的基础上，尽量使家庭

充满愉快、和谐、文明、平等的气氛，使宝宝从小养成文明礼貌的好习惯。此外，父母在宝宝的服饰打扮上，应以自然、朴素、大方、美观为原则，不要过分追求奇装异服，以防宝宝从小养成爱虚荣和任性等不良习惯。

优良品德是健康优雅气质的灵魂。如果培养出宝宝合群、合作等良好的品德，宝宝就不会表现出性格孤僻、我行我素等不良气质；如果宝宝具有同情、关心他人的品质，就会表现出谦虚有礼、尊敬老人的气质。所以，父母在这方面也要以身作则，通过言传身教，培养宝宝的道德情感，规范宝宝的道德行为，使宝宝成为一个品行高尚的人，健康优雅的气质也会自然而然地表现出来。

怎样教宝宝学会分享和感恩

现在的宝宝大多是独生子女，由于家庭生活条件越来越好，父母对宝宝的呵护和关爱简直到了无微不至的地步。有的家庭更是一切以宝宝为中心，要什么父母就给买什么。如果再和爷爷奶奶或者姥姥姥爷住在一起，就更是把宝宝当成了“小皇帝”，甚至吃饭时也把最好的饭菜让给宝宝一个人独吃，看电视的时候电视遥控器也由宝宝来主宰。也许父母这种溺爱，使宝宝对关爱和呵护无动于衷，根本体会不到父母养育他们所付出的辛勤和牺牲，对父母的含辛茹苦也不懂得珍惜和感激。

有关调查结果表明，生活在城市的宝宝从小衣食无忧，比生活较为贫困的农村宝宝更缺乏感恩意识；在回答“对父母的照顾有什么感觉？”这个问题时，绝大多数的宝宝回答“没有什么特别的感觉”或“这都是应该的”；在问到父母的生日时，也只有个别宝宝知道父母的生日。出现这种调查结果的根源不在宝宝，而在于父母对宝宝的娇惯和溺爱。

所以，要教会宝宝学会感恩，就要从日常生活的点点滴滴做起，并且父母要以身作则。平时要让宝宝帮助父母干一些力所能及的事，体会一下父母的操劳；在父母干活累了的时候，宝宝给父母倒一杯水……这些日常生活中看似平常的举动和话语，具有潜移默化的作用。一声心存感激的“谢谢”，这时已

爱心妈妈经验谈

在吃东西上，我们不让宝宝吃独食，告诉宝宝学会分享。渐渐地，我每次给他买了东西，他就问，面包谁吃，会把家里所有的人问一遍。

在培养孩子方面，我不断地给他灌输感恩的知识。因为感恩是我们中国优良的传统美德，有了感恩他才会懂得孝敬父母和长辈，才能融入社会与他人和平共处。

经成为一种内心的交流，能够让宝宝在享受关爱的同时感悟付出和感恩。无论在什么背景下生活的宝宝，长大以后都要走向社会。如果培养出来的是一个不懂得分享和感恩的宝宝，当他长大以后走向社会时将会难以适应。父母从小培养宝宝学会分享和感恩，这不仅仅是一种礼仪，更是一种健康的心态和独立生活的本领。

为什么不要轻易对宝宝做出许诺

在育儿实践中，父母常常会把许诺作为一种对宝宝的奖励方法，这种办法或许能够起到一定的作用，可以适当地调动宝宝的积极性等。但是，奖励也不是万能的，如果使用不当甚至会使宝宝养成讨价还价或者变本加厉的坏习惯。为了使许诺起到应有的鼓励作用，父母在对宝宝做出许诺的时候，一定要掌握好分寸。

在日常生活中，父母让宝宝做的事情，一般都是宝宝应该做的，而且是比较容易做到的。只要让宝宝养成自己动手的好习惯，根本不需要父母做出额外的许诺。即使是一些宝宝不容易做到的，对他也是一种锻炼。所以说，如没有特殊原因，在一般情况下，父母不要对宝宝轻易做出许诺。一旦父母对宝宝做出许诺，那就一定要兑现所做许诺。比如，按计划父母要在星期天带宝宝到游乐园玩，但星期天父母正好有事不能带宝宝去，这时可以对宝宝做出许诺说："你乖乖地和奶奶在家里，下星期妈妈带你去游乐园玩。"而且一到下一个星期天，妈妈一定要按照自己的诺言带宝宝去。在宝宝面前，父母说话一定要讲信用，不能哄骗宝宝，这样做的结果不仅不会使宝宝感到失望，而且还会增强父母在宝宝心目中的威信。

爱心妈妈经验谈

答应宝宝的事，我都注意尽量做到。我感觉这点很重要的，对他将来的为人处世，良好人格的形成都有用，而对目前最直接的好处是，比较好"管理"宝宝了。比如我和宝宝商量好一件事，大家都做到，我满足宝宝，宝宝也会很听我的话，不哭闹，不耍赖。